metzler kompakt

Manfred Asendorf (Hrsg.)

Wegbereiter der Demokratie

87 Porträts

Verlag J. B. Metzler
Stuttgart · Weimar

Artikelverzeichnis

Vorwort

»Gleichheit« und »Freiheit« sind zentrale emanzipatorische Leitbegriffe der Neuzeit (mit einer Tradition, die bis in die europäische Antike zurückreicht). Unter dem Banner der »fryheit« erhoben sich zehntausende Bauern im Jahre 1525 vom Elsaß bis Tirol und Thüringen gegen ihre adeligen Herren und Fürsten. Der Begriff der Freiheit, das Verlangen nach ihr, umfaßte hier zugleich die Gleichheit, wie der aus dem Mittelalter überkommene, aber jetzt erst seine soziale Sprengkraft voll entfaltende Rechtsgrundsatz bezeugt: »Was jedem angehet, schal ook van jedem syn bewilliget.«

Während Luther unter Berufung auf »die Schrift« kompromißlos an der weltlichen Autorität der tradierten Obrigkeiten festhielt, um Freiraum für kirchliche Reformen zu schaffen und zu sichern, forderte Müntzer ebenfalls mit dem Anspruch, das Wort Gottes zu verkünden, ein Ende der Privilegienordnung und »daß die Gewalt soll gegeben werden dem gemeinen Mann«, »dem »armen Volk«. Die Denkfigur, Widerstand gegen ungerechtfertigte und ungerechte Herrschaft mit dem Rückgriff auf »Göttliches Recht« zu legitimieren, findet sich säkularisiert wieder im frühneuzeitlichen »Naturrecht«, aus dem sich dann im späten 18. Jahrhundert die »Menschenrechte« (später auch »Grundrechte« genannt) auskristallisierten.

Kern der unterschiedlichen Naturrechtskonzepte war die Vorstellung, daß in einem ursprünglichen Naturzustand die Menschen einander gleich waren. Daraus konnten jedoch nicht ohne weiteres Gleichheitsforderungen abgeleitet werden, da die dem Naturrecht inhärente Lehre vom Gesellschaftsvertrag mit der Trennung von status naturalis und status civilis in der Regel eher umgekehrt darauf zielte, die Ungleichheit in den gesellschaftlichen Verhältnissen zu verewigen. Gleichwohl wirkte der Gedanke an eine einst vorhandene Gleichheit aller Menschen wie ein dauernder Stachel im Fleisch des Bestehenden. Wie, wenn dieser ideelle Fixpunkt aus der Vergangenheit in die Zukunft projiziert würde? Eben dies geschah, als im aufklärerischen Denken die Fiktion eines absoluten primitiven Zustandes der Gleichheit aufgegeben und das Naturrecht als moralischer Anspruch begriffen wurde, der sich aus der erst noch zu verwirklichenden moralischen Natur des Menschen ergab: Gleichheit als Zielvorgabe der Geschichte und als Menschenwerk zugleich. Ältere Auffassungen von der Naturgesetzlichkeit der menschlichen Geschichte – seit Thukydides das immer wiederkehrend »Gleiche und Ähnliche« in der Fülle der Erscheinungen betont hatte – liefen mit, jetzt aber unter die Perspektive von »Prozeß« und »Fortschritt« gebracht – mit emphatischer Orientierung an dem Neuen, dem Anderen und (vermeintlich) Besseren. Mit dem Bildungsoptimismus der Aufklärung des 18. Jahrhunderts gingen solche Vorstellungen prekäre Verbindungen ein, insoweit der »Ausgang *des* Menschen aus seiner selbstverschuldeten Unmündigkeit« (Kant; Hervorhebung M. A.) von den je besonderen Anstrengungen der vielen Einzelnen abhing. Damit entstand ein Dauerproblem der Politik, die Kluft zwischen dem »fortgeschrittenen Bewußtsein« einzelner und dem »rückständigen Denken« vieler mit der praktischen Folge eines Schwankens zwischen Autonomie und Schulung, Selbsterfahrung und Unterwerfung (»Disziplin«), zwischen ungebundener »Freiheit« einerseits und autoritär oder gar diktatorisch erzwungener »Gleichheit« andererseits.

Verweist man zudem auf im Ansatz bereits im 17. Jahrhundert diskutierte Konzepte der Gewaltentrennung mit ihrem Kernstück richterlicher Unabhängigkeit, und erinnert man schließlich an mittelalterliche Traditionen genossenschaftlich-solidarischen Verhaltens, die unter den Bedingungen der Entfesselung der Ökonomie des Marktes ganz neue Formen der Verwirklichung erforderten, so hat man die Ecksteine eines Spannungsbogens, der in der Französischen Revolution mit dem im antiken Griechenland geprägten Wort »Demokratie« als Inbegriff von »Freiheit« und »Gleichheit« zusammengehalten wurde (genauer gesagt: werden sollte), jetzt ergänzt um die Losung der·»Brüderlichkeit«.

Der vorliegende Band behandelt die hier umrissenen Konturen der »demokratischen Frage« im Medium von Biographien zur deutschen Geschichte. Der Herausgeber hat rund 90 Porträts aus dem von ihm (federführend) mitherausgegebenen Lexikon »Demokratische Wege« ausgewählt, um aus historischer Sicht, aber in politischer Absicht, auf uneingelöste und unausgeschöpfte demokratische Potentiale aufmerksam zu machen. Es kam ihm nicht darauf an, Kandidaten für eine Art Pantheon der Demokratie vorzuschlagen oder Vorbilder ein- und auszusortieren. Vielmehr interessierte er sich für Personen, von denen zu vermuten ist, daß ihre engagierte Teilhabe am Gemeinwesen, so unterschiedlichen Überzeugungen sie auch verpflichtet waren, Bausteine liefern könnten für eine kritische Bestandsaufnahme demokratischer Entwürfe in Vergangenheit und Gegenwart. Bei nüchterner Betrachtung ist insoweit die von dem einen oder anderen Kritiker hervorgehobene Frage »Wer war ein Demokrat?« eher unergiebig, zumal

kaum eine der hier dargestellten Lebensgeschichten keine Verwerfungen oder Brüche enthielte. Es geht vielmehr darum, »demokratische Wege« (auch Ab-, Irr- und Seitenwege) aufzuzeigen, und daher trägt dies Buch auch nicht den Titel »Demokraten«, sondern »Wegbereiter der Demokratie«. Im übrigen wäre es schade, wenn der Leser sich durch die Tatsache, daß in der Auswahl sowohl Wolfgang Abendroth wie Konrad Adenauer und Rosa Luxemburg ebenso wie Friedrich Naumann vorkommen, irritieren ließe, ist doch der geistige Bürgerkrieg, der in der zweiten Hälfte des 20. Jahrhunderts das intellektuelle Klima in Deutschland bestimmte, durch den Zusammenbruch der DDR 1989/90 obsolet geworden.

Zeitlich umfaßt das Lexikon fast fünf Jahrhunderte, vom Ende des 15. Jahrhunderts (Wendel Hippler und Josel von Rosheim) bis 1945. Personen, die zu diesem Zeitpunkt bereits hervorgetreten waren, wurden noch aufgenommen (z.B. Willi Bleicher, Hannah Arendt, Willy Brandt); wer erst nach dem Zweiten Weltkrieg auf der Bildfläche erschien, blieb draußen. Neben bekannten, aber hier neu georteten Persönlichkeiten, enthält das Buch auch viele Unbekannte: Wer hat schon gehört von Klara Caro, Paul Clauswitz, Marie Raschke oder Johann Michael Afsprung? Wenn sich etwas von der produktiven Unruhe, die die Protagonisten demokratischer Bewegungen beseelte, auf die Leser und Leserinnen übertrüge, hätten sich der Herausgeber dieses Lexikons und die vielen daran beteiligten Autoren nicht vergebens bemüht.

Hamburg, im Juli 2006
Manfred Asendorf

Abendroth, Wolfgang
Geb. 2.5.1906 in Elberfeld;
gest. 15.9.1985 in Frankfurt/Main

A. repräsentierte das, was die politischen Kämpfe des zwanzigsten Jahrhunderts aus der so hoffnungsvollen Kombination von Demokratie und Sozialismus gemacht haben. Er ist die Verkörperung dessen, was wir unter einem sozialistischen Demokraten, einem demokratischen Sozialisten verstehen können. Jurist von Ausbildung, Politologe als Ordinarius, Historiker in seinen Schriften, Marxist als Wissenschaftler und Lehrer – eine singuläre Erscheinung unter den Mandarinen der Nachkriegswissenschaft. Sein politischer Einsatz, sein kämpferisches Leben in der Arbeiterbewegung machten ihn zu einem Außenseiter in den Fakultäten, aber isolierten den Intellektuellen auch in den Parteien und Organisationen der Arbeiterbewegung. Was ihm dort an Einfluß und Einsatz verwehrt oder wieder entzogen wurde, erreichte er jedoch bei der jüngeren Generation der Studenten und Wissenschaftler an Resonanz und produktiver Aufnahme: Seit den siebziger Jahren spricht man von der Abendroth- oder der Marburger Schule.

Mit 14 Jahren trat der Sohn einer sozialdemokratischen Lehrerfamilie in den Jugendverband der Kommunistischen Partei (KPD) ein. Die Verschärfung der Klassengegensätze durch die galoppierende Inflation, die riesigen Demonstrationen aller Arbeiterparteien nach der Ermordung Matthias Erzbergers 1921 und Walther Rathenaus ein Jahr später, der frühe Kontakt des »Literaturobmanns« im »Kommunistischen Jugendverband« mit marxistischer Literatur und ihren zeitgenössischen Autoritäten, waren Erfahrungen, die seine politische und wissenschaftliche Identität für die Zukunft prägten: Arbeiterbewegung, Einheitsfront, Marxismus. A. blieb auf der revolutionären Seite der

Opposition und machte alle Widersprüche in ihr durch, zusätzlich zum Kampf gegen den Faschismus, zu Kritik am Stalinismus, der Flucht aus der Sowjetischen Besatzungszone (SBZ) und der Opposition in der Bundesrepublik Deutschland.

1928 wurde er mit seinen Lehrern Heinrich Brandler und August Thalheimer aus der KPD ausgeschlossen. In der KPD-Opposition (KPO) und später in der Gruppe »Neu-Beginnen« – Organisationsgruppen der zersplitterten Arbeiterbewegung – nahm er den illegalen Widerstand gegen die nationalsozialistische Diktatur auf und grenzte sich gleichzeitig von der gegen die SPD gerichteten Sozialfaschismustheorie und der RGO-Politik (Revolutionäre Gewerkschafts-Opposition) der KPD ab sowie von dem Anpassungs- und Tolerierungskurs der SPD. Dabei orientierte er sich an der Faschismus-Analyse August Thalheimers, die ein realistischeres Bild von der Rolle des Staatsapparates im Kapitalismus gab als die in der KPD (und später in der SED) verbindliche Dimitroff-These von 1935, die den NS-Staat als offene, terroristische Diktatur der reaktionärsten Kräfte des Finanzkapitals charakterisierte. Auch nährte die Dimitroff-These die Illusion vom baldigen Zusammenbruch des Faschismus. Der Preis für die klarere strategische Perspektive der KPD-Opposition war A. bewußt: »Die KPO ist, eben weil sie sich an der Faschismus-Theorie Thalheimers orientieren kann, die einzige Gruppe, die im Augenblick eine sinnvolle politische Praxis zu bieten vermag. Aber sie ist isoliert von den Arbeitermassen und kann deshalb keinen praktischen Einfluß gewinnen.«

Die illegale Arbeit blieb nicht verborgen. 1937 wurde A. wegen Hochverrats vor Gericht gestellt, in den Kellern der Gestapo gefoltert, zu vier Jahren Zuchthaus verurteilt und anschließend in das aus politisch Vorbestraften und kriminellen Zuchthäuslern bestehende »Strafbataillon 999« eingezogen. Er konnte sich auf der Insel Lemnos 1944 zu griechischen Partisanen durchschlagen und in ihren Reihen den Kampf gegen den alten Feind wieder aufnehmen, bis er Ende des Krieges von den Engländern als Kriegsgefangener interniert wurde.

Die Niederlage der Arbeiterbewegung und die anschließenden Erfahrungen in der NS-Diktatur trugen entscheidend dazu bei, daß die theoretische Erkenntnis von der Einheitsfront und Aktionseinheit der Klassenkräfte sich für A. zum kategorischen Imperativ jeder demokratischen Bewegung erweiterte und zum Angelpunkt seines Verständnisses von politischer Praxis überhaupt wurde. In den Verhältnissen der unmittelbaren Nachkriegszeit und angesichts des Kalten Krieges hielt er an dieser programmatischen Überzeugung fest.

Noch bevor er im Dezember 1946, aus englischer Kriegsgefangenschaft kommend, mit seiner Frau, der Historikerin Lisa Abendroth, nach Potsdam zu seinen Eltern zog, war er in die SPD eingetreten. Während seines zweijährigen Aufenthaltes in der Sowjetischen Besatzungszone widerstand er allen Angeboten, in die SED einzutreten. Auch dieser erneute Konflikt, ja Zwiespalt in seiner Biographie war zwangsläufig und bereits früh angelegt. Er erwuchs aus seiner politischen Identität als unabhängiger Marxist, der sich schon in einer seiner ersten Veröffentlichungen kritisch mit Lenin auseinandergesetzt hatte (*Religion und Sozialismus*, 1926) und den Terror Stalins verabscheute.

Folgerichtig war die Ablehnung der Zwangsvereinigung von KPD und SPD zur SED vom April 1946 wegen ihres demokratischen Defizits und ebenso die Flucht der Familie genau zwei Jahre später. Zunächst, um einer drohenden Verhaftung zu entgehen, sodann aber, um die intellektuelle Unabhängigkeit zu bewahren, weswegen A. ein »lukratives« Angebot Hilde Benjamins, damals Leiterin der Personalabteilung in der »Deutschen Zentralverwaltung für Justiz«, zur Rückkehr ablehnte. An die Ministerin für Volksbildung des Landes Thüringen – mit Durchschlag an H. Benjamin – schrieb er unmittelbar nach seiner Flucht ein Gesuch um Entlassung aus seiner Professur in Jena, die er ein Semester zuvor angetreten hatte: »Um Mißverständnisse zu vermeiden, möchte ich ausdrücklich betonen, daß dies Schreiben keine Ablehnung der Grundgedanken der Oktoberrevolution und des Sozialismus enthält, für die ich stets eingetreten bin und weiter ebenso entschieden eintreten werde, wie ich es in der illegalen Arbeit während des Dritten Reiches, im Zuchthaus und im Strafbataillon und als Mitkämpfer der griechischen Partisanen getan habe und daß es mir fernliegt, mich mit der Rechtsauffassung oder Politik irgendeiner Besatzungsmacht zu identifizieren.« Das galt auch für die sowjetische Besatzungsmacht, deren Einmarsch in die CSSR 1968 er öffentlich kritisierte, aber auch für die DDR, bei deren Führung er wiederholt intervenierte.

A. hatte, nach einer kurzen Professur an der neuen Hochschule in Wilhelmshaven, seit 1951 den Lehrstuhl für politische Wissenschaften in Marburg inne – eine juristische Professur wollte man dem Staatsrechtslehrer der Universität Jena trotz seiner Flucht nicht überantworten. Das hinderte ihn nicht – wenn auch nur für kurze Zeit – Richter am Staatsgerichtshof in Bremen und am Verfassungsgerichtshof in Hessen zu werden und in der ebenso elitären wie konservativen »Staatsrechtslehrertagung« mitzudiskutieren – wo man ihm wegen seiner Ansichten schon bald das Wort entzog.

In seinen verfassungsrechtlichen Schriften dieser frühen Periode (*Das Grundgesetz*, 1966) bemühte er sich, die Offenheit des Grundgesetzes gegenüber der Wirtschafts- und Gesellschaftsordnung – also auch einer sozialistischen –

aus dem historischen Kontext seiner Entstehung und vor dem Hintergrund der früher entstandenen Länderverfassungen herauszuarbeiten. Skandalon für das Monopol der ordinierten Verfassungsinterpreten war die Herauslösung des Rechtsstaatsprinzips aus formalistischer Justizisolierung und seine »Materialisierung« durch die untrennbare Verbindung mit dem Sozialstaats- und Demokratieprinzip. Wo die herrschende Verfassungslehre lange Zeit einen Widerspruch zwischen Rechts- und Sozialstaatsprinzip postulierte, gab A. ihnen erst in ihrer wechselseitigen Verklammerung den zeitgemäßen, das heißt vom Grundgesetz gewollten juristischen Inhalt – heute eine Selbstverständlichkeit. Doch A. ging damals weiter. Er trieb das Postulat der Demokratisierung über die politischen Institutionen hinaus in alle wirtschaftlichen, sozialen und kulturellen Bereiche der Gesellschaft hinein, um der Wirtschafts- und Sozialordnung einen konkret demokratischen Inhalt nach dem Willen und den Bedürfnissen der ganzen Gesellschaft zu verleihen. Eine derart verstandene Verfassungstrias von Rechtsstaat, Sozialstaat und Demokratie machte nicht vor der überkommenen Eigentumsordnung halt und stärkte die Rechte der Arbeitnehmer und ihrer Organisationen, auch das in Übereinstimmung mit dem Grundgesetz: »Die lebendige und demokratisch organisierte Selbstverwaltung seiner (des parlamentarisch organisierten Staates) Gebietskörperschaften, seiner Anstalten und Körperschaften des öffentlichen Rechts, die Heranziehung der vielfältigen demokratischen Massenorganisationen (...) sind die Kampffelder, auf denen entschieden wird, ob ein parlamentarischer Staat seinen demokratischen Integrationswert bewahrt oder am Ende auch seine parlamentarischen Formen und lediglich formellen demokratischen Spielregeln abstreift. Mit umfassendem Plan, im vollen Bewußtsein des ganzen

Problems, können in dieser Auseinandersetzung nur die Sozialisten auftreten. Denn allein sie gehen von einem Denken aus, das die Einheit aller gesellschaftlichen Prozesse mit der Zielsetzung umfaßt, in ihnen die gleichberechtigte Teilhabe aller, die Demokratie, zum Durchbruch zu bringen. Sozialismus ist nichts anderes als die allseitige Verwirklichung dieses Gedankens der Demokratie, der aus einem System politischer Spielregeln zum inhaltlichen Prinzip der gesamten Gesellschaft, zur sozialen Demokratie erweitert wird.«

A. übernahm verschiedene Gutachten für die Gewerkschaften. Doch auch diese Zusammenarbeit endete, als er sich 1957 in einem spektakulären Landesverratsprozeß vor den im Deutschen Gewerkschaftsbund bereits geächteten ehemaligen Leiter des Wirtschaftswissenschaftlichen Instituts (WWI), Viktor Agartz, stellte und entscheidend zu dessen Freispruch beitrug. Die Verbindung mit der SPD zerbrach ebenfalls. 1959 hatte A. noch einen auf marxistischer Analyse beruhenden Gegenentwurf gegen das Godesberger Programm zum Parteitag gebracht. 1961 wurde er aus der Partei ausgeschlossen, weil er mit anderen Sozialisten einen Förderverein für den aus der SPD ausgeschlossenen »Sozialistischen Deutschen Studentenbund« (SDS) gegründet hatte.

Der Studentenbewegung in den späten 60er Jahren stand A. kritisch-solidarisch zur Seite. Nach ihrem Ende und dem Beginn der sozialliberalen Koalition (seit 1969) warb A. für ein breites Bündnis zwischen der intellektuellen Linken und der Gewerkschaftsbewegung. Zuletzt engagierte er sich vor allem in der Auseinandersetzung um die Folgen des sogenannten »Radikalen-Erlasses« von 1972 und in der Friedensbewegung.

Richard Löwenthal, ein zeitweiliger Weggefährte A.s, bemerkte in einem Nachruf: »Das Schwächste an ihm, ich kann es nicht ändern, war bei allem

Einsatz sein Sinn für die politische Realität und demgemäß letzten Endes seine politische Wirkung.« Dem ist entgegenzuhalten, daß A. in seinen bedeutenden Schriften zur *Sozialgeschichte der europäischen Arbeiterbewegung* (1965) und über *Aufstieg und Krise der deutschen Sozialdemokratie* (1964) einen scharfen Sinn für die politische Realität bekundet. Da er den Widerspruch zwischen Wahrheit, so wie er sie verstand, und Politik nicht auflösen konnte, wählte er die Wahrheit, was ihm nicht nur den Ruf größter Integrität, sondern auch unbestrittener wissenschaftlicher Kompetenz und Leistung einbrachte.

Literatur: Abendroth, W.: Ein Leben in der Arbeiterbewegung. Gespräche, aufgezeichnet und hg. von B. Dietrich und J. Perels. 3. Aufl. Baden-Baden 1981. – Sterzel, D.: Wolfgang Abendroth (1906–1985). Revolutionär und Verfassungsjurist der Arbeiterbewegung; in: Kritische Justiz (Hg.): Streitbare Juristen. Eine andere Tradition. Baden-Baden 1988, S. 476–486.

Norman Paech

Adenauer, Konrad
Geb. 5. 1. 1876 in Köln;
gest. 19. 4. 1967 in Rhöndorf

»Die große Aufgabe bei dem Wiederaufbau Deutschlands war es, die demokratischen Kräfte in unserem Volk zu wecken, zu stärken und wachsen zu lassen. Das politische Verantwortungsgefühl eines jeden Menschen war Voraussetzung für ein politisch gesundes Deutschland. Die Demokratie erschöpft sich nicht in der parlamentarischen Regierungsform, sie muß vor allen Dingen in dem Bewußtsein der einzelnen Menschen verankert sein. Wie die parlamentarische Regierungsform sogar zur Herbeiführung der Diktatur mißbraucht werden kann, wenn die Menschen nicht wirklich demokratisch denken und fühlen, das haben uns die ersten Monate nach dem Januar 1933 gezeigt. Demokratie ist mehr als eine parlamentarische Regierungsform, sie ist eine Weltanschauung, die wurzelt in der Auffassung von der Würde, dem Werte und den unveräußerlichen Rechten eines jeden einzelnen Menschen.«

Diese Sätze finden sich im ersten Band der Lebenserinnerungen, die der 88jährige A. 1964 zu schreiben begann. Die Demokratisierung der deutschen Gesellschaft und Politik nach 1945 erscheint darin vor dem Hintergrund des Scheiterns der Weimarer Republik. Der Sieg des Nationalsozialismus war für A. das Ergebnis einer Fehlentwicklung der Moderne, die er durch die »materialistische Weltanschauung« der Massengesellschaft und durch die »Staatsvergötzung« geprägt sah. Dem setzte er die aus christlichem Naturrecht entspringende »Würde, Freiheit und Selbständigkeit« der Person entgegen, die ihrerseits in gesellschaftlicher Verantwortung zu handeln verpflichtet sein sollte. Solche an »abendländisches Denken« appellierende Leitsätze brachten A. in Konflikt sowohl mit Marxismus und Sozialismus als auch mit dem Nationalsozialismus. Auf einer anderen Ebene liegt die Abgrenzung gegenüber Preußen. Aus dem katholischen Bürgertum des Rheinlands stammend, lehnte er die Hegemonie Preußens in Deutschland ab, was in der Zeit nach dem Ersten Weltkrieg wiederholt zu A.s Befürwortung einer Rheinprovinz als selbständigem Land im Reichsverband führte und nach 1945 zur Politik der dezidierten Westbindung des westdeutschen Teilstaats.

A.s politische Karriere begann nach dem Jura-Studium in der Kommunalpolitik. Von 1917 bis 1933 war er Oberbürgermeister von Köln. In seiner Partei, dem Zentrum, stand er auf dem rechten Flügel. Er machte nicht nur den Rechtstrend des Zentrums seit 1929/30 mit, sondern unterstützte auch das offen antiparlamentarische Präsidialregime von Reichskanzler v. Papen. Gewisse Sympathien A.s für den italienischen Faschismus auf der einen Seite und die Ablehnung der Nationalsozialisten auf der anderen Seite kennzeichnen A.s Lagebeurteilung während der ausgehenden Weimarer Republik. In der Erwartung, die NS-Bewegung werde sich totlaufen und abnutzen, sprach er sich für eine Regierungsbeteiligung der NSDAP in Preußen aus.

Nach der Bildung der von Hitler geführten Regierung wurde A. im März 1933 aus seinem Amt entfernt und hörte auf, sich politisch zu betätigen. Er war ein Gegner des Nationalsozialismus, schloß sich aber nicht dem Widerstand an. Dennoch wurde er nach dem 20. Juli 1944 für einige Zeit inhaftiert.

Für die Zeit nach dem Zweiten Weltkrieg sind zwei zentrale Punkte seines Denkens hervorzuheben. Von Anfang an sah er die Teilung Europas und Deutschlands als Realität an und fortan die Sowjetunion als Feind des Abendlandes. Innenpolitisch trat er für die Schaffung einer modernen Volkspartei ein und widersetzte sich allen Versuchen, das Zentrum als Partei des politischen Katholizismus wiederzubeleben. Die CDU, deren Vorsitzender er zunächst in der britischen Besatzungszone und später auch auf Bundesebene wurde, war unter seiner Führung marktwirtschaftlich orientiert. Ende 1947 deutete A. erleichtert die Entwicklung dahingehend, daß die »kommende Zeit nicht dem Sozialismus gehören wird«. Deutschlandpolitisch votierte A. parallel dazu schon vor Gründung der Bundesrepublik für eine konsequente Politik der Westbindung, die er auch während seiner Amtszeit als Bundeskanzler (1949–1963) ohne Abstriche verfolgte.

A.s Regierungsstil war patriarchalisch-autoritär und gerade deshalb in der Bundesrepublik der 50er Jahre überaus populär. Die Bundesrepublik war zwar ein im Westen verankerter Staat. Ihre Gesellschaft aber war mit Formen pluralistischer Demokratie zunächst

noch wenig vertraut, so daß ein starker Kanzler, den nach dem Eindruck eines seiner engsten politischen Mitarbeiter aus dem Jahr 1953 der »Mythos der Führerpersönlichkeit« umgab, höchst willkommen war und im Zuge des »Wirtschaftswunders« ein Gefühl der Stabilität vermittelte. Die absolute Mehrheit der CDU 1957 dokumentiert die große gesellschaftliche Akzeptanz von A.s »Kanzlerdemokratie«. Sie ging mit dem allgemeinen Schweigen über die gesellschaftlichen Wurzeln des Nationalsozialismus einher sowie mit einer weitreichenden Kontinuität der Eliten im Staatsapparat, in Justiz und Bildung und nicht zuletzt auch in der Bundeswehr. Auch das innenpolitische Freund-Feind-Denken und die bedenkenlose Übertragung des für die frühe Bundesrepublik konstitutiven Antikommunismus auf die sozialdemokratische Opposition, deren eventuellen Wahlsieg A. als Untergang Deutschlands und Auslieferung an Moskau hinstellte, sind Merkmale der Adenauer-Ära. Erst gegen Ende seiner Regierungszeit verlor A. an Rückhalt: Innenpolitsch war das Ende der Ära A. durch Vorgänge wie die SPIEGEL-Affäre 1962 geprägt, als die Regierung mit ihrer Polizeiaktion gegen den SPIEGEL scheiterte; außenpolitisch durch den Mauerbau 1961 in Berlin, der das Ende der Deutschlandpolitik der CDU/CSU besiegelte, und durch die nach der Kuba-Krise 1962 mit Nachdruck betriebene Entspannungspolitik des amerikanischen Präsidenten John F. Kennedy, die die Bundesrepublik in eine Isolierung zu drängen drohte.

A.s Kanzlerschaft schuf die Grundlage für die Anbindung der Bundesrepublik an den Westen, was den traditionellen antiwestlichen Affekt in der deutschen Politik beenden half. Daß dies mit einem Defizit an Demokratie einherging, kann vor dem Hintergrund der deutschen Entwicklung bis 1945 nicht überraschen und wurde erst nach Abschluß der Ära A. korrigiert.

Literatur: Blumenwitz, D. u. a. (Hg.): Konrad Adenauer und seine Zeit. 2 Bde. Stuttgart 1976 – Schwarz, H.-P.: Adenauer. 2 Bde. Stuttgart 1986 u.1991 – Sternburg, W. v.: Adenauer. Frankfurt/ Main 1987 – Köhler, H.: Adenauer. Frankfurt/Main, Berlin 1994.

Gottfried Niedhart

Adorno, Theodor W.

Geb. 11. 9. 1903 in Frankfurt/Main;
gest. 6. 8. 1969 in Visp, Kanton Wallis
(Schweiz)

A.s politische Biographie ist durch den epochalen Bruch gekennzeichnet, den der Faschismus in Deutschland bewirkt hat. Das traumatische Erlebnis der Emigration, die anschließende Mitarbeit bei der Etablierung von Demokratie und freiheitlicher Kultur in der Bundesrepublik und schließlich das problematische Verhältnis zur Studentenbewegung haben A.s Lebensgeschichte und seine kritische Theorie der Gesellschaft beeinflußt. Für den jungen Privatdozenten der Philosophie, dem die Nationalsozialisten 1933 die Venia legendi an der Frankfurter Universität entzogen hatten, schien es zunächst noch gar nicht ausgemacht, daß er emigrieren mußte.

Theodor Ludwig Wiesengrund-A. war am 11. September 1903 in Frankfurt geboren worden. Aufgewachsen in einem musikalisch-kulturellen Lebenskreis, philosophisch geschult durch den älteren Freund Siegfried Kracauer, den bedeutenden Feuilletonisten der Frankfurter Zeitung, entfaltete A. schon als junger Mann eine beeindruckende Wirkung in kulturellen Institutionen des liberalen Bürgertums der ehemaligen »Freien Reichsstadt Frankfurt«. Als Student war er bereits einflußreicher Musikkritiker im Geiste der radikalen Moderne. Er trat früh für Arnold Schönberg ein. Eigene Kompositionen wurden aufgeführt. Mit 21 Jahren schloß er sein Studium der Philosophie, Musik-

wissenschaft, Psychologie und Soziologie mit der Promotion in Philosophie bei Hans Cornelius ab. 1925 ging er für ein Jahr nach Wien, um bei zwei Protagonisten der musikalischen Avantgarde, Alban Berg und Eduard Steuermann, zu studieren. Zurück in Frankfurt, intensivierte er den Kontakt zum »Institut für Sozialforschung« (gegr. 1923), mit dessen Direktor Max Horkheimer ihn seit der Universitätszeit gemeinsame theoretische Interessen verbanden.

Ein Hauptgegenstand der Arbeit des Instituts war die Erforschung der Ursachen jenes Selbstauflösungsprozesses der bürgerlichen Gesellschaft, der in Deutschland zum autoritären Staat führen sollte. Um zu begreifen, warum Menschen sich gegen ihr eigenes Interesse der Herrschaft unterwarfen und sich mit ihr identifizierten, verband die »Kritische Theorie« Einsichten von Marx und der analytischen Sozialpsychologie und begann, die bis dahin in Deutschland kaum bekannte Methodik der empirischen Sozialforschung in ihre Untersuchungen zu integrieren. Neben Herbert Marcuse, Leo Löwenthal, Erich Fromm und anderen arbeitete A. als Musiktheoretiker an einer interdisziplinär angelegten ideologiekritischen Theorie des gesamtgesellschaftlichen Verlaufs. Den gesellschaftlichen Gehalt der Musik förderte er nicht soziologistisch von außen zutage, sondern durch die Analyse der ästhetischen Formgesetze der Werke selbst. Zugleich arbeitete er, angeregt von Ernst Bloch und Georg Lukács und in produktivem Austausch mit seinem Lehrer und Freund Walter Benjamin, in seiner Habilitationsschrift über Sören Kierkegaard – 1930 von Paul Tillich in Frankfurt angenommen – den gesellschaftlichen und potentiell kritischen Gehalt von Philosophie heraus.

Nach der Machtübernahme durch die Nationalsozialisten 1933 versuchte A. zunächst, in Deutschland zu »überwintern«. Gleichzeitig bemühte er sich, in Oxford akademisch Fuß zu fassen. Bis 1937 kehrte er von dort regelmäßig zu längeren Aufenthalten nach Frankfurt zurück. Erst die energische Intervention Horkheimers, der sich keine Illusionen über die NS-Diktatur machte, veranlaßte A. 1938, zusammen mit seiner Frau, der promovierten Chemikerin Margarete Karplus, in die USA zu emigrieren. Dort änderte er seinen Namen in »Theodor W. Adorno«.

Nicht nur die ständige Mitarbeit in dem inzwischen in New York ansässigen »Institut für Sozialforschung«, sondern vor allem auch die »Erfahrung des Substantiellen demokratischer Formen« bestimmte A.s weitere Tätigkeit: »daß sie in Amerika ins Leben eingesickert sind, während sie zumindest in Deutschland nie mehr als formale Spielregeln waren und, wie ich fürchte, immer noch nicht mehr sind. Drüben lernte ich ein Potential realer Humanität kennen, das im alten Europa so kaum vorfindlich ist. Die politische Form der Demokratie ist den Menschen unendlich viel näher. (...) Begegnet man etwa in soziologischen Studien in Deutschland immer wieder Aussagen von Probanden wie: Wir sind noch nicht reif zur Demokratie, dann wären in der angeblich so viel jüngeren Neuen Welt derlei Äußerungen von Herrschgier und zugleich Selbstverachtung schwer denkbar. Ich möchte damit nicht sagen, daß Amerika vor der Gefahr eines solchen Umkippens zu totalitären Herrschaftsformen gefeit sei. Eine solche Gefahr liegt in der Tendenz der modernen Gesellschaft überhaupt. Aber wahrscheinlich ist die Resistenzkraft gegen faschistische Strömungen in Amerika doch größer als in irgendeinem europäischen Land, mit Ausnahme vielleicht von England.«

Mit der Kritik an der Kulturindustrie in den USA, die eine Vorreiterrolle für den europäischen, inzwischen weltweiten Betrieb der Massenkultur einnahm, und mit den in der Emigration entstandenen bahnbrechenden *Studien zum autoritären Charakter* (1950) trug A. zur Einsicht der demokratischen Gesellschaft in ihre eigene Ambivalenz bei. Nach A. besteht der innere Widerspruch der Kultur darin, daß sie ihr Versprechen von Humanität auf der Basis einer inhumanen, repressiven Gesellschaftsformation gibt – und schließlich selbst dementiert, wenn sie sich, als Kulturindustrie, ganz den Regeln der Warenproduktion unterwirft. Und die Tendenz zur Selbstunterhöhlung der demokratischen Gesellschaft wurde in den *Studien zum autoritären Charakter* erstmals einer empirischen sozialpsychologischen Analyse zugänglich: Sie zeigte, bei welcher Charakterdisposition Individuen »besonders empfänglich für antidemokratische Propaganda« sind.

1941 zog zunächst Horkheimer und kurz danach A. nach Los Angeles: Gemeinsam verfaßten sie hier die *Dialektik der Aufklärung*. 1944 abgeschlossen, aber erst 1947 veröffentlicht, thematisiert das Werk die »Selbstzerstörung der Aufklärung«. Aufklärung, ganz allgemein »das fortschrittliche Denken«, das darauf zielt, »von den Menschen die Furcht zu nehmen und sie als Herren einzusetzen«, führt zur radikalen »Entzauberung der Welt«, zur Emanzipation der Erkenntnis vom Mythos, endet aber in diesem Prozeß selbst als Mythos, als Herrschaft des technisch-instrumentellen Denkens unter den Bedingungen des »Warenfetischismus«.

1945/46 arbeitete A. – noch in den USA – an Thomas Manns Roman *Doktor Faustus* (erschienen 1947) mit, vor allem an den musiktheoretischen Passagen. 1949 kam A.s *Philosophie der neuen Musik* heraus, 1952 der *Versuch über Wagner*. Außerdem veröffentlichte er eine Sammlung eigener Aphorismen unter dem Titel *Minima Moralia* (1951). Gemeinsam mit Horkheimer 1949 nach Frankfurt zurückgekehrt, bekleidete A. seit 1950 eine außerplanmäßige Professur für Philosophie und Musiksoziologie an der Universität Frankfurt, die sieben Jahre später in ein Ordinariat umgewandelt wurde. Und er leitete zusammen mit Horkheimer das 1951 in Frankfurt neueröffnete »Institut für Sozialforschung«, das in den fünfziger Jahren der kritischen Soziologie zum Durchbruch in der Bundesrepublik verhalf.

In den sechziger Jahren wurde A. zu einem der wichtigsten Intellektuellen der Republik. Von 1963 bis 1968 war er Vorsitzender der »Deutschen Gesellschaft für Soziologie«. Seine Essaysammlungen, die *Prismen* (1955), *Eingriffe* (1963) und *Stichworte* (1969) entfalteten ihre Wirkung weit über die akademische Sphäre hinaus. Er war im Rundfunk und in der Presse als pointiert formulierender Aufklärer präsent. »Adorno hat in den letzten fünfundzwanzig Jahren seines Lebens sein Augenmerk auf das Fortleben des Nationalsozialismus gelegt. Aus dem Bewußtsein der Gegenwart von Auschwitz wurde das Bewußtsein notwendigen Erinnerns«, schrieb Detlev Claussen.

Der Kampf gegen das Vergessen, das unter dem Titel »Vergangenheitsbewältigung« die letzten Hindernisse aus dem Weg räumen sollte, die der Restauration, dem Wirtschaftswunder und der »formierten Gesellschaft« (Ludwig Erhard) im Wege standen, zeigte Wirkung. Mitte der sechziger Jahre machte sich die inzwischen so genannte »Frankfurter Schule« als einflußreiche Impulsgeberin gesellschaftlicher Reformprozesse bemerkbar. 1966 formulierte A. im Hessischen Rundfunk sein Konzept von Erziehung als »Herstellung eines richtigen Bewußtseins. (...) Man kann sich verwirklichte Demokratie nur als Gesellschaft von Mündigen vorstellen.« (*Erziehung zur Mündigkeit*, 1971). Der Vietnamprotest (gegen die Bombardierung Nordvietnams durch die USA seit 1965), die Erschießung des Studenten Benno Ohnesorge durch einen Polizisten bei einer Anti-Schah-Demonstra-

tion 1967, das Attentat des Arbeiters Josef Bachmann auf Rudi Dutschke, einen der führenden Köpfe der Studentenrevolte, am 11. April 1968, beeinflußten in den folgenden Jahren das politische Klima der Bundesrepublik. Bald stellte sich heraus, daß es in der Kritik an der bestehenden Gesellschaft Übereinstimmungen zwischen A. und der Protestbewegung gab, aber Differenzen über die Mittel, Veränderung zu ermöglichen. Zwar solidarisierte sich A. öffentlich mit den Intentionen des studentischen Protests, der ja nicht nur auf Reform der Universitäten zielte, sondern auch die gesellschaftliche Auseinandersetzung mit dem Nationalsozialismus einleitete. Er sah die aktuelle Notwendigkeit einer außerparlamentarischen Opposition, unterstützte den Widerstand gegen die (1968 vom Bundestag beschlossenen) Notstandsgesetze und erklärte die studentische Blockade der Auslieferung von Zeitungen aus dem Axel-Springer-Verlag (Ostern 1968 als Reaktion auf den Mordanschlag gegen Dutschke) für legitim. Aber anders als etwa Herbert Marcuse lehnte er alle Formen von Aktionismus und Gewaltanwendung ab, die sich selbst mit revolutionärer Tat verwechselten und in A. Erinnerungen an das antidemokratische Potential in der Weimarer Republik weckten. »Der entscheidende Differenzpunkt ist wohl der«, sagte er, nicht lange vor seinem Tod, in einem Zeitungsinterview über die Möglichkeit radikaldemokratischer Politik in der Bundesrepublik, »daß unter den gesellschaftlichen und technischen Bedingungen der Gegenwart verändernde Praxis überhaupt vorstellbar ist nur als gewaltlos und durchaus im Rahmen des Grundgesetzes.«

A.s philosophische Arbeit konzentrierte sich in diesen letzten Jahren auf die Ausarbeitung seines Spätwerks. Viele nahmen es ihm übel, daß er sich nicht politisch vereinnahmen ließ. Die tumultartigen Störungen seiner Lehrtätigkeit mögen A. verunsichert und zu Fehleinschätzungen verleitet haben, so z. B., als er 1969 aus Angst vor einer Besetzung des Instituts für Sozialforschung durch Frankfurter Studenten die Polizei um Hilfe rief. Dazu kam eine Kampagne, die gegen seine Edition der Schriften Walter Benjamins angezettelt wurde. Zu Unrecht warf man ihm vor, er habe in der Emigrationszeit Benjamins Abhängigkeit vom Institut ausgenutzt und später seine Schriften verfälscht. Zermürbt verließ A. nach dem Prozeß, den man seinem Doktoranden Hans-Jürgen Krahl wegen Landfriedensbruchs gemacht hatte, im Juli 1969 Frankfurt, um mit seiner Frau Ferien in der Schweiz zu machen. Dort starb er an einem Herzinfarkt. Seine *Negative Dialektik* (1966) und die *Ästhetische Theorie* (1970 posthum unabgeschlossen erschienen) haben den philosophischen Diskurs seit den siebziger Jahren bis heute entscheidend beeinflußt.

Literatur: Früchtl, J.; Calloni, M. (Hg.): Geist gegen den Zeitgeist. Erinnern an Adorno. Frankfurt/Main 1991. – Scheible, H.: Theodor W. Adorno. Reinbek bei Hamburg 1989. – Schweppenhäuser, G. (Hg.): Soziologie im Spätkapitalismus. Zur Gesellschaftstheorie Theodor W. Adornos. Darmstadt 1995. – Wiggershaus, R.: Theodor W. Adorno. München 1987.

Gerhard Schweppenhäuser

Afsprung, Johann Michael
Geb. 21. 10. 1748 in Ulm;
gest. 21. 3. 1808 in Ulm

A. stammte aus ganz bescheidenen Verhältnissen, sein Vater war ein einfacher Schlosser, aber er konnte teils autodidaktisch, teils an dem renommierten Ulmer Gymnasium eine gute Bildung, vor allem in alten Sprachen und in der Mathematik, erwerben. Schon früh wurde aus A. ein entschiedener Gegner der Oligarchie, die in Ulm wie in den meisten deutschen Reichsstädten herrschte, und er bekannte sich ebenso entschieden zu den aufklärerischen Idealen der Vernunft, der Tugend und der Freiheit. 1770 verließ er Ulm, ging nach Wien, dann nach dem ungarischen Sarospatak als Lehrer, dann wieder nach Wien. Dort gab er – zusammen mit seinem Freund Johann Friedrich Mieg – eine Streitschrift heraus, die *Freymüthigen Briefe an Herrn Grafen von V. über den gegenwärtigen Zustand der Gelehrsamkeit der Universität und der Schulen zu Wien* (Frankfurt und Leipzig 1775), was zu seiner und Miegs Vertreibung aus Wien führte. Er machte die Bekanntschaft von Friedrich Gottlieb Klopstock und Johann Bernhard Basedow, arbeitete in Dessau und Amsterdam als Lehrer, publizierte unter anderem in Schubarts *Teutscher Chronik* und verfaßte eine Polemik gegen die Schulverhältnisse in Ulm, was von den Großen seiner Heimatstadt übel vermerkt wurde. Dennoch erhielt er in Ulm für kurze Zeit ein kleines Amt, das er aber sehr bald wieder aufgab.

1781 veröffentlichte er eine seiner besten Arbeiten, die *Bemerkungen über die Abhandlung von der teutschen Literatur*, womit er sich an der öffentlichen Debatte über König Friedrichs II. Schrift *De la littérature allemande* (1780) beteiligte. Unter den zahlreichen Gegenschriften ist A.s Arbeit die aggressivste und originellste. Auf der Grundlage einer präjakobinischen Konzeption lehnte A. jedes aristokratische Mäzenatentum ab und erhoffte einen Aufschwung der Literatur von revolutionären Bewegungen.

1782 unternahm A. eine Reise durch Süddeutschland und die Schweiz, die er in dem Buch *Reise durch einige Cantone der Eidgenossenschaft* (Leipzig 1784) beschrieb. Dieses gehaltvolle Buch gehört zu den politisch engagierten Reisebeschreibungen, die damals aufkamen. Ausgehend von den Ideen der Aufklärung kritisierte A. die aristokratischen und bürgerfeindlichen Zustände in den südwestdeutschen Reichsstädten und in den ähnlichen Stadtkantonen der Schweiz wie Luzern und Zürich. Als Ideal stellte A. den patrizischen Städten die urwüchsige und gesunde, »reine« Demokratie in den sogenannten Landsgemeindekantonen entgegen, also Kantonen wie Appenzell-Außerroden, in denen die Gesetzgebung und die Wahl der ausführenden Beamten direkt vom gesamten Volk (allerdings nur von den Männern) ausging. In dieser direkten Demokratie sah A. ein nachahmenswertes Modell für die kleineren Staatswesen in Deutschland, während er für die größeren Territorien damals noch den aufgeklärten Absolutismus für einzig möglich hielt – er war ein Verehrer Kaiser Josephs II. (reg. 1765–1790).

A.s Buch wurde ein beachtlicher Erfolg, es wurde aber auch kritisiert. Es kam sogar zu einer öffentlichen Debatte. Konservative Aufklärer wie der Göttinger Vielschreiber Christoph Meiners polemisierten gegen die republikanischen und freiheitlichen Tendenzen A.s, liberale Schriftsteller wie Johann Struve und Johann Gottfried Ebel dagegen vertraten ähnliche Auffassungen wie A..

In Heidelberg, wo er als Privatlehrer und Publizist lebte, schrieb A. das Buch *Über die vereinigten Niederlande...* (1787).

Für die Ideale der Französischen Revolution setzte sich A. in einer Reihe von Aufsätzen ein, die er im *Braunschweigischen Journal* beziehungsweise seiner Fortsetzung, dem *Schleswigischen Journal* veröffentlichte, in denen er Revolutionsgegner wie den Arzt und Schriftsteller Christoph Girtanner angriff. Wegen seiner revolutionsfreundlichen Haltung wurde er 1798 aus der Freien Reichsstadt Lindau, wo er einige Zeit als Privatlehrer gelebt hatte, auf österreichischen Druck hin ausgewiesen. In einer kleinen Schrift – *Johann Michael Afsprungs Schreiben an Fr. L. zu*

M. Ein Beitrag über Teutschlands Verfassung und Freiheit (1799) – hat A. die jammervolle Ohnmacht der kleinen deutschen Reichsstädte und die Notwendigkeit einer einschneidenden Veränderung der deutschen Verfassung nachgewiesen.

Die Ausweisung aus Lindau führte zu einer wichtigen Veränderung in A.s Leben. Anfang 1798 hatte es in der Schweiz eine Art bürgerliche Revolution gegeben, initiiert einerseits von schweizerischen Demokraten, die eine Modernisierung der anachronistisch gewordenen Eidgenossenschaft anstrebten, andererseits stark beeinflußt vom nachthermidorianischen, direktorialen Frankreich, das an seiner Ostgrenze einen dienstbaren Satellitenstaat wünschte. Es entstand die Helvetische Republik, ein moderner Zentralstaat, mit dem der Demokrat A. stark sympathisierte. Er siedelte nach St. Gallen, später nach Zürich über, wurde vor dem Parlament der Helvetischen Republik feierlich zum Bürger des neuen Staates ernannt und veröffentlichte in St. Gallen eine ganze Reihe von Artikeln, in denen er sich für die repräsentative Demokratie, wie sie sich in der Helvetischen Republik zu entwickeln begann, einsetzte.

Kurze Zeit übte er sogar ein Staatsamt aus als Sekretär und Bürochef des Regierungsstatthalters von Zürich. Als 1799 österreichische Truppen vorübergehend Zürich und die Ostschweiz besetzten, floh A. nach Neuchâtel. Dort erreichte seine publizistische Tätigkeit einen letzten Höhepunkt, als er mit drei Flugschriften in die Verfassungsdebatten der Helvetischen Republik im Jahre 1800 eingriff. In den folgenden Jahren wurden die radikalen Demokraten, zu denen A. gehörte, immer mehr zurückgedrängt, bis schließlich 1803 der französische Konsul Napoleon Bonaparte der Helvetischen Republik ein trauriges Ende bereitete. Viele Demokraten, unter ihnen auch A., resignierten. 1807 kehrte er nach Ulm zurück als Professor an dasselbe Gymnasium, das er in jungen Jahren zum Ärger der Ulmer Regierung scharf kritisiert hatte. Bald darauf ist er in seiner Heimatstadt gestorben.

Literatur: Höhle, Th.: Der »schwäbische Seume«. Über den radikal-demokratischen Publizisten Johann Michael Afsprung, in: Weimarer Beiträge, 12. Jg., 1983. – Höhle Th.: König und Jakobiner. Johann Michael Afsprung und seine Bemerkungen über die Abhandlung von der teutschen Literatur gegen König Friedrich II. von Preußen, in: Hallesche Studien zu Wirkungen von Sprache und Literatur, 7. Jg., 1983.

Thomas Höhle

Arendt, Hannah
Geb. 14. 10. 1906 in Linden bei Hannover; gest. 4. 12. 1975 in New York

»Das Entscheidende ist der Tag gewesen, an dem wir von Auschwitz erfuhren (...) Das war wirklich, als ob sich der Abgrund öffnet. Weil man die Vorstellung gehabt hat, alles andere hätte irgendwie noch einmal gutgemacht werden können, wie in der Politik ja alles einmal wieder gutgemacht werden kann. Dies nicht. Dies hätte nie geschehen dürfen. Und damit meine ich nicht die Zahl der Opfer. Ich meine die Fabrikation der Leichen und so weiter (...) Dieses hätte nicht geschehen dürfen. Da ist irgend etwas passiert, womit wir alle nicht mehr fertig werden.«

Diese Sätze stammen aus einem Interview, das Günter Gaus mit A. geführt hat und das 1964 das Deutsche Fernsehen ausstrahlte. Unmißverständlich wird darin zum Ausdruck gebracht, daß mit der nationalsozialistischen Judenvernichtung eine Grenze überschritten wurde, die durch keine Form der Politik wieder einzuholen ist. Diese Diskrepanz – das Ungenügen politischen Handelns gegenüber der Schockerfahrung des Holocaust – hat dem Leben A.s den wohl stärksten Stempel aufgedrückt.

Die Biographie der deutsch-amerikanischen Jüdin zu skizzieren, heißt erklären, wie aus einer apolitischen Philosophin eine nicht nur politisch engagierte Frau, sondern die wohl bedeutendste Theoretikerin des Politischen im 20. Jahrhundert werden konnte.

A. wurde 1906 in Linden bei Hannover geboren. Sie stammte aus einer assimilierten jüdischen Familie des Bildungsbürgertums und war Einzelkind. Ihre Eltern waren sozialdemokratisch geprägt und standen den Ideen der Jugendbewegung nahe. Der Vater, ein Ingenieur, starb bereits früh. A. wuchs in Königsberg, der Heimatstadt Kants, auf, besuchte dort ein Mädchengymnasium und studierte ab 1924, nachdem sie als Externe vorzeitig ihr Abitur abgelegt hatte, in Marburg bei Martin Heidegger Philosophie und bei Rudolf Bultmann Theologie. Nach der Fortsetzung ihres Studiums bei Edmund Husserl in Freiburg und Karl Jaspers in Heidelberg promovierte A. mit einer Arbeit über den *Liebesbegriff bei Augustin* (1928). Nach der Heirat mit dem Philosophen Günther Stern, der später unter seinem Pseudonym Anders als Zivilisationskritiker bekannt wurde, begann sie mit einer Studie über die jüdische Romantikerin Rahel Varnhagen. Im Sommer 1933 von der Gestapo vorübergehend verhaftet, entzog sie sich der wachsenden Bedrohung durch die Flucht nach Prag. Von dort gelangte A. über Genua und Genf nach Paris, wo sie sich der zionistischen Bewegung anschloß. Als Generalsekretärin der »Jugend-Alija« kümmerte sie sich mehrere Jahre um die Auswanderung jüdischer Flüchtlingskinder nach Palästina. Nach der Scheidung von Stern heiratete sie den Ex-Kommunisten Heinrich Blücher. Nach der Niederlage Frankreichs im Juni 1940 und mehrwöchiger Internierung in dem im unbesetzten Frankreich gelegenen Pyrenäen-Lager Gurs flüchtete A. zusammen mit ihrem Mann und ihrer Mutter über Spanien und Portugal in die USA, wo sie im Mai 1941 ankamen. In ihrem Gepäck führte sie die aus der Erfahrung einer historischen Katastrophe heraus verfaßten *Thesen über den Begriff der Geschichte* (1940) ihres Freundes Walter Benjamin mit sich, der aus Furcht vor seiner Verhaftung durch die Gestapo im September 1940 an der französisch-spanischen Grenze Selbstmord begangen hatte. In New York schrieb A. regelmäßig für die deutsch-jüdische Emigrantenzeitung *Aufbau*, arbeitete als Cheflektorin im Schocken-Verlag (1946–1949) und schloß sich der jüdischen Organisation »Ihud« von Judah Magnes an, in der sie vor der Gründung des Staates Israel durch einen Gewaltakt warnte. Als Geschäftsführerin der »Jewish Cultural Reconstruction Incorporated« reiste sie 1949 das erste Mal wieder nach Deutschland, um jüdische Kulturgüter zu retten.

Als 1951 mit *The Origins of Totalitarianism* ihr erstes großes Buch erschien, wurde A. auf einen Schlag auch über akademische Fachkreise hinaus bekannt. Ihre Doppelanalyse von Nationalsozialismus und Kommunismus wurde – obwohl keineswegs unumstritten – zum Standardwerk der Totalitarismustheorie.

Totalitarismus war für sie eine genuin neuartige Herrschaftsform: Als Produkt der modernen Massengesellschaft habe sich diese Herrschaftsform im Europa des 19. Jahrhunderts, dem Zeitalter der Bourgeoisie, mit dem Niedergang der Nationalstaaten herauskristallisiert. In den drei *Elementen der Schande*, die ins Zentrum der Studie gerückt sind – dem Antisemitismus, dem Imperialismus und dem Rassismus – kündigt sich an, was den Typus totaler Herrschaft auszeichnet: Bei ihm treten zu den traditionellen Merkmalen der Tyrannei mit Ideologie und Terror nicht einfach zwei weitere hinzu, sondern konstituieren Totalitarismus auf ganz spezifische Weise, mit einer ungekannten Vernich-

tungsqualität. Zum Inbegriff der neuen Herrschaftsform wird das System der Konzentrationslager. So wie kein totalitäres Regime ohne Terror auskommen kann, lautet eine von A.s grundlegenden Einsichten, so kann sich kein Terrorsystem ohne die Einrichtung von Konzentrationslagern als effektiv und letztlich von Dauer erweisen. Nationalsozialismus und Bolschewismus erscheinen ihr als »Variationen ein und desselben Modells«. Die Funktion totaler Herrschaft bestehe in der Zerstörung all dessen, was Gemeinschaft bedeutet, letztlich in der völligen Liquidierung von Freiheit.

So wie es A. zunächst um *Elemente und Ursprünge totaler Herrschaft* ging, wie der Titel ihres 1955 ins Deutsche übersetzten Buches lautet, so geht es in ihrem weiteren Werk um Elemente und Ursprünge politischen Handelns. In der Analyse der Strukturen totaler Herrschaft hat sie eine Demokratietheorie ex negativo entfaltet. Diese positiv zu fassen, stellt das zentrale Moment ihrer weiteren Arbeiten dar.

Die wohl wichtigste Weichenstellung erfolgte, als A. sich eine Standardkritik an ihrem Totalitarismus-Buch – im Gegensatz zur Analyse des Nationalsozialismus sei die des Sowjetkommunismus unscharf und empirisch unterbelichtet – zu eigen macht und sich die Aufgabe stellt, *Totalitäre Elemente im Marxismus* zu untersuchen. So lautet der Titel eines Projekts, das sie Anfang der fünfziger Jahre in Angriff nahm, um insbesondere den Unterschied zwischen Natur- und Geschichtsideologie genauer bestimmen zu können. A. war der Überzeugung, daß die abendländische Philosophie an der Heraufkunft der Schreckenssysteme des 20. Jahrhunderts alles andere als unschuldig sei. Ihren Plan, die philosophischen Wurzeln des kommunistischen Totalitarismus aus der Marxschen Theorie herauszufiltern, mußte A. jedoch aufgeben, weil eine Verlängerung des dafür nötigen Stipendiums nicht bewilligt wurde. Gleichwohl erwies sich dieses Erkenntnismotiv für ihre weitere Arbeit als richtungweisend.

Unter der Voraussetzung, daß die abendländische Tradition politischen Denkens in den Theorien von Marx ihr Ende gefunden habe, konzentrierte sich A. auf zwei Aufgaben: Zum einen auf die Überwindung einer als verhängnisvoll erkannten Reduktion des Herrschaftsbegriffs auf die Dichotomie von Herrschern und Beherrschten und zum anderen auf die Herauslösung des Handlungsbegriffs aus den deterministischen Bestimmungen von Arbeiten und Herstellen. Der eine Weg zielte darauf ab, das Politische in der Sphäre der Öffentlichkeit weiter auszudifferenzieren, Schlüsselbegriffe sind Pluralismus und Partizipation; er führte von dem 1963 fertiggestellten Werk On Revolution (dt.: Über die Revolution, 1963) bis zu ihrem 1970 erschienenen Essay On Violence (dt.: Macht und Gewalt, 1975). Der andere Weg mit dem Ziel, dem Begriff menschlichen Handelns Vorrang gegenüber dem der Produktion zu verschaffen, führte von The Human Condition (1958, dt.: Vita activa oder vom tätigen Leben, 1960) bis zum 1978 postum publizierten The Life of the Mind (dt.: Vom Leben des Geistes, 1979), einer Art vita comtemplativa. Bei beiden Aufgabenstellungen ging es implizit um die Überwindung zweier zentraler Topoi der marxistischen Theorie – der Fundierung des Herrschafts- im Klassenbegriff und der des Arbeitsbegriffs in dem dem Reich der Notwendigkeit zugeordneten Begriff der Produktion. Ziel war in beiden Fällen die Zurückgewinnung der Freiheitsdimension im politischen Handeln.

Die im Übergang vom 19. zum 20. Jahrhundert grundlegende Kategorie der Gesellschaft spielte dabei für A. keine Rolle mehr. Sich auf die klassische griechische Tradition beziehend, unterschied sie nur zwischen einer privaten und einer öffentlichen Sphäre. Ausbeutung und Verarmung spielten für A. nur eine untergeordnete Rolle. Für das, was in der Tradition, nicht nur der Linken, als soziale Frage bezeichnet wird, war in ihrem Denken kein systematischer Ort mehr vorgesehen. So sehr sie theoretisch auch von aristotelischen Kategorien her beeinflußt war, so wenig mochte sie der Überzeugung folgen, daß der Mensch ein zoon politikon, ein gesellschaftliches Wesen, sei. Das Politische war für A. kein qua Natur mitgegebener Wesenszug des Menschen, sondern etwas, das es erst zu schaffen gelte. Es existiere nicht in den Menschen, sondern zwischen ihnen. Vorhanden sei es jedoch nur als Möglichkeit. Das Politische war für A. eine Aufgabe, die im öffentlichen Handeln erst realisiert werden müsse.

Seit den vierziger Jahren hat sich A. immer wieder öffentlich eingemischt, in einer geradezu resoluten Weise politisch Position bezogen und damit nicht selten Kontroversen ausgelöst, am heftigsten wohl mit ihrem 1963 erschienenen Buch Eichmann in Jerusalem, in dem sie nicht nur die Judenräte kritisiert, sondern auch die These von der Banalität des Bösen aufwirft.

Aus einer Podiumsdiskussion im Dezember 1967 in New York ist A.s Essay Macht und Gewalt hervorgegangen. Den Vertretern der »Neuen Linken« wollte A. zeigen, daß sie die moralische Stärke ihrer Rebellion, von der sie trotz aller Kritik fasziniert war, nur dann bewahren könnten, wenn sie sich von ihrer marxistischen Gewaltrhetorik lösten. Die politische Verwirrung in Fragen der Opposition rühre daher, daß Macht und Gewalt gleichgesetzt würden. A. insistierte stattdessen auf der Notwendigkeit einer fundamentalen Unterscheidung. Diese Unterscheidung kristallisierte A. in ihrer Kritik an drei vermeintlichen Legitimationsmustern der Gewaltausübung, an Denkfiguren von Karl Marx, Georges Sorel und Jean-Paul

Sartre heraus. Während die Gewaltkategorie instrumentellen Charakter besitze und in den Bereich der Zweck-Mittel-Relation gehöre, sei die der Macht essentiell und bedürfe keiner Rechtfertigung, da sie allen Gemeinwesen schon immer inhärent sei. Die Legitimität der Machtausübung beruhe nicht auf Zielen oder Zwecken, sondern resultiere aus den Ursprüngen gemeinsamen Handelns, der Gründung einer Gruppe oder Gemeinschaft. Gegen ein bekanntes Mao-Diktum gerichtet, hielt A. ihren Kontrahenten vor, aus den Gewehrläufen komme niemals Macht. Wo Gewalt in einem poltischen Sinne eingesetzt werde, führe sie nicht zur Gewaltlosigkeit, sondern zu neuer, zumeist zu noch mehr Gewalt. Mit ebenso überraschenden wie genau gesetzten Distinktionen versuchte A. das Politische zurückzugewinnen. In ihrer Argumentation ging es letztlich darum, durch kategoriale Unterscheidungen die Legitimität politischen Handelns zu klären.

Weder theoretisch noch politisch läßt sich A. rubrizieren. Sie entzieht sich voreiligen Zuordnungen.

Literatur: d' Arcais, P.F.: Libertärer Existentialismus – Zur Aktualität der Theorie von Hannah Arendt. Frankfurt/Main 1990. – Friedmann, F.G.: Hannah Arendt – Eine deutsche Jüdin im Zeitalter des Totalitarismus. München, Zürich 1985. – Heuer, W.: Hannah Arendt. Reinbek bei Hamburg 1987. – Krummacher, F.A.: Die Kontroverse – Hannah Arendt, Eichmann und die Juden. München 1964. – Reif, A. (Hg.): Hannah Arendt – Materialien zu ihrem Werk. Wien, München, Zürich 1979. – Young-Bruehl, E.: Hannah Arendt – Leben, Werk und Zeit. Frankfurt/Main 1986.

Wolfgang Kraushaar

Bebel, August

Geb. 22.2.1840 in Deutz bei Köln;
gest. 13.8.1913 in Passugg bei Chur
(Schweiz)

B. wurde in den Festungskasematten von Köln-Deutz als Sohn eines preußischen Unteroffiziers und eines ehemaligen Dienstmädchens geboren. Er machte in Wetzlar eine Lehre als Drechsler und ließ sich nach zwei Jahren Wanderschaft 1860 in Leipzig nieder. Dort betrieb er seit 1864 als selbständiger Meister eine kleine Werkstatt, die Baubeschläge herstellte. B. gehörte in Leipzig zu den Gründungsmitgliedern des »Gewerblichen Bildungsvereins« (seit 1861); 1863 vertrat er den Verein, der von Teilen des liberaldemokratischen Bürgertums unterstützt wurde, auf dem ersten »Vereinstag der deutschen Arbeitervereine« (VDAV) in Frankfurt am Main. 1865 wurde B. auf dem zweiten Vereinstag in Leipzig in den Vorstand gewählt.

B.s Hinwendung zum Sozialismus fällt in das Jahr 1865. Der Leipziger Buchdruckerstreik vom Frühjahr dieses Jahres und weitere Lohnkämpfe und Streiks wegen übermäßig langer Arbeitszeit und zu niedriger Löhne führten ihm den Gegensatz von Kapital und Arbeit vor Augen. B. schloß sich allerdings nicht dem seit 1863 bestehenden, von Ferdinand Lassalle geführten »Allgemeinen Deutschen Arbeiterverein« (ADAV) an, sondern kämpfte – auch unter dem Einfluß von Wilhelm Liebknecht, der seit 1865 in Leipzig lebte – um die Bildung einer demokratischen Sammlungsbewegung. 1867 zog er für die von ihm mitgegründete »Sächsische Volkspartei« in den konstituierenden Reichstag des Norddeutschen Bundes ein. Die Partei, deren Programm von B. stammte, war ein Sammelbecken der bürgerlichen und der Arbeiterdemokratie, antipreußisch und, wie für die Demokraten damals üblich, großdeutsch. Zusammen mit Liebknecht und damaligen Lassalleanern gründete B. 1869 die »Sozialdemokratische Arbeiterpartei« (SDAP) in Eisenach.

Die SDAP gab sich als Konkurrenzpartei zum ADAV. Im Gegensatz zu diesem hatte sie eine demokratische Parteistruktur und schloß sich der IAA (»Internationale Arbeiter Assoziation«) an. Damit war auch eine Verbindung zu Marx und Engels in London vorhanden, die B. nicht abreißen ließ. Zunächst blieb der Kontakt brieflich, erst 1880 besuchte B. die beiden in London. Nach dem Tod von Marx freundete er sich mit Friedrich Engels an. B. (erstmals 1871) und Wilhelm Liebknecht (1874) eroberten für ihre Partei sächsische Reichstagswahlkreise und waren bald als die radikalsten Wortführer der Arbeiterbewegung bekannt. Da sie beide den Krieg gegen Frankreich (1870/71) abgelehnt und zum Widerstand gegen Bismarcks Kriegspolitik aufgerufen hatten, wurden sie 1872 in einem aufsehenerregenden politischen Prozeß des Hochverrats beschuldigt und zu zwei Jahren Festungshaft verurteilt. B. erhielt zusätzlich neun Monate Gefängnis wegen Majestätsbeleidigung. Er verlor zwangsläufig sein Reichstagsmandat. Da ihm aber eine erneute Kandidatur nicht verwehrt war, machte er noch einen Versuch und gewann die fällige Nachwahl in seinem Wahlkreis.

Die Zeit der Festungshaft mit Liebknecht wurde für B. zu einer wichtigen Phase in seinem Leben. Er konnte hier seine privaten Geschäfte und die Parteiarbeit mit Hilfe seiner Frau weiterführen, da Festungshaft als Ehrenstrafe nur die Einschließung selber bedeutete. Unter Anleitung Liebknechts betrieb er ein umfangreiches Literaturstudium und nahm bei Liebknecht Sprachunterricht in Englisch und Französisch.

In diesen »Sturm- und Drangjahren« der Arbeiterbewegung radikalisierte sich B. mehr und mehr. Als er am 25. Mai 1871 im neu gewählten ersten Reichstag das Wort zugunsten des Kommune-Aufstandes in Paris erhob, fiel die Formulierung, die noch Jahrzehnte als Ausweis der revolutionären, antimonarchistischen und antibürgerlichen Absichten der Sozialdemokratie zitiert wurde: Die Kommune sei »ein kleines Vorpostengefecht« des Kampfes des Proletariats für eine gerechte Gesellschaftsordnung. B. glaubte – wie übrigens nahezu alle Sozialdemokraten der Zeit – wie er es nannte, an den »Großen Kladderadatsch«, die sozialistische Revolution in überschaubarer, direkt bevorstehender Zeit.

Die Entwicklung zu dieser Revolution sei unausweichlich naturgesetzlich vorherbestimmt. Man müsse sie deshalb auch nicht putschend vorwegnehmen. Solange die Zeit noch nicht reif sei für die Revolution, habe sich die Sozialdemokratie im Rahmen der Gesetzlichkeit zu bewegen. Immer wieder gab es Auseinandersetzungen mit Marx und Engels, die aus dem Londoner Exil in die Sozialdemokratie hineinregieren wollten. Solange nur ihre kritisierenden und besserwisserischen Briefe publiziert wurden, sah das Bild vom Verhältnis zwischen Marx und Engels einerseits und B. und Liebknecht andererseits recht einseitig zugunsten der Londoner Sozialismus-Theoretiker aus. Die mittlerweile publizierten Antwortbriefe B.s zeigen aber deutlich L.s Selbständigkeit in der Beurteilung der politischen Verhältnisse in Deutschland und den pragmatischen Umgang mit den Weisheiten aus London.

B. spielte aus dem Gefängnis heraus auch eine wichtige Rolle bei der Vereinigung der beiden Arbeiterparteien SDAP (»Eisenacher«) und ADAV (»Allgemeiner Deutscher Arbeiterverein«) zur »Sozialistischen Arbeiterpartei Deutschlands« (SAPD) auf dem Gothaer Kongreß im Mai 1875. Er war, ebenso wie Marx und Engels, unzufrieden mit dem Gothaer Programm der SAPD, weil zuviel Lassalleanismus darin zu finden sei. Er verteidigte dies trotzdem gegen die

Londoner mit dem Hinweis, daß Lassalle in der Arbeiterschaft wie ein Heiliger verehrt würde und darauf Rücksicht genommen werden müsse: Die Einheit sei wichtiger als ein besseres Parteiprogramm.

Die Einheit der Partei war durch die zunehmende Repressionspolitik Bismarcks – und durch die »Gründerkrise« ab 1873 – nicht nur notwendig geworden, sondern auch immer labil geblieben. In der Verfolgung, insbesondere nach dem Erlaß des Sozialistengesetzes 1878, konnte sie sich konsolidieren, nachdem sie die ersten Schläge überstanden und mit der Untergrundorganisation und Untergrundtätigkeit begonnen hatte. B. gehörte als Vorsitzender der Kontrollkommission der Partei dem engeren Vorstand an, war ununterbrochen seit 1883 Hamburger Reichstagsabgeordneter und mit Paul Singer zusammen seit 1884 Fraktionschef der Partei. Da die Parteiorganisation durch das Sozialistengesetz verboten war, nahm die Reichstagsfraktion die Geschäfte des Parteivorstandes wahr. Nach dem Erlöschen des Sozialistengesetzes (1890) wurde B. zum 1. Vorsitzenden der in Erfurt 1891 neugegründeten »Sozialdemokratischen Partei Deutschlands« (SPD) gewählt.

Mehr und mehr wuchs B. in die Rolle des politischen Schriftstellers und Erfolgsautors hinein. Seine Publikationen erreichten zahlreiche Auflagen: Die Streitschrift *Unsere Ziele* (1870) hatte 13 Auflagen, *Christentum und Sozialismus* (1874) sechs und *Die Frau und der Sozialismus* (1879) bis 1913 allein 53 Auflagen, die letzte erschien 1985. Von *Die Frau und der Sozialismus* wurden zu seinen Lebzeiten über 100 000 Exemplare verkauft, seine Memoiren *Aus meinem Leben* (1910–1914) waren ein Bestseller.

1876, nach der »Gründerkrise« erweiterte B. seinen Betrieb mit einem Kompagnon zu einer Fabrik, in der er Baubeschläge nunmehr maschinell herstellte. Bis zum Ausstieg aus diesem Unternehmen – B. ließ sich auszahlen – verband er alle politische Reisetätigkeit mit der des Handelsvertreters seiner Produkte und spannte – wenn möglich – auch die ihm persönlich bekannten und vertrauten Genossen in seine Geschäfte ein. Sein Vermögen legte er selber kapitalistischen System, dessen Untergang er predigte, gewinnbringend an und sorgte außerdem dafür, daß er beträchtliche Einkünfte aus seiner Tätigkeit für die Partei erhielt: als Pro-Forma-Redakteur und durch hohe Verzinsungen seiner Beteiligung an Parteiunternehmen wie dem Dietz-Verlag.

In Leipzig, aus dem er 1881 ausgewiesen wurde, was er als »tödliche Beleidigung« empfand, führte er ein gutbürgerliches Leben in kultivierten Verhältnissen, so ab 1890 im Berliner Westen. Er erregte Aufsehen durch den Kauf einer Villa am Zürichsee, die er später wieder verkaufte. Wegen seiner in Zürich verheirateten Tochter ließ er sich dort nieder und hielt sich im Alter immer häufiger und länger dort auf.

Als B. starb, hinterließ er ein Privatvermögen (nach Abzug der Vermögenswerte, die er treuhänderisch für die Partei innehatte) von 305 000.- RM, nach heutiger Kaufkraft eine Summe von ca. sechs Millionen DM. Wegen seines Lebensstils, der Zielstrebigkeit, mit der er sein Geld zu mehren verstand, und des Hauskaufs gab es in der SPD Irritationen. Trotzdem blieb er, der bis zuletzt auch die Flügelkämpfe in der Partei unter Kontrolle halten mußte und nach rechts zu den Revisionisten um Eduard Bernstein und nach links zu Rosa Luxemburg und Karl Liebknecht mit scharfen Zurechtweisungen nicht sparte, der unangefochtene, von Freund und Feind bewunderte Arbeiterführer. B.s autoritäres Auftreten, seine Rednergabe, die die Massen regelrecht hypnotisierte, ließen ihn als den Gegenkaiser und Gegenspieler des monarchischen Systems erscheinen. Seinem Sarg folgte die größte Trauergemeinde, die Zürich je sah.

Literatur: Bley, H.: Bebel und die Strategie der Kriegsverhütung 1904–1913. Göttingen 1975. – Hirsch, H.: August Bebel. In Selbstzeugnissen und Bilddokumenten. Reinbek bei Hamburg 1988. – Schraepler, E.: August Bebel. Sozialdemokratie im Kaiserreich. Göttingen 1966. – Seebacher-Brandt, B.: Bebel. Künder und Kärrner im Kaiserreich. Berlin u. Bonn 1988.

Martin Kutz

Becker, Johann Philipp

Geb. 20. 3. 1809 in Frankenthal,
gest. 9. 12. 1886 in Genf

»... die Freiheit wird nur mit dem Sieg des Sozialismus triumphieren, und der Sozialismus wird nicht Sieger werden, bevor die revolutionären Kräfte aller Völker eine unbesiegbare Phalanx gegen alle Privilegien aller Dynastien gebildet haben. Aber die revolutionären Kräfte aller Nationen, das sind die Arme, die Köpfe und die Herzen der Proletarier aller Länder.«

So formulierte B. 1850 sein politisches Credo. Wie seine Freunde und Kampfgefährten Wilhelm Liebknecht und Friedrich Adolph Sorge zählt er zu jenen deutschen Demokraten, die infolge der Erfahrungen in der Revolution von 1848/49 zu Wegbereitern der sozialistischen Arbeiterbewegung wurden. Einer älteren Generation angehörend als sie, verkörperte B. die Kontinuität der demokratischen und der Arbeiterbewegung von der Julirevolution 1830 bis zur Vorbereitung der II. Internationale (gegründet 1889). Er wirkte als volkstümlicher Agitator und Publizist, als unermüdlicher Organisator und talentierter Revolutionsoffizier.

Geboren als Sproß einer Handwerkerfamilie, die den Traditionen der französischen Revolution verbunden war, begann B. seine politische Arbeit in den Reihen der Pfälzer Radikalen Anfang der dreißiger Jahre. Schon auf dem Hambacher Fest 1832, der mit 25000 bis 30000 Teilnehmern größten Massenversammlung in Deutschland vor 1848, war der 23jährige einer der radikalsten Redner. Der Bürstenbinder, der seine nachts verfaßten Artikel mit »der Handwerksmann« unterzeichnete, war überzeugt, daß die Interessen des Volkes nur durch gewaltsame Beseitigung der Fürstenherrschaft und durch Errichtung der Republik durchgesetzt werden könnten.

1838 in die Schweiz emigriert, wo er im Kanton Bern Bürgerrecht erhielt, beteiligte sich B. hier in den vierziger Jahren sowohl an den Kämpfen der Berner Radikalen, als auch an der Tätigkeit der deutschen Arbeitervereine. Hatte er aus sozialem Mitgefühl Sympathien für die notleidenden Tagelöhner seiner Heimatstadt gehegt, so lernte er nun die Handwerksgesellen als besonders aktive Mitkämpfer für seine demokratisch-republikanischen Ideale schätzen. Unter dem Einfluß sozialistischer und kommunistischer Ideen betrachtete B. als eigentliches Ziel einer republikanischen Umgestaltung zunehmend eine soziale Reform im Interesse der arbeitenden Massen. Durch und durch eine Kämpfernatur, nahm er auch an den Freischarenzügen gegen den konservativen Kanton Luzern (1844/1845) teil, und im Schweizer »Sonderbundskrieg« (1847), einem Bürgerkrieg, zeichnete er sich als Mitglied eines Divisionsstabs auf seiten der liberalen Kantone aus. Dabei erwarb er beachtliche militärische Fähigkeiten.

Nach der Märzrevolution 1848 trat B. an die Spitze der republikanisch gesinnten Deutschen in der Schweiz – vor allem der Emigranten und Mitglieder der Arbeitervereine. Durch ihre politische Mobilisierung und militärische Organisation suchte er die süddeutschen Republikaner zu unterstützen. Den Liberalen warf er vor, aus Furcht vor dem Volk einen Kompromiß mit Fürsten und Adel zu suchen. Ihre Losung »Durch Einheit zur Freiheit« gäbe in Wahrheit die Freiheit preis, und da sie die Restauration der Fürstenmacht ermögliche, werde sie auch die nationale Einheit verspielen. Im April 1848 eilte B. dem von Friedrich Hecker und Gustav von Struve geführten republikanischen Aufstand in Baden mit Arbeiterfreischärlern zu Hilfe. Im September 1848 rief er zur Unterstützung des 2. badischen Aufstands unter Struve auf, kritisierte aber dann scharf dessen putschistischen Charakter.

Seit der französischen Julirevolution 1830 betrachtete B. den Kampf zwischen Fortschritt und Reaktion als ein internationales Ringen, in dem der russische Zarismus die Bastion der Konterrevolution und Paris das Zentrum der Revolution seien. Der Aufstand zehntausender Pariser Arbeiter im Juni 1848 für ihre sozialen Belange und dessen blutige Niederschlagung brachten B. zu der Überzeugung, daß eine zweite, eine soziale Revolution nötig sei, in der die Arbeiter eine entscheidende Rolle spielen müßten. Diese Idee vertrat er in der Zeitschrift *Die Revolution* bzw. *Die Evolution*, die er von Dezember 1848 bis März 1849 herausgab.

Nach Ausbruch der »Reichsverfassungskampagne«, des 3. badischen Aufstands im Mai 1849, eilte B. nach Baden. Zum Oberbefehlshaber der Volkswehr ernannt, organisierte er mit badischen Bauern und Kleinbürgern Volkswehren, vor allem aber Freischaren, die sich aus Arbeitern verschiedener deutscher Staaten und revolutionären Emigranten aus anderen Ländern rekrutierten. Nach seiner Absetzung durch den Chef der provisorischen Regierung Badens übernahm er das Kommando über eine Division der badisch-pfälzischen Revolutionsarmee, die nur aus irregulären Einheiten bestand. Hier zeichnete sich B. durch hervorragende operative Leistungen aus, so daß ihn Friedrich Engels als »einzigen deutschen Revolutionsgeneral« bezeichnete.

Nach der Revolution wirkte B. zu-

nächst in Emigrantenorganisationen. Doch äußerte er 1851: »Was kann man denn wollen ohne die Arbeiter. Der Kampf ist nur für sie und daher nur durch sie.« Als er 1851 Mitglied der Genfer Kommunistengemeinde wurde, war diese wie alle Schweizer Gemeinden zum »Sonderbund« von August Willich und Karl Schapper, einer Abspaltung des in London residierenden »Bundes der Kommunisten«, übergegangen. 1852 kehrten sich aber führende Mitglieder der Gemeinde, darunter wohl auch B., ab.

Seit 1860 bekannte sich B. als Parteigänger von Karl Marx, suchte aber politisch zunächst eigene Wege zu gehen. Sein Versuch, 1860/1861 in Italien an der Seite Giuseppe Garibaldis eine Deutsch-Helvetische Legion zu bilden, schlug fehl. 1863/1864 unterstützte B. die Arbeiteragitation Ferdinand Lassalles in Deutschland. Das ihm gemäße politische Wirkungsfeld fand B. aber erst in der 1864 in London gegründeten »Internationalen Arbeiterassoziation« (IAA), der I. Internationale, in der Marx die führende Rolle spielte. B. war überzeugt: »Jawohl, der internationale Arbeiterverein muß endlich den Schlußstein bieten zu allen Arbeiterbestrebungen; denn die Überwältigung der Kapitalherrschaft kann nur durch die vereinigten Anstrengungen der Arbeiterklasse aller zivilisierten Länder erreicht werden.«

B. gehörte 1864 zu den Gründern der Genfer Sektion der IAA und übernahm im Zentralkomitee für die Schweiz die Leitung der deutschen Abteilung. 1866 übertrug ihm Marx auch die Aufnahme und Anleitung der örtlichen Sektionen in Deutschland. Seit 1867 unterstanden ihm auch die entstehenden Sektionen in Österreich, Ungarn und die der deutschen Emigranten in den USA. B. richtete über 4000 Briefe an Sektionen, Mitglieder und Sympathisanten der IAA. Er gab von 1866 bis 1871 in Genf die Monatsschrift *Der Vorbote* heraus und nahm an allen Jahreskongressen der IAA teil.

In der Hoffnung, durch Michael Bakunin der Internationale weiteren Einfluß zu verschaffen, suchte B. 1868/1869 die enge Zusammenarbeit mit diesem. Jedoch brach er 1870 mit dem Begründer des militanten Anarchismus und wurde einer seiner schärfsten Kritiker. B. vertrat dabei die zentralen politischen Programmforderungen von Marx und Engels: »Will man die Kapitalherrschaft bekämpfen, so muß man den Stier bei den Hörnern fassen, so müssen die Arbeiter sich der großen Industrie bemächtigen, welche die Quelle des Kapitals ist. Um dies zu können, müssen sie die politische Herrschaft haben...« B. nahm an der Gründung der »Sozialdemokatischen Arbeiterpartei« (SDAP, bis 1875) Wilhelm Liebknechts und August Bebels auf dem Eisenacher Kongreß 1869 teil und hoffte, daß »die geschaffene Organisation der deutschen Sozialdemokratie die Kraft und die Waffe« verleihen werde, »in Gemeinschaft der Proletarier aller Länder eine neue, weltumgestaltende Kulturepoche einzuweihen«.

Auch mit Auflösung der IAA 1876 endete B.s politisches Wirken nicht. Er engagierte sich im 1873 gebildeten »Schweizerischen Arbeiterbund« und redigierte von 1877 bis 1882 für ihn in der französischen Schweiz nochmals ein Presseorgan, die Wochenschrift Le Précurseur. Zugleich war B. in Genf der Mittelpunkt internationaler Kontakte. Er präsidierte dem internationalen Sozialistenkongreß in Chur 1881 und förderte die 1883 in Genf von russischen Marxisten gegründete Gruppe »Befreiung der Arbeit«. Sein oberstes Ziel war die Vorbereitung einer aus sozialdemokratischen Parteien bestehenden II. Internationale.

In seiner Publizistik unterstrich B. stets, daß die Arbeiterbewegung die Ideale und Ziele der Demokratie nicht verwerfe, sondern sie im Interesse ihrer eigenen sozialistischen Ziele entschiedener verfechte als jede andere politische Kraft. Als Veteran hoch angesehen, suchte er immer wieder, den Arbeitern demokratische Traditionen zu vermitteln. So nahm er bei den Feierlichkeiten zum 100. Todestag von Jean-Jacques Rousseau 1878 teil sowie anläßlich des Todes Guiseppe Garibaldis 1882 in Genf, und 1882 zum 50. Jahrestag des Hambacher Festes richtete er einen »Offenen Brief« an seine deutschen Parteigenossen.

Der engste Freund B.s war nun Friedrich Engels. B. besuchte ihn im September 1886 in London. Als B. kurz darauf starb, charakterisierte ihn Engels als einen Mann, »der an den Freiheitskämpfen von drei Generationen ehrenvoll Teil genommen« hatte und dabei im »achtundsiebzigsten Jahre noch ebenso frisch in der ersten Reihe« stand »wie im achtzehnten«.

Literatur: Dlubek, R.: Johann Philipp Becker. Vom radikalen Demokraten zum Mitstreiter von Marx und Engels in der I. Internationale (1848–1864/65). Berlin (Phil. Diss. Ms.) 1964. – Engelberg, E.: Johann Philipp Becker in der I. Internationale. Fragen der Demokratie und des Sozialismus. Berlin 1964. – Schmiedel, K.: Johann Philipp Becker: General der Revolution. Berlin 1986.

Rolf Dlubek

Bernstein, Aron
Geb. 6. 4. 1812 in Danzig;
gest. 12. 2. 1884 in Berlin

Am Lebensweg des Journalisten, Schriftstellers und Volksaufklärers B. können paradigmatisch die Hoffnungen und Enttäuschungen des Bürgertums abgelesen werden, dessen Aufstieg sich in den Jahrzehnten zwischen 1780 und 1870 vollzog. Rückschläge und die gescheiterte Revolution von 1848 waren zu überstehen. Und am Ende siegte bei der Geburt des Deutschen Reiches 1871

mehr der Einheits- als der Freiheits-
gedanke. Parallel zu diesem Prozeß kam
es zur Emanzipation des Judentums,
dem Weg aus dem Ghetto in das poli-
tisch-soziale Leben, also zur Herausbildung des deutschen Judentums. Eine
kurze, aber intensive deutsch-jüdische
Beziehungsgeschichte begann, die ihr
gewaltsames und unwiderrufliches Ende nach 1933 fand.

B. lebte bis zum 13. Lebensjahr im
elterlichen Haus in Danzig, besuchte
Talmudschulen in Fordon und Inowro-
claw (Hohensalza) und zog im Sommer
1832 nach Berlin. Bei seiner Ankunft
dort hatte er noch Schwierigkeiten mit
der deutschen Sprache, aber er fand
Hilfe bei Liberalen wie Adalbert Chamisso, Willibald Alexis, Friedrich Wilhelm Gubitz, Karl Holtei, Varnhagen
von Ense und anderen, die seine Begabungen erkannten und ihn bei seinen
ersten schriftstellerischen Versuchen
wohlwollend unterstützten. Unter dem
anagrammatischen Pseudonym »Re-
benstein« veröffentlichte B. erste Arbeiten in Alexis' *Freimüthigem*, Gubitz' *Ge-
sellschafter* und in Heinrich Laubes *Mit-
ternachtszeitung*.

Eine Wendung in B.s Leben brachte
das Revolutionsjahr 1848, an dem er als
Barrikadenkämpfer in den Straßen Berlins Anteil hatte. B. entwickelte sich zu
einem entschiedenen Demokraten, der
sich in Leitartikeln in der von ihm im
März 1849 gegründeten *Urwähler-Zei-
tung* und später in der *Volks-Zeitung* in
den politischen Tageskampf einmischte.
Er wurde mehrfach zu Geld- und Haft-
strafen verurteilt, was ihn aber nicht
hinderte, weiter für Freiheit und Einheit
des deutschen Volkes zu agitieren. Seine
Artikel, Aufsätze und Bücher, die er für
die Ziele der 48er Revolution und gegen
die Reaktion in Preußen schrieb, faßte
B. 1882 in einer dreibändigen Buch-
ausgabe unter dem Titel *Revolutions-
und Reaktionsgeschichte Preußens und
Deutschlands von den Märztagen bis zur
neuesten Zeit* zusammen. Noch heute

gilt dieses Werk als Quelle für die Geschichte des politischen Liberalismus jener Jahre.

Nicht nur als politischer Publizist erwarb sich B. Verdienste. Seine Aufsätze
zu naturwissenschaftlichen Themen
wurden viel gelesen. Obgleich Autodidakt, schrieb er für die Leser der *Volks-
Zeitung* regelmäßig jede Woche einen
speziell ausgewählten Beitrag, der über
ein naturwissenschaftliches Problem
oder Phänomen informierte und be-
lehrte. Diese Beiträge veröffentlichte B.
später in Buchform unter dem Titel
*Naturwissenschaftliche Volksbücher (Aus
dem Reiche der Naturwissenschaft. Für
Jedermann aus dem Volke*, 18 bzw. 12
Bde., Berlin 1852–1857). Die Fragen,
die B. in diesen in viele Sprachen übersetzten Büchern stellte, wirkten anre-
gend und brachten insbesondere jungen
Menschen die Naturwissenschaften näher wie zum Beispiel dem jungen Albert
Einstein, der B.s *Volksbücher*, wie er
selbst einmal bekannte, »mit atemloser
Spannung« gelesen hat.

B.s Sympathien gehörten den Linksliberalen, Männern wie Benedikt Waldeck, Johann Jacoby, Franz Duncker
und Hermann Schulze-Delitzsch. Letz-
terem zu Ehren verfaßte er 1878 eine
Schrift, die sich mit dessen Leben und
Werk befaßte. B.s Einstellung zu den
Vertretern des Linksliberalismus spiegelte sich vor allem in der publizistischen Unterstützung wider, die er den
Zielen der 1861 gegründeten »Deutschen Fortschrittspartei« zukommen
ließ. Im Gegensatz zu vielen Linksliberalen wechselte er jedoch nicht in das
Lager Bismarcks über. In der Debatte
um die Annexionen, die unmittelbar
nach dem preußisch-österreichischen
Krieg 1866 einsetzte, hielten B. und die
Volks-Zeitung auf Abstand. »Man beju-
belt einen Sieg«, schrieb B., »und merkt
nicht, daß man sich selber bekriegt und
besiegt hat«.

So wie er sich zu den politischen
Fragen der Zeit äußerte, so auch in

Fragen des Judentums. B. gehörte zu den Mitinitiatoren der jüdischen Reform in Deutschland. Am 10. März 1845 wurde er in einer Versammlung Berliner Gemeindemitglieder in einen Ausschuß gewählt, dem ausschließlich Nichttheologen angehörten, um ein Manifest auszuarbeiten, in dem die Notwendigkeit einer Reform des Judentums an »Haupt und Gliedern« dargelegt sein sollte. Der in wesentlichen Teilen von B. mitgestaltete Aufruf *An unsere Glaubensbrüder*, mit dem am 2. April 1845 dreißig prominente Persönlichkeiten des jüdischen Lebens an die Berliner Öffentlichkeit traten, ist in seiner Brisanz sogar mit Luthers Thesen verglichen worden. Eine der Folgen des Aufrufs war die Gründung der »Genossenschaft für Reform im Judenthum«, aus der sich die Berliner Reformgemeinde entwickelte, die bis in die Jahre des Nationalsozialismus existierte.

Noch heute in Erinnerung geblieben ist B. als Verfasser von zwei Ghetto-Novellen (*Vögele der Maggid* und *Mendel Gibbor*), die zum ersten Mal in den Jahren 1857 und 1858 im *Kalender und Jahrbuch für die jüdischen Gemeinden Preußens* erschienen. Im deutschen Judentum vor 1933 wurden die beiden Erzählungen viel gelesen und immer wieder neu aufgelegt. Die einen waren stolz auf die Novellen, weil sie die eigene Herkunft in ihnen wiederzuerkennen glaubten. Die anderen meinten, sie seien ein Stück jüdischer Kultur, das es zu bewahren gelte. Einige Zionisten gingen sogar so weit zu behaupten, die Ghettogeschichten hätten unterschwellig für das nationale Erwachen der Juden eine gewisse Rolle gespielt.

Literatur: Schoeps, J. H.: Bürgerliche Aufklärung und liberales Freiheitsdenken. Aron Bernstein in seiner Zeit. Stuttgart u. Bonn 1992. – Schoeps, J. H. (Hg.): Ghettogeschichte. Vögele der Maggid / Mendel Gibbor. Berlin 1994.

Julius H. Schoeps

Bernstein, Eduard
Geb. 6. 1. 1850 in Berlin;
gest. 18. 12. 1932 in Berlin

B. wurde als siebtes Kind einer jüdischen Familie geboren. Sein Vater war Lokomotivführer; ein Beruf, der in den fünfziger Jahren des 19. Jahrhunderts relativ gut bezahlt wurde. So konnte B. die Bürgerschule (1857–1863) und anschließend das Gymnasium (bis 1866) besuchen. Mit dieser Schulbildung war es ihm möglich, eine Banklehre zu machen (1866–1870) und zunächst als Bankangestellter zu arbeiten. Seine Tätigkeit ließ ihn zum Sozialisten, der Deutsch-Französische Krieg 1870/71 zum Internationalisten werden.

So trat er 1872 der »Internationalen-Arbeiter-Assoziation« (IAA) und danach im selben Jahr der SDAP (Sozialdemokratische Arbeiterpartei) bei. 1875 gehörte er der Programmkommission des Gothaer Vereinigungsparteitages an und wurde in den Vorstand der SAPD (Sozialistische Arbeiterpartei Deutschlands) gewählt. Von Berlin aus machte er Agitationsfahrten in die umliegenden Gemeinden und lernte dabei die Arbeiterschaft näher kennen. B. gehörte zu den Sozialdemokraten bürgerlicher Herkunft, die aus prinzipiellen Überlegungen den »politischen Seitenwechsel« vollzogen.

1878 ging B. als Privatsekretär des Publizisten Karl Höchberg in die Schweiz. Höchberg, Sohn eines reichen Bankiers, hatte Erbe und persönliche Fähigkeiten in den Dienst der Arbeiterbewegung gestellt. Im Winter 1878/79 las B. Engels' *Anti-Dühring* und verstand sich seither als Marxist. Seit 1880 wurde in Zürich der *Sozialdemokrat* verlegt. B. arbeitete als Redakteur dieser Zeitung und wurde einer der beredtesten Verfechter Marxscher Anschauungen. Da der *Sozialdemokrat* während des Sozialistengesetzes Zentralorgan der SAPD war und als einzige sozialdemokratische Zeitung unzensiert gedruckt wurde, hatte B. erheblichen Anteil an der Durchsetzung des marxistischen Denkens in der Partei. 1888 wies man ihn und den gesamten Stab des *Sozialdemokrat* auf Druck Bismarcks aus der Schweiz aus. B. ging mit Zeitung und Mitarbeitern nach London. Die Stadt blieb 13 Jahre sein Domizil, weil ein Haftbefehl gegen ihn wegen Geheimbündelei in Deutschland erst 1901 aufgehoben wurde. In England begann sich B.s politisches Weltbild zu verändern. Liberalität und parlamentarisches Regierungssystem taten das ihre, mehr jedoch sah sich B. in den Bann der »Fabian Society« gezogen, einer Gesellschaft intellektueller Sozialisten, die ein Sozialismusverständnis auf der Basis der bestehenden Wirtschaftsordnung propagierten.

B. identifizierte sich mehr und mehr mit dieser Gedankenwelt, immer jedoch in dem Glauben, Marxist zu sein und zu bleiben. Als Londoner Korrespondent des *Vorwärts* seit 1890 – der *Vorwärts* wurde die Nachfolgezeitung des *Sozialdemokrat* nach Ende des Sozialistengesetzes (1890) – und Mitarbeiter der *Neuen Zeit*, die Karl Kautsky zum Sprachrohr der marxistischen Vorstellungen in der Sozialdemokratie gemacht hatte, berichtete er aus dem kapitalistischen Zentrum der damaligen Welt.

B.s Beiträge waren zunehmend gekennzeichnet durch Zweifel an der Marxschen Doktrin. Seine Analyse der tatsächlichen Politik der SPD nach 1890 (aus der SAPD wurde 1890 die SPD, die »Sozialdemokratische Partei Deutschlands«) zeigte eine große Diskrepanz zwischen der Revolutionsrhetorik der Partei und ihrer praktischen Reformorientierung. Er sah ein, daß die Vorstellung vom naturnotwendigen Zusammenbruch des Kapitalismus und der Glaube, der Sozialismus lasse sich sofort und ohne Umstände verwirklichen, nicht nur illusorisch sei, sondern auch zu einem fatalistischen, politi-

schen Immobilismus führe. Als Marxist – als solcher vom alten Friedrich Engels immer noch angesehen und deshalb zum Nachlaßverwalter bestellt – wollte er diesen Widerspruch auflösen.

Für B. war aufgrund seiner Analysen klar, daß die Marxschen Prognosen der Entwicklung des Kapitalismus in entscheidenden Fragen falsch waren, Hoffnungen auf eine soziale Revolution in die Irre führten und die Einführung sozialistischer Verhältnisse ein hochkomplexes Wirtschaftssystem und ebenso komplexe soziale Beziehungssysteme berücksichtigen müßten. Veränderungen müßten deshalb so konzipiert werden, daß sie die Durchsetzung der sozialistischen Prinzipien auf Dauer sicherten. Dies sei nur möglich durch schrittweise Eroberung demokratischer Selbstbestimmungsrechte in einem langen Lernprozeß ökonomischer Selbstverwaltung. Gewaltkuren seien da kontraproduktiv und nur für eine politische Revolution sinnvoll. Dieses waren Ansichten, die in der SPD auf wenig Verständnis stießen. Die Parteiführung um August Bebel und die marxistischen Wortführer um Karl Kautsky und Franz Mehring machte sich B. zu unerbittlichen Gegnern. Ignaz Auer, der ihm theoretisch nahestand, sagte : »So etwas sagt man nicht, so etwas tut man.« Er distanzierte sich damit ebenfalls von ihm.

Als B. 1899 seine Überlegungen im Buch *Die Voraussetzungen des Sozialismus und die Aufgaben der Sozialdemokratie* zusammenfaßte, kündigte ihm Kautsky die Redakteurstelle bei der *Neuen Zeit* und nahm dem im Exil Lebenden die Existenzgrundlage. Da Kautsky seit Jahren über die ideologische Linientreue der Zeitschrift wachte und zunehmend andersdenkenden Sozialdemokraten die Publikation in der Zeitschrift verwehrte, wechselten diese ebenso wie B. 1901 zur Konkurrenzzeitschrift *Sozialistische Monatshefte*. Damit sowie als ständiger freier Mitarbeiter beim *Vorwärts* konnte B. seine wirtschaftliche Existenz sichern.

Seit 1901 wieder in Deutschland, gelang es B. freilich nicht, die SPD von seinen Ansichten zu überzeugen. Auf dem Dresdner Parteitag 1903 wurde der Revisionismus scharf zurückgewiesen. 1902 gelang B. der Sprung in den Reichstag, dem er mit Unterbrechungen bis 1928 angehörte. Von 1910 bis 1918 war B. außerdem Stadtverordneter in Berlin, in den Revolutionsmonaten dort auch unbesoldeter Stadtrat und Beigeordneter (das heißt sozialdemokratischer Aufpasser) des noch aus der Monarchie übernommenen Finanzministers von Preußen.

Im Ersten Weltkrieg spielte er eine wichtige Rolle in der Frage der deutschen Kriegspolitik. Der »Revisionist« B., aus orthodox-marxistischer Sicht ein Rechter, erkannte schon im Herbst 1914 die deutsche Kriegsschuld und ging in Opposition zur Burgfriedenspolitik der Mehrheit in der SPD-Reichstagsfraktion. Er verweigerte ab 1915 die Bewilligung der Kriegskredite und veröffentlichte im Juni dieses Jahres mit Hugo Haase und Karl Kautsky, seinem Widersacher von 1899, die Denkschrift *Das Gebot der Stunde*, die zu einem Verständigungsfrieden der kriegführenden Mächte aufrief.

Als die Fraktionsmehrheit der SPD den Spielraum der innerparteilichen Opposition zunehmend einengte, trat B. mit anderen Oppositionellen der »Sozialdemokratischen Arbeitsgemeinschaft« bei. Notgedrungen gehörte er zu den Mitbegründern der USPD, aus der er 1919 wieder ausgeschlossen wurde, weil er für die Vereinigung beider Parteien plädierte. Sein Wechsel zur Mehrheitssozialdemokratie (MSPD) hatte auch programmatische Bedeutung. Die USPD entwickelte in großen Teilen ein doktrinär-marxistisches Profil und damit eine Politikauffassung, die B. schon 25 Jahre zuvor bekämpft hatte.

B. spielte nochmals eine wichtige Rolle beim Görlitzer Parteitag der SPD von 1921. Er war einer der wichtigsten Autoren des Görlitzer Parteiprogramms, des reformwilligsten, »revisionistischsten« Parteiprogramms der Sozialdemokratie vor Godesberg (1959). Die Parole : »Demokratie, das ist nicht viel, Sozialismus ist das Ziel« stand großen Teilen der SPD allerdings auch nach 1918 im Wege, während B. schon zwei Jahrzehnte früher festgestellt hatte, »daß Sozialismus für mich in letzter Instanz Demokratie, Selbstverwaltung heißt«. Für seinen Satz: »Ich gestehe es offen, ich habe für das, was man gemeinhin unter ›Endziel des Sozialismus‹ versteht, außerordentlich wenig Sinn und Interesse; dieses Ziel, was immer es sei, ist mir gar nichts, die Bewegung ist alles«, ist er heftig angefeindet worden.

Das Bild vom »Revisionisten« (so verstanden im despektierlichen Sinne marxistischer Doktrin) als einem »Rechten« ist falsch. B. dachte zu differenziert, um in solche Schablonen zu passen. Der »Rechte« überholte den radikalen Marxisten August Bebel links in der sogenannten Massenstreikdebatte 1905/06, also in der Frage, ob man den Generalstreik zur Erkämpfung des allgemeinen, gleichen Wahlrechts in Preußen einsetzen dürfe. Er verlangte eine radikale Umorientierung der SPD, als sie sich in den Verhältnissen des Kaiserreiches fest eingerichtet hatte. Er kämpfte gegen die Kriegspolitik Deutschlands im Ersten Weltkrieg, mischte sich in die außenpolitische Debatte dieser Zeit ein und warf nach 1918 der SPD-Führung vor, nicht entschieden genug die Rolle der Monarchie und der politischen Rechten bis 1918 aufgedeckt und angeprangert zu haben. Schon früh erkannte B. die Gefährdung der Weimarer Republik und warnte vor der NSDAP. Falls es den Nationalsozialisten gelänge, einen Staatsstreich zu organisieren, prophezeite er »Terrorismus, wie ihn sich die meisten nicht träumen lassen«. Zu erfahren, auch in dieser Sa-

che recht behalten zu haben, blieb ihm
erspart, da er wenige Wochen vor Hit-
lers Ernennung zum Reichskanzler
82jährig starb.
Literatur: Gay, P.: Das Dilemma des
Demokratischen Sozialismus. Eduard
Bernsteins Auseinandersetzung mit
Marx. Nürnberg 1954. – Gustafsson, B.:
Marxismus und Revisionismus. Eduard
Bernsteins Kritik des Marxismus und
ihre ideengeschichtlichen Vorausset-
zungen. Frankfurt/Main 1972. – Hei-
mann, H.; Meyer, Th.: Bernstein und der
Demokratische Sozialismus. Berlin und
Bonn 1978. – Hirsch, H.: Der »Fabier«
Eduard Bernstein: Zur Entwicklungsge-
schichte des evolutionären Sozialismus.
Berlin u. Bad Godesberg 1977. – Meyer,
Th.: Eduard Bernstein, in: Euchner, W.
(Hg.): Klassiker des Sozialismus. Bd. I.
München 1991, S. 203–217.

Martin Kutz

Bleicher, Willi
Geb. 27. 10. 1907 in Stuttgart-Bad
Cannstatt; gest. 23. 6. 1981 in Stuttgart

B. war das fünfte von sechs Kindern des
Schlossers Paul Bleicher und seiner Frau
Wilhelmine. Er überstand den Ersten
Weltkrieg, die unvollendete Revolution
von 1918, neun Jahre Gefängnis und
zwei Konzentrationslager und wurde
vom Bäckerlehrling zu einem der mar-
kanten Führer der IG Metall, der größten deutschen und internationalen Gewerkschaft. Das Denken des Schlosser-
sohns war stets mehr geprägt durch
Lebenserfahrung als durch Theorien.
Dazu gehörten die Eindrücke der Ent-
behrung, Ungerechtigkeit und Demüti-
gung, an die er sich auch im Alter gut
erinnerte. Nach acht Jahren Volksschule
(1914–1922) und der Hungererfahrung
seiner Familie begann B. eine Lehre im
vermeintlich nahrhaften Bäckerberuf,
machte nach drei Jahren die Gesellenprüfung, verließ aber wegen der misera-
blen Arbeitsbedingungen nach kurzer
Zeit diesen Beruf. 1927 arbeitslos, wur-

de er bald Metallarbeiter in der Auto-
Industrie bei Daimler; das bestimmte
seinen weiteren Lebensweg.
B. war schon früh Zeuge der sozialen
Kämpfe zwischen Arbeitgebern und Arbeitern, so z. B. eines Streiks im August
1920, bei dem die württembergische Regierung die Großbetriebe von Militär
besetzen ließ. »Vor den Fabriktoren
starrten dem Vater Maschinengewehre
entgegen«, wie es im Aufruf der Be-
triebsräte zum Generalstreik hieß. Die
Arbeiter verloren; mehr als die Hälfte
der Daimler-Arbeiter, darunter die »Radikalen«, wurden nicht wieder eingestellt. Die Arbeiter hatten ihre in der
Novemberrevolution errungenen Positionen an die Schwerindustrie und das
militärische System abgeben müssen –
schlußfolgerte im Dezember 1920 der
»Deutsche   Metallarbeiterverband«
(DMV).
Mit 17 Jahren schloß sich B. dem
»Kommunistischen   Jugendverband
Deutschlands« (KJVD) an, nach Ende
der Lehre mit 18 der Gewerkschaft der
Nahrungs- und Genußmittelarbeiter. In
dieser Zeit war aktive Mitarbeit in den
demokratisch verfaßten freien Gewerkschaften Pflicht für Kommunisten. Sie
sollten die besten und aktivsten Mitglieder sein und die Gewerkschaften zu
ihrer sozialen Aufgabe befähigen, zugleich auch deren Mitglieder für die
revolutionäre Richtung der Arbeiterbewegung gewinnen.
Diese ursprüngliche kommunistische
Taktik wurde zum Streitgegenstand in
der KPD, als deren Führung 1928 auf
Konfrontationskurs zu den Gewerkschaften ging, die Sozialdemokraten zu
»Sozialfaschisten« und Hauptfeinden
erklärte und damit die drohende faschistische Gefahr verkannte. Dieser Politik,
die die KPD-Führung unter Ernst Thäl-
mann mit stalinistischen Methoden in
der Partei durchsetzte und mit gleicher
Schärfe auf den Jugendverband übertrug, widerstrebten B.s Vorstellungen
von Klassensolidarität.

Da er sich nicht unterwarf, wurde er im Mai 1929 ausgeschlossen und trat zur Kommunistischen Jugend-Opposition (KJO) über, die sich zur Politik der KPD-Opposition (KPO) bekannte, aber jugendgerechte Formen der politischen Arbeit praktizierte. Die Mitglieder der KJO, zugleich Funktionäre der zahlreichen freigewerkschaftlichen Jugendgruppen und Kulturorganisationen der Arbeiterbewegung, bemühten sich schon seit Anfang 1929 darum, die arbeitenden Menschen auf die steigende Welle des Faschismus sowie auf den Zerfall der angeblich demokratischen bürgerlichen Parteien und ihr Überlaufen zur NSDAP aufmerksam zu machen. Sie forderten die antifaschistische Einheitsfront aller Arbeiterorganisationen als Kern, der die schwankenden Mittelschichten anziehen könne.

An diesem frühesten Widerstand beteiligte sich B. Ihm ging es um die Verteidigung der noch bestehenden Demokratie gegen Aushöhlung und Zerstörung. B. wollte, daß die Demokratie offensiv verteidigt wurde von denen, deren Freiheit existentiell bedroht war: den freien Gewerkschaften, der SPD und KPD, den linken Intellektuellen, den arbeitenden Menschen. Nur eine starke, gemeinsam kämpfende Linke könne die Nationalsozialisten isolieren und besiegen.

In Stuttgart gelang es der KJO, die meisten linken Jugendorganisationen in einem antifaschistischen Jugendkartell zusammenzuführen. Als Redner fand B. hier seine Aufgabe. Jetzt setzte er sich verstärkt mit Marx und Lenin auseinander und mit den bis heute bedeutendsten Faschismus-Analysen, denen des KPO-Theoretikers August Thalheimer, die sein Denken lebenslang beeinflußten.

Nach der Machtübergabe an die NSDAP mußte B. untertauchen, floh nach einiger Zeit in die Schweiz, doch in dem emigrantenfeindlichen Land gab es für ihn keine Lebensmöglichkeit. So ging er nach Frankreich. Aus dem Elend der Emigration kehrte er 1934 nach Deutschland zurück und nahm mit einer illegalen KPD-Gruppe Kontakt auf. Im Januar 1936 wurde er von den Nationalsozialisten verhaftet. Mehr als neun Jahre verbrachte er in Gefängnissen und KZs, die meiste Zeit im KZs Buchenwald (1938 – Mai 1945).

In Buchenwald fand B. Anschluß an drei alte KPO-Genossen aus Württemberg: Eugen Ochs (nach 1945 IG Metall-Bevollmächtigter in Ludwigsburg), Ludwig Becker (später Bezirksleiter der IG Metall in Württemberg-Baden), Robert Siewert (im Zuge der SED-Kampagne gegen die Brandleristen 1950 als Innenminister von Sachsen-Anhalt abgesetzt). Von Anfang an übten die KPO-Genossen Solidarität mit ihren sozialdemokratischen Leidensgefährten und bereiteten geistig das *Buchenwald-Manifest* von 1945 vor, in dem Sozialdemokraten und Kommunisten sich für ein sozialistisches und demokratisches Nachkriegsdeutschland aussprachen. Bei der Befreiung des KZ durch amerikanische Truppen am 11. April 1945 befand sich B. auf dem Todesmarsch durch das Erzgebirge, wo er Ende April von Amerikanern befreit wurde.

B. kehrte nach Stuttgart zurück, arbeitete im antifaschistischen Ausschuß in Bad Cannstatt und trat in die KPD ein. Anfang März 1946 wurde er Jugendsekretär der IG Metall. Eine lange Laufbahn im Wiederaufbau der freien Gewerkschaften begann. Er hoffte auf einen demokratischen Lernprozeß der KPD und dem demokratische Gestaltung, ebenso bei den freien Gewerkschaften. Redegewandt, was ihn immer auszeichnete, stieg B. bald in seiner Gewerkschaft auf, kam vom Vorstand in Württemberg-Baden 1947 schon ein Jahr später in den Vorstand der IG Metall für die amerikanische und britische Besatzungszone, wo er für die Jugendarbeit zuständig war. Diese erwies sich für die Zukunft der freien Gewerkschaft besonders wichtig, weil 12 Jahre Faschismus einen Generationsbruch und eine Lücke in der Kontinuität der Arbeiterbewegung hinterlassen hatten.

Seit 1948 – Ausschluß der KP Jugoslawiens aus der Kominform (»Kommunistisches Informationsbüro« als Nachfolgeorganisation der »Kommunistischen Internationale«), Kampagne der KPD gegen Titoismus und Brandlerismus – verhärtete sich das innere Klima der KPD, und die Gewerkschaftsfunktionäre, die KPD-Mitglieder waren, gerieten in Gewissenskonflikte und unter doppelten Druck – seitens der SPD-Fraktion in den Gewerkschaften und seitens ihrer Parteiführung. Anfang 1950 verließ B. die KPD, wurde aber dennoch – trotz seiner anerkannt erfolgreichen Arbeit – im September 1950 nicht wieder in den IG Metall-Vorstand gewählt. 1951 beriefen ihn die Metaller in Göppingen, der »alten« württembergischen Industriestadt und traditionellen Hochburg der sozialistischen Linken, zum »Ersten Bevollmächtigten«.

In harten Auseinandersetzungen mit den Unternehmern, die nach dem Wiederaufbau der Industrie durch die Arbeitenden diesen weitere Hungerjahre verordnen wollten, bewährte sich B. als guter Organisator und begeisternder Redner, der die Mitglieder überzeugte und aktivierte. Um die für ihn wichtige gewerkschaftliche Aufbauarbeit und den Kampf für die Interessen der Arbeitenden fortsetzen zu können, machte er eine politische Konzession – er trat Ende 1954 der SPD bei, ohne seine politische Herkunft und Überzeugung als kritischer Marxist zu verleugnen. Er stieg nun in der IG Metall weiter auf: September 1955 Sekretär der Bezirksleitung Baden-Württemberg, dem mitgliederstärksten Bezirk, der allmählich zum tarifpolitisch wichtigsten wurde – sicher auch dank B.s Arbeit. 1959 wählte man ihn zum Leiter des Landesbezirkes.

B. war ein Arbeiterfunktionär der Vor-Hitler-Generation, erzogen in der undogmatisch marxistischen Tradition der Stuttgarter Linken. Organisation der arbeitenden Mehrheit für ihre Interessen und Klassenkampf waren für ihn wesentliche Faktoren des Lebens der Gesellschaft und Inhalt seines Lebens. Dieser Kampf sollte von demokratisch verfaßten politischen Parteien und Gewerkschaften nach demokratischen Regeln und Beschlüssen geführt werden. Er sah schon vor 1933, daß die parlamentarische Demokratie die günstigsten Voraussetzungen für den Befreiungskampf der arbeitenden Mehrheit bot. Aber er wußte auch um die Schwächen und Mängel dieser Form der Demokratie, die widerstandslose, formal legale Überführung in den Faschismus, den Übergang des ganzen Staatsapparats zur NSDAP. Demokratische Verfaßtheit bedeutete für B. vor allem ständigen, engen Kontakt mit der Basis, Wissen um die materiellen Nöte, Ängste und Zweifel, aber auch Kampf gegen den »Radikalen-Erlaß« (1972), die daraus abgeleiteten Berufsverbote im öffentlichen Dienst und die Ausgrenzung von KPD-Mitgliedern in den freien Gewerkschaften. Nach den bitteren Erfahrungen des Dritten Reiches mochte er manches Mal an der Standhaftigkeit seiner Kolleginnen und Kollegen gezweifelt haben; aber er wußte auch um ihr Potential kreativer Spontaneität.

Literatur: Abmayr, H. G.: Wir brauchen kein Denkmal. Willi Bleicher: Der Arbeiterführer und seine Erben. Stuttgart 1992. – Benz, G. u. a. (Hg.): Willi Bleicher – ein Leben für die Gewerkschaften. Frankfurt/Main 1983.

Theodor Bergmann

Bloch, Ernst
Geb. 8. 7. 1885 in Ludwigshafen; gest. 4. 8. 1977 in Tübingen

B. wurde 1948 als Ordinarius auf den Philosophie-Lehrstuhl in Leipzig nicht wegen seiner Qualifikation als Philosoph berufen, denn die Kollegen der Fakultät waren mehrheitlich davon überzeugt, daß »B. nicht als Philosoph zu bezeichnen« sei. Berufen wurde er, weil die SED-geführte Regierung von Sachsen der Auffassung war, daß »es ein großer Fortschritt in der Demokratisierung« sei, B. dieses Amt zu übertragen. Die zuständigen Beamten in Sachsens Landesregierung hatten in dieser Hinsicht eine richtige Einschätzung von einem zentralen Charakteristikum des B.schen Werkes: Es war in politischen Zusammenhängen entstanden und zutiefst davon geprägt.

B. war nie der politisch ahnungslose Philosoph, der sich wie andere zeitgenössische Philosophenkollegen dazu berufen fühlte, ohne Kenntnis der Zusammenhänge zu politischen Ereignissen der dreißiger Jahre Stellung nehmen zu müssen. Das bewahrte ihn aber nicht vor Irrtümern: Stalin bezeichnete er noch im Dezember 1937 als »wirklichen Führer ins Glück, Richtgestalt der Liebe, des Vertrauens, der revolutionären Verehrung«. Daß Stalin mit Hilfe der furchtbaren Moskauer Prozesse von 1936 und 1937 das Erbe der Oktoberrevolution verteidigen wollte, daran hatte B. nicht den geringsten Zweifel. B. bezeichnete diese Prozesse als »Notwehrprozesse«. Aber daß ihm bei seiner Einstellung dazu selbst nicht wohl war, geht aus der Antwort hervor, die er seiner Frau Karola gab, wenn sie sich durch Stalins Vorgehen irritieren ließ: »Mir versuchte Ernst einen Satz einzuprägen, der wohl eher ihm selbst Mut machen sollte: Auf Heraklit den ›Dunklen‹ angesprochen, dessen Schwerverständlichkeit man beklagte, sagte Platon: Was ich von Heraklit verstanden habe, ist so vorzüglich, daß ich glaube, daß das, was ich nicht verstanden habe, genauso vorzüglich ist.« Und Hanna Gekle, Assistentin und Mitarbeiterin in B.s Tübinger Zeit: »Wenn er irrte, dann aus einem immanenten Grund seiner

Philosophie. Er wollte den Glauben an die sozialistische Revolution nicht aufgeben; und er wollte, eingekeilt von faschistischen Bewegungen in fast allen europäischen Ländern, nicht den letzten Ansatz einer Hoffnung aufgeben, daß das, was ihm als utopisches Reich möglich schien, noch nirgends wenigstens im Vorschein ansatzweise realisiert sein sollte. Das Unterpfand dieser Möglichkeit hatte er nun mal in die Oktoberrevolution und den nachfolgenden sozialistischen Aufbau gesetzt. (...) Die Enthüllungen des XX. Parteitags unter Chruschtschow 1956 trafen ihn grausam, und er gewann nie die rechte Freiheit, diesen Fehler den Nachgeborenen verständlich zu machen; wenn er davon sprach – eher ungern und selten –, nie schien die Last einer späten Rechtfertigung von ihm genommen.«

Bereits als Jugendlicher – als ihm der Begriff Philosophie noch unbekannt war – abonnierte der 1885 geborene B. den *Vorwärts*, den er zu Hause sorgsam verbergen mußte. B. hatte Kontakt zu sozialdemokratischen Redakteuren: »Die haben mir dann sämtliche Parteitagsprotokolle der Sozialdemokratischen Partei gegeben, mit den Reden von Bebel und Rosa Luxemburg, die ich auf diese Weise schon mit vierzehn, fünfzehn Jahren kennenlernte und die mir aus dem Herzen gesprochen haben.« Sozialismus verstand B. zeit seines Lebens als liberalen Sozialismus, der die Rechte des einzelnen Menschen zu schützen und zu achten angetreten war. »Mit Politik habe ich mich zu beschäftigen begonnen, als ich abends diese verhungerten Proletarier ausgemergelt durch die Straßen Ludwigshafens schleichen sah.«

Gegenüber dogmatischen Realisierungsformen des Sozialismus formulierte er im Mai 1956, kurz nach dem XX. Parteitag der KPdSU: »Die sozialistische Oktoberrevolution ist gewiß nicht dazu bestimmt gewesen, daß die fortwirkenden, in der ganzen Westwelt erinnerten demokratischen Rechte der Französischen Revolution zurückgenommen werden, statt einer Erkämpfung ihrer umfunktionierten Konsequenzen.« B.s liberale Haltung verabscheute die Unterdrückung des einzelnen zugunsten des Kollektivs, denn »auch der Mensch, nicht nur seine Klasse, hat, wie Brecht sagt, nicht gern den Stiefel im Gesicht«. Der Schutz der Rechte einzelner war essentieller Bestandteil seiner Demokratieauffassung, mit der die Regierung in Sachsen bei B.s Berufung in Unkenntnis seiner bis dahin erschienenen Schriften *Geist der Utopie* (1918), *Thomas Münzer* (1921) und *Erbschaft dieser Zeit* (1935) nicht gerechnet hatte. Aus diesen Publikationen schon hätte man B.s eindeutig abgrenzende Haltung gegenüber dogmatischen Formen des Sozialismus, B.s Parteinahme für den »subjektiven Faktor« und die Vergabe der Hauptrolle in der geschichtlichen Entwicklung an diesen subjektiven Faktor entnehmen können. Jedenfalls brachte B. die SED mit seiner Einstellung und später diese ihn so sehr in Verlegenheit, daß er sich 1961 nur in den Westen Deutschlands retten konnte. Das war in B.s Leben die dritte Emigration. Am 6. März 1933 mußte er in die Schweiz emigrieren, in der er auch schon von 1917 bis 1919 in freiwilliger Emigration lebte, denn im wilhelminischen Deutschland hatte er keine Chance auf Broterwerb. In der Schweiz hingegen konnte er mit politischen Artikeln Geld verdienen.

Am 5. März 1933 kamen die Nationalsozialisten durch Wahlen an die Macht; B. war gerade in Ludwigshafen. Karola B. schreibt in ihren Erinnerungen: »Ich rief ihn an und bat ihn, sofort Deutschland zu verlassen und in die Schweiz zu gehen. Zum Glück gelang die Flucht, obwohl er bereits steckbrieflich gesucht wurde.« Karola folgte ihm. Diese Emigration war für die B.s deshalb besonders bitter, weil sie in Berlin-Wilmersdorf einen großen Freundes- und Bekanntenkreis hatten. Zu diesem Kreis gehörten Theodor W. Adorno, Bert Brecht, Ernst Busch, Axel Eggebrecht, Peter Huchel, Alfred Kantorowicz, Otto Klemperer, Lotte Lenya, Gustav Regler, Alfred Sohn-Rethel, Kurt Weill. 1934 ging B. nach Wien, wo er und Karola heirateten. 1935 lebten sie in Paris und von 1936 bis 1938 in Prag. 1938 emigrierten sie in die Vereinigten Staaten. Dort entstand das ab 1954 erschienene dreibändige Werk *Das Prinzip Hoffnung*. Über seine Zeit in Amerika äußerte B.: »Ich war glücklich, ungestört auf deutsch schreiben zu können, in einer Sprache, die rundum nicht gesprochen und wenn, dann banalisiert wurde, einer wissenschaftlichen und philosophischen Sprache. Ich habe Tag und Nacht gearbeitet, elf Jahre lang.«

1949 nahm B. den Ruf nach Leipzig an. Noch bevor er sich entschied, dem im Mai 1948 ergangenen Ruf zu folgen, galt sein Gedanke dem in den USA Geschriebenen: »Eine gewisse Sorge macht mir«, konnte der Leipziger Dekan in einem Brief vom 8. März 1948 aus Cambridge/Mass. lesen, »die sichere Beförderung meiner Manuskripte vom deutschen Hafen nach Leipzig. Ich höre Beunruhigendes über den Zustand der deutschen Bahnen«. – Bei einem Besuch, der sie von Leipzig in die Bundesrepublik führte, blieben die B.s nach dem Bau der Mauer 1961 im Westen. Aber auch diesmal hing B.s Entscheidung vom Schicksal der Manuskripte ab: »Sollte doch«, erinnerte sich Karola B., »unser endgültiger Entschluß über das, was jetzt zu tun sei, von der Rettung der Manuskripte abhängig sein«. Die Manuskripte konnten in den Westen gebracht werden. Erst als er die beiden mit Manuskripten gefüllten Koffer in Händen hielt, entschied sich B. endgültig, in der Bundesrepublik zu bleiben, wo eine gewisse Verlegenheit zu spüren war: Was sollte man mit einem Mann anfangen, der einerseits auf der Seite Stalins gestanden hatte, andererseits aber die DDR kritisierte? Auf B.s Pro-Stalin-Haltung wurde wieder und wieder hingewiesen. Die B.s nahmen ihren Wohnsitz in Tübingen, einem Universitätsort, mit dem die Namen Schelling, Hegel und Hölderlin eng verbunden sind. Aus dieser Tradition wuchs die B.sche Philosophie, die er selbst und seine Interpreten als die Philosophie des Noch-Nicht bezeichneten. Politik und Philosophie waren bei B. nicht zwei getrennte Konfessionen, sondern bildeten seit je eine Einheit mit einem einheitlichen Grundgedanken.

Danach birgt jeder Stoff die Möglichkeit seiner späteren Wirklichkeit in sich. In einem Marmorblock steckt die Statue, die später aus ihm entsteht. Sie ist möglich, aber noch nicht wirklich. Erst der Bildhauer bringt den Marmorblock vom Zustand der Möglichkeit in den Zustand der Wirklichkeit. Der Bildhauer hat die Idee von der Statue. Er setzt mit dem Marmorblock das um, was er selbst im Kopf hat. B. interpretiert: »Michelangelo glaubte in einem Marmorblock die in ihm schlafenden Gestalten zu sehen; Aristoteles gibt zuweilen Anlaß, seine Möglichkeits-Materie nicht anders zu verstehen, eben als Ort der sich herausbildenden Gestaltformen im Zustand des erst Potentialen. Ja, dieses In-Möglichkeit-Sein der Materie enthält bei ihm sogar ein eigenes Vermögen, derart potentiell zu sein: es ist Trieb geformt zu werden, ihre Trieb-Disposition zu immer höheren Formen.« Allerdings gibt B. zu bedenken, daß die Materie nicht als Wachs aufzufassen sei, dem man alles Beliebige aufdrücken könne, sondern sie müsse schon für das geschaffen sein, was man mit ihr vorhat. Idee und Materie oder Idee und Zu-Veränderndes müssen zusammenpassen. Darum kann sich das Material unter Umständen der Idee verweigern. Es kann geschehen, daß der Marmorblock nicht geeignet ist für die Umsetzung der Idee.

Was bedeutet das nun bezogen auf gesellschaftlich-politische Prozesse? Eine Gesellschaft läßt sich nur insoweit verändern, als sie die »Potenzen« der gewollten Zielbestimmung in sich trägt. Demnach ist die Verwirklichung der Ideen der Aufklärung, die B. für die conditio sine qua non einer demokratischen Gesellschaft hielt, nur möglich, wenn diese Gesellschaft die »Potenz« für die Richtung der gewollten Veränderung in sich trägt. Das schien B. nach seinen Erfahrungen in der DDR in den westlichen Ländern Europas eher der Fall zu sein als in den östlichen. Nur zu gern zitierte er die Marxsche Einsicht: »Wenn alle Bedingungen zum Sieg der Arbeiterklasse erfüllt sind, wird der Auferstehungstag verkündet werden durch das Schmettern des gallischen Hahns.«

B., der mit dieser philosophisch-politischen Einstellung unversehens zum Mentor der westdeutschen Studentenbewegung wurde, legte bis zum letzten Tag seines langen Lebens ein Veto ein gegen das, was der Hoffnung auf eine bessere menschliche Gesellschaft im Wege stand. Hochbetagt kämpfte er gegen die Notstandsgesetze, gegen den Paragraphen 218, gegen Berufsverbote, gegen den Bau der Neutronenbombe und für einen humanen Strafvollzug. Über diesem politischen Engagement vergaß er nicht die Fertigstellung seiner Gesamtausgabe, die bis zum Wechsel in die Bundesrepublik in zwei Manuskriptkoffern ruhte. 1961 erschien *Naturrecht und menschliche Würde*, das Werk, dem wir B.s Demokratieauffassung zusammenhängend entnehmen können. Es folgten die *Literarischen Aufsätze* (1965), *Atheismus im Christentum* (1968), die *Philosophischen Aufsätze* (1969), *Politische Messungen* (1970), *Das Materialismusproblem* (1972), *Experimentum mundi* (1975). In B.s Todesjahr erschienen die beiden Bände, die seine Gesamtausgabe, die er im Alter von 26 Jahren seinem Freund Lukács bereits avisierte, vollendeten: *Zwischenwelten in der Philosophiegeschichte* und *Tendenz-Latenz-Utopie*.

Literatur: Franz, T.: Revolutionäre Philosophie in Aktion. Ernst Blochs politischer Weg, genauer besehen. Hamburg 1985. – Schmidt, B.: Ernst Bloch. Stuttgart 1985. – Gekle, H.: Wunsch und Wirklichkeit. Blochs Philosophie des Noch-Nicht-Bewußten und Freuds Theorie des Unbewußten. Frankfurt/Main 1986. – Horster, D.: Bloch zur Einführung. Hamburg (7. Aufl.) 1991.

Detlef Horster

Blum, Robert
Geb. 10. 11. 1807 in Köln;
gest. (hingerichtet) 9. 11. 1848 in Wien

B. fühlte sich den »Entschiedenen, Radikalen und Ehrlichen« zugehörig, »die arbeiten wollen für den Fortschritt, rüstig Hand anlegen und nicht glauben, daß die Geschichte aus Redensarten zusammengesetzt wird, sondern aus Taten«. Sein Ziel einer revolutionären Umgestaltung von Staat und Gesellschaft versuchte B. zeitlebens auf vielen Wegen zu erreichen, besonders durch publizistische Tätigkeit und durch öffentliches Auftreten in Volksversammlungen – beides mit dem Ziel, durch breite Aufklärung und Bildung des Volkes den Kampf gegen das halbabsolutistische System zu gewinnen. In einer Verfassung, um die er 1848 als Abgeordneter der Frankfurter Nationalversammlung und als einer der Führer der Linken rang, sollten umfassende demokratische Rechte gewährleistet werden. Nachdem B. jedoch in der Nationalversammlung die Chancen für den Kampf um ein demokratisches Deutschland zunehmend schwinden sah, begab er sich als einer der drei Abgesandten der linken Fraktion nach Ausbruch des Oktoberaufstandes 1848 nach Wien: Er ging davon aus, daß sich »in Wien das Schicksal Deutschlands, vielleicht Europas entscheidet. Siegt die Revolution hier, dann beginnt sie von neuem ihren Kreislauf (...)«. Diesmal jedoch kämpfte B. auf den Barrikaden. Nach der Niederlage der Revolution wurde er zum Tode verurteilt und standrechtlich erschossen. Am 10. November 1848, einen Tag nach seiner Hinrichtung, wäre B. 41 Jahre alt geworden.

B.s Eltern waren arm; er mußte schon früh zum Unterhalt der Familie beitragen. Zunächst unterrichtete er als Zehnjähriger gegen ein Entgelt jüngere Kinder im Rechnen an einer Jesuitenschule, um ein Jahr später Meßdiener an der Pfarrkirche zu werden, wo er neben finanzieller Unterstützung freien Unterricht erhielt. Nach einer Ausbildung zum Gürtler und Gelbgießer (Messinggießer) ging er mehrmals »auf die Walz« und fand nach seiner Rückkehr 1827 eine Anstellung als Reisender bei einem Laternenfabrikanten, der ihn als Gasthörer zum Besuch von Vorlesungen an der Universität in Berlin, wohin das Geschäft verlegt wurde, ermutigte. 1830 trat B. als Theaterdiener in den Dienst des Schauspieldirektors Friedrich Sebald Ringelhardt. Die Theaterbibliothek bot ihm endlich die Möglichkeit kontinuierlicher intensiver Studien. Zwei Jahre später, 1832, übernahm Ringelhardt das Leipziger Stadttheater und B. siedelte – nun als Theatersekretär, Bibliothekar und Kassenassistent – mit ihm um. Nach siebzehnjähriger Tätigkeit am Theater gründete er 1847 eine Verlagsbuchhandlung und lebte als freier Schriftsteller.

Die Juli-Revolution von 1830 in Frankreich begrüßte B. enthusiastisch. Er schrieb erste politische Gedichte und Theaterstücke (von denen nur *Die Befreiung von Candia* gedruckt, jedoch nie aufgeführt wurde). Zugleich arbeitete er an der Herausgabe eines *Allgemeinen Theaterlexikons* (dreibändig konzipiert, wuchs es bis 1842 auf 7 Bände an). B. sah die Bühne als Ort der Aufklärung und »für die Deutschen außer der Kirche fast als die einzige Stätte der Öffentlichkeit«.

Artikel zu brennenden tagespolitischen Themen – auch Rezensionen und Gedichte – u. a. in Zeitschriften des »Jungen Deutschland« machten B. in den vierziger Jahren zu einem anerkannten Publizisten. Er war wichtigster Mitarbeiter der in Leipzig erscheinenden *Sächsischen Vaterlandsblätter* geworden, eines Oppositionsorgans, das bald auch zur »Stimme des Blum-Kreises« wurde und dessen Übernahme B. als »gemeingefährlichem« Menschen von den Behörden verwehrt worden war – seine Mitarbeit trug ihm mehrere Haft- und Geldstrafen ein. Die Redaktion hatte 1842 sein enger Kampfgefährte Georg Günther übernommen, mit dessen Schwester Eugenie Günther er seit 1840 verheiratet war und die seine Weltanschauung teilte.

Neben die Tagespublizistik traten umfangreichere Veröffentlichungen, mit denen B. den demokratischen Gedanken stetiger verbreiten konnte. Ab 1843 gab er das jährlich erscheinende Volkstaschenbuch *Vorwärts* heraus, dessen erste Ausgabe einen Vers von Georg Herweghs Gedicht »Partei, Partei« als Motto auf der Titelseite trug. Eine gezielt aufklärerisch populärwissenschaftliche Zielsetzung hatte sein *Handbuch der Staatswissenschaften und Politik* mit dem Untertitel *Ein Staatsbuch für das Volk*, dessen ersten Band er 1848 noch selbst herausgab (den zweiten veröffentlichten Freunde 1851 aus seinem Nachlaß). B. verfaßte den Text zu über 100 Stichwörtern – es sind Dokumente seiner politischen Ansichten. Das Prinzip Demokratie sollte alle Lebens- und Gesellschaftsbereiche durchdringen; so forderte er Gleichberechtigung in Beruf und Bildung für die Frau und auch für den »4. Stand«.

B.s große Wirkung ruhte auf zwei Pfeilern: er war ein begabter Redner und ein zielbewußter Organisator. Durch seine wirkungsvollen Reden vor großen Versammlungen erhielt er Popularität, Vertrauen und Zustimmung.

Seine erste öffentliche Rede vor hunderten von Bürgern hielt er 1838 für zwei der aus Göttingen vertriebenen liberalen Professoren, Friedrich Christoph Dahlmann und Wilhelm Albrecht (die »Göttinger Sieben« waren nach ihrem Protest gegen die Aufhebung der Verfassung von 1833 entlassen worden). B.s Epilog auf der Festveranstaltung im Theater zur 400-Jahr-Feier der Erfindung des Buchdrucks (1840) gipfelte in der Forderung nach Pressefreiheit. Auch die erste Berufsorganisation der Schriftsteller, den von ihm als Vorstandsmitglied 1842 mitbegründeten »Literatenverein«, nutzte ·B. als politische Plattform – zum Ärger vieler »Literaten«, die die Politik aus dem Verein verbannt haben wollten. In seinen Reden zu den jährlich wiederkehrenden Schillerfeiern übernahm B. Schillers humanistische Freiheits- und Einheitsideen für demokratische Forderungen: »Geben Sie Gedankenfreiheit!« sei nicht mehr nur die Stimme eines einzigen Menschenfreundes, sondern »die Stimme aller Gebildeten unseres Volkes geworden«.

In dem Aufbau eines demokratischen weitverzweigten Vereinswesens in Form von verschiedenen Organisationen, z. B. von »Redneübungsvereinen« (den späteren »Vaterlandsvereinen«), sah er die Möglichkeit breiter politischer Aufklärung – zur »Wühlarbeit«, die man ihm vorwarf, bekannte er sich nachdrücklich. Ein weiteres, längere Zeit wichtiges Wirkungsfeld war die »Deutsch-katholische Bewegung«. Sie entstand aus allgemeiner Empörung gegenüber der öffentlichen Zurschaustellung des sogenannten heiligen Rockes von Trier und begann mit einem an den *Sächsischen Vaterlandsblättern* (13. 10. 1844) veröffentlichten »Sendschreiben an den Bischof Arnoldi« des gemaßregelten schlesischen Kaplans Johannes Ronge. Ziel dieser Bewegung, in der sich B. als Katholik an maßgeblicher Stelle beteiligte, war eine neue religiöse Gemeinschaft, die sich als Kern einer demokratisch organisierten deutschen Nationalkirche, unter Ablehnung der Herrschaft des Papstes, verstand. Sie wurde zu einer weitverbreiteten massenwirksamen Oppositionsbewegung, die demokratische und antikapitalistische Züge trug. B. distanzierte sich von ihr, als fruchtlose interne Richtungskämpfe ihre Wirksamkeit einzuschränken begannen.

Die »Leipziger Augustereignisse« 1845 bedeuteten einen Meilenstein in B.s Leben, da sie in besonderem Maße seine Popularität und die Wirkung seiner Ansprachen auf die Zuhörer erkennen ließen. Gegen den Besuch des Thronfolgers Prinz Johann (Haupt der ultramontan-reaktionären Partei am sächsischen Hof) am 12. August in Leipzig gab es eine Massendemonstration. Nachdem das herbeigerufene Militär in die Menge geschossen und mehrere Bürger der Stadt getötet hatte, versammelten sich am nächsten Tag viele hundert Menschen im Schützenhaus, bereit zum Kampf gegen das Militär. B., von einer Reise zurückgekehrt, erkannte die Gefahr eines erfolglosen, isolierten Aufstandes und münzte durch seine Rede die allgemeine Verbitterung in Forderungen an den Leipziger Stadtrat um: Bestrafung der Schuldigen, Garantie, daß sich ähnliches nicht wiederhole, Abzug des Militärs und gemeinsame feierliche Beerdigung der Opfer. An der Spitze von nahezu 10 000 Menschen begab er sich ins Rathaus. Trotz der anfänglichen Zugeständnisse verbot der Stadtrat wenige Tage später weitere Versammlungen; die Folge war eine noch stärkere Aktivierung der Volksbewegung.

Mit dem Beginn des Jahres 1848 nahm B. an den revolutionären Ereignissen in Sachsen teil; er formulierte die Forderungen der Opposition: sofortige Entlassung des bisherigen Ministeriums sowie Presse-, Vereins- und Versammlungsfreiheit, ein demokratisches Wahlrecht, ein deutsches Gesamtparlament, ein Geschworenengericht und allgemeine Volksbewaffnung.

Von den Stadtverordneten in Zwickau ins Frankfurter Vorparlament gewählt, wurde er dessen Vizepräsident, dann Mitglied des Fünfzigerausschusses und schließlich Abgeordneter der Nationalversammlung sowie Mitglied des Verfassungsausschusses. Obwohl er einer der Führer der gesamten Linken war, blieb seine Haltung lange gemäßigt, auf Gemeinsamkeit und Legalität ausgerichtet, jedoch voller Hoffnung, daß die große Zeit der Linken noch kommen werde. Nachdem allerdings die Mehrheit der Liberalen sich von dem Ziel einer dem Parlament verantwortlichen Zentralgewalt abgewandt und es abgelehnt hatte, die Beziehungen zu den monarchischen Gewalten in deutschen Einzelstaaten abzubrechen, forderte B. eine revolutionäre Regierung; und als Friedrich Wilhelm IV. von Preußen die Kaiserkrone angetragen wurde, wünschte er diesem »das Schicksal Ludwigs XVI.«

Bevor B. seinen letzten Kampf für eine demokratische Gesellschaft führte, schrieb er am 4. Oktober 1848 an seine Frau: »Die letzten Wochen sind Kräfte vergeudet und törichterweise vernichtet worden, die bei weiser Zusammenfassung und sorgsamer Verwendung hingereicht hätten, das Schicksal Deutschlands vollständig umzugestalten.«

Bald darauf trat er die Reise nach Wien an, wo am 6. Oktober 1848 der Volksaufstand begonnen hatte, um mit Enthusiasmus und Optimismus auf den Barrikaden zu kämpfen. Im revolutionären Wien wurden die drei Abgesandten der Linken aus Frankfurt mit großen Ehren empfangen und mit Waffen ausgestattet. Hatte B. schon im August davon gesprochen, daß es nur noch um »sterben oder siegen« ginge, so fand er hier die Revolution so gründlich vorbereitet, Begeisterung und Kampfesmut so grenzenlos, daß er im Falle der Niederlage »mit freudigem Stolze unter dem Schutt- und Leichenhaufen begraben« sein wollte.

B. hatte während des Vorstoßes der von Fürst Windischgrätz befehligten konterrevolutionären Truppen wiederholt organisatorische und agitatorische Fähigkeiten sowie persönlichen Mut bewiesen, und er kämpfte aufopferungsvoll bis zur Kapitulation der Stadt. Als Revolutionär, linker Demokrat und Ausländer traf ihn die Vergeltung der Konterrevolution. Kurz nach der Eroberung Wiens verhaftet, wurde B. am 8. November 1848 von einem Standgericht zum Tode verurteilt und am nächsten Morgen erschossen.

Literatur: Füssler, H.: Robert Blum. Ein Zeugnis seines Lebens. Zwickau 1948. – Schmidt, S.: Robert Blum. Vom Leipziger Liberalen zum Märtyrer der deutschen Demokratie. Weimar 1971. – Schmidt, S. (Hrsg.): Robert Blum. Briefe und Dokumente. Leipzig 1981.

Jutta Kaiser

Böhme, Jakob
Geb. 1575 in Altseidenberg (bei Görlitz); gest. 17. 11. 1624 in Görlitz

B. wurde 1575 in Altseidenberg in der Lausitz als jüngster Sohn wohlhabender Bauern geboren. In dieser Region kämpfte der orthodoxe Klerus seit Jahrzehnten gegen verschiedene Heterodoxien, Thomas Müntzer-Anhänger, Wiedertäufer, Paracelsisten, Laienprediger, Erleuchtete, Kollektivisten, die von den Lutheranern unter der Bezeichnung »Kryptocalvinisten« zusammengefaßt wurden. In der Lausitz war der kollektivistisch gesinnte Laienprediger Caspar von Schwenkfeld besonders bekannt. So wurde 1591 die Universität Wittenberg »gereinigt« und die freigeistigen Dozenten durch orthodoxe Lutheraner ersetzt.

Den Anhängern der Sekten aus Kleinadel und Bürgertum, Juristen und Ärzten ging es weniger um Glaubenssätze als um mehr Geistesfreiheit. Gegen diese Gruppen zogen Katholiken gemeinsam mit orthodoxen Lutheranern durch Polemik und Diffamierung, Verhängen von Sippenhaft und Exilierung zu Felde.

Böhmes Eltern bestimmten den Sohn zum Handwerker. Da er sich empfindsam und geistvoll zeigte, hat man ihn wahrscheinlich sogar auf die gelehrte Stadtschule von Seidenberg geschickt. 1589–1592 machte B. eine Schusterlehre und begab sich anschließend auf Wanderschaft. Von einigen Meistern wurde er als »Hausprophet« angefeindet und entlassen. 1599 ließ er sich in Görlitz nieder und heiratete eine Handwerkerstochter, zumal nach den Statuten der Schusterinnung eine Heirat Voraussetzung dafür war, Meister werden zu können.

Bei den Handwerkern zeichnete B. sich durch seine Redebegabung aus, z. B. bei einer Verteidigung seiner Innung gegen die Gerberzunft.

Zwischen 1600 und 1610 hatte B. mehrmals das Erlebnis einer geistigen Schau übersinnlicher Wirklichkeiten: Er glaubte – einmal bei Betrachtung eines Zinngefäßes, auf dem sich die Sonne spiegelte –, daß sich ihm durch Inspiration und Intuition die Gründe aller Dinge enthüllten. Hinter den Phänomenen der sinnlich erfahrenen Welt verberge sich eine zweite Realität: Das Weltgebäude der göttlichen Schöpfung, wie es etwa auch B.s Zeitgenosse, der Astronom Johannes Kepler, als Zusammenhang der von ihm exakt beobachteten oder errechneten Phänomene angenommen hat. Andere Freigeister aus B.s Umgebung, darunter Juristen, Ärzte und Angehörige des Kleinadels, fühlten sich angezogen von der Idee eines verborgenen Sinns von Natur und Wirklichkeit jenseits der kirchlichen Dogmen.

1612 schrieb B. seine geistigen Erlebnisse in dem Manuskript *Aurora oder Morgenröte im Aufgang* nieder, das nur zur persönlichen Erinnerung bestimmt war. B.s Freund, der Edelmann Karl Ender von Sercha, hatte sich das Werk ausgeliehen, es heimlich kopieren und verbreiten lassen. So sah sich B. unvorbereitet kompromittiert.

Von der Schrift unterrichtet, begann der Görlitzer Oberpfarrer Gregor Richter eine endlose Verleumdungskampagne gegen B.: öffentliche Strafpredigt, Schreibverbot – das B. zunächst befolgte, aber später wieder umging, weil der Oberpfarrer das Versprechen brach, seine Diffamierung ex cathedra einzustellen. Der Vorwurf von seiten der Orthodoxie lautete insbesondere, daß ein einfacher Schuster sich unter die Gelehrten mische. Tatsächlich hatte B. als Autodidakt jahrelang auch lateinische Schriften studiert und darin nur »einen halbtoten Geist« gefunden.

1613 verkaufte B. seine Schusterei und betrieb zusammen mit seiner Frau einen Garnhandel, weil er dadurch besser reisen und Gespräche mit Gesinnungsgenossen führen konnte. Die erfolgreichen Abschriften seiner Werke unterstützten B.s Familie mit dem Lebensnotwendigsten und ermutigten ihn zur Fortführung des Schreibens. Bis 1624 entstanden so im Zusammenhang mit regem Briefwechsel im Freundeskreis u.a. *Mysterium Magnum, Von der Geburt und Bezeichnung aller Wesen (De signatura rerum), Vom dreifachen Leben des Menschen*, in denen B. sich an die Naturphilosophie des Arztes Paracelsus anlehnt, für den in der Natur kosmische Kräfte unmittelbar walteten. B.s Schriften gelten indes auch als mystizistisch und theosophisch: »Es gaffe niemand mehr nach der Zeit. Wen's trifft, den trifft's, wer da wachet, der siehet's (...) Wisset, daß euch mitternächtigen Ländern eine Lilie blühet.« Die Lilie war das Zeichen der Generalreformation, vor dem geistigen Hintergrund der Naturforschung und Gesellschaftserkenntnis. Dem Vorwurf der Esoterik begegnete B. mit dem Argument, dem Leser seiner unumgänglich auf Deutsch verfaßten Bücher würden die Naturgeheimnisse zur öffentlichen Erkenntnis: »Verstehe

nur deine Muttersprache recht, du hast darin so tiefen Grund als in der hebräischen und lateinischen, ob sich gleich die Gelehrten darin erheben wie eine stolze Braut. Es kümmert nichts. Ihre Kunst ist jetzt auf der Bodenneige. Der Geist zeiget, daß noch vorm Ende mancher Laie wird mehr wissen und verstehen, als jetzt die klügsten Doctores wissen.«

B. war zeit seines Lebens den ärgsten Anfeindungen von seiten der lutherischen Kirche ausgesetzt, da seine religiösen Ideen wenig Berührung mit den Dogmen der christlichen Kirche hatten. Als Protestant war er ein eifriger Leser der Luther-Bibel, bediente sich aber in seinen Büchern einer eigenen Sprache, für die die ständige Wiederholung von Motiven und Allegorien und die Hinzufügung von Meditationsbildern typisch ist, die Erleuchtung und wechselnde Metamorphosen symbolisieren.

B. betont, daß Gott sich statt in der Kirche oder in Büchern allein in den Naturerscheinungen offenbare. Er denkt dabei in Archetypen (Gott z.B. zeige sich im Brennen des Feuers); die Wiedergeburt allen Lebens, also auch des Menschen, ist ihm Gewißheit. Analog dem weiblichen Archetyp in der Gottesvorstellung vieler alter Völker spricht B. von der »himmlischen Sophia« als einem am Beginn aller Dinge stehenden Wesen, die er der göttlichen Dreifaltigkeit zurechnet. Ähnlich wie viele alte religiöse Überlieferungen sieht B. die ursprüngliche Ganzheit der Menschen androgyn: »Adam war ein Mann und auch ein Weib.« Gegenüber allen sozialen Konventionen verhielt B. sich radikalkritisch.

Als einer seiner Anhänger das Manuskript *Von wahrer Gelassenheit* in Görlitz (1623) drucken ließ, verstärkte der Oberpfarrer Richter die öffentliche Diffamierung B.s, vor allem den Vorwurf, er predige ohne Amt. B. mußte sich erneut vor dem Magistrat verantworten. Da er im Rat Fürsprecher hatte und sich als bibelfest erwies, sollte er sich lediglich vorübergehend aus Görlitz entfernen. Regelmäßig überfielen von dem Oberpfarrer aufgehetzte Bürger B.s Haus und schlugen die Fensterscheiben ein. Er wurde als Ketzer und Säufer verleumdet. Trotz seiner Schüchternheit, Bescheidenheit und Sanftmut blieb B. innerlich fest und unbeeinflußbar. Er verfaßte eine *Schutzrede wider Gregor Richter*, worin es heißt: »Was der Herr Primarius dem Schuster zuleget, das ist er selber, man pfleget den Herrn Primarium bisweilen unter dem Tische in Trunkenheit aufzulesen und nach Hause zu führen.«

B. folgte schließlich einer Einladung an den Dresdner Hof, um seine Schriften vorzustellen. Der Beistand, den er dort tatsächlich erhielt, blieb unverbindlich, denn B. war für Hofleute schwer verständlich, und er war auch kein Wundertäter.

B. beeilte sich nun, nach Schlesien zurückzukehren, um seine Freunde zu besuchen und sofort eine neue Schrift zu beginnen, *177 theosophische Fragen* (1624). Da ihn ein plötzliches Fieber niederwarf, brachte man ihn in sein Haus nach Görlitz, wo Freunde ihn versorgten. Erneut mußte er das Glaubensverhör eines orthodoxen Pfarrers über sich ergehen lassen. Er starb am 17. November 1624 in seinem Haus in voller Hingabe an seine geistige Schau.

Oberpfarrer Richter war schon vor B. gestorben, aber auch sein Nachfolger Elias Dietrich haßte B. und weigerte sich, B. zu beerdigen. Er tat es erst, als er zwangsverpflichtet wurde, nahm aber die Gelegenheit wahr, um B. von der Kanzel herab zu schmähen. Darauf zerstörten die Anhänger des neuen Oberpfarrers das Grabmal, das B.s Freunde gestiftet hatten. Im 17. Jahrhundert sahen die Quäker in England, die B.s Schriften aus Holland erhielten, ihn als einen ihrer Stammväter an. Auch Isaac Newton fühlte sich durch die Rezeption von B.s Gedanken zur Erarbeitung seiner Hypothesen und Theorien, besonders der Gravitationslehre angeregt. Solcherart wirkten B.s Werke als Naturerkenntnis in religiösem Gewande. Dies war auch die Auffassung des französischen Schriftstellers Louis-Claude de St. Martin (Ende des 18. Jahrhunderts), der die deutsche Sprache lernte, um B. zu studieren, und durch den B. erneut in Deutschland verbreitet wurde. Sein Werk wirkte auf Dichter und Maler der Romantik wie Tieck, Novalis, Runge. – Im 19. Jahrhundert bezeichnete Hegel B. als »ersten deutschen Philosophen« und Stammvater seiner dialektischen Philosophie.

Literatur: Koyré, A.: La Philosophie de Jakob Böhme. Paris 1929. – Lemper, E. M.: Jakob Böhme. Leben und Werk. Berlin 1976. – Wehr, G.: Jakob Böhme. Reinbek bei Hamburg 1971.

Sieglinde Domurath

Börne, Ludwig

Geb. 6. 5. 1786 in Frankfurt am Main; gest. 12. 2. 1837 in Paris

Für die Sozialisation des drei Jahre vor Ausbruch der Französischen Revolution als zweiter Sohn eines wohlhabenden jüdischen Bankiers im Frankfurter Getto zur Welt gekommenen Juda Löb Baruch blieben Zeit und Ort seiner Geburt von tiefgreifender Bedeutung. Als gesellschaftlich Ausgegrenzter aufgewachsen, faßte B. schon früh die supranationale Botschaft der französischen Staats- und Gesellschaftsumwälzung als eine vor allem emanzipatorische auf.

Als Student der Medizin (1803–1806) – dem einzigen Fach, das einem Juden der Zeit Berufsaussichten bot – gleichzeitig Hörer der philosophischen Vorlesungen des Theologen Friedrich Schleiermacher und des Naturphilosophen und Schellingianers Henrik Steffens stand B. unter dem Einfluß von romantischem Idealismus und Identi-

tätsphilosophie, die den zum aufklärerischen Zynismus neigenden Jüngling in
innere Krisen führten. Der Wandel der
politischen Verhältnisse – insbesondere
die Emanzipation der Frankfurter Juden
nach Eroberung der Stadt durch französische Truppen (1806 bis 1813) ermöglichte B. den Wechsel des Studienfaches,
1808 promovierte er in Gießen als Ka-
meralist. In den folgenden Jahren widmete er sich ohne berufliche Bindung
Studien zum Judenbürgerrecht.

Konzeptionelle Überlegungen zum
nicht realisierten Projekt einer offiziö-
sen Zeitung im Interesse Preußens führten zu B.s erster eigener Zeitschriften-
gründung. Der inzwischen Getaufte trat
1818 unter dem Namen Ludwig Börne
mit einer programmatischen »Ankündigung« an die Öffentlichkeit: Seine
1808 erstmals geforderte dialektische
Vermittlung von Theorie und Praxis,
basierend auf einer organischen Staats-
und Gesellschaftsvorstellung (*Theorie
und Praxis. Das Leben und die Wissenschaft*), versuchte er mit dem Programm
der Zeitschrift *Die Wage* (Untertitel: *Eine Zeitschrift für Bürgerleben, Wissenschaft und Kunst*, 1818–1820) weiter-
zuentwickeln. In seinem neuartigen Fo-
rum der öffentlichen Meinung, in dem
auch gegenläufige Zeittendenzen zu
Wort kommen sollten, stellte der Herausgeber, auf der Basis des Konstitutionalismus, frühliberale Forderungen
nach bürgerlicher Mitsprache, Pressefreiheit und Toleranz (Judenemanzipation als Paradigma für die Erkämpfung
von Minderheitenrechten) zur Diskussion. Seine Kritik galt Feudalismus und
Privilegienwirtschaft, Partikularismus
und provinziellem Kastendenken,
Deutschtümelei und Antisemitismus;
vor allem wurde die Einlösung des in
Artikel XIII der Wiener Bundesakte
(1815) gegebenen Verfassungsverspre-
chens eingeklagt. Zur gleichen Zeit geriet B. durch seine redaktionelle Tätigkeit für die *Zeitung der freien Stadt
Frankfurt* wie für die Offenbacher *Zeit-

schwingen* im Krisenjahr 1819 mit der
österreichisch kontrollierten Zensur in
beinahe tägliche Auseinandersetzungen.

Die Karlsbader Beschlüsse vom August 1819 und damit die Durchsetzung
des restaurativen Prinzips im Deutschen
Bund bedeuteten für die fortschrittlich-
demokratischen wie für die patriotisch-
nationalen Parteiungen eine tiefe Zäsur.
Verschärfte Zensurbedingungen verlangten neue Schreibstrategien. Nach einer ersten, eher fluchtartigen Reise nach
Paris aufgrund einer irrtümlichen Denunziation verhaftet, residierte B. in
den folgenden Jahren vorwiegend in
Stuttgart oder München. Er war Mitarbeiter der liberalen *Neckar-Zeitung* von
Friedrich List, des Cottaschen *Morgen-
blattes für gebildete Stände* sowie der
Politischen Annalen. 1821 entschied er
sich, im Bewußtsein seiner Verantwortung als einer der herausragenden öffentlichen Gegner Österreichs und Ex-
ponent der liberalen »Partei«, gegen eine durch den Vater vermittelte Karriere
in der Wiener Staatskanzlei. Nach zwei-
jährigem, in Gesellschaft seiner lebens-
langen Freundin und Kritikerin Jeanette
Wohl verbrachtem Aufenthalt in Paris
(*Schilderungen aus Paris*, 1822 bis 1824)
zwang ihn seine labile Gesundheit zu
regelmäßigen Kuraufenthalten in den
Taunusbädern. – Anfang der zwanziger
Jahre hatte B. seine Gabe des Witzes zur
scharfen Waffe der Satire geschliffen, die
er, im Gewand harmloser Humoresken,
gegen die Politik der Heiligen Allianz
wie gegen die vis inertiae der Deutschen
einsetzte (*Der Esskünstler* und *Mono-
graphie der deutschen Postschnecke*,
1821). Die Kritik, von B. seit 1818 an
Theater und dramatischer Literatur geübt, nahm zwischen 1820 und 1830
breiteren Raum in seine Schriften ein.
Kunst- und Literaturkritik orientierten
sich nicht mehr am klassischen formal-
ästhetischen Maßstab, vielmehr wurde
die Interdependenz zwischen Stoff und
Form einerseits, gesellschaftlicher und
politischer Wirklichkeit andererseits

zum Richtmaß für den Rezensenten. So galt seine bekannte Verurteilung der »Sachdenklichkeit«, Pedanterie und »steinernen Ruhe« Goethes, nicht der von B. unbestrittenen dichterischen Qualität des Weimaraners, sondern dessen »Zeitablehnungsgenie« (Heinrich Heine). Bei der Diskussion politischer Grundsatzfragen gewann die Machtproblematik für B. zunehmend an Gewicht. Mit wachsender Resignation gegenüber jeglicher Form gouvernementaler Politik neigte er zu utopisch-anarchistischen Theorien, an die er zehn Jahre später wieder anknüpfte (*Freiheit geht nur aus Anarchie hervor*, 1826). Ab 1828 erschien die Sammlung seines publizistischen Oeuvres im Verlag von Julius Campe in Hamburg.

In der Pariser Julirevolution 1830 sah B., der im September dieses Jahres nach Paris übersiedelte, die Zeitwende des 19. Jahrhunderts, die den historischen Paradigmawechsel von 1789 erneuerte und vollendete. Durch die repressive Entwicklung der kapitalgestützten Julimonarchie jedoch ernüchtert, wandelte sich der liberale Publizist zum republikanischen Volkstribun, dessen Schreiben, vom Zwang der Zensur befreit, explizit Handlungscharakter annahm. Literarische Formprobleme und kompositorische Überlegungen wurden irrelevant unter dem bedrängenden Eindruck der Beschleunigung gelebter Geschichte, wie sie schon die zeitgenössischen Beobachter der Revolution des 18. Jahrhunderts empfunden hatten (»Die Zeit läuft wie ein Reh vor uns her...«, *Briefe aus Paris*, 1831). Zentrum seines von einem umfassenden Freiheitsbegriff gelenkten Interesses bildeten die revolutionären Erhebungen in den europäischen Randstaaten, ebenso wie die Rückschläge in Presse- und Verfassungskämpfen der südwestdeutschen Staaten. Die unterhaltenden Partien seiner Pariser Berichterstattung, die dem öffentlichen Leben auf Bühne und Straße galten, sollten mit Provinzialismus

und Öffentlichkeitsdefizit in Deutschland kontrastieren. Das Echo der von Julius Campe unter falscher Firmierung und Umgehung des preußischen Verbots verlegten Bände der *Briefe aus Paris* (3 Bände 1832, 1833, 1834) entsprach der gewollten Provokation durch den Autor: B. verfiel der Ächtung selbst durch die – nicht selten antisemitisch argumentierenden – gemäßigt Liberalen, während die Rheinpfälzer Radikalismus von Johann Georg August Wirth und Philipp Jacob Siebenpfeiffer ihm Schützenhilfe gab und von ihm empfing.

Nach Niederschlagung der republikanischen Bewegung in Frankreich und der deutschen demokratischen Bewegung in der Folge des von ihm besuchten Hambacher Festes (Mai 1832) arbeitete B. in seinen unvollendet gebliebenen *Studien über Geschichte und Menschen der Französischen Revolution* die von ihm als zukunftsweisend verstandenen Merkmale des Jakobinismus heraus. Durch seine grundsätzliche Skepsis gegenüber jeglicher, selbst der rousseauistisch-robespierristischen Herrschaftsstruktur geriet er jedoch wieder in die Nähe einer Utopie der staatsfreien Gesellschaft, die sich am Leitgedanken der das positive Recht übergreifenden Gerechtigkeit orientierte.

Einen neuen Hoffnungsträger fand B. 1834 in dem religiösen Sozialisten Robert de Lamennais, in dessen prophetisch formulierten *Paroles d'un croyant* (1833; 1834 von B. übersetzt) er die revolutionäre »Trinität« Freiheit, Gleichheit, Brüderlichkeit christlich geläutert und demokratisch verankert sah. In Lamennais' Botschaft meinte er einen Lösungsansatz für das im Lyoner Aufstand von 1831 erstmals signalisierte Problem der Massenpauperisierung und deren Folgen, den »fürchterlichen Krieg der Armen gegen die Reichen«, zu finden. Gleichzeitig sprach er sich gegen sozialistische Theorien von Güterge-

meinschaft wie auch mit Entschieden-
heit gegen die Saint-Simonistische, in
ein hierarchisches Gesellschaftssystem
eingebundene Erbrechtsreform aus. Vor
dem Hintergrund des deutschen Idealismus wie dem der französischen Verfassungen bis 1793 sah B. im Verzicht
auf das Eigentumsrecht eine Zerstörung
der individuellen Persönlichkeit und
Entbindung der Besitzenden von sittlich
begründeter Solidarität. Er meinte, daß
eine gegebenenfalls auf revolutionärem
Wege zu erkämpfende Volksvertretung
des vierten Standes und damit dessen
politische Gleichberechtigung (auch in
der Steuer-, Abgaben- und Finanzpoli-
tik) nötig sei, um die materielle Ausbeutung der unterprivilegierten Massen im
kapitalistischen Frankreich des Nach-
Juli abzuschaffen.

Wirkungsgeschichtlich folgenreich
blieben die für Krisenfelder und Pola-
risierung der Epoche bezeichnenden
Kontroversen der letzten Lebensjahre:
Mit seiner Streitschrift *Menzel der Fran-
zosenfresser* (1837) wehrte B. die chauvi-
nistisch motivierte Pressekampagne des
»Literaturpapstes« Wolfgang Menzel gegen das »Junge Deutschland« ab und
prangerte Menzels bewußte Herausfor-
derung des staatlichen Übergriffs auf
den Literaturbetrieb an. Gegen die phi-
liströse Deutschtümelei noch mit Heinrich Heine in gleicher Frontstellung,
zerbrach die »Waffenbrüderschaft« der
beiden Exilanten an der Dissonanz ihres
Emanzipations- und Fortschrittsden-
kens. B. griff den der Saint-Simonistischen Sozialutopie nahestehenden Heine als ethisch indifferenten, politisch
unengagierten Sensualisten und Künst-
ler an, um von diesem als asketisch
rigoroser, politisch bornierter Republikaner etikettiert zu werden.

Mit B.s letztem, wieder an ein bürgerliches Zielpublikum gerichtetem Journal *La Balance* (1836), mündete der
Weg des einstigen konstitutionellen Liberalen über die radikal-demokratische
Periode seiner *Briefe aus Paris* und die

metapolitische Vision einer herrschafts-
freien Gesellschaft in den Revolutions-
studien in die Zukunftshoffnung des
kosmopolitisch denkenden demokratischen Europäers ein: B. sah in den sich
mental und kulturell ergänzenden Völkern diesseits und jenseits des Rheins
den Kern eines künftigen friedlichen
Europa.

Literatur: Bock, H.: Ludwig Börne.
Vom Ghettojuden zum Nationalschrift-
steller. Berlin 1962. – Labuhn, W.: Literatur und Oeffentlichkeit im Vormärz.
Das Beispiel Ludwig Börnes. Königs-
tein/Taunus 1980. – Rippmann, I.: Bör-
ne-Index.   Historisch-biographische
Materialien zu Ludwig Börnes Schriften
und Briefen. 2 Bde., Berlin 1985. –
Rippmann, I., Labuhn, W. (Hg.): Die
Kunst – eine Tochter der Zeit. Neue
Studien zu Ludwig Börne. Bielefeld
1988.

Inge Rippmann

Brandt, Willy
Geb. 18. 12. 1913 in Lübeck;
gest. 8. 10. 1992 in Unkel am Rhein

In der Regierungserklärung, die der erste sozialdemokratische Bundeskanzler
im Deutschen Bundestag vortragen
konnte, steht anfangs ein unzweideu-
tiges Bekenntnis zur bewährten Form
der parlamentarischen Demokratie.
Vier Absätze später folgt der provozie-
rende Satz: »Wir wollen mehr Demokratie wagen« (1969). Konkret bedeutete das einmal die Senkung des Wahl-
alters, dann mehr Bürgerbeteiligung
und schließlich den Ausbau des sozialen
Rechtsstaates. Gleichwohl nahm Rainer
Barzel, der Fraktionsvorsitzende der
CDU/CSU, die Provokation auf. Herbert Wehner konterte per Zwischenruf
an Barzels Adresse: »Beruhigen Sie
sich!« Wehner ironisierte das Projekt
seines Kanzlers als »Neudeutsch«, als
ginge es nur um »Hearings«. Ging es
also tatsächlich nur um unwesentliche

Verbesserungsvorschläge, die an der Substanz der parlamentarischen Demokratie nichts änderten, etwa nur um modische Spielchen im parlamentarischen Sandkasten, etwa nur um politische Semantik ohne systemverändernde Qualität?

In der schwersten Krise der sozialliberalen Ära, auf dem Hamburger Parteitag der SPD am 15. November 1977, kam Br. auf das Wagnis der Demokratie zurück: »Es ist behauptet worden, die Neigung zur Gewalt habe ihre Wurzeln in einem Demokratieverständnis, das Probleme und Konflikte in unserer Gesellschaft offenlegt. Man hat den Eindruck erwecken wollen, Demokratie zu wagen, sie mehr zu wagen, laufe letzten Endes darauf hinaus, dem Terror Vorschub zu leisten. Das Gegenteil ist der Fall.« Im Hinblick auf verschärfte Gesetze gegen den RAF-Terror, der in der Entführung und der Ermordung des Arbeitgeberpräsidenten Hanns-Martin Schleyer (5. September – 19. Oktober 1977) seinen Höhepunkt erreichte, meinte Br. weiter: »Man schützt die Demokratie nicht, indem man sie verkrüppelt.« Er forderte mehr »Selbstbewußtsein kämpferischer Demokraten«, um den Anschlägen sowohl der Terroristen als auch der Notstandspolitiker sinnvoll zu begegnen. Mit dem Namen Br. verbindet sich sowohl die Euphorie einer erweiterten Demokratisierungspolitik als auch die Sorge um die Verteidigung der Freiheit in Berlin und die Bedrohung scheinbar gesicherter Standards demokratischen Zusammenlebens in der Bonner Republik.

Br. wurde kurz vor dem Ersten Weltkrieg als Kind einer ledigen Mutter unter dem Namen Herbert Frahm geboren. Der Junge wuchs bei seinem Großvater Ludwig auf, einem Lastwagenfahrer aus dem genossenschaftlichen Milieu der Lübecker Arbeiterbewegung. Er konnte durch Schulgeldbefreiung das Lübecker Johanneum besuchen und 1932 das Abitur machen. Politische Va-

tergestalt wurde Julius Leber, der Reichstagsabgeordnete, Chefredakteur des *Lübecker Volksboten* und spätere Märtyrer des 20. Juli. Für Lebers Parteizeitung schrieb der aktive Jungsozialist seine ersten Artikel. Gleichzeitig arbeitete er als Volontär bei einem Schiffsmakler und trat dem »Zentralverband der Angestellten« (ZdA) bei. Der eigentliche Berufswunsch lief in Richtung eines Historikers, konnte aber unter den gegebenen Umständen nicht realisiert werden.

Im Konflikt mit dem Kurs der Mutterpartei (Panzerkreuzerbau seit 1928) kam es auch zu Differenzen mit Leber. Frahm trat 1931 über zur gerade gegründeten »Sozialistischen Arbeiterpartei« (SAP) und leitete deren Lübecker Jugendgruppe. Nach Hitlers Machtantritt beteiligte er sich am Aufbau der illegalen Parteiorganisation u. a. als Verfasser von Flugschriften. Unter dem Decknamen Willy Brandt nahm er am ersten illegalen Parteitag der SAP Mitte März 1933 in Dresden teil. Er wurde mit dem Aufbau eines Auslandsbüros beauftragt und reiste in dieser Mission am 31. März 1933 heimlich mit einem Fischerboot nach Lolland und weiter nach Oslo.

In Norwegen stand ihm die dortige Arbeiterpartei (NAP) bei, um als mittelloser Flüchtling überhaupt Fuß fassen zu können. Br. schrieb politische Artikel unter Decknamen wie Martin, Felix und F. Franke. Gleichzeitig studierte er Neue Geschichte an der Universität Oslo und leitete das Auslandsbüro der SAP und der Jugendorganisation. Br. beteiligte sich an der Nobelpreiskampagne für Carl von Ossietzky und reiste zu den internationalen Jugendkonferenzen in Westeuropa, wobei es u. a. um Fragen der Einheitsfront sozialistischer und kommunistischer Jugendorganisationen ging.

Während der Sommerolympiade 1936 lebte Br. illegal mit dem Decknamen Gunnar Gaasland und norwegischen Papieren als Student in Berlin. Er traf sich mit dem Austromarxisten Otto Bauer, der seit 1934 im tschechischen Exil lebte, in Brünn. Im Dezember 1936 erschien Br. in Abwesenheit auf der Unterzeichnerliste des Pariser Volksfrontaufrufes. Er ging im Februar 1937 als Pressekorrespondent nach Barcelona, wurde zum Beauftragten der norwegischen Spanienhilfe und zum Verbindungsmann der SAP zur trotzkistisch tendierenden POUM (Partido Obrero de Unificacion Marxista). Unter dem Eindruck stalinistischer Säuberungen kam es zur Wiederannäherung an die Sozialdemokratie.

Nach der deutschen Invasion in Norwegen geriet Br. – als norwegischer Soldat getarnt – am 1. Mai 1940 vorübergehend in deutsche Kriegsgefangenschaft. Er flüchtete im Sommer des gleichen Jahres nach Stockholm und kümmerte sich von dort aus um illegale Querverbindungen in Skandinavien. Vom Juli 1942 bis Mai 1945 war Br. ehrenamtlicher Sekretär der sogenannten »Kleinen Internationale« in Stockholm. Er arbeitete in dieser Funktion eng mit Bruno Kreisky und Fritz Tarnow zusammen. Es gab Verbindungen zum Kreisauer Kreis des deutschen Widerstandes. Im Oktober 1944 schloß die SAP-Gruppe sich mehrheitlich wieder der Sozialdemokratie an. Br. beteiligte sich an der Ausarbeitung verschiedener Programmschriften, nahm 1946 als Gastdelegierter am SPD-Parteitag in Hannover teil und arbeitete von 1947 bis 1948 als Presseattaché bei der norwegischen Militärmission in Berlin. Während der kritischen Phase der Blokkade Berlins wirkte Br. als Vertreter des SPD-Parteivorstandes unter Kurt Schumacher in Berlin, das zu dieser Zeit von Louise Schröder und Ernst Reuter regiert wurde.

Am 8. Mai 1949 sprach Br. vor dem Berliner Landesparteitag über »Programmatische Grundlagen des demokratischen Sozialismus«. Dabei lehnte er noch die Konzeption der »Volkspartei« ab und redete stattdessen von einer Partei des »Volksinteresses«, die eine »wahrhaft nationale Partei der gesellschaftlichen Rettung durch Neugestaltung« werden sollte. Er betonte die Gegnerschaft zum Obrigkeitsstaat und bekannte sich zu einer absoluten Idee der Demokratie. Sie sei keine Frage der Zweckmäßigkeit, sondern der »Sittlichkeit«. Entsprechend der Prinzipienerklärung von Hannover lehnte Br. die Unterscheidung von »proletarischer« und »bürgerlicher« Demokratie ab und ironisierte die »Volksdemokratie« als »Demo-Demokratie«, die nichts anderes als »die schamhafte Camouflage einer schamlosen Gewaltherrschaft« sei. Zugleich betonte er die Notwendigkeit der wirtschaftlichen und sozialen Untermauerung politischer Freiheit, um die Demokratie »im eigentlichen und im übertragenen Sinne krisenfest« zu machen. Diese wirtschaftspolitischen Forderungen bezeichnete er zugleich als »Programm der weitergeführten Demokratie«, die auf die Ebene des »konstruktiven Sozialismus« führen sollte.

Br. gehörte dem Deutschen Bundestag als Berliner Abgeordneter von 1949 bis 1957 an. In Berlin stieg er vom Vorsitzenden des Kreisverbandes Wilmersdorf (1949) über Presse- und Vorstandsarbeit zum Landesvorsitzenden der Berliner SPD (1958–1963) auf. Er war Mitglied des Abgeordnetenhauses (1950–1969), zeitweise Präsident des Abgeordnetenhauses (1955–1957) und danach Regierender Bürgermeister von Berlin (1957–1966). Später nannte er seine kommunalpolitische Tätigkeit die schöpferischste Phase in seinem Leben (u. a. Bau der Neuen Philharmonie).

In der Bundespartei zählte Br. zu den Reformern, die auf das neue Godesberger Grundsatzprogramm (1959: Abschied vom Konzept der Klassenpartei und Hinwendung zur Volkspartei) drängten und eine entsprechende Reform der Parteistrukturen forderten. Br.

trat 1961 erstmals als Kanzlerkandidat seiner Partei gegen Adenauer an und scheiterte erneut 1965 gegen Ludwig Erhard. Er übernahm mit Hilfe Herbert Wehners 1964 als Nachfolger des verstorbenen Erich Ollenhauer den Bundesvorsitz der SPD. In diesen Jahren hatte er eine Fülle politischer Verleumdungen und übler Nachreden, nicht zuletzt durch Bundeskanzler Adenauer, abzuwehren. Die Freundschaft mit dem jungen amerikanischen Präsidenten John F. Kennedy trug zu diesem Ringen um die Gunst der öffentlichen Meinung bei.

Im Kabinett der Großen Koalition (1966–1969) unter Kurt Georg Kiesinger (CDU) übernahm Br. das Amt des Vizekanzlers und des Außenministers. Er legte die ersten Grundlagen einer erfolgreichen Ostpolitik und war mit seinen sozialdemokratischen Kabinettskollegen (Karl Schiller, Georg Leber, Gustav Heinemann, Herbert Wehner u. a.) so erfolgreich, daß nach dem Stimmengewinn bei den Bundestagswahlen 1969 eine knappe sozial-liberale Mehrheit möglich wurde. Br. ergriff zusammen mit Walter Scheel (FDP) diese Chance und eröffnete eine Ära von zwölf Jahren sozial-liberaler Bundespolitik, deren größte Erfolge im Abschluß der »Ostverträge« mit der Sowjetunion und Polen (ratifiziert vom Bundestag 1972) und in der »Konferenz für Sicherheit und Zusammenarbeit in Europa« (KSZE, 1975 in Helsinki) lagen. Durch seine Verbeugung auf den Knien vor dem Denkmal des Warschauer Ghettos demonstrierte Br. vor aller Welt den glaubwürdigen Wandel der deutschen Politik nach innen und außen. Diese Friedensleistung würdigte das norwegische Nobel-Komitee mit der Verleihung des Friedenspreises 1971.

Nach dem Scheitern des konstruktiven Mißtrauensvotums im Frühjahr 1972 konnte Br. bei vorgezogenen Wahlen im Herbst desselben Jahres mit gestärkter Mehrheit an die erweiterte Fortsetzung seiner Politik der inneren Reformen und der guten Nachbarschaft gehen. Eine persönliche Krise, zunehmende Wachstumsprobleme der Wirtschaft und die skandalöse Aufdeckung der Spionageaffäre Guillaume setzten seiner Tätigkeit als Bundeskanzler im Mai 1974 ein abruptes Ende. Herbert Wehner sorgte binnen kurzem für den Wechsel zu Helmut Schmidt als neuem Bundeskanzler und einer Politik der wirtschafts- und finanzpolitischen Konzentration.

Br. blieb Parteivorsitzender der SPD (bis 1987). Er bewährte sich erneut als Präsident der Sozialistischen Internationale (1976–1992) und Vorsitzender der Nord-Süd-Kommission für die Zusammenarbeit von Industrie- und Entwicklungsländern (1976). Während der friedlichen Revolution vom Herbst 1989 erwog Br. erneut eine Kandidatur mit dem Ziel einer ersten gesamtdeutschen Kanzlerschaft. Er prägte das Wort, wonach nunmehr zusammenwachse, was zusammengehöre.

Nach August Bebel ist Br. als herausragendster Sozialdemokrat der deutschen Geschichte zu nennen, sowohl in deutscher Sicht als auch international. Seine besonderen Leistungen lagen darin, Nachkriegsdeutschland zu einem in jeder Hinsicht vertrauenswürdigen und anerkannten Partner aller Völker der Welt gemacht zu haben. Dem entspricht die innere Friedensleistung der erfolgreichen Integration der kritischen Generation der 68er in das Gemeinwesen der Bundesrepublik Deutschland. Darüber hinaus wurde Br. zum Symbol eines demokratischen Sozialismus, dessen Vision die Realitäten übersteigt, ohne das vorhandene Reformpotential zu überfordern. Als »Visionär« mit Augenmaß unterschied Br. sich gleichermaßen vom schwärmerischen Utopisten wie vom phantasielosen Realpolitiker. Die Forderung nach mehr Demokratie bleibt ein lebendiger Impuls mit fortwirkender Resonanz.

Literatur: Baring, A.: Machtwechsel. Die Ära Brandt-Scheel. Stuttgart 1982. – Bender, P.: Die Ostpolitik Willy Brandts oder die Kunst des Selbstverständlichen. Reinbek bei Hamburg 1972. – Grebing, H., Brandt, P., u. a. (Hg.): Sozialismus in Europa. Bilanz und Perspektiven, eine Festschrift für Willy Brandt. Essen 1990. – Harpprecht, K.: Willy Brandt. Porträt und Selbstporträt. München 1970. – Koch, P.: Willy Brandt. Eine politische Biographie. Berlin 1988.

Gerhard Beier

Büchner, Georg

Geb. 17. 10. 1813 in Goddelau bei
Darmstadt; gest. 19. 2. 1837 in Zürich

B., Sohn eines Arztes, beteiligte sich auf dem Gymnasium in Darmstadt seit 1828 an einem Primanerzirkel, der zwar zunächst literarisch-philosophische Interessen pflegte, spätestens aber seit der französischen Julirevolution (1830) sich auch politisierte. Die Freunde dieses Kreises lasen diejenige Literatur, die ihnen die Schule vorenthielt. Die solide humanistische Schulbildung, in der das gräzisierende Ideal freier Entfaltung der Persönlichkeit und zugleich die Beispiele republikanischer Bürgertugend eine zentrale Rolle spielten, stand in offenem, krassen Gegensatz zur gesellschaftlichen und politischen Realität der Zeit und nötigte geradezu, Ideal und Wirklichkeit kritisch zu vergleichen. So wird berichtet, B. habe zu den radikalsten Mitgliedern des Kreises gehört und nach der Julirevolution seinen damals engsten Freund nur mit »Bon jour citoyen« begrüßt.

Nach dem Schulabschluß ging B. zum Studium der Medizin – er setzte damit eine über Generationen anhaltende Familientradition fort – nach Straßburg. Im November 1831 immatrikulierte er sich dort und schon am 4. Dezember war er bei einer demokratischen Großveranstaltung dabei: Auf der Flucht befindliche polnische Generäle des gescheiterten polnischen Aufstandes von 1830 zur Erlangung der Unabhängigkeit Polens wurden dort feierlich begrüßt und geehrt.

In Straßburg gab es bei Ankunft B.s eine starke republikanisch-demokratische Bewegung. In Clubs organisiert, zählte sie tausende von Mitgliedern und war politisch sehr rege. Sie reichte von gemäßigt demokratischen bis zu saint-simonistischen und babouvistischen Positionen. Als wegen verschiedener sozialrevolutionärer Aufstandsversuche in Frankreich die Bewegungsfreiheit der politischen Clubs eingeengt wurde – Veranstaltungen mit mehr als 20 Teilnehmern waren verboten –, bildete sich eine »Gesellschaft der Menschen- und Bürgerrechte«, die mit Sektionen von höchstens 20 Mitgliedern eine flächendeckende und sehr aktive Organisation darstellte. B. beteiligte sich an deren Veranstaltungen, insbesondere aber in einer theologischen Studentenverbindung – »Eugenia« – als Dauergast und galt in ihr als einer der radikalsten Wortführer.

Die französische Julirevolution 1830 führte auch in Deutschland zu politischer Unruhe, wenn auch nicht zur Revolution. Aus Sorge vor einem Überschwappen der französischen republikanischen Bewegung ließen die Regierungen der deutschen Staaten eine zeitweilige Liberalisierung zu. Der reaktionäre Druck auf die Opposition ließ nach. Zugleich wurde auch die Pressezensur weniger scharf gehandhabt. So war es leichter, sich in der Öffentlichkeit politisch-oppositionell zu zeigen. Von Straßburg aus nahm B. auch am Hambacher Fest im Mai 1832 teil und mußte die dort einsetzende Unterdrückung der demokratischen Volksbewegung erleben. Er lernte auf dem Fest auch einen der Hauptredner, Johann Georg August Wirth, kennen, der sich im Südwesten Deutschlands als Vorkämpfer der Pressefreiheit einen Namen gemacht und den zeitweilig recht wirksamen »Pressverein« (seit Februar 1832) gegründet hatte. Solche »Pressvereine« sollten die allgemeine Pressefreiheit – nicht nur für Zeitungen – erkämpfen helfen.

Im Oktober 1833 setzte B. sein Studium in Gießen fort und nahm Verbindung zur Oppositionsbewegung in seiner Heimat Hessen-Darmstadt auf. Dort lernte er den Theologiestudenten August Becker kennen, der bald sein engster Vertrauter wurde. In Gießen begann B. im Winter 1833/34 sich mit der französischen Revolution von 1789 zu beschäftigen. Zugleich machte er durch Becker die Bekanntschaft des führenden republikanisch – demokratischen Oppositionellen in Oberhessen, Dr. Friedrich Weidig, bis 1834 Rektor in Butzbach, danach Pfarrer in Obergleen bei Alsfeld. Dieser publizierte illegal die Zeitschrift *Leuchter und Beleuchter für Hessen oder der Hessen Nothwehr.* Für Weidig verfaßte B. einen Text, den Weidig stark überarbeitete und ihm auch den Titel gab: *Der hessische Landbote* (1834): eine anonyme Flugschrift, die sich an die armen Bauern wandte und zum Kampf gegen die feudale Kleinstaaterei aufrief.

Inzwischen hatten sich die politischen Verhältnisse in Deutschland wieder verschlechtert. Die revolutionäre Unruhe mit dem Höhepunkt des Hambacher Festes war durch die wieder einsetzende politische Unterdrückung in den Untergrund gedrängt. Hatten radikale Burschenschafter im April 1833 noch versucht, mit dem sogenannten Frankfurter Wachensturm als Signal für einen Volksaufstand zu setzen, so war nach der Niederschlagung des Aufstandsversuchs und der Inhaftierung oder Flucht der meisten direkt oder indirekt Beteiligten die Opposition stark geschwächt. Erst die Freilassung der politischen Gefangenen durch eine Amnestie im März/April 1834 erlaubte es nunmehr B. und seinen Freunden

Becker und Weidig, in Gießen und Darmstadt nach Straßburger Vorbild eine »Gesellschaft für Menschenrechte« zu gründen.

Im Juli des gleichen Jahres betrieb B. mit Weidig, Dr. Leopold Eichelberg aus Marburg und den Studenten Becker und Gustav Clemm (ein Schulfreund B.s aus Darmstadt) einen illegalen Pressverein, der sich unter anderem auch den Druck und Vertrieb des *Hessischen Landboten* zur Aufgabe machte. Am 1. August wurde B.s engster Schulfreund, Karl Minnigerode, beim Versuch, 100 *Landboten* nach Gießen einzuschleusen, dort gefaßt. B. unternahm sofort eine Reise, um seine Freunde zu warnen. Gegen B. wurde wegen seiner Autorenschaft am 2. August 1834 Haftbefehl erlassen, er selbst wurde drei Tage später vernommen. Er konnte sich aber durch sein sicheres Auftreten entlasten, so daß der Haftbefehl nicht vollstreckt wurde. Mitte September reiste B. zu seinen Eltern nach Darmstadt, um bei ihnen die Semesterferien zu verbringen. In Darmstadt setzte er seine Studien zur französischen Revolution fort und überarbeitete eine zweite Auflage des *Landboten.* Diese erschien, wieder von Weidig redigiert und auch von Eichelberg ergänzt, im November 1834. Zugleich reorganisierte B. die Darmstädter Sektion der »Gesellschaft für Menschenrechte«.

Ab Januar 1835 begann B. mit der Niederschrift von *Dantons Tod* in Darmstadt, weil er wegen einer Gehirnhautentzündung sein Studium im Winter 1834/35 hatte unterbrechen müssen. Er erhielt eine Vorladung vom Untersuchungsrichter wegen Beteiligung am *Landboten,* zog aber Anfang März die Flucht nach Straßburg vor, wo er bis in den Herbst mit falschem Namen lebte.

Da sein Schulfreund Clemm in der Annahme, daß sowieso die ganze Sache verloren sei, ein umfangreiches Geständnis abgelegt hatte, setzte eine Verhaftungswelle unter den Mitgliedern des Pressvereins und der »Gesellschaft für Menschenrechte« ein. Am 13. Juni 1835 wurde auch ein Steckbrief gegen B. wegen »Teilnahme an staatsverräterischen Handlungen« ausgestellt. Dies und die Tatsache der auch in Frankreich um sich greifenden politischen Reaktion waren wohl der Grund für B.s Anmeldung unter falschem Namen.

B.s aktive politische Arbeit war damit unterbrochen. Er kehrte der Politik vorübergehend den Rücken. Zweierlei mag dazu beigetragen haben: Zum einen hatte sich B. schon im Jahre 1832 mit der Tochter seiner Straßburger Wirtsleute, Wilhelmine Jaegle, verlobt und dachte nun am Ende seiner Studienzeit daran, einen Hausstand zu gründen, zum anderen hoffte er auf eine Dozentur an der erst drei Jahre alten Züricher Universität. Eine Niederlassungserlaubnis war aber nur zu erwarten, wenn B. alle Teilnahme an politischen Aktionen unterließ und ein Führungszeugnis der Straßburger Polizeibehörde beibrachte.

B. stellte Forschungen zur Physiologie der Nerven von Fischen an und trug seine Ergebnisse im Mai vor der »Société du Musée d'histoire naturelle« vor. Daraufhin wurde er zwei Wochen später deren korrespondierendes Mitglied, schloß seine Arbeit Ende Mai ab und reichte sie der Züricher Universität ein. Am 3. September 1836 wurde er in Abwesenheit zum Dr. promoviert und stellte Ende September den Antrag auf Zulassung zur Probevorlesung, um damit die Lehrbefugnis zu erhalten. Am 18. Oktober 1836 übersiedelte er nach Zürich, hielt am 5. November mit Erfolg seine Probevorlesung und begann 10 Tage später eine Vorlesung zur Vergleichenden Anatomie. Noch im gleichen Monat erhielt er eine provisorische Aufenthaltsgenehmigung und konnte damit gelassener seine Zukunft planen. In Zürich trat er sofort wieder in Kontakt mit deutschen demokratischen Emigranten.

Zugleich schrieb er in dieser Zeit die Komödie *Leonce und Lena*, eine Parodie auf die spießige, kleinbürgerliche Idylle, und den unvollendet gebliebenen *Woyzeck*, eine Anklage gegen die herrschenden sozialen Verhältnisse. Auch die Novelle *Lenz* entstand in dieser Zeit, auch zu verstehen als verschlüsseltes Selbstportrait B. s.

Mitten hinein in diese äußerst produktive Phase seines Lebens fiel B.s Erkrankung im Januar 1837. Sein Zustand verschlechterte sich bald. Am 15. Februar wurde Typhus diagnostiziert und am 17. Februar starb B. Die Beisetzung erfolgte unter großer Beteiligung der Emigranten und der Universitätsangehörigen. Vier Tage nach seinem Tod starb sein Mitstreiter in Gießen, Dr. Weidig, durch einen dubiosen Selbstmord im Gefängnis, nachdem er fast zwei Jahre unter unwürdigsten und schikanösesten Bedingungen inhaftiert worden war.

Literatur: Hauschild, J.-Chr.: Georg Büchner. Biographie. Stuttgart 1993.

Martin Kutz

Caro, Klara, geb. Beermann
Geb. 6. 10. 1886 in Berlin;
gest. 28. 9. 1979 in New York

Die Geschichte der jüdischen Frauenbewegung in Deutschland ist kaum bekannt. Mit der Zerschlagung der jüdischen Frauenvereine und der Ermordung der meisten ihrer Mitglieder scheinen die Nationalsozialisten auch die Erinnerung ausgelöscht zu haben.

Der »Jüdische Frauenbund« (JFB) wurde 1904 von Bertha Pappenheim mit dem Ziel gegründet, den Anschluß jüdischer Frauenvereine an die bürgerliche Frauenbewegung in Deutschland zu finden und gleichzeitig jüdisches Selbstbewußtsein zu stärken. Ende der 20er Jahre hatte der JFB 50 000 Mitglieder und war damit der größte im »Bund   Deutscher   Frauenvereine«

(BDF) organisierte Verein. Jede fünfte deutsche Jüdin gehörte dem JFB an. In 36 Ortsgruppen und Hunderten von Vereinen leisteten Frauen Basisarbeit, seit 1926 auch in Köln. Von der Gründung bis zur Auflösung des Vereins durch die Nationalsozialisten nach dem Novemberpogrom 1938 leitete Klara Caro die Kölner Ortsgruppe des »Jüdischen Frauenbundes«.

C. wurde 1886 in Berlin als viertes Kind einer orthodoxen jüdischen Familie geboren. Nach der Erziehung von drei Söhnen hatten die Eltern wenig Verständnis für den frühen Emanzipationswillen der spätgeborenen Tochter. Aber C. hatte Glück im Unglück. Ihr 13 Jahre älterer Bruder, der spätere Rabbiner Max Beermann, erkannte den Bildungswunsch seiner Schwester und ermöglichte ihr den Schulbesuch in einer Religionsschule und die Teilnahme an zionistischen Treffen. Schon mit 17 Jahren gründete C. ihren ersten zionistischen Frauenverein. 1909 heiratete sie Isidor Caro und folgte ihm nach Köln, wo er eine Stelle als Rabbiner antrat. C. wurde Mitglied im Israelitischen Frauenverein unter Leitung von Ida Auerbach, die diesen schon seit 1813 bestehenden traditionellen Frauenverein mit den Errungenschaften moderner Sozialarbeit vertraut gemacht hatte. Wie Bertha Pappenheim betonte auch Ida Auerbach beide Bedeutungen von »Zedakah« – Wohltätigkeit und Gerechtigkeit. Dem Kampf gegen soziale Ungleichheiten waren aber insofern Grenzen gesetzt, als die meisten jüdischen Frauenrechtlerinnen aus der bürgerlichen Mittelschicht kamen und kein Interesse an einer Aufhebung der Klassengegensätze hatten.

1913 wurde C. offizielle Sozialarbeiterin im Kölner Gefängnis und war zuständig für die Betreuung der weiblichen jüdischen Gefangenen. Sie nahm Einfluß auf die Umgestaltung des Vollzugwesens in Köln: Statt der Bestrafung der Gefangenen stellte sie deren Erzie-hung und Resozialisierung in den Vordergrund. Außerdem gründete sie eine Einrichtung für entlassene jüdische Frauen, die ihnen den Wiedereinstieg in das Kölner Leben ermöglichen sollte. Mit dieser Tätigkeit, die C. bis Januar 1938 ausüben konnte, machte sie sich einen Namen in der Kölner Frauenbewegung. Als im Sommer 1925 der von Ida Auerbach geleitete »Verband jüdischer Frauenvereine in Rheinland und Westfalen«, ein Provinzialverband des JFB, in Köln tagte, ergriff C. die Initiative. Sie gründete Anfang 1926 die Kölner Ortsgruppe des JFB mit dem Anspruch, soziale Arbeit mit dem Wunsch nach Emanzipation – als Frau und als Jüdin – verbinden zu können. Neben der Sozialfürsorge und Förderung der Erziehung, Ausbildung und Erwerbstätigkeit jüdischer Mädchen, bestimmten zwei Schwerpunkte die Arbeit der Kölner Ortsgruppe: Der Kampf gegen Mädchenhandel und Prostitution und der Streit um das Frauenwahlrecht in der jüdischen Gemeinde.

Wie viele andere jüdische Gemeinden in Deutschland war auch die in Köln – mit 16 000 Mitgliedern die fünftgrößte – in den 20er Jahren geprägt durch die Zuwanderung jüdischer Flüchtlinge aus dem Osten, die Massenelend und Pogromen zu entfliehen trachteten. Viele jüdische Frauen und Mädchen mußten sich prostituieren, um zu überleben, und fielen Mädchenhändlern in die Hände. Der JFB versuchte daher, durch die Errichtung von Schulen und Ausbildungsstätten die Lebens- und Überlebensbedingungen von Frauen zu verbessern. Er gründete eine Bahnhofshilfe am Kölner Hauptbahnhof, einem der großen Knotenpunkte des internationalen Mädchenhandels, um vor Ort jüdische Mädchen vor den Händlern zu schützen, die oft mit falschen Versprechungen z.B. über preiswerte Unterkünfte alleinreisende Mädchen in Bordelle lockten. Da Juden häufiger als Nichtjuden der Beschuldigung ausge-

setzt waren, die internationale Prostitution zu organisieren, verstand der JFB
den Kampf gegen Mädchenhandel auch
als Maßnahme gegen zunehmende antisemitische Tendenzen. C. besuchte 1927
gemeinsam mit Bertha Pappenheim,
Hannah Karminski und Sidonie Werner
die zweite »Jewish International Confe-
rence on White Slavery« in London und
lernte dort Leo Deutschländer kennen,
den Gründer der Beth-Jacob-Schulen
für Mädchen in Polen. C. sah in diesem
Projekt, dem 1937 38.000 Mädchen in
250 Schulen angehörten, eine geeignete
Methode zur Bekämpfung des Mädchenhandels. In Köln gründete sie einen
Mädchenklub und ein Abendheim für
weibliche Angestellte, um Treffpunkte
für jüdische Frauen zu schaffen, in denen sie geschützt waren, sich weiter-
bilden, Gedanken austauschen und im
Notfall auch wohnen konnten.

Der JFB stellte zum ersten Mal in der
Geschichte die männliche Vorherrschaft
in der Gemeinde in Frage. Frauen hatten zwar in Deutschland seit 1918 das
Wahlrecht erlangt, in den Synagogenge-
meinden aber blieben alle wichtigen politischen und religiösen Ämter den
Männern vorbehalten. Vor allem in den
fünf größten jüdischen Gemeinden
Deutschlands – Berlin, Frankfurt am
Main, Breslau, Hamburg und Köln –
führte der JFB seinen Kampf für das
aktive und passive Wahlrecht der Frau-
en. 1924 organisierte er eine nationale
Wahlrechtswoche, um für die Gleichstellung der Frau in allen Bereichen des
Gemeindelebens zu werben. Bis Ende
der 20er Jahre setzte der JFB das Wahlrecht in den meisten größeren jüdischen
Gemeinden Deutschlands durch. In
Köln wurden erst 1933 die ersten vier
Frauen in die Gemeinderepräsentanz
gewählt. Ein früherer Erfolg scheiterte
am Widerstand einiger orthodoxer
Männer der Gemeinde.

Der JFB war die einzige jüdische Organisation, in der politische und religiöse Grabenkämpfe weitgehend ver-

mieden wurden. Ob Frauen religiös-
orthodox oder liberal, ob sie Zionistin-
nen waren oder eine deutsch-nationale
Einstellung hatten, der JFB hieß sie willkommen. So stellte der »Jüdische Frauenbund« eine große integrative Kraft in
den Gemeinden dar. »Die Stärke des
Jüdischen Frauenbundes lag nicht zuletzt in seiner strikten Neutralität in
religiöser und politischer Beziehung –
das zu einer Zeit, da in den Gemeinden
vielfach heftige Parteikämpfe im Gange
waren. So wurde jeder Frau unabhängig
von ihrer Überzeugung die Möglichkeit
zur Mitarbeit und Mitgliedschaft gegeben« (*Gedanken zur Geschichte des Jüdischen Frauenbundes*, 1956).

C. setzte sich in Köln besonders für
eine Verständigung von jüdischen und
nichtjüdischen Frauen ein – in der
Hoffnung, antisemitischen Vorurteilen
etwas entgegensetzen zu können. Ihr
Engagement wurde in den *Blättern des
Jüdischen Frauenbundes* mehrfach als
Vorbild für andere Städte erwähnt. Seit
1931 war die Kölner Ortsgruppe Mitglied im »Stadtverband Kölner Frauenvereine«. C. organisierte regelmäßig
Veranstaltungen an der Volkshochschu-
le, bei denen sie jüdische Kultur und
Religion für nichtjüdische Frauen erläuterte. Auf dem Programm standen auch
Führungen durch Kölner Synagogen.
Diese Nachmittage fanden großen Anklang in der Kölner Frauenszene, verhinderten allerdings nicht, daß der
Stadtverband und die ihm angeschlos-
senen Vereine 1933 alle Jüdinnen aus
ihren Reihen ausschlossen. Solidarität
und einen nennenswerten Widerstand
nichtjüdischer Frauen gegen die Ausgrenzung, Verschleppung und Ermordung ihrer jüdischen Schwestern gab es
weder in Köln noch in anderen deutschen Städten. Nach der Machtübernahme Hitlers durfte der JFB seine Arbeit nur fortsetzen, weil er die Emigration von Jüdinnen unterstützte. So no-
tiert Marina Sassenberg: »Angetreten als
Interessenvertretung   selbstbewußter

deutscher Jüdinnen mit gemäßigt-feministischer Programmatik, sah sich der JFB in den letzten Jahren seiner Existenz gezwungen, die Überlebensfrage zum einzigen Programmpunkt zu machen.«
C. verzichtete auf die Emigration, um ihre Arbeit in Köln fortsetzen zu können. 1942 wurde sie mit ihrem Mann nach Theresienstadt deportiert. Auch in diesem als Ghetto getarnten Konzentrationslager ergriff sie schnell die Initiative und gründete – natürlich im Verborgenen – eine »WIZO-Gruppe« (Women's International Zionist Organization), deren Vorsitzende sie wurde. Mit vielfältigen kulturellen und politischen Aktivitäten versuchte sie, den Überlebenswillen der Frauen zu stärken. Als Altenpflegerin eingestuft, entging C. der Deportation nach Auschwitz und emigrierte 1945 über die Schweiz in die USA. Ihr Mann war 1943 in Theresienstadt den unmenschlichen Lebensbedingungen zum Opfer gefallen, und schon in der Schweiz erfuhr sie, daß ihr Sohn Hermann im Konzentrationslager Sobibor ermordet worden war. Nur ihre Tochter Ruth hatte in England überlebt.
Bis zu ihrem Tod 1979 wohnte C. in New York. In ihren zahlreichen nach 1945 geschriebenen, meist unveröffentlichten Berichten über ihr Leben, die im Bestand des Leo Baeck Instituts in New York aufbewahrt werden, erwähnte sie nur selten ihre frauenpolitische Arbeit in Köln. Im Vordergrund standen ihre Erfahrungen in Theresienstadt. Die Verbitterung über das Verhalten der großen Mehrheit der Kölner Bevölkerung einschließlich der fast einhundert Frauenvereine und die Ermordung ihrer Familienangehörigen trübten die Erinnerung an 33 Jahre Kampf für die Rechte der Frau in ihrer zweiten Heimatstadt. In einem ihrer letzten Briefe aber schrieb sie: »Wenn einmal die Geschichte des deutschen Judentums vor Hitler geschrieben werden wird, gebührt eins der ruhmreichsten Kapitel dem Jüdischen Frauenbund.«

Literatur: Asaria, Z.: Die Juden in Köln. Von den ältesten Zeiten bis zur Gegenwart. Köln 1959 – Kaplan, M.: Die jüdische Frauenbewegung in Deutschland. Organisation und Ziele des Jüdischen Frauenbundes 1904–1938. Hamburg 1981 – Lixl-Purcell, A. (Hg.): Erinnerungen deutsch-jüdischer Frauen 1900–1990. Leipzig (2. Aufl.) 1993. – Sassenberg, M.: Zwischen Feminismus und Zedaka. Der Jüdische Frauenbund in Köln 1926–1938, in: Kölner Frauengeschichtsverein (Hg.): »10 Uhr pünktlich Gürzenich«. Hundert Jahre bewegte Frauen in Köln – zur Geschichte der Organisationen und Vereine. Münster 1995, S. 239–244.

Yvonne Küsters

Clauswitz, Paul
Geb. 22. 2. 1839 in Wolmirstedt (bei Magdeburg); gest. 11. 4. 1927 in Berlin

Zunächst nicht gradlinig und zielgerichtet, sondern von Brüchen und wechselnden Perspektiven gekennzeichnet war der Lebensweg, den der Historiker und Archivar C. nahm. Er besuchte das Gymnasium in Luckau und legte dort 1857 das Abitur ab. Seit 1858 studierte er an der Bauakademie zu Berlin; 1860 bestand er das Feldmesser-Examen. 1861/62 folgte der Militärdienst. C.s Interesse wandte sich dann von praktischen Fragen ab und eher theoretischen Problemen zu. Als Gasthörer besuchte er an der Berliner Universität Lehrveranstaltungen in Geschichte, Philosophie, Ästhetik und Kunstgeschichte, unterbrochen von seiner Teilnahme am Krieg von 1866. Mit einer in diesen Jahren verfaßten kunsthistorischen Dissertation (*Die Kupferstiche des Lukas von Leyden*) wurde er, ohne ein reguläres Universitätsstudium absolviert zu haben, im Jahr 1867 an der Universität Tübingen zum Dr. phil. promoviert. An diesem Punkt seiner Entwicklung traf C. die Entscheidung für den Wechsel zu einer wiederum neuen, diesmal endgültigen Perspektive: dem Beruf des Historikers und Archivars. Am 1. März 1873 in den preußischen Archivdienst aufgenommen, wurde er 1875 Leiter des Staatsarchivs im damaligen Posen und dann, knapp 40 Jahre alt, am 1. Januar 1879 Leiter des Berliner Stadtarchivs. C. war der erste fest angestellte Stadtarchivar Berlins – und überhaupt einer der ganz wenigen hauptamtlichen Stadtarchivare in Preußen. 34 Jahre lang, bis 1912, war er in dieser Funktion tätig.

C. wandte sich mit den Jahren immer stärker der geschichtswissenschaftlichen Arbeit zu. Er verstand sich mehr als städtischer Historiker und Forscher denn als Archivar. In dieser Zielsetzung wurde er bestätigt, als er 1889, zehn Jahre nach seinem Amtsantritt, vom Magistrat den Auftrag zu einem eigenständigen Abriß der Geschichte Berlins erhielt, den er vier Jahre später vorlegte (*Zur Geschichte Berlins*, Berlin 1893); damit akzeptierten ihn die Behörden der Stadt als ihren wissenschaftlich-schöpferisch tätigen Stadthistoriker. Seine vielfältige Tätigkeit stärkte dann seine Stellung derart, daß er die Schwerpunkte seiner Tätigkeit setzen konnte, wie es den Erfordernissen städtischer Politik, seinem Verständnis der Stadtgeschichte und seinen eigenen Forschungsinteressen entsprach.

C.s Ausbildung und Berufstätigkeit fielen in eine Zeit, in der eine thematische und methodische Neuorientierung in Teilen der deutschen Geschichtswissenschaft erfolgte. Bei diesen Auseinandersetzungen stand die individualisierende Betrachtungsweise des Historismus als der »herrschenden Methode« im Mittelpunkt. Für die überwiegende Mehrzahl der Historiker war das politisch-militärisch-diplomatische Geschehen zentral. Der ökonomische und soziale Bereich blieb, wenn er überhaupt berücksichtigt wurde, in der Regel illustrierende Kulisse und als eigenständi-

ger Sektor historischer Prozesse unberücksichtigt. Als Träger der Geschichte dominierten einzelne Persönlichkeiten (die »Großen« der Geschichte) und Kollektivindividualitäten wie Staaten und Nationen. Die das Handeln bestimmenden Beweggründe wurden primär aus der Geistes- oder Ideengeschichte abgeleitet.

Eine Minderheit wandte sich von dieser traditionellen Methode ab und einer moderneren Auffassung zu, die sich vor allem mit sozial- und wirtschaftsgeschichtlichen, rechts- und verwaltungsgeschichtlichen Themen befaßte. Dieser Richtung gehörte C. an. Als Historiker in städtischem Dienst und nicht wie die Mehrzahl seiner Fachkollegen im Universitäts-, Staats- oder Kirchendienst tätig, nutzte er die geschichtswissenschaftliche Neuorientierung, um die Interessen der Stadt gegenüber den gerade in der preußischen und deutschen Hauptstadt zum Ausdruck kommenden Machtansprüchen der monarchischen, feudalen, staatlichen und kirchlichen Institutionen wahrzunehmen. Erster hauptberuflicher Historiker der Stadtgemeinde, stand C. vor der Aufgabe, die Geschichte der Stadt Berlin als wissenschaftliche Disziplin zu entwickeln. Nur dann bestand die Chance, Geschichte und gegenwärtige Funktion der – bürgerlichen – Stadtgemeinde als eigenständig gegenüber den nichtbürgerlichen Gewalten seiner Zeit nachzuweisen.

Treibende Kraft war für C. das Bürgertum. Zu den »alten Mächten« seiner Zeit (Monarchie, Adel, Kirche) verhielt er sich in seiner wissenschaftlichen Arbeit auffallend zurückhaltend; die Hohenzollern fanden selten Erwähnung, eine entscheidende Rolle maß er ihnen nicht zu – auch dies ungewöhnlich für einen Historiker, der über die Geschichte der preußischen Residenz schrieb. Die Entwicklung der Stadt als der historischen Leistung des Bürgertums, das Verhältnis von (bürgerlicher) Stadt und (nichtbürgerlichem) Staat, die Bedeutung der städtischen Verfassung und Verwaltung sowie der Fortschritt in Richtung auf Gleichheit und Demokratie waren daher sein Kernthema.

Im vierten Jahr seiner Tätigkeit als Stadtarchivar begann C. die Reihe seiner Publikationen – und zwar gleich mit einem repräsentativen Werk: einem Druck des Berliner Stadtbuches aus dem Ende des 14. Jahrhunderts, das das geltende Recht, Einzelheiten aus allen Zweigen der städtischen Verwaltung, Einnahmen der Stadt sowie Urkunden und Aufzeichnungen über die städtische Rechtspflege enthält (*Berlinisches Stadtbuch*, Berlin 1883). Das Berliner Stadtbuch war die erste offizielle Veröffentlichung des neuen Stadtarchivars, und es blieb auch für 38 Jahre, bis zum Druck des Berlin-Köllnischen Stadtbuches (*Das Stadtbuch des alten Kölln an der Spree aus dem Jahre 1442*, Berlin 1921), seine einzige Publikation von Urkunden. C.s Hauptinteresse galt der Erforschung der Sozial- und Wirtschaftsgeschichte und der Verfassungs- und Verwaltungsgeschichte der Stadt, die er mit einer Vielzahl von Abhandlungen darstellte.

C. betrachtete das Recht nicht losgelöst von seiner Entstehung, Zielsetzung und Wirkung. Insbesondere die Schaffung bürgerlicher Rechtsgleichheit im Zuge der Ablösung feudaler Ungleichheit war für ihn ein Prozeß von hoher Bedeutung für die Stadtentwicklung. Leitender Gedanke bei der Darstellung der Entwicklung kommunaler Verfassung und Verwaltung war für C. die Umgestaltung der ursprünglich genossenschaftlichen Stadtverfassung mit Selbstverwaltung über verschiedene Stufen bis hin zur kaum noch wahrnehmbaren Schattenexistenz Berlins als eigenständiger Gemeinde. Fern jeder Mittelalter-Verherrlichung zeichnete C. die frühe Gesellschaftsordnung der Stadt als Gesellschaft scharfer sozialer Unterschiede, in der das Bürgerrecht

eigentumsgebunden war und die reichen Kaufleute die herrschende Klasse (Patriziat) bildeten; C. wies darauf hin, daß Klassengesellschaft und genossenschaftliche Verfassungsstruktur keinen Widerspruch bildeten. Wenn C. im Gegensatz zu harmonisierenden Darstellungen der Stadtgeschichte betont und kritisch immer wieder die Ungleichheit als gesellschaftliches Strukturmerkmal herausarbeitete, war das in seiner Hochschätzung einer gesellschaftlichen Entwicklung zu mehr Gleichheit und zur Demokratie begründet.

C.s Hauptwerk, ein Standardwerk bis heute, ist *Die Städteordnung von 1808 und die Stadt Berlin* (Berlin 1908): Es ist die erste zusammenfassende, auf Akten gestützte Darstellung der Geschichte der ersten Städteordnung. Wissenschaftshistorisch ist C.s Werk von Bedeutung, weil in ihm die Wirkungen eines Gesetzes in einer einzigen Stadt während eines langen Zeitraums untersucht wurden. Das Ergebnis machte deutlich: Die preußische Reformära war von einer – verhältnismäßig kleinen – Schicht von Reformern und deren liberalem Geist geprägt. Nach dem Wiener Kongreß 1815 und dem Einsetzen der Restauration machten sich die aus der absolutistischen Zeit überkommen und nur verdrängten autoritären Elemente des preußischen Staates wieder bemerkbar. Die Aufbruchstimmung von 1808 war erloschen. Die Städeordnung blieb unverändert, aber der Geist ihrer Anwendung wurde ein anderer. Es trat jetzt derjenige Grundzug stärker hervor, der nur zeitweise zurückgedrängt gewesen war: der relativ enge Rahmen der städtischen Kompetenzen, dem spiegelbildlich die Dominanz des Staates entsprach – ganz besonders in der preußischen Hauptstadt Berlin.

C.s Werk ist gleichzeitig ein kommunalhistorischer Baustein zur Erkenntnis der Tatsache, daß und warum nach 1830 die Stadtverordnetenversammlungen Zentren der bürgerlichen

Opposition des Vormärz, die Städte ein Keim bürgerlicher Revolutionsversuche und die städtische Selbstverwaltung Ausgangspunkt der demokratischen Verfassungsbewegung waren. Dabei scheute C. , wenn auch in der Form vorsichtig, nicht vor Kritik an dem auf Demokratie verzichtenden Bürgertum zurück. So zitierte er zustimmend einen Stadtverordneten, der die politischen und ökonomischen Machtverhältnisse während der Revolution von 1848 in Berlin mit der Feststellung charakterisiert hatte: »Der Belagerungszustand ist das Eldorado der Börsenwelt«.

Als Freigeist den Kirchen und überhaupt der Religion kritisch gegenüberstehend, war C., vermutlich mit mehr als nur amtlichem Engagement, ab 1896 lange Zeit mit einer wissenschaftlich wie politisch folgenreichen Aufgabe befaßt: der Untersuchung, ob finanzielle Forderungen, die die evangelische Kirche gegen die Stadt Berlin geltend machte, rechtlich-historisch berechtigt seien. Es handelte sich um eines der umstrittensten Themen im Berlin der Jahrhundertwende mit erheblicher finanzieller, darüber hinaus aber auch stadt- und kirchenpolitischer Bedeutung. Kernpunkt war die Frage, ob die Stadt Berlin aufgrund historisch überkommener Pflichten zur Unterhaltung und zum Neubau von Kirchen- und Pfarrgebäuden verpflichtet sei. Grundsätzlich ging es dabei um die Rolle der Kirche in der Gesellschaft, um das Verhältnis von Kirche und Stadt.

Um solche Forderungen in Millionenhöhe (für die auch die nichtevangelische und nichtgläubige Bevölkerung hätte aufkommen müssen) abzuwehren, beauftragte der Magistrat C. damit zu prüfen, auf wessen Kosten Bau und Unterhaltung der Kirchen- und Pfarrgebäude in der Geschichte Berlins durchgeführt worden waren. Im Jahr 1903 wies das Kammergericht und ein Jahr später das Reichsgericht als Revisionsinstanz die kirchlichen Ansprüche zu-

rück. Damit hatte auch C. einen persönlichen und wissenschaftlichen Erfolg errungen. Seine historisch begründete Argumentation hatte nicht nur der Stadt geholfen, hohe unberechtigte Ansprüche abzuwehren, sondern überhaupt die Stellung der Stadt gegenüber der Kirche gestärkt.

Die Stadt Berlin würdigte das Verdienst, das dem städtischen Historiker für die bürgerliche Selbstbehauptung der Stadt zukam, indem sie sein Gehalt aufbesserte: Er erhielt schließlich so viel wie ihr höchster juristischer Beamter. Der Staat dagegen wies die Stadt in ihre Grenzen, indem der preußische Kultusminister zweimal (1907 und 1912) ihren Antrag ablehnte, C. den Professorentitel zu verleihen. Hierbei dürfte zuletzt C.s Auftreten gegen die kirchlichen Forderungen eine Rolle gespielt haben, mehr aber wohl noch das Mißtrauen des Staates gegenüber einer kritischen und an demokratischen Interessen orientierten städtischen Geschichtsforschung.

Literatur: Kaeber, E.: Zum Gedächtnis von Paul Clauswitz, in: Mitteilungen des Vereins für die Geschichte Berlins. 44 (1927), S. 137 ff. – Kaiser, A.: Stadtgeschichte Berlins als wissenschaftliche Disziplin. Paul Clauswitz und der Beginn einer selbständigen Berlin-Geschichtsschreibung, in: Paul Clauswitz: Die Städteordnung von 1808 und die Stadt Berlin, Berlin 1908. Reprint Berlin 1986.

Andreas Kaiser

Dehn, Günther
Geb. 18. 4. 1882 in Schwerin;
gest. 17. 3. 1970 in Bonn

D. wurde am 18. April 1882 in Schwerin geboren. Sein Vater Karl Dehn war Oberpostdirektor und seine Mutter Kathinka die Tochter des Stettiner Postdirektors von Groß. D. wuchs in dieser bürgerlichen und nicht sehr kirchlichen Beamtenfamilie auf. Er absolvierte das

Gymnasium und bestand im Juli 1900 das Abitur in Konstanz, wohin sein Vater 1895 versetzt worden war. Der »humanistisch-antichristlich« denkende D. begann in Berlin ein Studium der Philologie, das er in Halle und Bonn fortsetzte. Unter dem Einfluß eines Kommilitonen zu »positiver Gläubigkeit bekehrt«, studierte er in Bonn auch Theologie. Bestimmend für sein Interesse waren die Lektüre Kierkegaards und ein intensives Bibelstudium. Die letzten Semester, jetzt ausschließlich in Theologie, absolvierte D. wieder in Berlin. 1906 bestand er dort das erste theologische Examen und 1908 das zweite. Von 1909 bis zu seinem Ausscheiden am 1. Oktober 1911 war er Inspektor des Domkandidaten-Stifts in Berlin. Danach trat er die 2. Pfarrstelle der Reformationsgemeinde in Berlin-Moabit an. 1915 heiratete D. Luise Lahusen, die Tochter des Berliner Generalsuperintendenten, eines konservativen Kirchenpolitikers.

D. kam als Pfarrer im Berliner proletarischen Norden und, bewegt durch die Gedanken der Begründer des religiösen Sozialismus Christoph Blumhardt, Hermann Kutter und Leonhard Ragaz, zur sozialen Frage. Er suchte bereits vor dem Ersten Weltkrieg Kontakt zu den »Religiös-Sozialen« in der Schweiz. Er war Abonnent ihres Organs *Neue Wege*, hatte in dem Nachbarland Hermann Kutter gehört und ihn dort im Januar 1911 besucht.

Die Versöhnung von Kirche und Arbeiterschaft war D.s. Hauptziel. In seiner Gemeinde initiierte er mit (allerdings ausschließlich männlichen) Arbeiterjugendlichen eine in Berlin bis dahin beispiellose Jugendarbeit, aus der viele spätere religiöse Sozialisten hervorgingen. Einer von ihnen war Bernhard Göring, nach 1945 zweiter FDGB-Vorsitzender (Freier Deutscher Gewerkschaftsbund in der DDR).

Im Februar 1919 gab D. in Moabit den Anstoß für die Gründung der ersten Organisation religiöser Sozialisten in Berlin, des »Bundes sozialistischer Kirchenfreunde«, der Ende 1919 in den »Bund religiöser Sozialisten« (BRSD) umgewandelt wurde. Auf dem ersten Kongreß des BRSD, der sich mittlerweile auf ganz Preußen ausgedehnt hatte, wurde D. 1921 in den Organisationsausschuß gewählt.

In fast allen Kirchengeschichtsdarstellungen wird behauptet, daß D., der seit 1919 die dialektische Theologie Karl Barths rezipierte, sich danach vom religiösen Sozialismus distanziert habe. D. blieb in Wirklichkeit bis 1933 religiöser Sozialist und erneuerte seine Mitgliedschaft in den fünfziger Jahren. Auf der Meersburger Tagung 1924, die die Fusion der verschiedenen regionalen Bünde zur »Arbeitsgemeinschaft der religiösen Sozialisten Deutschlands« zum Ergebnis hatte, wählte man D. in den Arbeitsausschuß. Er gehörte auch der »Bruderschaft sozialistischer Theologen« an. D. war noch im September 1928 so fest im Moabiter BRSD verankert, daß er als »Auskunftsperson« für diesen bei der Kirchenwahl in der Reformationsgemeinde fungierte. Seit September 1931 gehörte D., inzwischen in Halle lebend, zur dortigen Ortsgruppe des BRSD, die Pfarrer Johannes Jänicke leitete.

Von März 1920 (als die Republik durch den reaktionären Kapp-Putsch bedroht wurde) bis November 1922 war D. außerdem Mitglied der SPD. Was veranlaßte einen Pfarrer einer theologisch wie politisch konservativen Gemeinde dazu, sich der »Partei der vaterlandslosen Gesellen« anzuschließen? Seine Zugehörigkeit zur SPD erklärte er damit, er habe in der religiös-sozialen Bewegung gestanden und den Arbeitern seiner Gemeinde zeigen wollen, daß er auf ihrer Seite sei. In einem Schreiben an seinen Schwiegervater Lahusen, Mitglied des Preußischen Herrenhauses, erläuterte er seine Entscheidung für die SPD ausführlich. Erstens habe die SPD in den Kriegsjahren die bessere Politik betrieben, zweitens sei über diese Welt Gottes Gericht gekommen und daraus müsse gelernt werden. Im Gegensatz zu vielen anderen religiösen Sozialisten setzte D. allerdings keine großen Erwartungen in die SPD oder in eine »Mission der Arbeiterschaft«. »Ich eifere nicht um die Seele der Arbeiterschaft. Wenn Gott es will, kann er ihr täglich das Evangelium schenken, und wenn er es nicht will, so kann die ganze Pastorenschaft in die sozialdemokratische Partei eintreten, es wird doch alles bleiben, wie es war. Ich vertrete meine Meinung lediglich um des Zwanges der aufgedämmerten Wahrheitserkenntnis willen«.

D. wurde von der Moabiter SPD bereits für die Tiergartener Bezirksverordnetenwahl am 20. Juni 1920 aufgestellt. Aber der als »Nachrücker« gewählte D. zog nicht mehr ins Parlament ein, da er die SPD bald wieder verließ. Er war es leid, in der Partei als »Vorzeige-Pastor« eingesetzt zu werden. »Mein Eintritt in die Partei hatte sich (...) als Mißgriff erwiesen«, schrieb er später.

Nach jahrelangen Auseinandersetzungen mit seinem deutsch-völkischen Amtskollegen Karl Jakubski verließ D., im Dezember 1930 durch den preußischen Kultusminister und religiösen Sozialisten Adolf Grimme zum Professor für praktische Theologie in Halle berufen, die Reformations-Gemeinde. Hier kam es zu den sogenannten »Hallenser Krawallen«, die als »Fall Dehn« Geschichte machten. Am 6. November 1928 hatte D. in der Magdeburger Ulrichskirche einen Vortrag zum Thema »Kirche und Völkerversöhnung« gehalten, in dem er das Verhältnis der Christen zum Krieg behandelte und Heldendenkmäler in evangelischen Kirchen kritisierte. D.s Rede wurde durch die Rechtspresse verzerrt. Ihm wurde unterstellt, er habe die »im Weltkrieg gefallenen Helden als Mörder beschimpft«. Für den deutschnationalen, militaristisch ausgerichteten Mehrheits-Protestantismus war dies ein Sakrileg.

Als D. 1930 nach Heidelberg berufen werden sollte, lehnte ihn die theologische Fakultät deshalb ab. In Halle, zwei Jahre nach D.s inkriminiertem Vortrag, machten die rechtsradikalen Studenten, angeführt vom NS-Studentenbund, gegen ihn mobil und sprengten seine Lehrveranstaltungen. Studenten und theologische Fachschaft forderten seine Abberufung und drohten im Falle der Nichtbefolgung mit dem Exodus der Studentenschaft aus der Hallenser Universität. D. veröffentlichte in einer Broschüre die Vorgänge in Halle, woraufhin der Konflikt weiter eskalierte. Fakultät und Senat rückten von D. ab, der nur durch den Protest liberaler Teile der Theologenschaft und die Standhaftigkeit der preußischen SPD-Regierung im Amte bleiben konnte. Nach dem »Preußenschlag« des Reichskanzlers Franz von Papen, der Absetzung der sozialdemokratisch geführten preußischen Regierung am 20. Juli 1932, wurde D. sofort beurlaubt und 1933 als politisch unzuverlässig aus dem Staatsdienst entfernt. Er kehrte daraufhin nach Berlin zurück als Hilfsprediger in der Gemeinde »Zum Heilsbronnen« in Schöneberg.

Früh in der »Bekennenden Kirche« (BK), jenem Teil der evangelischen Kirche, der auf Distanz zur Diktatur ging, engagiert und Leiter der BK im »Heilsbronnen«, war er von 1935 bis 1942 Dozent an der von der BK illegal betriebenen Kirchlichen Hochschule Berlin. Zeitweise gehörte er zur theologischen Prüfungskommission, aus der er auf Druck konservativer BK-Kreise – eine Spätfolge von »Halle« – wieder ausscheiden mußte. Am 9. Mai 1941 verhaftet, wurde D. im Dezember 1941 in einem Sondergerichtsprozeß gegen den Lehrkörper der Kirchlichen Hochschule zu einem Jahr Haft verurteilt, die er bis zum 3. Juli 1942 in Moabit, Tegel und im Polizeigefängnis Alexanderplatz »absaß«, und es wurde ihm seine Pension aberkannt. Durch Vermittlung des württembergischen Landesbischofs

Theophil Wurm erhielt D. 1942 eine Stelle als Pfarrverweser in Ravensburg, die er bis 1946 ausübte. Im selben Jahr wurde D. als Ordinarius für praktische Theologie nach Bonn berufen. Hier blieb er bis zu seiner Emeritierung im Jahr 1952.

D. ist Autor eines umfangreichen Schrifttums. Seine Bibelauslegungen und seine Predigtmeditationen sind Ausdruck seiner von Karl Barth beeinflußten »Theologie des Wortes«. Dagegen sind D.s Studien aus den zwanziger Jahren über die religiöse Lage der großstädtischen Arbeiterjugend weitgehend vergessen. Der Pionier empirischer Religionssoziologie hatte hierzu mehrere beeindruckende Studien publiziert, die auf der Befragung mehrerer tausend Berliner Lehrlinge basierten.

Literatur: Bizer, E.: »Der Fall Dehn«, in: Schneemelcher, W. (Hg.): Festschrift für G. Dehn zum 75. Geburtstag. Neukirchen 1957. – Peter, U.: Der Bund der religiösen Sozialisten in Berlin von 1919 bis 1933. Geschichte – Struktur – Theologie und Politik. Bern, Frankfurt, Berlin 1995.   *Ulrich Peter*

Dippel, Johann Konrad
(Pseud.: Christianus Democritus)
Geb. 10. 8. 1673 auf Schloß
Frankenstein bei Darmstadt;
gest. 25. 4. 1734 in Berleburg

D., Theologe und Philosoph, Mediziner und Chemiker, war der wohl bedeutendste jener Frühaufklärer, die in der Übergangsperiode von der feudalen zur bürgerlichen Gesellschaft die volksreformatorische Tradition weiterführten und sie unter Einbeziehung der von der neueren Philosophie, Gesellschaftslehre und Naturwissenschaft aufgeworfenen Probleme zu einer umfassenden Weltanschauung ausbildeten.

Sohn eines evangelischen Pfarrers in der Umgebung Darmstadts, studierte D. nach dem Besuch des Darmstädter Gymnasiums in Gießen Theologie und Medizin, wo er 1693 zum Magister promovierte, und trieb daneben auch philosophische und chemische Studien. Die Universitätslaufbahn versperrte ihm sein Oppositionsgeist, der ihn von der Kritik am Pietismus in Straßburg über eine freigeistige Periode zur Kritik an der lutherischen Orthodoxie in Gießen brachte. Erst durch die Begegnung mit dem Historiker Gottfried Arnold (*Unpartheiische Kirchen- und Ketzerhistorie von Anfang des Neuen Testaments*, 2 Bde., 1699/1700) 1697 fand er ein festes Ziel und seinen eigenen Weg. Von nun an stritt er gegen eine Theologie, die als obrigkeitliches Zuchtmittel das Volk entmündigte, sein Denken unterdrückte und seinen Willen lähmte. Er wählte das Pseudonym »Christianus Democritus« nach dem antiken Demokrit, der sich der Sage nach die Augen ausstach, um ohne Ansehen von Umständen und Menschen die Wahrheit zu erforschen. Seine erste Schrift 1697 (*Orcodoxia orthodoxorum oder die verkehrte Warheit und warhaffte Lügen der unbesonnen eyferigen so genannten Lutheraner*) verteidigte das pietistische Anliegen einer praktischen Frömmigkeit gegen die Lehrgerechtigkeit der lutherischen Orthodoxie, die er als »Orcodoxia«, Höllenlehre, denunzierte; die nächste von 1698, *Wein und Öl in die Wunden des gestäupten Papsttums der Protestirenden*, griff bereits die offizielle Kirche und ihre Dogmen offen an und wurde konfisziert. Gemeinverständlich in Deutsch geschrieben, erregten D.s Publikationen in ganz Deutschland Aufsehen und entfachten heftige Polemik von seiten des orthodoxen Klerus, der sich später auch das pietistische Zentrum in Halle anschloß.

D. dehnte seine Kritik bald auf das gesamte geistige, politische und soziale Leben aus. 1700 entwarf er das Programm einer *Christen-Statt auf Erden ohne gewöhnlichen Lehr-, Wehr- und Nährstand* mit dem Ziel, die feudale

Ständeordnung in eine harmonische Gesellschaft arbeitender Menschen umzuwandeln, wie sie dem Verlangen im Volk nach Befreiung von feudaler und frühkapitalistischer Unterdrückung entsprach. Ausgehend von einem Glauben, der in Gott nur die Eigenschaft der Liebe anerkannte, die der Mensch als soziales Leitprinzip von Natur in sich trägt, verwarf er den geistlichen »Lehrstand« samt konfessioneller Bindung, theologischer Dogmatik und kirchlichem Kultus. Er lehnte mit dem »Wehrstand«, der politischen Gewalt, nicht nur das absolutistische Gottesgnadentum ab, sondern jedwede politische Ordnungsmacht, wie die bürgerlichen Staatstheoretiker Hugo Grotius (gest. 1645), Samuel Pufendorf (gest. 1694) und Christian Thomasius (gest. 1728) sie anstrebten. Aus dem »Nährstand« sonderte er jene aus, die »gestohlen Brot« essen, statt sich von eigener Arbeit zu ernähren. Seine Erinnerung an die urchristliche Gütergemeinschaft bezweckte nicht, den individuellen Besitz aufzuheben, wie er ihn beim Bauernstand antraf, sondern das Privateigentum, das er in feudaler und kaufmannskapitalistischer Form vorfand und mit dem doppelten Kainsmal der Ungleichheit und der Verfügungsgewalt über andere brandmarkte. Jedermann sollte arbeiten, um »die Lüste des tierischen Leibs« zu bezähmen, »sein eigen Brot ohne Beschwerung der anderen zu haben« und »damit man habe zu geben den Dürftigen«, seinen Besitz aber »als ein Haushalter Gottes« verwalten und statt des Austauschs durch »Krämerei« davon nach »Gelegenheit, Trieb und Befehl von Gott« abgeben, was sich als Besitzverteilung nach Gegebenheit, eigenem Antrieb und Anordnung des Gemeinwesens als »wahrer Kirche« Gottes deuten läßt. D. meinte später, Ordnungen und Unterschiede würden bleiben, »gleichwie die Sterne am Himmel an Klarheit unterschieden und doch keiner des anderen Beherrscher ist, wiewohl

einer dem andern seinen Einfluß und Licht kann mitteilen«. Er trat indes auch für bürgerliche Reformen ein, für Trennung von Staat und Kirche, vereinfachte Gesetzgebung, mündliches Gericht und Aufhebung von Kaufmannsmonopol und Zunftzwang.

Nach dem Scheitern der Universitätspläne trieb D. chemische Experimente, die zwar ihr alchimistisches Ziel verfehlten, ihm aber einen Ruf als Chemiker eintrugen und ihn zu einer naturwissenschaftlichen Denkweise lenkten, die er gegen die sterile Neoscholastik und ihren verknöcherten Logizismus ausspielte. Deren Vorwurf, er mißachte die Wissenschaft, begegnete sein *Abgenöthigter Grund-Riß der Akademischen Gottes-Gelehrtheit* (1703), gefolgt vom *Weg-Weiser zum verlorenen Licht und Recht* (1705). Darin entwarf er ein Wissenschaftssystem, das eine mystisch gefärbte »Theosophie« als Wissenschaft vom »inneren Menschen« mit einer Wissenschaft vom »äußeren Menschen« verband, die den noch beschränkten Wissensstand in eine Naturphilosophie paracelsischer Tradition einordnete und an die Stelle apriorischer logischer Deduktionen die Erforschung der Dinge durch experimentelle Erfahrung und praktische Erprobung setzte. Gegen den volksfremden Elitarismus der Gelehrtenzunft verpflichtete D. die Wissenschaft, jedem Menschen alle nötigen Kenntnisse zu vermitteln, damit er als nützliches Glied der Gesellschaft deren Bestes befördere. Provokativ nahm er »die Bauern und Käsmacher, Schuster und Schneider auch mit in den Catalogium« auf und bezog alle nützlichen Handwerke in sein Wissenschaftssystem ein.

D. bekämpfte fortab die orthodoxe Unterordnung des Wissens unter den Glauben ebenso wie den abstrakten Rationalismus und Materialismus, da beide das Verhältnis von Materie und Geist, von Leib und Seele nicht erklärten. Namentlich dem Materialismus warf er vor, er verkenne die qualitative Eigenart der Dinge und ihre Entwicklung und verfechte eine individualistisch-egoistische Denkweise ohne soziale Bindung. Wahre Erkenntnis von Natur und Gesellschaft und humane Praxis gab es für ihn nur in enger Verbindung des von den »äußeren Sinnen« gespeisten »natürlichen Lichts« mit dem vom »göttlichen Licht« entzündeten »inneren Licht«, mithin von Wissen und Gewissen.

1704 berief ihn die preußische Regierung nach Berlin und richtete ihm ein Labor ein, wo D. u. a. das »Berliner Blau« und ein »Dippelöl« genanntes Medikament erfand. Als man ihn 1707 wegen kritischer Äußerungen zu verhaften drohte, um endlich das erwünschte Goldmachen zu erzwingen, floh er nach Holland. In Amsterdam veröffentlichte er 1708 die Schrift *Fatum fatuum, das ist, die thörige Nothwendigkeit*, in der er den fatalistischen Determinismus und die Leugnung der Willensfreiheit kritisierte, die er der orthodoxen Theologie und der rationalistisch-deistischen Philosophie von Descartes und Malebranche bis Spinoza und Leibniz sowie dem Materialismus Hobbes' gleichermaßen anlastete, da er bei allen die Freiheit der Entscheidung, die persönliche Verantwortung und die gestaltende Kraft menschlichen Wollens vermißte. Auch gab er seine bis dahin publizierten Werke unter dem Titel *Eröffneter Weg zum Frieden mit Gott und allen Kreaturen* heraus. Daneben praktizierte D. als begehrter und erfolgreicher Arzt, anatomisierte auch Tierkörper und analysierte sie mit optischen und chemischen Mitteln. Die Universität Leiden promovierte ihn 1711 zum Doktor der Medizin. In seiner Dissertation *Des thierischen Lebens Krankheit und Artzney* stellte er der mechanistischen Naturauffassung eine hylozoistische (Hyle, griechisch): belebter Urstoff, eigentlich: Wald) entgegen und bestimmte statt der Ausdehnung die als »Le-

bens«-Prinzip gefaßte Selbstbewegung und -entwicklung zur wesentlichen Eigenschaft der materiellen Natur.

D.s scharfer Angriff auf die orthodoxen »Muselmanen«, die sich mit den Türken verbündenden Schweden, mehr noch seine heftigen Ausfälle gegen die reformierte Kirche machten seine Stellung in Holland unhaltbar. 1714 ging er nach dem dänischen Altona, wo es seinen Feinden gelang, ihn auszuschalten. Als er 1719 die Altonaer Obrigkeit und den Oberpräsidenten der Korruption und des Machtmißbrauchs beschuldigte, wurde er wegen Verleumdung zu lebenslänglichem Gefängnis auf Bornholm verurteilt und erst 1726 auf Fürbitte der Königin begnadigt. 1727 als Arzt in Stockholm, behandelte D. Arme wie Adlige, auch König Friedrich, verkehrte mit den dortigen Pietisten und entwickelte seine religiösen, gesellschafts- und naturphilosophischen Anschauungen in weiteren Polemiken, bis der Klerus seine Ausweisung erreichte. Nach kurzem Aufenthalt in Dänemark kehrte er nach Deutschland zurück, mittellos wegen seiner verschwenderischen Freigebigkeit. Aus Niedersachsen vertrieben, fand er Ende 1729 Zuflucht in Berleburg, der Residenz der Reichsgrafschaft Sayn-Wittgenstein und Freistatt aller Separatisten, grenzte sich aber von den dortigen Inspirationisten und ihren visionären Erleuchtungen ab.

Der Tod, der dem populären Streiter für Volksaufklärung die Feder aus der Hand nahm, erregte die Öffentlichkeit. D.s Freunde schlossen aus den Symptomen eines wahrscheinlichen Schlaganfalls, man habe ihn vergiftet, seine Feinde verbreiteten, ihn habe der Teufel geholt. 1736 erschien ein summarischer Auszug seiner Schriften unter dem Titel *Christianus Democritus redivivus, das: Der zwar gestorbene, aber in seinen Schriften noch lebende und nimmer sterbende [...] Dippel*; 1747 besorgte der Berleburger Leibmedikus Canz eine dreibändige Ausgabe von rund 50 Stükken – ca. 70 wurden später insgesamt nachgewiesen – unter dem von D. für seine Amsterdamer Sammlung gewählten Titel. D.s religiös gekleideten Argumente dienten den Bestrebungen der Volksopposition noch bis ins 19. Jahrhundert hinein.

Literatur: Voss, K.-L.: Christianus Democritus. Das Menschenbild bei Johann Konrad Dippel. Ein Beispiel christlicher Anthropologie zwischen Pietismus und Aufklärung. Leiden 1970.

Joachim Höppner

Dohm, Hedwig
Geb. 20. 9. 1831 in Berlin;
gest. 1. (oder 4.) 6. 1919 in Berlin

D. wurde als drittes von 18 Kindern eines Berliner Tabakfabrikanten geboren. Ihre Kindheit empfand sie als unglücklich, geprägt von geistiger Enge und Beschränktheit. Die damals übliche Mädchenerziehung verwehrte ihr nicht nur jegliche Aussicht auf Selbstverwirklichung, sondern vermittelte dem wißbegierigen Mädchen überdies eine dürftige Bildung. Je länger sie über ihr Schicksal grübelte, desto deutlicher wurde ihr bewußt, daß sie als Mädchen nicht ihr »eigenes, gottgewolltes Leben führen durfte«. D. verspürte die Diskriminierung der Frau von Jugend an. »Selbsterlebte Wahrheiten sind unanfechtbar.« Das eigene Erleben der Rechtlosigkeit als Frau war eine wesentliche Quelle ihres späteren Engagements für die Frauenemanzipation, eigene Betroffenheit bestimmte den Charakter ihrer Schriften.

Die bürgerliche Revolution von 1848 erlebte D. als junges Mädchen in Berlin. Sie zeigte ihr erstmals die Möglichkeit des Widerstandes gegen etablierte Gewalten. Wenn auch die revolutionären Ereignisse bei D. zunächst lediglich eine Schwärmerei für wie auch immer geartete Freiheit auslösten, so waren die geistigen Nachwirkungen tiefer. Sie wurde sensibilisiert für politische und soziale Probleme, und auch ihre später oft geäußerte Anschauung, diese Probleme nicht durch Gewalt zu lösen, hatte ihren Ursprung in der Revolution von 1848/49.

Ihre 1853 geschlossene Ehe mit Ernst Dohm, dem Redakteur der liberalen Berliner politisch-satirischen Zeitschrift *Kladderadatsch*, befreite D. aus ihrem borniertem Gesichtskreis. Durch ihren Ehemann kam sie mit führenden Persönlichkeiten der Berliner Liberalen- und Künstlerkreise in Berührung. In den eleganten Salons Berlins traf sie u. a. mit Varnhagen von Ense, Bettina von Arnim, Ferdinand Lassalle, Fanny Lewald und Theodor Fontane zusammen. Als Mutter von fünf Kindern verhielt sie sich dort zunächst zurückhaltend, empfand sich als ungebildet und gehemmt.

Dennoch veröffentlichte D. ihre erste polemische Schrift für die Frauenemanzipation: *Was die Pastoren von den Frauen denken* (1872). Weitere Veröffentlichungen zur Frauenfrage folgten: *Der Jesuitismus im Hausstande* (1873), *Die wissenschaftliche Emanzipation der Frau* (1874) sowie *Der Frauen Natur und Recht* (1876). In direkter Auseinandersetzung mit Gegnern der Frauenemanzipation entwickelte D. ihre Auffassungen, deren Radikalität für die damalige Zeit beispiellos war und die heute noch modern erscheinen. Witzig, satirisch und ironisch entlarvte sie die Doppelmoral ihrer Gegner. D. lehnte das vorgegebene Frauenleitbild ab, das die Frau als Gattin, Hausfrau und Mutter festlegte. Im Gegensatz zur gemäßigten Mehrheit der deutschen bürgerlichen Frauenbewegung, die ihre Forderungen zunächst auf die Verbesserung der Mädchenbildung richtete und einem abstrakten Prinzip geistiger Mütterlichkeit in der Gesellschaft Einfluß verschaffen wollte, entwickelte D. einen anderen Emanzipationsansatz. Eine Gesellschaft, die der Frau jegliche politische, ökonomische und geistige Selbständigkeit verweigerte, hielt sie für zutiefst ungerecht. Der Frau vorzuschreiben, wie sie zu sein habe, sah D. als Willkür. Eine Änderung dieses Zustandes konnte nach D.s Meinung nur durch die Mitwirkung der Frauen vor allem auf dem Gebiet der Gesetzgebung erfolgen. Im Frauenstimmrecht, das sie 1873 als erste in Deutschland forderte, sah sie das geeignete Mittel, die Interessen der Frauen durchzusetzen. Ähnlich wie der französische Philosoph Antoine de Condorcet oder der britische Ökonom John Stuart Mill begründete D. bürgerliche Rechte und Freiheiten der Frau mit dem Naturrecht.

Ökonomische Unabhängigkeit und berufliche Selbstverwirklichung der Frau kennzeichnete D. als Voraussetzung für die Änderung der traditionellen Rollenverteilung in der Familie auch im Sinne der Männer, die sie zur Teilnahme an der Kindererziehung aufrief. Die Institution der Ehe sollte sich durch die Emanzipation der Frau zu einer lebendigen Partnerschaft zwischen Frau und Mann entwickeln. D. setzte sich für die Verbesserung der Mädchenschulbildung ein, um Frauen ein Universitätsstudium zu ermöglichen. Obwohl D. ausdrücklich für die Frauen des Bürgertums sprach, kritisierte sie ebenso die Arbeits- und Lebensbedingungen der Proletarierinnen. Sie verfaßte neben weiteren frauenrechtlerischen Beiträgen eine Reihe von Romanen und Novellen, die sich mit der Rolle der Frau in der Gesellschaft befaßten, z.B. den autobiographischen Roman *Schicksale einer Seele* (1899). Keine Zukunftsvisionen, sondern eine eher pessimistische Bestandsaufnahme ihrer Gegenwart versuchte sie zu geben.

In der deutschen bürgerlichen Frauenbewegung spielte D. kaum eine aktive Rolle. Es war ihr nicht gegeben, sich für die Umsetzung ihrer radikalen Emanzipationsideen politisch zu engagieren. Neben ihrer charakterlich bedingten Schüchternheit im Umgang mit anderen Menschen standen D.s politischem Engagement auch ihre Erziehung und die sozialen Erfahrungen ihrer Frauengeneration entgegen.

Politisch sympathisierte sie mit dem radikalen Flügel der bürgerlichen Frauenbewegung, der ihre Forderungen nach Stimmrecht, universitärer Bildung und ökonomischer Unabhängigkeit für die Frauen aufnahm. 1889 trat D. dem radikal feministischen »Verein Frauenwohl« bei und bekleidete drei Jahre lang das Amt der Beisitzerin. 1905 unterzeichnete sie den Gründungsaufruf des »Bundes für Mutterschutz und Sexualreform«, der sich neben Mutter- und Kinderschutz für eine neue Sexualmoral und selbstbestimmte Sexualität der Frau einsetzte. Im Jahre 1908 beteiligte sich D. an einer Unterschriftensammlung gegen den § 218 des Strafgesetzbuches (StGB). D. pflegte persönlichen Umgang mit Aktivistinnen der bürgerlichen Frauenbewegung wie Minna Cauer und Helene Lange.

Als über Achtzigjährige mußte sie den Ersten Weltkrieg erleben, den sie als überzeugte Pazifistin verurteilte. Sie veröffentlichte Artikel gegen den Massenmord an den Fronten, aber auch gegen Auffassungen in der bürgerlichen Frauenbewegung, die von der Einbeziehung der Frauen in die Kriegswirtschaft und sozialen Dienste Fortschritte der Frauenemanzipation erwarteten.

D. begrüßte die Novemberrevolution 1918/19, die ihre Forderung nach dem Frauenwahlrecht erfüllte. Sie war jedoch von den Exzessen der Gewalt in Berlin und München irritiert, namentlich die Ermordung Rosa Luxemburgs erschütterte sie tief.

Literatur: Brandt, H.: »Die Menschenrechte haben kein Geschlecht.« Die Lebensgeschichte der Hedwig Dohm. Weinheim, Basel 1989. – Meißner, J.: »Mehr Stolz, Ihr Frauen!«: Hedwig Dohm – Eine Biographie. Düsseldorf 1987. – Reed, P.: »Alles was ich schreibe, steht im Dienst der Frauen.«

Zum essayistischen und fiktionalen Werk Hedwig Dohms (1833–1919). Frankfurt am Main, Bern, New York, Paris 1987.   *Holger Hantzsch*

Ebert, Friedrich
Geb. 4.2.1871 in Heidelberg;
gest. 28.2.1925 in Berlin

Sozialdemokrat, Funktionär, Parteiführer und Präsident der Weimarer Republik: Von alltäglichem Zuschnitt war das Leben E.s nicht. Seine Laufbahn führte ihn aus der Enge eines kleinbürgerlichen Elternhauses in Heidelberg bis an die Spitze des Staates im Berliner Regierungsviertel. Daraus zu schließen, daß er sich in der Ruhmeshalle der »Großen Deutschen« einen herausragenden Platz erobert hätte, wäre jedoch voreilig. Lorbeerkränze flochten ihm weder die Zeitgenossen noch die Generationen danach. Die Strategie, die E. vertrat, war nüchtern. Es gebrach ihr an Glanz, wohl auch an visionärer Kraft, und der Entwurf einer sozialstaatlich normierten Gesellschaftsordnung, der darin steckte, zerfiel bereits in den frühen 20er Jahren in den Widrigkeiten der inneren wie der äußeren Verhältnisse. Gleichwohl: in seinem Schicksal verdichtete sich das Typische der Epoche und der sozialen Schicht. Dem Milieu, aus dem E. kam, und der Klasse, für deren Aufstieg er kämpfte, blieb er bis zum Ende verbunden. »Ich will und werde«, formulierte er in seiner Antrittsrede als Reichspräsident, »als der Beauftragte des ganzen deutschen Volkes handeln, nicht als Vormann einer einzigen Partei. Ich bekenne aber auch, daß ich ein Sohn des Arbeiterstandes bin, aufgewachsen in der Gedankenwelt des Sozialismus, und daß ich weder meinen Ursprung noch meine Überzeugung jemals zu verleugnen gesonnen bin.« Seine Berufung zum obersten Repräsentanten der Republik empfand E. als weithin sichtbaren Meilenstein auf dem langen Marsch der politischen und sozialen Emanzipation.

E. verbrachte seine Kindheit relativ behütet in einer wirtschaftlich halbwegs stabilen Familie. Nach der Schule absolvierte er eine Sattlerlehre und trat 1889 der Sozialdemokratie bei. In Bremen wurde er endgültig zum Parteiarbeiter und Funktionär. E. beherrschte das übliche marxistische Vokabular, aber seine theoretischen Neigungen waren gering. Ihn interessierte die Praxis: Sozialpolitik war das Feld, das seinem, auf die Lösung konkreter Probleme gerichteten Naturell am ehesten entsprach. 1900 wurde er zum Leiter des Arbeitersekretariats bestellt und in die Bürgerschaft gewählt, wo er sogleich den Vorsitz der sozialdemokratischen Fraktion übernahm. In den Auseinandersetzungen zwischen Gemäßigten und Radikalen operierte E. auf der Linie des Parteivorstandes um August Bebel. Er hegte allerdings Zweifel, ob die »breit ausgesponnenen theoretischen und literarischen Debatten« um den wissenschaftlich exakten, den »richtigen« Weg zum »Zukunftsstaat« nicht ablenkten von der Bewältigung der jeweils aktuellen »wirtschaftlich-sozialen Aufgaben«. Dahinter verbarg sich die Befürchtung, daß der Streit der Ideologen und Intellektuellen die Tatkraft der Bewegung lähmen und ihren Handlungsspielraum verengen könnte.

1905 zum hauptamtlichen Sekretär beim Parteivorstand in Berlin berufen, brachte E. sein organisatorisches Geschick zur Geltung, steigerte die Effizienz des Apparates und gewann das Vertrauen der kleinen und mittleren Funktionäre, auch das des Vorsitzenden Bebel. E. wurde offizieller Verbindungsmann des Parteivorstandes zur Generalkommission der freien Gewerkschaften und 1912 als Kandidat des Wahlkreises Barmen-Elberfeld Abgeordneter des Reichtags. Die vorwiegend administrativen Funktionen, mit denen er bis dahin vertraut gewesen war, wurden nun überlagert von politischen Koordinations- und Führungsaufgaben. Wie kaum ein zweiter war E. vertraut mit den Interna der Partei und der Gewerkschaften, er kümmerte sich um Fragen der Sozial- und Wirtschaftspolitik, der Parteipresse und der Parteifinanzen. Als Bebel 1913 starb, wurde E. neben Hugo Haase zum zweiten gleichberechtigten Vorsitzenden. Das Bebelsche Erbe zu verwalten, erwies sich jedoch als schwierig. Denn es galt, die zerstrittenen Richtungen wenn schon nicht zu versöhnen, so doch wenigstens beieinander zu halten und die Einheit der Partei zu bewahren. E.s Plädoyer für eine Politik der kleinen Schritte wurde zwar von vielen geteilt, aber es regten sich auch Bedenken. Karl Kautsky etwa, der Doyen der sozialdemokratischen Gesellschaftsphilosophie, schrieb im Oktober 1913: E. sei »sicher ein Mann von großer Intelligenz und Tatkraft, dabei aber sehr herrisch und eifersüchtig und in nicht rein proletarischen Dingen etwas beschränkt.«

Mit der Mehrheit der Partei stimmte E. im August 1914 für die Bewilligung der Kriegskredite. Die Minderheit fügte sich nur widerwillig der traditionellen Fraktionsdisziplin. Der Riß, der durch die Fraktion und die Partei ging, war spätestens 1916 nicht mehr zu kitten. Im Frühjahr 1917 spalteten sich die Unabhängigen ab, eine ideologisch und programmatisch heterogene Gruppierung, die von Eduard Bernstein bis Karl Kautsky und Rosa Luxemburg reichte. Zwar hatte E. im Dezember seinen Mitvorsitzenden Haase beschworen: »Wer an der Spitze der Partei steht, hat die Partei zusammenzuhalten.« Er selber indes arbeitete zielstrebig darauf hin, die eigenen Überzeugungen durchzusetzen und in letzter Konsequenz die Opponenten zu verdrängen. Von der Politik des »Burgfriedens« erwartete E. die Verwirklichung innen- und sozialpolitischer Reformen. Da diese im gewünschten Umfang ausblieben, geriet

die Parteiführung zunehmend unter Druck und mußte einen Kurs steuern, der zwischen Zustimmung und Opposition schwankte. Man votierte für das Budget und kämpfte gleichzeitig für einen Verständigungsfrieden ohne Annexionen und Kontributionen, forderte die Abschaffung der Klassenwahlrechte und die Gleichberechtigung der Arbeiterschaft in Staat und Gesellschaft. »Die Massen, die von den Schützengräben heimkehren«, so E. 1916 im Reichstag, »werden getragen sein von dem festen Willen, daß der Staat, für den sie ihr Leben in die Schanze geschlagen haben, nicht die Verwaltungsmaschine einer kleinen bevorrechteten Klasse sein darf. Dieses neue Schützengrabengeschlecht läßt sein politisches Leben nicht wieder in die Drahtverhaue des Dreiklassensystems hineinzwingen.«

Als die Oberste Heeresleitung im Herbst 1918 gleichsam von heute auf morgen den Krieg für verloren erklärte, verlangte E. die Abdankung des Kaisers und eine Regierungsbeteiligung der SPD. Seine zögernden Kollegen in den Parteigremien beschwor er: »Wollen wir jetzt keine Verständigung mit den bürgerlichen Parteien und der Regierung, dann müssen wir die Dinge laufen lassen, dann greifen wir zur revolutionären Taktik, stellen uns auf die eigenen Füße und überlassen das Schicksal der Partei der Revolution. Wer die Dinge in Rußland erlebt hat, der kann im Interesse des Proletariats nicht wünschen, daß eine solche Entwicklung bei uns eintritt. Wir müssen uns in die Gegenteil in die Bresche werfen, wir müssen sehen, ob wir genug Einfluß bekommen, unsere Forderungen durchzusetzen und, wenn es möglich ist, sie mit der Rettung des Landes zu verbinden, denn es ist unsere verdammte Pflicht und Schuldigkeit, das zu tun.« Die Revolution durchkreuzte dieses Kalkül zwar für einen Moment, für E. aber blieb es handlungsbestimmend. Unter seiner Führung setzte sich die SPD an die Spitze der revolutionären Bewegung, aber doch so, als würde sie ein ungeliebtes Kind adoptieren. Der Revolution ein größtmögliches Maß an Kontinuität abzuringen, war das Ziel. »Das siegreiche Proletariat richtet keine Klassenherrschaft auf«, rief E. im Dezember 1918 den Delegierten auf dem Reichskongreß der Arbeiter- und Soldatenräte zu, »es überwindet zunächst politisch, dann wirtschaftlich die alte Klassenherrschaft und stellt die Gleichheit alles dessen her, was Menschenantlitz trägt.«

E. verfocht das Konzept einer »sozialen Demokratie«. Um den Bürgerkrieg zu verhindern, der dann doch unvermeidlich wurde, suchte er die Verbindung mit den Eliten des monarchischen Staates, kooperierte mit der Bürokratie, den Militärs und der Unternehmerschaft. Die Kompromißstruktur der Weimarer Republik mit ihrem typischen Nebeneinander von Elementen eines »bürgerlichen« und solchen eines »sozialen« Rechtsstaates hatte hier ihre Wurzeln. Forderungen nach sofortiger Sozialisierung, überhaupt jeder Form von revolutionärer Ungeduld, erteilte E. eine scharfe Absage. Von der Arbeiterschaft verlangte er Loyalität, Pflichterfüllung und Verzicht. Gegen Widerstände, auch aus den eigenen Reihen, bemühte er sich, die demokratische Mitte durch Zusammenarbeit mit dem katholischen Zentrum und den linksliberalen Demokraten zu stärken. Diese Koalition bewährte sich bei der Verabschiedung der Verfassung und der Wahl E.s zum Präsidenten der Republik. Aber es zeigte sich rasch, daß ihr enge Grenzen gezogen waren. Schon beim Kapp-Putsch im Frühjahr 1920 wurden die Versäumnisse einer allzu kompromißbereiten Politik deutlich: vor allem der Verzicht auf eine durchgreifende Demokratisierung des Militär-, Justiz- und Verwaltungsapparates.

Seinen Kurs der Diagonale durchzuhalten und seine Rolle als Repräsentant des ganzen Volkes weiter zu spielen, wurde in der Folgezeit für E. immer schwieriger, auch deshalb, weil sich die Gesellschaft im Zeichen der Inflation und sich zuspitzender Verteilungskonflikte dramatisch polarisierte. Es gehört zu E.s historisch bedeutsamen Leistungen, unter diesen Bedingungen die Einheit des Reiches und die Demokratie gesichert zu haben, nicht zuletzt in Krisensituationen wie dem Ruhrkampf und dem Hitlerputsch 1923. Dankbarkeit erntete E. für seine Haltung jedoch nicht. Die Basis für seine Politik schrumpfte. Es gab Differenzen mit den eigenen Genossen; mehr noch als diese jedoch trafen ihn die Schmutzkampagnen, die die politische Rechte gegen ihn inszenierte. Dem Bürgertum, das E. 1918/19 vor den diktatorischen Herrschaftsgelüsten der radikalen Linken bewahrt hatte, bescheinigte ein liberaler Journalist wie Theodor Wolff »schäbige Vergeßlichkeit«.

173 Prozesse mußte E. um seine persönliche Ehre führen, ein Gericht in Magdeburg kam im Dezember 1924 zum Schluß, daß er durch die Beteiligung an den Januarstreiks von 1918 vom »objektiv« strafrechtlichen Standpunkt aus gesehen »Landesverrat« begangen hätte. E. fühlte sich von diesem Urteil zutiefst verletzt: »Der seelische Schmerz peinigt mich«, schrieb er, »sie haben mich politisch umgebracht, nun wollen sie mich auch moralisch morden. Das überlebe ich nicht.« Er überlebte es tatsächlich nicht. Anstatt sich rechtzeitig einer Blinddarmoperation zu unterziehen, konzentrierte er sich auf die Vorbereitung des Berufungsprozesses. Noch ehe dieser begann, starb E. am 28. Februar 1925, kurz nach Vollendung des 54. Lebensjahres.

Literatur: König, R. u. a. (Hg.): Friedrich Ebert und seine Zeit. Bilanz und Perspektiven der Forschung. München 1990. – Münch, R.A.: Von Heidelberg nach Berlin: Friedrich Ebert 1871–1905. München 1991. – Witt, P.-Ch.: Friedrich Ebert.   Parteiführer,   Reichskanzler,

Volksbeauftragter, Reichspräsident. Bonn (3. Aufl.) 1992.

Jens Flemming

Eichelberg, Leopold
Geb. 24.6.1804 in Marburg;
gest. 11.3.1879 in Marburg

E., Sohn eines jüdischen Kaufmanns, besuchte das Gymnasium seiner Heimatstadt, studierte dann Medizin und habilitierte sich 1826 in Marburg als Privatdozent. Er ließ sich zwar als praktischer Arzt nieder, hoffte aber auf eine akademische Karriere. Seine Bewerbung um eine außerordentliche Professur wurde jedoch abgeschlagen, weil »die Universität sich gegen den Juden aufs äußerte sträubte«. Diese Zurücksetzung dürfte bei der Radikalisierung seiner politischen Ansichten eine gewisse Rolle gespielt haben.

Der Sieg der französischen Julirevolution 1830 übte auf E. – wie er in seinen Erinnerungen schrieb – »eine wahrhaft elektrische Wirkung« aus, und er hoffte auf einen politischen Wandel auch in Deutschland. Als sich das polnische Volk gegen die zaristische Gewaltherrschaft erhob, begab er sich nach Warschau, trat als Arzt in die Armee der polnischen Freiheitskämpfer ein und suchte in einem Lazarett Kranken und Verwundeten zu helfen. Nach dem Zusammenbruch des Aufstands kehrte er Ende 1831 nach Marburg zurück.

In der Universitätsstadt bildete sich um diese Zeit ein Zirkel von demokratisch gesinnten Intellektuellen, die Deutschland in eine einheitliche, auf Volkssouveränität beruhende parlamentarische Republik umwandeln wollten. Sie standen mit den Frankfurter Radikalen in Verbindung, die den Sturm auf die Haupt- und Konstablerwache vorbereiteten, um ein Signal für eine gesamtdeutsche Erhebung zu geben. Als dieser Versuch im April 1833 fehlschlug und der polnische Major Mi-

chalowski, der den Frankfurter Wachensturm befehligt hatte, verwundet in Marburg eintraf, wurde er von E. behandelt und geheilt.

E. nahm am 3. Juli 1834 an einer Geheimzusammenkunft von Revolutionären aus dem Kurfürstentum und dem Großherzogtum Hessen teil, bei der er Georg Büchner kennenlernte. Zur Debatte standen nicht nur die Methoden der Volksagitation und die Verteilung von Büchners Revolutionsaufruf *Der hessische Landbote*, sondern auch umstrittene ideologische Konzeptionen. E. lehnte Büchners Ziel einer sozialen Revolution ab, weil er einen möglichen Angriff der Besitzlosen auf das Eigentum als bedrohlich empfand und meinte, die Bauernbewegung müsse im wohlverstandenen Interesse der Mittelklasse »am Schnürchen« gehalten, also lediglich als ihre Hilfstruppe eingesetzt werden. Die Demokraten hätten sich vereinigt, um »der Willkürherrschaft einzelner entgegenzutreten«; der *Landbote* predige jedoch »vollständige Anarchie« und fordere »zu allgemeiner Zügellosigkeit auf«. Durch derartige Flugschriften, die »nur für die Proletarier, die Hefe des Volkes berechnet« seien, werde ein Kampf hervorgerufen, »welchen wir ja gerade verhüten wollen, es ist dieses der Kampf der Armut gegen den Reichtum, der schrecklichste der Kämpfe, denen der Mensch anheimfallen kann«.

Obwohl E. die sozialpolitischen Ziele Büchners ablehnte, ahnte er sein Genie. Er erschien ihm als »die mit aller Vehemenz übersprudelnde Kraft, welche hier im Zerstören gefiel, während sie sonst ebenso leicht die ganze Welt zu umarmen sucht«.

Die im November 1834 hergestellte zweite Auflage des *Hessischen Landboten*, die E. in Marburg drucken ließ, enthielt einige Änderungen von seiner Hand. Er verfaßte auch die Artikel *Freiheit* und *Fürst* des von Mitgliedern des Frankfurter »Preßvereins« herausgegebenen revolutionären *Bauernkonversationslexikons*. Als »Freiheit« definierte er »eine vernünftige Ordnung der Dinge, wonach sich alle gleich sind wie Brüder und wo niemand durch Geburt, Tyrannengunst und andern Unsinn sich zu Ungerechtigkeiten und Nichtswürdigkeiten befugt hält, wie in Sklavenstaaten Fürsten und ihr Gelichter, welche das Volk für eine Canaille von unedlem Blut halten und es auch so behandeln«.

Aufgrund des Verrats eines Verschwörers wurde E. im April 1835 verhaftet und war zunächst im Hexenturm des Marburger Schlosses eingekerkert. Er legte kein Geständnis ab. Die Voruntersuchung zog sich jahrelang hin. Im September 1837 wurde er wegen »Übertretung der Zensurgesetze, Antastung der Würde der Regenten Deutschlands und eines hochverräterischen Anschlags gegen den Deutschen Bund« zu einer Haft von neun Jahren verurteilt; die Untersuchungshaft wurde nicht angerechnet. Im Juli 1843 erhielt er bei einem neuen Prozeß wegen »Beihilfe zum versuchten Hochverrat« eine zusätzliche Strafe von anderthalb Jahren.

Seine Haftbedingungen waren furchtbar. Er verbrachte fast sieben Jahre in Isolationshaft, zuerst in einer Zelle des Marburger Schlosses, später in der Festung Spangenberg. Man untersagte ihm jede Lektüre und zeitweise sogar die Korrespondenz mit seinen Verwandten. Im Kasseler Kastell, wohin er im April 1843 verlegt wurde, erhielt er eine abgedunkelte Zelle. Erst 1845 gestattete man ihm die Lektüre wissenschaftlicher Werke und brachte ihn in eine helle Zelle.

Am 12. März 1848 wurde er freigelassen. Es waren genau zehneinhalb Jahre seit seiner ersten Verurteilung; man hatte seine Festungsstrafe um keinen einzigen Tag reduziert. Seine Entlassung fiel zufällig mit dem Ausbruch der Revolution zusammen. Er stürzte sich sofort in die Politik und wollte bei der Errichtung einer demokratischen Ordnung mithelfen. Als man ihm jedoch vorschlug, dem Frankfurter Vorparlament beizutreten, weigerte er sich, weil er wußte, daß die meisten Mitglieder der kaum begonnenen revolutionären Erhebung Einhalt gebieten und »das Volk wiederum einschläfern« wollten. Er gründete in Marburg eine aus liberalen und demokratischen Bürgern bestehende »Gesellschaft der reinen Republikaner«, die sich von sozialistischen Konzeptionen distanzierte. Nach dem preußischen Staatsstreich des Grafen Brandenburg im November 1848 zog er sich aus der Politik zurück, weil er erkannte, daß die Revolution gescheitert war.

Er nahm seine ärztliche Praxis und seine Privatdozentur an der Marburger Universität wieder auf. Als der Sieg Preußens im Krieg gegen Österreich und dessen Bundesgenossen 1866 dem Kurfürstentum Hessen ein Ende machte, war E. nicht unzufrieden. Er erblickte im Kriegsausgang eine neue Periode im politischen Entwicklungsprozeß Deutschlands, dessen Ziel eine demokratische Einheitsrepublik sein werde. In seinen Memoiren, die er im Jahre 1874, nach der Bismarckschen Reichseinigung von oben, verfaßte, heißt es: »Deutschland wird nicht eher auf seinem Höhepunkt angelangt sein, als wenn die erblichen, durch das Schwert erworbenen Throne sich überlebt haben werden und nur noch solchen die Regierung in die Hand gegeben werden wird, welche durch Charakter und Geistesbildung in gleichem Maße sich auszeichnen.« Seine Erinnerungen sollten zeigen, daß seine dreizehnjährige Haft seine »politischen Ansichten nichts weniger als zu ändern, ja nicht einmal zu schwächen vermochte«, ihn aber auch »keineswegs racheschnaubend« machte.

E. kann als Musterbeispiel eines standhaften bürgerlichen Demokraten gelten, der zwar von den Unterschichten nichts wissen wollte, für das Allgemeinwohl aber die größten persönlichen Opfer zu bringen bereit war. Sein Ideal war eine freiheitliche Republik, in der ein von allen Staatsbürgern gewähltes Parlament die höchste Entscheidungsgewalt ausüben sollte. In seinen Memoiren findet sich ein Bericht über sein erstes Verhör, mit dem er sich selbst ein Denkmal gesetzt hat: »Der Untersuchungsrichter fragte mich, er könne nicht begreifen, daß ein sonst so gescheiter Mann wie ich mich in solche Dinge habe einlassen können. Darauf erwiderte ich, daß, wenn er das Wort ›gescheit‹ in dem Sinne nehme, sein eigenes Interesse vor allen andern in Berücksichtigung zu ziehen, ich auf das Prädikat verzichten müsse.«

Literatur: Grab, W.: Die revolutionäre Agitation und die Kerkerhaft Leopold Eichelbergs. Ein jüdischer Demokrat aus dem Umkreis Georg Büchners, in: Gegenseitige Einflüsse deutscher und jüdischer Kultur. Von der Epoche der Aufklärung bis zur Weimarer Republik. Beiheft 4 des Jahrbuchs des Instituts für deutsche Geschichte. Tel Aviv 1982, S. 137–173. – Rehmann, W.: Ein neues Denkmal zur hessischen Demagogenzeit 1832 bis 1835, in: Nachrichten der Gießener Hochschulgesellschaft, Band 18, 1949, S. 104–117. – Ders.: Leopold Eichelberg (1804–1879). Privatdozent der Medizin und Politiker, in: Lebensbilder aus Kurhessen und Waldeck 1830–1930, hg. von I. Schnack. Marburg 1955, S. 61–67.

Walter Grab

Elser, Johann Georg
Geb. 4. 1. 1903 in Hermaringen/ Württemberg; gest. (ermordet) 9. 4. 1945 im KZ Dachau

»Die von mir angestellten Betrachtungen zeitigten das Ergebnis, daß die Verhältnisse in Deutschland nur durch eine Beseitigung der augenblicklichen Führung geändert werden könnten. Unter der Führung verstand ich die ›Ober-

sten‹, ich meine damit Hitler, Göring und Goebbels. Duch meine Überlegungen kam ich zu der Überzeugung, daß durch die Beseitigung dieser drei Männer andere Männer an die Regierung kommen, die an das Ausland keine untragbaren Forderungen stellen, (...) und eine Mäßigung in der politischen Zielsetzung eintreten wird.« Mit diesen Worten gab der Schreinergeselle E. nach seinem mißglückten Sprengstoffanschlag vom 8. November 1939 im Münchner »Bürgerbräukeller« der Gestapo die Absichten zu Protokoll, die er mit dem Attentat verfolgte.

Als Sohn eines kleinen Landwirts und Holzhändlers wuchs E. mit vier jüngeren Geschwistern in Königsbronn auf. Obwohl der Vater Alkoholiker war und Schulden nur durch den wiederholten Verkauf von Landbesitz getilgt werden konnten, lernten die Kinder dank der Fürsorge der Mutter nie echte Not kennen. Nach Beendigung der Volksschule begann E. eine Lehre als Eisendreher, wechselte nach zwei Jahren ins Schreinerhandwerk über und legte 1922 als Bester die Gesellenprüfung ab. Anschließend arbeitete er einige Jahre an verschiedenen Orten Südwestdeutschlands, darunter in Konstanzer und Meersburger Uhrenfabriken sowie als Schreiner in der Schweiz. Mit einem Ausweis für den »kleinen Grenzverkehr« überschritt er mehrere Monate lang täglich die Grenze bei Konstanz und wählte daher später diese ihm vertraute Örtlichkeit für die Flucht. Als er 1932 wegen der Wirtschaftskrise in der Meersburger Uhrenfabrik entlassen wurde, hielt er sich in Königsbronn mit der Reparatur und Anfertigung von Möbelstücken über Wasser, bis er 1936 einen Arbeitsplatz in einer kleinen Heidenheimer Rüstungsfabrik bekam. Neben seiner handwerklichen Ausbildung in Schreiner- und Metallarbeiten begünstigte diese Anstellung sein späteres Vorhaben, da sie ihm ermöglichte, das für das Attentat notwendige Schießpulver zu entwenden.

E. führte seine Tat zwar als verschwiegener Einzelgänger aus und war auch im Umgang ein etwas verschlossener Mensch, aber keineswegs ein ungeselliger »Sonderling«. Durch seine musikalische Begabung – er spielte Flöte, Ziehharmonika, Konzertzither und Streichbaß – war er in Konstanz und Königsbronn ein gern gesehenes Mitglied von Musik- und Trachtenvereinen und wirkte bei Tanzveranstaltungen mit. Bei Frauen beliebt, hatte er von einer seiner Freundinnen einen Sohn. Alle Bekannten schilderten ihn als gutmütig und hilfsbereit. Kriminelle, psychopathische oder herostratische Züge, die seiner Tat anrüchige Beweggründe verliehen hätten, waren an ihm nicht zu beobachten.

E.s geistige Interessen waren beschränkt, politische Ideologien interessierten ihn nicht. Vor 1933 wählte er die KPD, weil sie auf ihren Wahlversammlungen den Arbeitern bessere Lebensverhältnisse versprach. Er war aber weder Mitglied dieser Partei, noch kannte er deren programmatische Ziele. Im Jahre 1928 überredete ihn ein Kollege, dem »Roten Frontkämpferbund« beizutreten, aber außer der Zahlung seiner Mitgliedsbeiträge und dem Besuch von drei Versammlungen blieb er auch hier völlig passiv. Nach dem Verbot dieser Organisation 1929 unterhielt er keine Verbindung zu ihren ehemaligen Mitgliedern oder zu irgendwelchen Widerstandsgruppen. E.s Gegnerschaft zum Nationalsozialismus entsprang vielmehr der Beobachtung seiner sozialen Umwelt und der tagespolitischen Vorgänge sowie einem gesunden Gefühl für die Rechte des Menschen und deren Mißachtung durch die Diktatur.

Anläßlich der Sudetenkrise im Herbst 1938 gewann E. die Überzeugung, daß Hitlers maßlose Politik zum Krieg führen mußte. Er entschloß sich, das Attentat im folgenden Jahr auf der alljährlich am 8. November anläßlich des Hitler-Ludendorff-Putsches 1923 stattfindenden Traditionsfeier der Nazis im Münchner Bürgerbräukeller auszuführen. Im Laufe der folgenden Monate entwendete er an seinem Arbeitsplatz eine ausreichende Menge gepreßtes Pulver. Im März 1939 kündigte er in der Munitionsfabrik, nahm in Königsbronn eine Hilfsarbeiterstellung in einem Steinbruch an, erwarb Kenntnisse im Sprengen und entwendete Sprengpatronen und -kapseln. Mitte Mai verletzte sich E. wohl absichtlich den Fuß durch einen rollenden Gesteinsbrocken und benutzte den Krankenurlaub zu Zündversuchen. Es gelang ihm, eine Sprengkapsel durch eine Gewehrpatrone zu zünden, auf die er mit Hilfe einer gespannten Feder einen Nagel aufschlug. Die zeitgerechte Explosion regelte ein normales Uhrwerk.

Nach der Kündigung im Steinbruch zog E. Anfang August 1939 nach München. Sein Leben als Untermieter bestritt er dort überwiegend von dem Geld, das er durch den Verkauf seiner Musikinstrumente und der Werkstatteinrichtung erworben hatte. In dreißig bis fünfunddreißig Nächten ließ er sich unbemerkt im Saal des Bürgerbräus einschließen und höhlte auf der Galerie die Säule hinter Hitlers Rednerpult aus. Von der Holzverkleidung der Säule richtete er ein Brett als Tür ein, das die Aushöhlung verbarg. Wie von E. beabsichtigt, detonierte der Sprengkörper am 8. November 1939 um 21.20 Uhr. Er zerstörte einen großen Teil des Saales, tötete sieben Personen und verletzte 60 weitere. Hitler, dessen Rede diesmal unerwartet kurz ausgefallen war, hatte jedoch zehn Minuten vorher mit seinen prominenten Begleitern den Saal verlassen, um den eigens für ihn eingesetzten Sonderzug nach Berlin zu erreichen. Am selben Abend wurde E. beim Versuch, illegal die Schweizer Grenze zu überschreiten, verhaftet. Als sich die Indizien gegen ihn verdichteten, legte E. ein volles Geständnis ab. Hitler und Himmler glaubten jedoch weiterhin an »ausländische Auftraggeber«. Um entsprechende Aussagen zu erzwingen, wurde E. von der Gestapo gefoltert – ohne Ergebnis. Dennoch verbreitete die NS-Führung die Meldung, E. habe das Attentat im Auftrag des englischen Geheimdienstes verübt. Im KZ Sachsenhausen wurde E. als »Sonderhäftling« offensichtlich für einen Schauprozeß gegen die »Hintermänner« verwahrt, für den man nach dem Endsieg die notwendigen Beweise aus dem Ausland zu erhalten hoffte. Um die Jahreswende 1944/45 ins KZ Dachau überführt, wurde E. dort am 9. April 1945 auf Weisung aus Berlin umgebracht, nachdem seine Person durch den militärischen Zusammenbruch für das Regime wertlos geworden war.

Da E. – anders als die Verschwörer des 20. Juli, denen militärische Machtmittel zur Verfügung standen – von vornherein keinen Sturz des Regimes bewirken konnte, blieb sein »Tyrannenmord auf eigene Faust« vom juristischen Standpunkt aus mit dem Makel des kriminellen Unrechts behaftet. Die verdiente Anerkennung als Widerstandskämpfer ist E. lange Zeit versagt geblieben, weil seine Tat zunächst von Legenden umwoben war, die ihn lediglich als Handlanger hinstellten. Als Reaktion auf die NS-Propagandalüge vom Anschlag des britischen Secret Service verbreitete sich schon bald die Version, E. sei von den Nationalsozialisten selbst für ein »gestelltes Attentat« benutzt worden, um die Kriegsstimmung anzuheizen und Hitler als Schutzbefohlenen der »Vorsehung« erscheinen zu lassen. Die nach dem Kriege von zwei Mitgefangenen in Umlauf gesetzten Legenden, E. sei Mitglied der SS gewesen und habe das Attentat auf Hitlers »persönlichen Befehl« ausgeführt (Martin Niemöller) oder er sei schon vorher KZ-Häftling gewesen und von den Nazis gegen nicht eingehaltene Versprechungen für das Scheinattentat angeheuert worden (Payne Best), wurden widerlegt. Da seine Alleintäterschaft und seine Motive feststehen, ist E. dem deutschen Widerstand zuzurechnen.

Literatur: Gruchmann, L. (Hg.): Autobiographie eines Attentäters. Johann Georg Elser. Aussage zum Sprengstoffanschlag im Bürgerbräukeller, München am 8. November 1939. Stuttgart 1970 (Neuauflage Stuttgart 1989). – Hoch, A.; Gruchmann, L.: Georg Elser. Der Attentäter aus dem Volke. Der Anschlag auf Hitler im Bürgerbräu 1939. Frankfurt/Main 1980.

Lothar Gruchmann

Fraenkel, Ernst
Geb. 26. 12. 1898 in Köln;
gest. 28. 3. 1975 in Berlin

Da F.s Eltern Juden waren, galt auch er als Angehöriger dieser »Minderheitsgruppe« unter den Deutschen: »Das Gruppenproblem, das so eng mit dem Phänomen des Pluralismus verknüpft ist, bildet mein politisches Ur-Erlebnis«. Wohl entwickelte F. bereits während der Jahre der Weimarer Republik in kritischer Auseinandersetzung mit seiner Umwelt als intellektueller »Linkssozialist« wesentliche Grundgedanken seines späteren Demokratieverständnisses. Es bedurfte jedoch erst der existenzgefährdenden Verfolgungen im totalitären Nazi-Reich, seiner Flucht in die Vereinigten Staaten (1938) und eingehender Auseinandersetzungen mit dem Totalitarismus stalinistischer Prägung, um schließlich sein richtungweisendes, antitotalitäres Konzept des »Neopluralismus« zu entwerfen.

Danach ist Demokratie als »eine das gesamte Gemeinschaftsleben durchziehende Grundhaltung« zu verstehen. Als »Staatsform des Reformismus« hat pluralistische Demokratie die normative Aufgabe, in sozialer Gerechtigkeit Freiheit für jedermann zu ermöglichen. Dies verlangt die Garantie vorstaatlich legitimierter, persönlicher Grundrechte – eine naturrechtliche Rückbindung gilt insoweit als unabdingbar – eine freie Gruppenbildung und -entfaltung sowie eine aktive Teilhabe möglichst aller am politischen Entscheidungsprozeß.

Letzteres könne nur dadurch geschehen, daß die Bürger als Wähler ihre Repräsentanten frei bestimmten, vielfältige Formen von Selbstverwaltung entwickelten und in ihnen sowie über eine Mitwirkung in Verbänden und Parteien das allgemeine gesellschaftliche und staatliche Handeln permanent mitbestimmten. »Gemeinwohl« sei dabei nicht als ein gleichsam a priori vorgegebenes und als solches nur noch durchzuführendes Aktionsprogramm zu verstehen. Vielmehr sei das Gemeinwohl als »Resultante« eines mehr oder weniger langwierigen Willensbildungsprozesses »der divergierenden Ideen und Interessen der Gruppen und Parteien« zu sehen. Dies allerdings nur dann, wenn, »um dies der Klarheit wegen zu wiederholen, in deren Zusammen- und Widerspiel die generell akzeptierten, mehr oder weniger abstrakten regulativen Ideen sozialen Verhaltens respektiert und die rechtlich normierten Verfahrensvorschriften und die gesellschaftlich sanktionierten Regeln eines fair play ausreichend beachtet werden«. Dem Staat fiele dabei nicht die Rolle eines »neutralen« Beobachters zu, sondern die des aktiven Sachwalters zur Verwirklichung und zum Schutz dieser Voraussetzungen jeder pluralistischen Demokratie.

Durch Geburt Kind des Kölner Bildungsbürgertums, verlor F. früh Vater und Mutter und wurde Vollwaise. Als Sechzehnjähriger zog er zu Verwandten nach Frankfurt am Main. Da das pogromwütige Zarenreich zu Deutschlands Kriegsgegnern zählte, meldete er sich – wie so manch anderer junger deutscher Jude – 1916 als Kriegsfreiwilliger. Daher durfte er nach 1933 auch noch einige Jahre als Rechtsanwalt tätig bleiben. Nach Kriegsende (1918) brachten ihn sein Jura- und Geschichtsstu-

dium in engen politischen und persönlichen Kontakt zu dem Rechtsgelehrten Hugo Sinzheimer, dem engagierten Sozialdemokraten und »Vater des deutschen Arbeitsrechts«. Sinzheimer übte auf F. eine sein Leben bestimmende Wirkung aus, wie F.s arbeitsrechtliche Lehrtätigkeit in den Gewerkschaften und sein SPD-Beitritt 1921 deutlich machen.

Während seiner Berufstätigkeit als Rechtsanwalt widmete sich F. eingehenden Marx-Studien, die ihn zeitweilig zum »intellektuellen Klassenkämpfer« werden ließen, wovon vor allem seine 1927 publizierte Schrift *Zur Soziologie der Klassenjustiz* Zeugnis ablegt. Das formte auch sein damaliges Demokratieverständnis. So sah er in der generellen Geltung der Freiheitsrechte und der kompromißbereiten Mitarbeit aller am politischen Prozeß auch für die Arbeiterklasse die große Chance, die erfahrene Unterdrückung in der klassengespaltenen Gesellschaft langfristig zu überwinden.

Gegen Ende der Weimarer Zeit analysierte er mit zunehmender Sorge die existentielle Krise der ersten Demokratie in Deutschland. Er nahm wahr, wie die amtierenden Regierungen dem Mißtrauensdruck einer rein negativen, nationalsozialistisch-kommunistischen Reichstagsmehrheit völlig zu erliegen drohten. Daher empfahl er in seinen *Aufsätzen zur Verfassungskrise* (1931/32) unter anderem, am »Herzstück der Verfassung eine Herzoperation vorzunehmen«, indem er die Einführung des konstruktiven Mißtrauensvotums forderte. In diesem Zusammenhang entwickelte F. gleichzeitig in schon damals höchst kritischer Auseinandersetzung mit Rousseau und dessen »Erben« Vorstellungen, die sich später als Kerngedanken des Neopluralismus wiederfanden. Während er Rousseau als den Verfechter »der Utopie der absolutistischen Demokratie« kritisierte, warf er Carl Schmitt und anderen Zeitgenossen »das

Streben nach 'autoritärer Demokratie' auf plebiszitärer Grundlage« vor. Bei beiden – Rousseau wie Carl Schmitt – bilde die »Homogenität des Volkes« (oder wie es später bei Schmitt hieß, deren »Artgleichheit«) den Ausgangspunkt. Demgegenüber sah F. in Hans Kelsens »relativistischer Demokratie« bereits einen deutlichen Denkfortschritt.

Zeitgemäßen Wirklichkeitssinn konnte F. jedoch erst im Bekenntnis zu einer »dialektischen Demokratie« (als der »Staatsform des aufgeklärten Hochkapitalismus«, seiner Gegenwart also) erkennen. Denn während »die charakteristische Erscheinungsform der dialektischen Demokratie der Kompromiß« sei, bestehe dessen »charakteristisches Merkmal« darin, »die vorhandenen Gegensätze aufzudecken und sich frei entfalten zu lassen«. Der Dissens als pluralistisches Freiheitselement wurde so zum Gegenpol obrigkeitsstaatlicher Harmoniebeflissenheit jeglicher Fasson. Der Konsens wurde nun als »verfassungsmäßige« Voraussetzung für praktizierten Dissens begriffen und nicht als ausschließende Alternative. In diesem Sinne sprach F. schon 1932 vom »streitigen und unstreitigen Sektor«, in die der Gesamtbereich jeder sozialen Ordnung zerfalle: »Eine dialektische Demokratie, wie sie der erste Teil der (Weimarer, d. Verf.) Verfassung vorsieht, ist nur solange möglich, wie eine Garantie dafür gegeben ist, daß ein Minimum an Gemeinsamkeiten im sozialen Leben des Volkes, das zu einem Staat zusammengefaßt ist, vorhanden bleibt. Sind auch die letzten Gemeinsamkeiten der kämpfenden Gruppen in einem Staat fortgefallen, so löst sich der Staat in sich auf.«

Im Nazireich erlebte F. wohl den Verfall des Reichsstaates, nicht jedoch den staatlicher Zwangsgewalt. Er beobachtete, wie es die rassistische Hitlerbewegung zuwege brachte, unter Zuhilfenahme der Instrumente des Staates zu-

nehmend ihre totalitäre Herrschaftsgewalt zu errichten. Hierzu verfaßte F. sein analytisch brillantes Werk *Der Doppelstaat*, das nach F.s Flucht aus Deutschland in die USA (1938) zunächst in Englisch erschien (1940). Wegen eines Manuskriptverlustes konnte die erste deutschsprachige Ausgabe erst 1974 veröffentlicht werden. F. gebrauchte die Formel vom *Doppelstaat* deshalb, weil er damals den Schlüssel zum Verständnis der nationalsozialistischen Herrschaftsordnung im »Nebeneinander eines seine eigenen Gesetze im allgemeinen respektierenden ›Normenstaates‹ und eines die gleichen Gesetze mißachtenden ›Maßnahmenstaates‹« erkannte. Hatte der Normenstaat der »ratio in der ökonomischen Sphäre« zu dienen, so der Maßnahmenstaat der Willkür seitens der politischen Machthaber (bis hin zum KZ-System des SS-Staates). Aufgabe der Gesetzessprache war es, diesen Doppelstaat zu ermöglichen und abzusichern.

In den USA absolvierte F. an der Chicagoer Universität ein angelsächsisches Rechtsstudium. Zugleich erlebte er die politische Auswirkungen der New Deal-Revolution Präsident Roosevelts (ab 1933), die ihn stark beeindruckten. Mit dem Hitler-Stalin-Pakt vom August 1939 sah er schließlich das Ende einer jeden realistischen Hoffnung auf eine klassenfreie Lebensgestaltung im Sozialismus gekommen. Nun konzentrierte F. sein Interesse auf das Studium des demokratischen Verfassungsstaates, der »westlichen Demokratie«. Nur diese Staatsform, so meinte er, könne im künftigen Nach-Hitler-Deutschland der verratenen und desorganisierten Arbeiterschaft und damit dem gesamten deutschen Volk ein rechtlich geordnetes Leben in gleichberechtigter, freier Selbstbestimmung ermöglichen. Der Aufgabe, die theoretischen Grundlagen der westlichen Demokratie zu festigen, widmete er sich von nun an verstärkt seit seiner Rückkehr nach

Deutschland (1951) und dem Beginn seiner Lehrtätigkeit als Professor an der Hochschule für Politik, dem späteren Otto-Suhr-Institut der Freien Universität in Berlin.

Diese Stadt war für F., der im Exil die amerikanische Staatsbürgerschaft angenommen hatte und sie bis ans Lebensende behielt, nicht nur ein idealer, sondern angesichts der hier täglich erfahrbaren Konfrontation von Diktatur und Freiheit zugleich ein geradezu aufregender Ort für Systemanalysen. Wurde er doch Zeuge, wie im Namen sowjetsozialistischer Glückseligkeit Menschen durch Mauer und Stacheldraht daran gehindert wurden, sich frei zu bewegen, und dies auch noch ideologische Rechtfertigung fand. F. hatte die rassistischen Grausamkeiten des braunen Totalitarismus am eigenen Leibe erfahren. Nun mußte er auch noch die eines roten Totalitarismus beobachten.

Die wichtigsten Ergebnisse seiner so motivierten Bemühungen faßte F. in seinem Sammelwerk *Deutschland und die westlichen Demokratien* (1964) zusammen. 1964 nahm er mit dem Titel *Der Pluralismus als Strukturelement der freiheitlich-rechtsstaatlichen Demokratie* erstmals das Wort Pluralismus in die Überschrift einer Abhandlung auf. Dabei stellte er zugleich die Frage:»Ist es angesichts der Tatsache, daß die Hinwendung zum totalen Staat aus der Negation des Pluralismus gerechtfertigt worden ist, nicht geboten, durch eine Negation der Negation zu versuchen, den Totalitarismus durch einen Neopluralismus zu überwinden?« Neopluralismus versteht sich somit als jene pluralistische Demokratietheorie, die in ihrer Argumentation der Erfahrung mit wie auch immer ideologisch fundiertem Totalitarismus einen zentralen Stellenwert einräumt.

F.s »Kampf« galt stets der Freiheit und sozialen Gerechtigkeit für alle Menschen. Seine Argumente waren gegen obrigkeitsstaatliches Denken und Be-

drohungen »von rechts« gerichtet. Gleichwohl fand er sich in höherem Alter im Zuge der Studentenrevolte »von links« her angegriffen. Unfairness und Unterstellungen setzten ihm besonders zu. Seine Reaktionen schwankten zwischen Hilflosigkeit und Aggressivität. Er mußte es in den siebziger Jahren erleben, daß in Berlin Steine in seine Fenster flogen. Als Hochschullehrer hat sich F. seinen Studenten als unermüdlicher demokratischer Freiheitskämpfer und subtiler Systemanalytiker ins Gedächtnis gerufen.

Heute gilt F. als der klassische Interpret jener Pluralismuskonzeption, die die unerläßliche Grundlage jedes modernen demokratischen Verfassungsstaates bildet. Sein Plädoyer für das Recht auf Dissens und parlamentarische Opposition fanden offene Ohren. Hierzu gehört auch seine bereits 1958 formulierte Erkenntnis:»Der Bestand der Demokratie im Staat hängt ab von der Pflege der Demokratie in den Parteien. Nur, wenn den plebiszitären Kräften innerhalb der Verbände ausreichend Spielraum gewährt wird, kann eine Repräsentativverfassung sich entfalten«.

Literatur: Brünneck, A. v.: Leben und Werk von Ernst Fraenkel (1898–1975), in: Ernst Fraenkel: Deutschland und die westlichen Demokratien, hg. von A. v. Brünneck. Frankfurt/Main 1991, S. 360–372. – Steffani, W.: Pluralistische Demokratie. Opladen 1980.

Winfried Steffani

Freiligrath, Ferdinand
Geb. 17. 6. 1810 in Detmold;
gest. 18. 3. 1876 in Cannstatt

Fr.s Vater, ein Lehrer, besaß nicht die Mittel, um seinen Sohn studieren zu lassen. Fr. mußte seine Gymnasialzeit in Detmold vorzeitig abbrechen und 1825 mit einer Kaufmannsausbildung in Soest beginnen. Er litt unter den Verhältnissen im Kaufmannskontor und schrieb Gedichte. Im Selbststudium lernte er Englisch und Französisch. 1831 verließ Fr. Soest und ging nach Amsterdam, um dort in einem großen Handelshaus als Buchhalter zu arbeiten. In dieser Zeit veröffentlichte das *Mindener Sonntagsblatt* seine einzige Erzählung *Der Eggesterstein*. Fr.s persönliche Misere fand Ausdruck in exotischen Phantasien (*Die Auswanderer*, 1832). Seine ersten Gedichte, die Asien, Afrika und Amerika besangen, aber auch Ereignisse aus der niederländischen Geschichte wachriefen, erschienen 1835 in dem von Adalbert von Chamisso und Gustav Schwab herausgegebenen *Deutschen Musenalmanach*. Von Amsterdam kehrte Fr. 1837 nach Soest zurück und fand in Barmen eine Stellung als Kontorist. Bei Johann Friedrich Cotta kam 1838 seine erste lyrische Sammlung heraus, die ihn endgültig berühmt machte. Sie enthält Lieder wie: *An das Meer, Schiffbruch, Die Tanne, Der Reiter, Der Mohrenfürst* und *Der Blumen Rache*. Die Gedichte lösten in ganz Deutschland Begeisterung aus. Seine Honorare ermöglichten es Fr., sich als freier Schriftsteller 1839 in Unkel am Rhein niederzulassen.

1841 heiratete Fr. Ida Melos, die Tochter eines Weimarer Professors. Beide zogen nach Darmstadt. Er arbeitete dort als Redakteur des Journals *Britannia*. Im November 1841 veröffentlichte er sein folgenreiches Gedicht *Aus Spanien*: Ein monarchistischer General im spanischen Bürgerkrieg (1834–1839) wird exekutiert, ein Freund des Generals, der an der Spitze der liberalen Gegenpartei stand, hatte es befohlen. Das Gedicht schließt mit den Worten: »Der Dichter steht auf einer höhern Warte,/ Als auf den Zinnen der Partei.« Es erregte die Gemüter. Georg Herwegh, Anführer der literarischen Linken, anwortete sofort mit einem Gegengedicht. »Partei, Partei, wer sollte sie nicht nehmen,/ Die noch die Mutter aller Siege war?/ . . ./ Selbst Götter stie-

gen vom Olympus nieder/ Und kämpfen auf den Zinnen der Partei!« Unerwarteten Beifall erhielt Fr. von den Konservativen und König Friedrich Wilhelm IV. von Preußen. Er verlieh ihm sowie dem konservativen Emanuel Geibel ein Ehrengehalt von 300 Talern. Zunächst verteidigte Fr. die ihm vom König erwiesene Gunst. Darauf kündigten Freunde ihm ihre Freundschaft. Herwegh schrieb ein *Duett der Besoldeten* (Fr. und Geibel). Endlich entschloß sich Fr. 1844 zur Rückgabe des Gehalts. In einem Gedicht *An Hoffmann von Fallersleben* (1844) meinte er selbstkritisch: »Schiefer Stellung volle Qual/ Mußt' ich damals tragen«. Erst jetzt fühlte er sich frei und trat dem Lager der liberalen Opposition bei.

Fr. lebte mit seiner Frau seit 1842 in St. Goar am Rhein. 1844 erschien seine Gedichtsammlung *Mein Glaubensbekenntnis*. Offen kritisierte er den König, den Adel, die Kirche. In der Ballade *Aus dem schlesischen Gebirge* beschrieb er unter Anspielung auf den Weberaufstand (1844) die Not der schlesischen Weber. Die Romantik hatte er hinter sich gelassen und war ein Dichter der »Neuzeit« geworden. Der Preis dafür war jedoch hoch. Zwar wurde Fr. von der Linken mit Beifall bedacht, die Regierung aber ließ ihn verfolgen. Fr. flüchtete 1845 nach Brüssel und traf dort auf Karl Marx, mit dem ihn von nun an eine langjährige Freundschaft verband. Trotz seiner sozialkritischen Haltung und der Nähe zu Marx erklärte Fr. 1846 in einem Brief: »Ich bin kein Communist«. –

Mit Heinrich Heine und Georg Büchner gehörte Fr. zu den ersten deutschen Dichtern, die das Klassenbewußtsein der Arbeiterschaft stärken wollten. Fr. ergriff Partei für die Revolution, ohne zum Parteidichter zu werden. Mit seiner Frau verließ er Brüssel und übersiedelte in die Schweiz nach Meyenberg am Zürchersee. In Hottingen bei Zürich erschien 1846 der Gedichtband *Ça ira*, in dem sich Fr. zum Proletariat und zur »roten« Republik bekannte: »Staat, die verfaulte schnöde Galeere«, ...»das alte morsche Ding«. Aus materiellen Gründen kehrte Fr. 1846 der Schweiz den Rücken, »ich kann und will nicht von der Poesie leben«, und ging als Kaufmann nach London.

Als im Februar 1848 in Paris die Revolution ausbrach, reiste Fr. nach Düsseldorf zurück, um hier mit Revolutionsgedichten den proletarischen Kampf zu unterstützen. »Ich bin nicht zum General geboren, ich will nur ein Trompeter der Revolution sein«, bekräftigte er. Am 17. März besang er in dem Kampflied *Schwarz-Rot-Gold* die deutschen Nationalfarben: »Die *eine* deutsche Republik/ Die mußt du noch erfliegen!/ Mußt jeden Strick und Galgenstrick/ Dreifarbig noch besiegen!/ Das ist der letzte große Strauß -/ Flieg aus, du deutsch Panier, flieg aus!/ Pulver ist schwarz,/ Blut ist rot,/ Golden flackert die Flamme!« Im Juli 1848 schrieb Fr. das Gedicht *Die Toten an die Lebenden*, »das bedeutendste von allen, welche die Bewegung von 1848 zu Tage gefördert hat« (J. Scherer), »eine furchtbar ergreifende Mahnrede« (M. Carrière). Sie beginnt mit den Versen: »Die Kugel mitten in der Brust, die Stirne breit gespalten,/ So habt ihr uns auf blut'gem Brett hoch in die Luft gehalten!« Und schließlich heißt es: »Euch muß der Grimm geblieben sein – o, glaubt es uns, den Toten!/ Er blieb euch! ja, und er erwacht! er wird und muß erwachen!/ Die halbe Revolution zur ganzen wird er machen!«

Die *Toten an die Lebenden* brachte Fr. eine Anklage wegen »Aufreizung zum Umsturz« ein. Fr. wurde im August 1848 verhaftet, jedoch am 3. Oktober in Düsseldorf unter dem Jubel des Volkes von den Geschworenen freigesprochen. Gleich darauf trat er in die Redaktion der *Neuen Rheinischen Zeitung* ein, die Karl Marx in Köln herausgab. Die Revolutionslieder Fr.s knüpften nun unmittelbar an das an, was Marx in seiner Zeitung ausführte. Das Verbot des Blattes am 19. Mai 1849 führte Marx endgültig nach England und zwang Fr. erneut in die Emigration. In der letzten Nummer der *Neuen Rheinischen Zeitung* erschien rotgedruckt Fr.s *Abschiedswort*: »Bald richt' ich mich rasselnd in die Höh',/ Bald kehr' ich reisiger wieder! Wenn die letzte Krone wie Glas zerbricht,/ In des Kampfes Wettern und Flammen,/ Wenn das Volk sein letztes ›Schuldig!‹ spricht,/ Dann stehn wir wieder zusammen!«

Die preußische Regierung verfolgte Fr. mit zwei Steckbriefen. In Düsseldorf warf man ihm Majestätsbeleidigung vor, in Köln die Teilnahme an einem Komplott. Wegen drohender Verhaftung emigrierte er im Mai 1851 nach London. Noch im selben Jahr brachte er dort ein Heft mit *Neueren politischen und sozialen Gedichten* heraus. Noch einmal ließ er die Revolution sprechen. »Ich war, ich bin – ich werde sein!« schallt es siegesgewiß in seinem Gedicht *Die Revolution*. Fr. wurde 1856 Leiter der Schweizer Generalbank in London. Seine Begeisterung für die Revolution ebbte langsam ab. Er beschäftigte sich mit der Lyrik englischer und französischer Autoren. Seine Übersetzungen und Nachdichtungen wurden fast so umfangreich wie das eigene Werk.

Der Zusammenbruch der Schweizer Bank 1865 traf Fr. schwer und führte ihn in eine existentielle Krise. Freunde aus der Heimat organisierten für ihn eine Nationalsammlung. Ein gewaltiger Betrag von 60 000 Talern kam bei dieser »Volksdotation« für Fr. zusammen. Seine Heimkehr glich einem Triumphzug. Die preußischen Behörden duldeten 1867 stillschweigend seine Rückkehr. 1874 ließ er sich endgültig in Cannstatt nieder. Der Weg zur deutschen Einheit verlief über die Schlachtfelder und Kabinette. Die nun folgende deutsche »Einigung von oben« bejahte Fr., wie viele andere frühere Achtundvierziger. 1870 sandte er in seinem *Hurrah, Germania!* einen Gruß an die ins Feld gegen Frankreich ziehenden Truppen. Fr. hoffte auf eine Niederlage Napoleons III. »Ich hoffe und erflehe Sieg für Deutschland«, schrieb er 1870 an einen Freund. Das Gedicht *Die Trompete von Gravelotte*, verfaßt unter dem unmittelbaren Eindruck der Schlacht von Gravelotte bei Metz am 18. August 1870, bei der beide Seiten ungeheure Verluste hatten, sollte man zusammen mit dem Lied *Die Toten an die Lebenden* lesen. Es ist ein trauriges Gedicht, aber die Trauer gilt nur den jungen Deutschen, die im Kampfe fielen: »Die Brust durchschossen, die Stirne zerklafft,/ So lagen sie bleich auf dem Rasen,/ In der Kraft, in der Jugend dahingerafft – Nun, Trompeter, zum Sammeln geblasen!« Und am Ende: »Und nun kam die Nacht und wir ritten hindann,/ Rundum die Wachtfeuer lohten;/ Die Rosse schnoben, der Regen rann -/ Und wir dachten der Toten, der Toten!« Ein Chauvinist indes ist Fr. nicht geworden: Dem im Felde als Sanitäter dienenden Sohn Wolfgang mahnte der Vater, »daß Wunden heilen besser als Wunden schlagen sei«.

Zur deutschen Reichsgründung und zum Sieg über Frankreich äußerte er sich nicht mehr. Fr. hatte aufgehört, sich politisch zu engagieren. Am 18. März 1876 starb der Trompeter der Revolution von 1848 und der deutschen Einheit von 1870/71 in Cannstatt.

Literatur: Kittel, E.:Ferdinand Freiligrath als deutscher 48er und westfälischer Dichter. Sammelwerk aus Anlaß des 150. Geburtstages des Dichters. Münster 1960. – Reinhold, H.: Freiligraths Entwicklung als politischer Dichter. Germanische Studien, Heft 20. Berlin 1922.

Frank Swiderski, Manfred Asendorf

Fröbel, Julius (Pseud.: C. Junius)
Geb. 16. 7. 1805 in Griesheim
(Thüringen); gest. 6. 11. 1893 in Zürich

F. zählt zu jenen Vormärz-Demokraten, die ihre Wurzeln in der spekulativen idealistischen Philosophie hatten und eine Offenheit für die soziale Frage entwickelten, die in ihrem Urteilshorizont zunächst jedoch weitgehend der vorindustriellen Gesellschaft verhaftet blieben. Dabei erfuhr F. spezifische eigene Prägungen als in die Schweiz emigrierter »Republikaner« sowie durch seine dem üblichen bildungsbürgerlich-humanistischen Ausbildungsgang ferne Aufgeschlossenheit für moderne Geographie und Naturlehre. Seine intellektuellen Vorlieben und seine berufliche Existenz als freiberuflicher Journalist verliehen ihm eine in den Kreisen des mittleren deutschen Bürgertums seltene Weltläufigkeit. Auffällig ist dabei seine Wende vom oppositionellen, verfolgten Demokraten zum Ratgeber in Staatsdiensten, weshalb er für seine zweite Lebenshälfte als »Protagonist einer sozialdarwinistisch gefärbten ›realistischen‹ Neuorientierung des Liberalismus« eingeschätzt wird (R. Koch).

F. wurde 1805 in einem Pfarrhaus geboren, dem typischen sozialen Herkunftsort für politisch und sozial engagierte Intellektuelle des Vormärz, der Epoche, die der deutschen Märzrevolution von 1848 vorausging. Sein Vater, Johann Jacob, war Pfarrer in Oberweißbach in Thüringen, seine Mutter Christiane Sophie, geborene North, stammte gleichfalls aus einer Pfarrersfamilie. Nach dem frühen Tod des Vaters 1814 besuchte F. seit 1815 das Gymnasium in Rudolstadt. 1817 wechselte er an die Keilhauer Erziehungsanstalt seines Onkels Friedrich Fröbel, der die Kindergartenidee entwickelt hatte und eine Erziehung aus freier Selbsttätigkeit und Selbstbestimmung propagierte. Ungeachtet dieser hehren Ideale beklagte F., der 1825 den Besuch dieser Anstalt abbrach, zeitlebens die Hartherzigkeit und den Egoismus seines Onkels. Gleichwohl hat ihn diese Erziehung nachhaltig geprägt, begründete sie doch sein Leitmotiv einer umfassenden Volksbildung als Weg aus der sozialen Not des Pauperismus, in dem breite Schichten des Vormärz lebten. Seiner besonderen Aufmerksamkeit für Landschaftsbeobachtung verdankte er 1825/26 in Stuttgart eine Beschäftigung im Dienste des Cotta-Verlags bei der topographischen Landesaufnahme des Schwarzwalds und der Rheinebene. Insbesondere interessierte sich F. für die vergleichende geomorphologische Beobachtung und für die Wahrnehmung von Landschaft als einem kulturellen Phänomen, das aus dem Verhältnis zwischen Mensch und natürlicher Umwelt zu erklären sei. So besehen war F. ein früher Umweltforscher. Dementsprechend studierte er Naturwissenschaften, Geographie und Mineralogie an den Universitäten München, Jena, Weimar und Berlin. Nach seiner Promotion bekam er 1833 auf Empfehlung Alexander von Humboldts eine Lehrstelle der Geographie an der gymnasialen Kantonalschule in Zürich, verbunden mit einer Privatdozentur an der neu gegründeten dortigen Universität. 1836 erhielt er eine außerordentliche Professur. Er war dabei, sich ganz in Schweizer Verhältnissen einzurichten, als er 1838 das Schweizer Bürgerrecht erwarb und Kleophea Zeller, die Tochter eines Seidenfabrikanten, heiratete.

Der »Septemberputsch« in Zürich 1839, ein von konservativen Geistlichen angezettelter Aufruhr tausender von Bauern gegen die Berufung des württembergischen Bibelkritikers David Friedrich Strauß (*Das Leben Jesu kritisch bearbeitet*, 1835) an die Hochschule und letzlich gegen das liberale Regiment der Stadt, hinterließ bei F. nach dessen eigenen Worten »die stärkste geistige Einwirkung« in seinem Leben. Die dadurch ausgelöste Wendung zur Politik erhielt ihr besonderes Profil durch die Bekanntschaft F.s mit dem Schriftsteller Georg Herwegh, der, um in Deutschland dem Militärdienst zu entgehen, 1839 nach Zürich geflüchtet war. F. drängte in die praktische Öffentlichkeitsarbeit und übernahm 1840 – mitfinanziert durch das Erbteil seiner Frau – die Verlagshandlung des »Literarischen Comptoirs« in Winterthur, die er fortan zum wichtigsten Umschlagplatz für Exilliteratur im deutschsprachigen Raum machte. Sie wirkte als bedeutsamer Ideenlieferant innerhalb der vormärzlichen politischen Theoriebildung. Dort erschienen 1841 Herweghs *Gedichte eines Lebendigen*. Fortan publizierten im »Literarischen Comptoir« fast alle demokratischen und sozialistischen Autoren, die Rang und Namen hatten und ihre »zensurflüchtigen Manuskripte« bei F. unterbrachten, darunter außer Herwegh Johann Jacoby, Robert Prutz, Bruno Bauer, Louis Blanc auf deutsch, Ludwig Feuerbach, Karl Grün, Heinrich Hoffmann von Fallersleben, Arnold Ruge und Wilhelm Schulz.

F. formulierte seine politischen Prinzipien erstmals geschlossen in dem zweibändigen Werk *Neue Politik*, das unter dem Pseudonym C. Junius 1846 in Mannheim erschien. Er leitete darin Herrschaftslegitimierung allein von der Souveränität des Volkes ab. Durch keine Vertragskonstruktion könne sie ihm wieder »abgelistet werden«: »Der Sitz der Ausübung der Souveränität sei im Staate, wo er wolle, ihre Ausübung geschehe nach dieser oder jener Geschäftsordnung – immer gehört die Souveränität der Gesamtheit aller Individuen an, welche die Staatsgesellschaft bilden.« Das klang damals revolutionär, weil es keinen Platz ließ für erbliche Fürsten. F.s Wahrnehmungsradius erreichte dabei auch die unteren sozialen Volksklassen, wobei er eine Änderung ihrer materiellen Verhältnisse durch eine umfassende Volksbildung erwartete. Er hatte dabei Handwerker und kleine Kaufleute im Auge, nicht aber die soziale Frage des Industrieproletariats. Gleichwohl forderte er den sozial interventionistischen Staat. Entscheidende Impulse in der Theoriebildung hatte F. von Arnold Ruge empfangen.

Die repressive Politik des Deutschen Bundes versetzte dem »Literarischen Comptoir« 1845 den Todesstoß, als ein Bundesbeschluß den Vertrieb aus diesem Verlag im Bundesgebiet untersagte. 1846 gab F. deshalb das Unternehmen, dem ein wichtiger Absatzraum wegbrach, auf und wechselte nach Leipzig. 1847 bekannte er in seinen *Politischen Briefen über die Schweiz*, daß er deren Bundesverfassung und Parteileben als vorbildlich für ganz Europa ansah.

Begeistert vom Ausbruch der Revolution in Europa, übernahm F. ab dem 1. April 1848 die *Deutsche Volkszeitung*, die im Mannheimer Verlag Heinrich Hoff erschien. Er machte aus ihr ein demokratisch-republikanisches Blatt, das dem Motto folgte:»Wohlstand, Bildung, Freiheit für alle«. In der Revolution geriet er frühzeitig in Gefahr, als nach dem gescheiterten Hecker-Aufstand im April 1848 in Baden per Erlaß am 4. Mai die dortigen demokratischen Vereine und auch F.s *Deutsche Volkszeitung* verboten wurden. F. begab sich nach Frankfurt am Main, um von dort aus die demokratische Bewegung zu organisieren. Er wurde auf dem am 14. bis 17. Juni 1848 in Frankfurt tagenden ersten deutschen Demokratenkongreß zu dessen Präsident gewählt. F. konnte gerade noch die hervortretenden Gegensätze zwischen republikanischen und sozialistischen Tendenzen in einem abschließenden Manifest überbrücken. Fast einstimmig wurde er zum Vorsitzenden des danach eingesetzten »Zentralausschusses der deutschen Demokraten« mit Sitz in Berlin gewählt; er beteiligte sich darin maßgeblich an Organisation und Ausbau einer demokratischen Partei. Der 2. Demokratenkongreß vom 27. bis 31. Oktober 1848 in Berlin stand deutlich

unter den inneren Spannungen zwischen »politischen« und »sozialen« Demokraten und verlor durch die Verhängung des Belagerungszustandes am 12. November 1848 seine Basis.

In die Paulskirche kam F. am 6. Oktober als Nachrücker für den verstorbenen Johann Georg August Wirth. Er schloß sich dort der Fraktion »Donnersberg« auf der äußersten Linken an und wurde sogleich ins revolutionäre Geschehen gezogen, als er gemeinsam mit Robert Blum im Auftrag der »Vereinigten Linken« der Paulskirche aufbrach, um die Wiener Revolutionäre zu unterstützen. Mit knapper Not entging er dem Schicksal Blums, standrechtlich erschossen zur werden (9. November 1848), nicht zuletzt wegen seiner Flugschrift *Wien, Deutschland und Europa*, in der er zuvor die Bedeutung Österreichs für eine nationale Einigung Deutschlands herausgestrichen hatte. Der Wahl des preußischen Königs Friedrich Wilhelm IV. am 28. März 1849 durch die Frankfurter Nationalversammlung blieb er, seinen Prinzipien getreu, fern; die am selbigen Tag verkündete Reichsverfassung hat er jedoch unterschrieben. Er arbeitete danach noch im Rumpfparlament in Stuttgart (6. – 18. Juni 1849) mit und stellte sich auch der revolutionären badischen Regierung (bis 28. Juni 1849) für Missionen zur Verfügung. F. mußte aber schließlich erkennen, daß seine Vorstellungen von einer humanistischen, am Individuum orientierten Demokratie unter den machtpolitischen Bedingungen von 1848/49, in denen Soldaten letztlich den Ausschlag gaben, ohne Chancen blieben. Nach der Niederlage der badisch-pfälzischen Revolutionsarmee gegen preußische Truppen im Juli 1849 flüchtete F. zunächst in die Schweiz, reiste nach achttägigem Aufenthalt, während dem er seine Frau zum letzten Male sah, weiter nach Paris. Auch dort hielt es ihn nicht lange: Nachdem der Versuch mißlungen war, in Hamburg Asyl zu finden, verbrachte er mehrere Wochen auf der damals britischen Insel Helgoland und entschloß sich, im September 1849 über England in die USA zu emigrieren.

In Amerika unternahm er zahlreiche Studienreisen, u.a. nach Nicaragua, Honduras, Nordmexiko, Kalifornien. Er lebte in wechselvoller, unsicherer Existenz, darunter als Seifensieder, schließlich aber vornehmlich als Journalist in New York. Hier sagte er sich von seiner eigenen demokratischen Theorie los und gründete seine neue politische Moral auf angebliche »naturhistorische Tatsachen«. Sie führten ihn ähnlich wie andere frühere Achtundvierziger zu einem »materialistisch-pragmatischen Realismus«; er beschritt den »Weg über einen liberalen Wertrelativismus zu Nationalismus und Rassismus« (R. Koch), was ihn zu einem Apologeten der Sklaverei machte. Seine Vorstellungen von »Kultur« und »Natur« gingen eine unheilvolle Verbindung ein, welche die Höherwertigkeit der »weißen Rasse« rechtfertigte.

Diese ideologische Wende hin zu einem angeblichen »Realismus« macht es begreiflich, daß der ehemalige revolutionäre Demokrat F. nach seiner Rückkehr nach Europa 1857 aufgrund seiner Auslandserfahrungen zum gefragten Ratgeber der einstmals verpönten Monarchen wurde: in Württemberg, Sachsen, Bayern, nachhaltig dann als Pressepolitiker der großdeutschen Politik Österreichs – spektakulär auf dem Frankfurter Fürstentag von 1863 –, zuletzt im Dienst des Deutschen Reiches, für das er 1873 als Konsul nach Smyrna, 1876 bis 1888 nach Algier ging. Seinen Lebensabend verlebte F. bei seinen Verwandten in Zürich, ausgezeichnet mit dem Titel eines kaiserlich-deutschen Generalkonsuls und dem österreichischen Kommandeurkreuz des Franz-Joseph-Ordens. Seine zweite Lebenshälfte vermag wie ein Prisma Licht in Abgründe des Bürgertums auf dem Weg zu Nationalstaat und Imperialismus zu werfen.

Literatur: Keller, H.G.: Die politischen Verlagsanstalten und Druckereien in der Schweiz 1840–1848. Ihre Bedeutung für die Vorgeschichte der Deutschen Revolution von 1848. Bern, Leipzig 1935. – Koch, R.: Demokratie und Staat bei Julius Fröbel. 1805–1893. Liberales Denken zwischen Naturrecht und Sozialdarwinismus. Wiesbaden 1978.

Wolfram Siemann

Gervinus, Georg Gottfried
Geb. 20. 5. 1805 in Darmstadt;
gest. 18. 3. 1871 in Heidelberg

G. erscheint in vieler Hinsicht als Außenseiter, als politisch Verfolgter und zugleich als origineller Kopf, dem die junge deutsche Literaturgeschichtsschreibung, aber auch die Zeitgeschichtsschreibung wesentliche Orientierungen verdankte. Gerade wegen seiner Biographie, die quer liegt zu den Erwartungen, welche man mit dem liberalen Bürgertum der Mitte des 19. Jahrhunderts verbindet, vermag G. in Wort und Tat zentrale Verwerfungen in der »ersten großen Identitätskrise des deutschen Liberalismus« (G. Hübinger) zu offenbaren; dazu gehört die Ablösung von paternalistisch-berufsständischen Gesellschaftskonzeptionen und das Verständnis für die industrielle, von Klassengegensätzen geprägte heraufziehende moderne »Massen«-Gesellschaft. G. war auch »politischer Professor«, aber nicht von der typischen Prägung eines Rotteck, Welcker, Dahlmann, Waitz oder Droysen, obwohl er eine Zeitlang zu ihren politischen Weggefährten zählte.

G. wurde 1805 im hessischen Darmstadt geboren als Sohn eines Weißgerbermeisters, der zeitweilig als Wein- und Gastwirt arbeitete. Seine Mutter Anna Maria, geborene Schwarz, war Tochter eines Hofglasers aus Darmstadt.

Wenn auch dieses Elternhaus nicht zu einer bildungsbürgerlichen Gelehrtenlaufbahn prädestinierte, eröffnete der Besuch des humanistischen Gymnasiums in Darmstadt (1814–1819) doch die Bahn dahin, allerdings auf Umwegen. Denn abgestoßen vom sturen Schulbetrieb, brach G. die Ausbildung ab und nahm 1819 eine Kaufmannslehre in einer Bonner Buchhandlung sowie dann in einer Darmstädter Mode- und Schnittwarenhandlung auf (1819–1824). Aufmerksam verfolgte er in Zeitungen und Zeitschriften die liberalen revolutionären Erhebungen in Spanien (1819–1823) und Italien (1819–1821) sowie den Unabhängigkeitskampf der Griechen gegen die Türkei (1821–1829). Er wurde »Philhellene«, nahe daran, sich als Freiwilliger zu melden. Als Autodidakt erwarb er mit immensem Fleiß den Wissensstoff, der ihn zur Aufnahmeprüfung für ein Studium befähigte. 1825 immatrikulierte er sich in Gießen, ein Jahr später in Heidelberg. Unter dem Einfluß des dort herausragenden Historikers Friedrich Christoph Schlosser entschloß sich G. für die Geschichtswissenschaft, promovierte und erlangte 1830 die Zulassung als Privatdozent der Geschichte. Eine Italienreise im Jahre 1832, noch unter dem Eindruck der französischen Julirevolution 1830, führte G. zu der Überzeugung, Wissenschaft habe zugleich einer nationalen freiheitlichen Politik zu dienen. Das Konzept realisierte er 1835 in dem ersten Band seiner *Geschichte der poetischen National-Literatur der Deutschen* (5 Bde., 1835–42). Der Band machte ihn berühmt und verschaffte ihm 1836 den Ruf nach Göttingen auf den Lehrstuhl für Geschichte und Literaturgeschichte.

G. integrierte die bisher nur biographisch-enzyklopädisch in Kompendien praktizierte Literaturgeschichte in einen Deutungszusammenhang, der nationale Geschichte, literarische Produktion und gesellschaftliches Bewußtsein vereinte.

Ihn interessierten dabei die materiellen und sozialen Bedingungen von Kultur: gelehrte Anstalten, fürstliche Gönner, Buchhandel, das Rezensionswesen usw. Ein großer Entwurf, zugleich von selbstsicherer Einseitigkeit, mit der ein Entwicklungsschema zugrunde gelegt war, das in der deutschen Klassik gipfelt und in dem Romantik und Junges Deutschland als neueste Literaturepochen keine Gnade finden: die Romantik nicht, weil sie der Zeit hinterherlaufe, das Junge Deutschland nicht, weil es ihr unangemessen vorauseile ohne Rücksicht auf den Entwicklungsstand der Nation.

G.' wissenschaftlicher Ruhm wurde nach dem Verfassungsbruch König Ernst Augusts von Hannover 1837 durch den politischen noch überboten, als er als einer der »Göttinger Sieben« (Professoren) auf seinen Protest hin des Amtes enthoben und des Landes verwiesen wurde. Unter den »Sieben« (außer G. die Germanisten Jacob und Wilhelm Grimm, der Historiker Friedrich Christoph Dahlmann, der Jurist Wilhelm Albrecht, der Orientalist Heinrich Ewald und der Physiker Wilhelm Weber) war G. derjenige, dem es um mehr ging als die Verletzung alten Rechts; er betrachtete seinen Widerstand zugleich als politische Demonstration für den modernen bürgerlichen Konstitutionalismus. Im Gegensatz zu den andern war ihm an einer möglichst breiten Information der Öffentlichkeit gelegen, und eben darin lag für den hannoverschen König die eigentliche Provokation.

Seit Ende 1839 wieder in Heidelberg ansässig, begann G. dort 1844 auf einer Honorarprofessur Vorlesungen abzuhalten. Er schloß sich dem Kreis der gemäßigt liberalen Opposition in Baden an und beteiligte sich als führender Kopf an der *Deutschen Zeitung*, die seit dem 1. Juli 1847 in der Verlagshandlung des liberalen Politikers Friedrich Daniel Bassermann erschien und zum zentralen Organ des gesamten deutschen Konstitutionalismus heranwuchs. Dieses auf Aktienbasis begründete Blatt erreichte unter G. als Redakteur im Revolutionsjahr 1848 bis zu 5000 Abonnenten. G. hatte dessen »Programm« formuliert, und auch fast alle Leitartikel stammten aus seiner Feder.

G. wurde über einen Wahlkreis im Regierungsbezirk Magdeburg in die Frankfurter Nationalversammlung gewählt – in Baden hätte er keine Chancen gehabt. Keinmal meldete er sich im Plenum zu Wort; er fand seinen Platz in der konstitutionell-liberalen »Casino-Fraktion«; in seinem Blatt attackierte G. die »Exaltierten, die Anarchisten und Kryptorepublikaner«. Er habe sich, so stellte ihn Karl Marx in der *Neuen Rheinischen Zeitung* dar, »vom vormals bejubelten Reformer zum jetzt bespöttelten Reaktionär« gewandelt. Resigniert erklärte G. am 1. August 1848 seinen Austritt aus der Paulskirche.

Um so überraschender ist die »Linkskehre« (G. Hübinger), die G. nach dem Scheitern der Revolution vornahm. Dem unmittelbaren politischen Geschehen entwunden, betrachtete G. den Zeitwandel nun aus geschichtsphilosophischer Perspektive. Sie ist niedergelegt in der *Einleitung in die Geschichte des neunzehnten Jahrhunderts*, die im Januar 1853 in Leipzig als Vorausveröffentlichung zu G.' achtbändiger *Geschichte des neunzehnten Jahrhunderts seit den Wiener Verträgen* (1855–1866) erschien. Er interpretierte darin seine Zeit als Produkt eines europäischen Revolutionszeitalters seit der englischen Revolution des 17., der amerikanischen und französischen Revolution des 18. Jahrhunderts. Für die Gegenwart beobachtete er die Auflösung der Ständeschranken, die gegenseitige Annäherung der Klassen, die Ausdehnung der Bildung und die steigende Mobilität der Menschen. Seine Prognose lautete: Die Unterschichten – der »Vierte Stand« – werde aus seiner sozialen Deklassierung hervortreten und damit unausweichlich

das Zeitalter der »Massen« anbrechen. »Die Emancipation aller Gedrückten und Leidenden ist der Ruf des Jahrhunderts, und die Gewalt dieser Ideen ist in der Abstellung von Servituten und Frohnden in Europa und in der Befreiung der Sklaven Westindiens über mächtige Interessen und eingewurzelte Zustände Sieger geworden. Dieß ist der große Zug der Zeit.«

Solche Sätze trugen G. in Baden einen Hochverratsprozeß ein. Die Feststellung von Entwicklungstrends legte man ihm als demokratische Agitation aus. Sein Prozeß hatte exemplarische Funktion. Er sollte Geschichtsschreibern überhaupt zeigen, wo die Politik ihnen Grenzen setzte. Ein Beobachter meinte: »In dem Prozesse handelt es sich darum, ob man in Deutschland, dem gepriesenen Lande der Wissenschaft, noch Geschichte wird schreiben können«. G. wurde bereits im Februar 1853 in erster Instanz zu Festungshaft verurteilt, und erst das Oberhofgericht schlug aus formalen Gründen – wegen mangelnder Zuständigkeit – im April 1853 den Prozeß nieder. Der Freispruch blieb jedoch aus, und die Regierung entzog G. die akademische Lehrbefugnis.

G. war einer der wenigen Liberalen, die erkannten, daß die autonome Sozialstellung der »Mittelklasse« mit zunehmender Industrialisierung schwinden mußte und als Option nur eine Koalition mit den Konservativen oder mit dem »Vierten Stand« übrigbleibe. G. gelangte sogar bis zu einer Kritik des bürgerlichen Sozialmilieus, wobei sich die Grundbegriffe »Revolution«, »Republik« und »Demokratie« für G. von verpönten Schlagworten zu Kategorien historischer Analyse wandelten.

G., der ursprünglich eine nationale Einigung unter Preußens Vormacht begrüßt hatte, ging immer stärker auf Distanz zur Hohenzollernmonarchie – im Verfassungskonflikt, im deutsch-dänischen Krieg 1864, schließlich im Krieg gegen Österreich 1866, der ihn vollends zum Bismarck-Gegner machte. G.' Kritik an der durch Krieg gegen Frankreich vollbrachten Reichseinigung 1871 galt vielen Zeitgenossen, auch früheren Weggefährten, als verfehlt. G. warnte davor, die Kriegstaten von 1870 für den »Riesenschwamm« zu halten, »der die tiefe Unbefriedigung über die inneren Zustände Deutschlands mit einem Zuge austilgen würde«: »denn wie bewundernswert diese Taten seien: Dem, der die Tagesgeschichte nicht mit dem Auge des Tages, sondern mit dem Auge der Geschichte ansieht, erscheinen sie trächtig an unberechenbaren Gefahren, weil sie uns auf Wege führen, die der Natur unseres Volkes und, was viel schlimmer ist, der Natur des ganzen Zeitalters durchaus zuwider laufen.« Bereits 1867 hatte G. prophezeit: »Man muß die Dinge der Vorsehung anheim geben, die den ganzen Weltteil (scheint es) einer jener großen Katastrophen entgegen führt, in denen sie sicherlicher als im gewöhnlichen Lauf der Dinge den Boden der Geschichte auffurcht zu einer neuen Bestellung«.

Es gehört zu G.' Widersprüchlichkeiten, daß er seinen Glauben an den gesetzmäßigen Gang der Geschichte hin zu einem Zeitalter der Demokratie verband mit einem Geschichtspessimismus, welcher an den Schweizer Jacob Burckhardt gemahnt, der G.' Vorbehalte gegenüber einem zentralistischen, von Preußen beherrschten deutschen Nationalstaat teilte.

Literatur: Ansel, M.: G. G. Gervinus' »Geschichte der poetischen Nationalliteratur der Deutschen«. Nationbildung auf literaturgeschichtlicher Grundlage. Frankfurt/Main u. a. 1990. – Boehlich, W. (Hg.): Der Hochverratsprozeß gegen Gervinus. Frankfurt/Main 1967. – Hübinger, G.: Georg Gottfried Gervinus. Historisches Urteil und politische Kritik. Göttingen 1984.
Wolfram Siemann

Gumbel, Emil Julius
Geb. 18. 7. 1891 in München;
gest. 10. 9. 1966 in New York

G. wuchs als Sohn eines jüdischen Münchner Privatbankiers auf in einem Milieu, das bestimmt war von Weltoffenheit, Aufgeklärtheit und Toleranz, von literarischer und historischer Bildung. Schon als Schüler war er mehrfach im Ausland und sprach mehrere Fremdsprachen. Er stammte aus einer Familie mit mehreren politisch engagierten Mitgliedern, darunter vor allem sein Onkel Abraham (Pseudonym: Emel), der durch den Kriegstod eines Sohnes zum Pazifisten und Demokraten wurde.

Bis zum Ersten Weltkrieg verlief G.s Lebensweg wenig spektakulär, aber geradlinig in Richtung auf eine wissenschaftliche Karriere. Er studierte in seiner Heimatstadt Nationalökonomie und kam im Februar 1913 als Assistent ans Seminar für Statistik und Versicherungswissenschaft zu Georg v. Mayr, wo er am 28. Juli 1914 zum Dr.oec.publ. promoviert wurde. Der Dreiundzwanzigjährige meldete sich, von der allgemeinen Begeisterung angesteckt, freiwillig zum Kriegsdienst, konvertierte aber binnen weniger Monate zum Kriegsgegner. Vorbild waren ihm die englischen Dienstverweigerer, ohne daß G. jedoch deren bis in die Haft führende offene Widerständigkeit an den Tag legte. Im Januar 1915 erreichte er seine Beurlaubung »wegen Krankheit«, im Herbst 1915 trat er dem pazifistischen »Bund Neues Vaterland« (BNV, 1914–1922), im April 1917 der von der SPD abgespalten »Unabhängigen Sozialdemokratischen Partei Deutschlands« (USPD) bei. Die letzten Jahre des Krieges arbeitete G. als Ingenieur in der Flugzeugmeisterei Adlershof und später unter der Obhut von Georg Graf von Arco, einem führenden Mitglied im BNV, bei Telefunken in der Rüstungsproduktion. Daneben begann G. ein

Physikstudium, in dem er u. a. bei den prominenten Pazifisten Georg Friedrich Nicolai und Albert Einstein hörte.

Nachdem G. sich in der November-revolution auf der Seite des parlamentarisch-demokratischen »rechten« USPD-Flügels, der gegen die Räterepublik und für die Wahl zur Nationalversammlung eintrat, engagiert hatte, war er 1919/20 ein führender Berliner Funktionär der deutschen Friedensbewegung, die er im März 1919 als Delegierter auf der 1. Internationalen Begegnung der Friedensfreunde in Bern vertrat. Am 2. Oktober 1919 gehörte er zu den Gründern des »Friedensbundes der Kriegsteilnehmer« (FdK), am 1. Juli 1920 bildete er zusammen mit Carl von Ossietzky, Georg Friedrich Nicolai, Kurt Tucholsky, Berthold Jacob und anderen den Aktionsausschuß »Nie wieder Krieg«, der 1920 bis 1922 Massenkundgebungen organisierte. Im Oktober 1920 wechselte G. in die SPD über und arbeitete seit 1921 als Lehrer an der Betriebsräteschule des »Allgemeinen Deutschen Gewerkschaftsbundes« in Berlin.

G.s politischer Standpunkt war radikaldemokratisch, libertär und antidogmatisch. Ideologien spielten für ihn keine große Rolle. G. verfiel, anders als viele linke Intellektuelle bürgerlicher Herkunft, nur in geringem Maße dem Proletkult und nie dem Antiintellektualismus, daher seine lebenslange Distanz zu den Apparaten der großen Arbeiterparteien und seine Sympathien für die Gewerkschaften, den Syndikalismus und linke Splitterparteien. In der Gretchenfrage der Linken während der zwanziger und dreißiger Jahren, dem Verhältnis zur Sowjetunion, nahm G., deutlich beeinflußt durch sein politisches Vorbild, den englischen Mathematiker, Philosophen und Kriegsdienstverweigerer Bertrand Russell, eine differenzierte Position zwischen Begeisterung und schroffer Ablehnung ein. Er bezeichnete sich wie Russell als »antibolschewistischen Kommunisten« und

plädierte zwar für die Abschaffung des Privatbesitzes an Produktionsmitteln, aber gegen den »entsetzlichen Weg, den die Bolschewiki versucht haben.«

Charakteristisch für G.s politische Veröffentlichungen, insbesondere für seine frühen Werke, ist die Argumentation mit Zahlen und Statistiken, die kommentarlose Dokumentation, so vor allem in *Zwei Jahre politischer Mord* (1921; in erweiterter Auflage 1924: *Vier Jahre politischer Mord)* und in *Verschwörer. Zur Geschichte und Soziologie der deutschen nationalistischen Geheimbünde 1918–1924* (1924).

Gestützt auf eine unveröffentlichte Denkschrift des Reichsjustizministeriums unter Gustav Radbruch wies G. nach, daß bis 1921 von insgesamt 15 von Linken begangenen Morden 8 mit Hinrichtungen und die übrigen mit durchschnittlich 14 Jahren Haft geahndet worden waren, während 314 Morde von rechts zu 90 Prozent ungesühnt blieben, kein einziges Todesurteil ausgesprochen wurde und sich eine durchschnittliche Haftzeit von 2 Monaten ergab. Empört fand G., daß Regierungen unter sozialdemokratischer Führung mit rechtsradikalen Freikorps zusammenarbeiteten, um Arbeiteraufstände in verschiedenen Industrieregionen niederzuschlagen.

Eine weitere »wesentliche Ursache« für die Schwäche der Demokratie in Deutschland war für G. »die imperialistische Politik der Entente. (...) Am stärksten hat der Friedensvertrag von Versailles den Nationalismus wieder geweckt. Was man ihm vor allem vorwerfen muß, ist die Tatsache, daß er ein Diktatfrieden ist, daß er Deutschland mehr schädigt als der Entente nützt«. Nur bis zum Ende der Regierung unter Reichskanzler Joseph Wirth im November 1922 habe die »Möglichkeit zur Bildung einer demokratischen Republik« bzw. für eine »Republik mit sozialistischem Einschlag« bestanden.

Die Republik, »gegründet im Willen

der breiten Massen« als »Gegnerin des Kapitals«, war als kapitalistischer Staat für G. nur noch ein »leeres Schema« ohne »sozialen Inhalt«, weil sie »sich in Gegensatz zu weiten Kreisen der Arbeiterschaft gestellt hatte«. Mit dem Aufruf »Republik – werde hart!« (gemeint war: gegenüber der Rechten) beendete G. immer wieder Reden auf politischen Veranstaltungen.

Auf dem Höhepunkt publizistischer wie politischer Erfolge – die Auflagen seiner Bücher überschritten z. T. die 10 000, ein Untersuchungsausschuß des preußischen Landtags befaßte sich mit den von G. aufgedeckten, ungesühnten politischen Morden durch rechtsextremistische Geheimbünde – setzte G. 1922 nach einer Unterbrechung von acht Jahren seine akademische Karriere fort: Er wurde am Heidelberger Institut für Sozial- und Staatswissenschaften Dozent für Statistik. Nach wie vor glaubte G. an die Überzeugungskraft nüchterner Fakten, auch in politischer Hinsicht. Dies kommt in seiner, wie er selbst formulierte, »programmatischen Untersuchung« *Klassenkampf und Statistik* (1923) zum Ausdruck, worin drei politisch relevante Hauptgebiete der Statistik behandelt werden: Bevölkerungs-, Moral- und Wirtschaftsstatistik.

Da G. auch als Hochschullehrer seine politische und publizistische Arbeit im Rahmen der sozialistischen und pazifistischen Bewegung weiterführte und die Justiz deshalb mehrere (später eingestellte) Landesverratsverfahren gegen ihn anstrengte, versuchten seit 1924 die philosophische Fakultät und der Universitätssenat, den »alle Volkskreise gleichermaßen beleidigenden« und die »Würde der Universität« verletzenden »Ruhestörer und Friedensbrecher des akademischen Gemeinschaftslebens« wieder loszuwerden. Bis 1932 war diese Absicht, die G.s Gegner mit zwei Disziplinarverfahren aus nichtigen Anlässen (1924/25 und 1926/27), diversen Versuchen, den Lehrauftrag für Statistik

anderweitig zu vergeben und einer Rufmordkampagne verfolgten, zum Scheitern verurteilt, da der badische Unterrichtsminister auf Einhaltung rechtsstaatlicher und akademischer Normen bestand.

In Berlin, wo G. eine zweite Wohnung hatte, war er ein einflußreiches Mitglied der pazifistisch-sozialistischen Intellektuellenszene. U. a. wurde er im Mai 1927 in den Vorstand der »Deutschen Liga für Menschenrechte« gewählt, dem er bis 1932 angehörte. In Heidelberg hielt G. seine Lehrveranstaltungen und lebte sehr zurückgezogen. Er nahm nicht an Universitätsfeiern teil und hielt sich politisch stark zurück. Diese Vorsicht konnte jedoch nicht verhindern, daß die nazistische Studentenschaft, als der Minister G. den Rang eines außerordentlichen Professors verlieh, im Überschwang der nationalsozialistischen Wahlerfolge des Herbstes 1930 bis dahin nicht gekannte Demonstrationen inszenierte, die in Universitätsbesetzung und gewalttätigen Ausschreitungen gipfelten und zur Aufhebung der Heidelberger Verfaßten Studentenschaft führten. In diesem Konflikt ließ der Lehrkörper bis auf wenige Ausnahmen die korporative Solidarität vermissen und behandelte die rebellierenden Studenten mit Milde. In der aufgeheizten politischen Situation ließ ihn schließlich das Kultusministerium fallen, so daß er unter einem Vorwand im August 1932 seine Lehrberechtigung verlor.

Da G. infolgedessen bereits im Herbst 1932 nach Frankreich emigriert war, entging er der ihm mehrfach angedrohten Verhaftung und weiteren Verfolgung durch das wenige Monate später folgende NS-Regime. Nach einem ersten Exil in Paris und Lyon, in dem er sich an maßgeblicher Stelle an den Versuchen zur Bildung einer »Deutschen Volksfront«, aber auch an Hilfsaktionen für bedürftige Emigranten beteiligte, entrann er 1940 in einer abenteuerlichen

Flucht nur mit viel Glück seinen Häschern. G.s zweites Exil in den USA war von großer materieller Not gekennzeichnet. Es dauerte trotz der praktischen Anwendbarkeit seiner Forschungen und seines guten internationalen Renommées Jahre, bis er wieder eine feste Stelle bekam.

Die zusammenfassende Darstellung seiner vorher in zahlreichen Papieren und Vorträgen publizierten Erkenntnisse enthalten G.s 1958 erschienene wissenschaftliche Hauptwerke *Extremes. A Statistical Study* und *Statistics of Extremes*. Vor allem das letztere wurde ein großer Erfolg, ins Japanische und Russische, nie jedoch ins Deutsche übersetzt und erlebte mehrere Neuauflagen.

Nach Deutschland kehrte G. erst Mitte der fünfziger Jahre im Rahmen von Gastprofessuren an der Freien Universität Berlin zurück. 1955/56 erreichte sein Anwalt Robert Kempner Wiedergutmachungszahlungen und die Gewährung der Pension eines Ordinarius. G. hat es bis zu seinem Tod im Jahr 1966 bedauert, daß er in seiner früheren Heimat fast nur noch als Statistikexperte aus dem modernen Amerika gefragt war, kaum jedoch als früherer Streiter gegen die politische Rechte beachtet wurde.

Literatur: Jansen, C.: Emil Julius Gumbel – Portrait eines Zivilisten. Heidelberg 1991.   *Christian Jansen*

Hammer, Walter
(eigentlich Walter Hösterey)
Geb. 24. 5. 1888 in Elberfeld;
gest. 9. 12. 1966 in Hamburg

Der Sohn einer Handwerkerfamilie schloß sich 1908 dem »Wandervogel« an, 1912 wurde er Führer in der »Freideutschen Jugend«. Seit 1910 betätigte er sich journalistisch für den *Vortrupp*, eine in Hamburg von Hermann Popert für die alkoholabstinente Jugend herausgegebene Zeitschrift.

Außerdem veröffentlichte er in der Zeit zwischen 1910 und 1914 Satiren und Schriften zum Vegetarismus und zur Theosophie, und mit *Nietzsche als Erzieher* (1913) wandte er sich gegen das Spießertum des wilhelminischen Establishments. Daß H. aber über die Grenzen der (bürgerlichen) Jugendbewegung, in der Vorkriegszeit eine antimoderne Protestbewegung mit pseudoreligiösen Vorstellungen von »Lebensreform«, hinaussah, zeigen seine Beiträge für die *Arbeiter-Turn-Zeitung* ebenso wie Artikel für den *Kunstwart*, die Zeitschrift der Kunsterziehungsbewegung. Seine Bereitschaft zur undogmatischen Vermittlung zwischen widerstreitenden Richtungen zeigte sich in seinem Friedensengagement, das ihn 1913 bei dem großen Jugendfest auf dem Hohen Meissner mit dem pazifistischen Mitarbeiter des *Vortrupp*, Hans Paasche, zusammenbrachte. Gegen seine Überzeugung mußte H. den Ersten Weltkrieg an der Front mitmachen. Sein 1919 geschriebenes Erinnerungsbuch für seine Divisionskameraden stellt das Morden ungeschminkt dar und wird mit den Büchern des französischen Kriegsgegners Henri Barbusse verglichen (*La lueur dans l'abîme*, 1920. *Paroles d'un combattant*, 1920).

Die bürgerliche Jugendbewegung fand während des Ersten Weltkriegs in der von dem Hamburger Knud Ahlborn herausgegebenen Zeitschrift *Freideutsche Jugend* zu politischem Bewußtsein. Hier wurden öffentlich relevante Themen diskutiert. Parallel dazu rief H. in einer Flugschrift des »Vortrupp-Bundes« die freideutsche Jugend dazu auf, gesellschaftliche Verantwortung zu übernehmen: *Werdet Führer Eurem Volke! Einige grundsätzliche Bemerkungen zum Eintritt der Politik in die Gedankenkreise der freideutschen Jugend* (1918).

1920 gründete H. zusammen mit Knud Ahlborn und Fritz Klatt die Zeitschrift *Junge Menschen* mit dem Untertitel *Stimme des neuen Jugendwillens.* Die Redaktion befand sich im Hamburger »Freideutschen Haus«, in dem auch eine Jugendherberge und eine freideutsche Bücherstube untergebracht waren. Da Ahlborn und Klatt aber eine mehr akademisch-wissenschaftliche Zeitschrift vorschwebte, die sich u. a. an Friedrich Nietzsche sowie an dem Rassisten und Antisemiten Paul de Lagarde und dem »Wandervogel«-Ideologen Hans Blüher (*Die deutsche Wandervogelbewegung als erotisches Phänomen,* 1914) und damit rechts-national orientieren sollte, kam es zum Konflikt. Ahlborn und Klatt schieden aus der Redaktion aus. Damit erreichte H. einen Generationswechsel. Er gab nun der sogenannten »zweiten Generation« der Jugendbewegung, der mehr rational und links-demokratisch orientierten Nachkriegsgeneration, das Wort und öffnete die Zeitschrift neuen Strömungen. Gibt es in den ersten Jahrgängen der Zeitschrift noch neuromantische Bilder von Eichendorffs nachtträumenden Wanderern, Fidus-Illustrationen (Pseudonym des Malers Hugo Höppener) von Lichtgestalten und Sonnenanbetern und zieht sich das Thema Lebensreform und Körperkultur mit völkisch-eugenischen Anklängen noch lange durch die Zeitschrift, so wird doch zunehmend auf Überspanntheiten der frühen Jugendbewegung hingewiesen. Das sentimentale Pathos der Fidus-Gefährtin Gertrud Prellwitz wird ironisiert, und die Anfälligkeit der Jugend für Demagogen wie dem vom Heilandswahn besessenen Muck-Lamberty verurteilt.

Denn Freiheit bedeutete für H. in erster Linie Gedankenfreiheit, Meinungsfreiheit und das selbständige Urteil des Individuums, das der öffentlichen Meinung standhielt. Er wünschte sich den jungen Menschen, der das an ihn Herangetragene prüfte und sich frei entschied ohne Vernebelung durch Irrationalitäten oder die Fesseln einer Parteidoktrin. Damit die Menschen befä-

higt würden, sich an der Gestaltung der Weimarer Republik zu beteiligen, warb H. für eine Bildungsreform, die allen gleiche Bildungschancen eröffnete. Er bot auch Minderprivilegierten über seine Zeitschrift Zugang zu Intellektuellen-Diskussionen, indem er Vertreter neuer Tendenzen in Bildender Kunst, Design, Theater, Literatur und Philosophie vorstellte. H. prangerte Militarismus und Klassenjustiz an und diskutierte am Beispiel autonomer Jugendkommunen neue Besitzverhältnisse und Formen des Zusammenlebens. Er hielt Kontakt mit der Arbeiterjugend und veröffentlichte Artikel über Arbeiterdichter.

H. nahm Partei für den jüdischen Geschichtsphilosophen Theodor Lessing, als dieser auf Druck rechter Professoren und randalierender Studenten seine Vorlesungen an der Technischen Hochschule Hannover 1925 beenden mußte. Von 1923 an brachte H. die Zeitschrift *Junge Republik* heraus, die sich mit Fragen der Volkswirtschaft und der Volksbildung auseinandersetzte. Sie war das Organ der von H. mitbegründeten Jugendorganisation der »Republikanischen Freischaren«. 1925 wurde H. Mitglied des parteiübergreifenden, aber von der SPD dominierten »Reichsbanners« (seit 1924). In diesem Bund republikanischer Frontsoldaten sammelten sich auch die jungen Liberalen, die – unzufrieden mit der Parteidisziplin und Organisation der Deutschen Demokratischen Partei (DDP) – sich in »jugendbewegter Form« für sozialen Ausgleich einsetzen wollten.

1924 kandidierte H., zusammen mit den Pazifisten Fritz von Unruh und Carl von Ossietzky, zur Reichstagswahl für die »Republikanische Partei«. Dennoch wehrte er sich dagegen, politisch vereinnahmt zu werden und betonte seine »Überparteilichkeit«. Damit unterschied sich H. von einem großen Teil der bürgerlichen Jugendbewegung, die sich mit ihrer Politisierung 1919 unter heftigen ideologischen Kämpfen spaltete und sich extremen Kräften am rechten und linken Rand des politischen Spektrums zuordnete. Vor allem in seinen Zeitschriften *Junge Menschen* und in *Der Fackelreiter* (ab 1927, benannt nach dem Emblem des Meissnerfestes) versuchte H. den Dialog für alle Richtungen offenzuhalten, solange sie demokratische Regeln befolgten. Damit bot er der Jugend eine Plattform gemeinsamer Interessen – sowohl für Gymnasiasten wie für jugendliche Arbeiter.

1921 organisierte H. verschiedene internationale Jugendtagungen mit dem Ziel, einen Weltbund der jungen Generation zu verwirklichen, der sich für die Völkerverständigung einsetzen sollte. Daraufhin verübten rechtsgerichtete Kreise ein Bombenattentat auf das »Freideutsche Haus« in Hamburg. 1922 wurde H. Ehrenvorsitzender des »Friedensbundes der Kriegsteilnehmer«. Aus überparteilichem Engagement wurde parteipolitische Arbeit, als H. 1932 die »Republikanische Werbestelle« mit Zeitungskorrespondenzbüro – im Auftrag des Preußischen Innenministeriums – in Berlin aufbaute. Als Gegner der Nationalsozialisten wurde er 1933 von ihnen für einige Monate in »Schutzhaft« genommen. Nach seiner Entlassung reiste H. in politischer Mission durch Europa, nahm 1934 an der Weltfriedenskonferenz in Locarno teil und ging über Amsterdam nach Kopenhagen ins Exil; 1938 wurde ihm die deutsche Staatsangehörigkeit aberkannt.

Beim Einmarsch der Deutschen in Dänemark im April 1940 wurde H. verhaftet und ins KZ Sachsenhausen abtransportiert. 1942 kam er wegen »Vorbereitung zum Hochverrat« ins Zuchthaus Brandenburg.

Nach seiner Befreiung 1945 durch die Rote Armee blieb er wegen einer Hüftgelenkentzündung im Zuchthaushospital und begann, Zeugnisse über seine ehemaligen Mithäftlinge zu sammeln.

1948 wurde daraus sein staatlich subventioniertes »Forschungsinstitut Brandenburg des Landesarchivs Potsdam«, dem eine Bibliothek und eine Gedenkstätte angeschlossen waren, die die dort Hingerichteten des Widerstandes – unabhängig von ihrer Parteizugehörigkeit – ehrte. 1950 ereiferte sich eine Kontrollkommission der SED, der der damals noch dogmatische Robert Havemann angehörte, daß H. auch Ausländer und Vertreter der Schumacher-SPD (»gefährlicher als die Nazis«) berücksichtigte, und drohte ihm wegen Spionage und Landesverrats mit der Verschleppung nach Sibirien. Auch die VVN (Vereinigung Verfolgter des Nazi-Regimes), von Kommunisten gesteuert, griff nicht ein. So floh H. ein zweites Mal vor einer totalitären Weltanschauung.

In Hamburg baute H. das »Walter-Hammer-Archiv« neu auf, aus dem er wichtige Unterlagen für Günther Weisenborns großen Bericht über den deutschen Widerstand, *Der lautlose Aufstand* (1953), zulieferte. 1955 gab er für den sozialdemokratischen Widerstandskämpfer das Buch *Theodor Haubach zum Gedächtnis* heraus, 1957 die Dokumentation *Hohes Haus in Henkers Hand. Rückblick auf die Hitlerzeit, auf Leidensweg und Opfergang deutscher Parlamentarier.*

Seit 1958 war H. schwer krank – als Folge der in der Haft erlittenen Mißhandlungen und Entbehrungen. Er starb daran 1966.

Literatur: Hammer-Hösterey, E., Sieker, H. (Hg.): Die bleibende Spur. Hamburg 1967. – Junge Menschen. Ein Auswahlband. Ausgewählt und mit einer Darstellung zur Biographie Walter Hammers und der Geschichte der deutschen Jugendbewegung verschen von Walther G. Oschilewski. Frankfurt/Main 1981.

Geralde Schmidt-Dumont

Hanna, Gertrud
Geb. 22. 6. 1876 in Berlin;
gest. 26. 2. 1944 in Berlin

In der Geschichte der deutschen Arbeiterbewegung ist die sozialdemokratische Gewerkschafterin H. eine Ausnahmeerscheinung: Ihr gelang im ersten Drittel des 20. Jahrhunderts, was nur wenige Frauen erreichten. Sie konnte sich in den patriarchalisch strukturierten Organisationen Anerkennung verschaffen.

Leider sind die Informationen über das Leben und Wirken der Kämpferin für die Rechte der arbeitenden Frauen sehr gesät. Zu diesem Defizit hat H. selbst beigetragen. Dies illustriert eine ihr zugeschriebene Äußerung von 1932. Als sie anläßlich ihres fünfundzwanzigjährigen Gewerkschaftsjubiläums von einem Journalisten interviewt werden sollte, soll sie gesagt haben: »Von mir erfahren Sie nischt. Kommt jar nicht in Frage. Een Bild wollen Sie ooch noch haben? Jiebt et nich! Von mir ist nischt zu erzählen!« (*Frauenwelt*, Heft 17/1932)

Aus einer Familie der Berliner Arbeiterklasse stammend, sprach H. über ihre Herkunft und insbesondere vom Vater nicht gern. Erzogen wurden sie und die beiden Schwestern hauptsächlich von der Mutter, einer von Armut und Sorgen gezeichneten Frau. Mit vierzehn Jahren beendete H. die Volksschule und begann als graphische Hilfsarbeiterin Geld zu verdienen. Durch ihre Beschäftigung in einer Buchdruckerei kam die Jugendliche sehr früh mit der Gewerkschaftsbewegung in Berührung, und sie schloß sich dem »Freigewerkschaftlichen Verband« der Buchdruckerei-Hilfsarbeiterinnen an. Jahrelang wirkte sie in der Leitung dieser Interessenorganisation, nachdem sie sich für eine bezahlte Stellung als Frauensekretärin des Gewerkschaftsbundes qualifiziert hatte und zum Vorstandsmitglied ernannt worden war.

Zeit ihres Lebens legte H. großen Wert auf enge Zusammenarbeit der Gewerkschaft mit der Sozialdemokratischen Partei und dokumentierte dies 1908, als nach Aufhebung des Preußischen Vereinsgesetzes von 1850 Frauen endlich den Parteien beitreten durften, mit ihrer Mitgliedschaft in der SPD. Sie befürwortete als »Patriotin« die deutsche Kriegspolitik und war während des Ersten Weltkrieges von 1914 bis 1917 in der Kriegsfürsorge (»Nationaler Frauendienst«) tätig, wo sie den Fraueneinsatz in der Kriegsindustrie organisierte. In diesem Zusammenhang veröffentlichte H. die Broschüre *Die Arbeiterinnen und der Krieg* (1916), in der die kriegswirtschaftliche Mobilisierung der weiblichen Bevölkerung als Vorraussetzung für die Erlangung der Gleichberechtigung beschrieben war. Als Konkurrenz zu der sozialistischen von Clara Zetkin herausgegebenen Frauenzeitschrift *Die Gleichheit* (1892–1917), die einen radikalen Anti-Kriegskurs vertrat, entstand die 1916 gegründete *Gewerkschaftliche Frauenarbeit*, deren Schriftleitung sie übernahm.

Als Gewerkschafts- und Parteifunktionärin trat H. in vielen Diskussionen für die Gleichberechtigung des weiblichen Geschlechts ein. So forderte sie in einem der seltenen gemeinsamen Aufrufe von sozialdemokratischen und bürgerlichen Frauenorganisationen als Repräsentantin der Generalkommission der »Freien Gewerkschaften« im November 1918 das allgemeine Wahlrecht für Frauen, dessen Verwirklichung allerdings eher der Novemberrevolution, als dem Engagement der deutschen Frauenbewegung zuzuschreiben ist.

Die Gewerkschaftssekretärin H. nahm regelmäßig an Parteiveranstaltungen teil, so an der Sozialdemokratischen Frauenkonferenz 1919 in Weimar, auf der sie den als Broschüre veröffentlichten Vortrag *Frauenarbeit und Frauenorganisation* (1919) hielt. Während in der Kriegszeit die weibliche Berufstätig-

keit als vaterländische Pflicht galt, empfahl die Regierung jetzt den berufstätigen Frauen, ihre Arbeitsplätze aufzugeben. Die Auseinandersetzungen um
diese Frage spitzten sich so weit zu, daß
H. sich genötigt sah, vor einem Kampf
der Geschlechter zu warnen. Sie forderte ein einsichtsvolles Zusammenwirken der Männer und Frauen in den
Berufsorganisationen und Betrieben,
um die Folgen der durch die Rückkehr
der Männer ins Zivilleben bedingten
Massenentlassung von Frauen zu mil-
dern. Langjährig geübt in mehrheits-
sozialdemokratischer Disziplin und gewerkschaftlicher Solidarität kam eine
offensive Strategie für sie nicht in Frage.
So blieb es bei einem Aufruf an die
unorganisierten Arbeiterinnen und
weiblichen Angestellten, sich den Freien
Gewerkschaften und der SPD anzuschließen. Dennoch fühlte H. sich vor
allem als Frauenpolitikerin: Auf dem
Görlitzer Parteitag der Sozialdemokratischen Partei 1921 und der SPD- Frauenkonferenz im selben Jahr trat sie als
Delegierte des Bezirks Groß-Berlin auf.
1924 nahm sie in Berlin und 1927 in
Kiel wiederum an den Frauenkonferen-
zen teil, nicht aber an den Parteitagen.

Neben ihrer Mitgliedschaft in SPD
und Gewerkschaft gehörte H. der
sozialdemokratischen »Arbeiterwohl-
fahrt« und deren Hauptausschuß an.

Darüber hinaus engagierte sich H.
auf parlamentarischer Ebene. 1919 erfolgte ihre Wahl in die Verfassungsge-
bende Preußische Landesversammlung
(bis 1921). Bis zu seiner zwangsweisen
Auflösung 1933 gehörte H. ständig dem
Preußischen Landtag an. Sie kam als
Kandidatin der SPD für den Berliner
Wahlkreis 2 in das Parlament. Da sie
keiner Religionsgemeinschaft angehörte, wurde sie in den Handbüchern des
Preußischen Landtags als »Dissidentin«
aufgeführt.

Im 1. Preußischen Landtag (1921–
1925) war H. stellvertretende Vorsitzende des Ausschusses für Handel und
Gewerbe. In einer Debatte über das Problem der Arbeitslosigkeit wies sie im
Januar 1924 auf die Unterbewertung
weiblicher Arbeitskräfte und Arbeitslo-
ser hin.

Als nach Beginn der Weltwirtschaftskrise im Oktober 1929 innerhalb von
zwei Jahren die Zahl der Erwerbslosen
in Deutschland auf 5,3 Millionen, darunter 1 Million Frauen, stieg, eine
»Doppelverdiener«-Kampagne   gegen
berufstätige, verheiratete Frauen einsetzte und entsprechend verschärfte gesetzliche Bestimmungen erlassen wurden, wandte sich H. zusammen mit
anderen scharf gegen diese Diskriminierung von Frauen. Gleichwohl kam es
1932 zu einem verfassungsändernden
Gesetz, das das Recht der verheirateten
Reichsbeamtinnen auf Berufsarbeit wesentlich einschränkte.

Vor der Reichstagswahl am 31. Juli
1932 gehörte H. zu den Frauen, die in
wiederholten Aufrufen die weibliche
Bevölkerung zur Mitarbeit in der »Eisernen Front«, einer seit 1931 bestehenden republikanischen Kampforganisa-
tion aus SPD, Arbeiter-Sport-Organisa-
tionen, Gewerkschaften und »Reichs-
banner« (dem 1924 gegründeten Bund
republikanischer Frontsoldaten), zu bewegen suchten: *Frauen her zu uns!*
Kämpft mit uns in den Reihen der Eiser-
nen Front! Auf jede kommt es an! (Juli
1932). Noch am 1. März 1933, vier Tage
vor der letzten (noch relativ) freien
Reichstagswahl und der Landtagswahl
in Preußen, trat H. öffentlich auf und
warb für die SPD. Am 5. März in den
Preußischen Landtag gewählt, konnte
sie ihr Mandat nicht mehr wahrnehmen. Im Mitgliederverzeichnis taucht
ihr Name nicht auf, und bis zu seiner
endgültigen Beseitigung im Oktober
1933 fristete der Landtag nur noch ein
Schattendasein. Mit dem endgültigen
Zusammenbruch der deutschen Gewerkschaftsbewegung im Mai 1933 verlor H. ihren Arbeitsplatz und damit die
Existenzgrundlage. Im gleichen Jahr un-

ternahmen ihre beiden Schwestern einen Selbstmordversuch. Eine von ihnen
starb.

Während der NS-Zeit zog sich H.
völlig von der politischen Arbeit zurück,
trotzdem wurde sie verfolgt und zur
Mitarbeit in der NS-Volkswohlfahrt gezwungen, begleitet von Verhören bei der
Geheimen Staatspolizei. Vereinsamt
und verlassen, nahm sie sich gemeinsam
mit der anderen Schwester schließlich
auch das Leben.

Literatur: Juchacz, M.: Sie lebten für
eine bessere Welt. Lebensbilder führender Frauen des 19. und 20. Jahrhunderts. Berlin u. Hannover 1956. – Wik-
kert, Ch.: Unsere Erwählten. Sozialdemokratische Frauen im Deutschen
Reichstag und im Preußischen Landtag
1919 bis 1933. Göttingen 1986.

Kurt Schilde

Hatzfeldt, Sophie von

Geb. 10. 8. 1805 in Berlin;
gest. 25. 1. 1881 in Wiesbaden

Die Gräfin H. wurde in Deutschland
berühmt als Förderin und Freundin des
Sozialisten Ferdinand Lassalle, außerdem selbst als sozialistische Politikerin.
Bekannt war sie geworden, als sie, als
dem Hochadel angehörende, körperlich
und seelisch mißhandelte Ehefrau ihre
Scheidung und materielle Gleichstellung durchfocht. Im deutschen Hochadel, in den H. 1805 hineingeboren
wurde, galten die Töchter als Instrumente der Heiratspolitik im Sinne der
Erhaltung und Mehrung des Familien-
besitzes. Man verheiratete H. 16jährig
mit ihrem Vetter gleichen Namens. Ihr
Mann, der andere Freundinnen und
Kinder hatte, war sich über das For-
melle der Ehe im Klaren; H. sollte die
legitimen Erben der Vermögen beider
Familien in die Welt setzen. Da die
aufgezwungene »Konvenienzehe« (Ver-
nunftsehe) ihm jedoch selbst lästig war,
mißhandelte Edmund von Hatzfeldt

seine Frau. Der Ehemann hatte dabei
stets das formale Recht auf seiner Seite;
schließlich strebte H. die gesetzliche
Scheidung an.

Das entsetzte die Familie von H.,
denn der Schein der Ehe sollte gewahrt
bleiben. Abgesehen von den materiellen
Einbußen fürchtete man besonders, daß
der Skandal einer Scheidung im Hochadel, der Prozeß um Schuld und Geld,
das Renommee des Adels beschädigen
könnte. Die sich von 1842 bis 1854
hinziehende Scheidung wurde zum Po-
litikum. Der preußische König Friedrich Wilhelm IV. ersuchte persönlich
den Grafen Edmund von Hatzfeldt wiederholt, seine Ehefrau nicht weiterhin
zu provozieren.

1846 machte H. in Berlin die Bekanntschaft des revolutionär gesinnten
Breslauer Kaufmannssohns und Rechts-
anwalts Ferdinand Lassalle. Da beide
sich politisch und persönlich verstanden, führte Lassalle mit großem Engagement ihren Scheidungsprozeß, an
dessen erfolgreichem Ende nach zwei
Dutzend Prozessen vor 36 Gerichten
beide das aus dem Vermögensausgleich
Erlangte unter sich aufteilten. H. sah
sich im Scheidungsprozeß einem starken öffentlichen Druck ausgesetzt: Ihre
Beziehung zu Lassalle galt als das übliche Liebesverhältnis, das um so mehr
belächelt wurde, als Lassalle 1846 nur
knapp einer Verurteilung entgangen
war, als man ihn des Diebstahls von für
den Scheidungsprozeß wichtigen Doku-
menten angeklagt hatte. Auch den großen Altersunterschied und Lassalles jüdische Herkunft benutzte man als Vorwand dafür, die politische Tätigkeit beider anzugreifen.

Bereits vor ihrer Scheidung reiste H.
mit ihrem Sohn Paul in Deutschland
umher, oft ausgewiesen und auf der Hut
vor der Polizei, die ihr 1843 den Sohn
entriß. Trotz des väterlichen Verbots
schloß er sich ihr wieder an. Paul trat
nach Ausbruch der Revolution von 1848
dem demokratischen »Düsseldorfer

Volksclub« bei, dem Lassalle angehörte. Auch H. nahm an der Revolution aktiv teil und war Hausdurchsuchungen und Verhaftungen ausgesetzt. Hauptsächlich in Berlin und Wiesbaden lebend, wurde sie in der Agitation reger als Lassalle selbst, den sie nach Karl Marx' Aussage an politischem Sachverstand übertraf. H. engagierte sich von nun an für die entstehende deutsche Arbeiterbewegung.

Jahrzehntelang dauerte der Kampf um die Vereinigung der sozialistischen Bewegungen, zumal ein Großteil ihrer Mitglieder aus noch selbständigen, auch konfessionell gebundenen Handwerkern bestand. 1863 gelang Lassalle die Vereinigung zum »Allgemeinen Deutschen Arbeiterverein« (ADAV) mit dem Ziel der Durchsetzung des allgemeinen und geheimen Wahlrechts. H. und Lassalle sprachen auch die Industriearbeiter an und leisteten für diese eine systematische politische Bildungs- und Schulungsarbeit, wozu das aus der napoleonischen Zeit überkommene Rheinische Recht mehr Freiheit als etwa das Preußische Allgemeine Landrecht bot. Nach Lassalles Tod 1864 unterstützte H. weiterhin materiell und organisatorisch den ADAV. Freilich konnte es der von Lassalle ausersehene Nachfolger als Präsident des ADAV, Bernhard Becker, nicht ertragen, diese Hilfe anzunehmen. Er titulierte H. als herrschsüchtige alte Frau, die sich ihn als »Schürzenpräsidenten« halte. Als 1867 Johann Baptist von Schweitzer gegen den Willen H.s zum Präsidenten des ADAV gewählt wurde, gründete H. mit einem Fünftel der Mitglieder den »Lassalleschen Allgemeinen Deutschen Arbeiterverein« (LADAV), was ihr sofort, außer als abergläubische Bewahrung der Reinheit der Lassalleschen Lehre, insbesondere als spalterische Politik vorgeworfen wurde. Denn tatsächlich war die Arbeiterbewegung dann, seit 1869, weiter gespalten, einerseits in die »Sozialdemokratische Deutsche Arbeiterpartei« Wilhelm Liebknechts und August Bebels, als Anhänger der Marxschen und Engelsschen kommunistischen Theorie, andererseits in den ADAV und dann den LADAV, der, den Theoremen Lassalles entsprechend, den Hauptfeind im Großbürgertum und im Liberalismus sah, wohingegen er die Führungsrolle Preußens und des preußischen Monarchen im Reich im Unterschied zu den Anhängern Wilhelm Liebknechts und August Bebels akzeptierte.

Jedenfalls vereinigte sich die Liebknechtsche »Sozialdemokratische Deutsche Arbeiterpartei« (SDAP) 1875 mit allen Lassalleanern zur neuen »Sozialistischen Arbeiterpartei Deutschlands« (SAPD). Die Agitation der SAPD konnte selbst 1878, als zwei Attentatsversuche auf den Kaiser zum Vorwand antisozialistischer Maßnahmen (Sozialistengesetze) wurden, nicht wirklich eingeschränkt werden. Die SAPD hatte sich vor dem Polizeieinsatz pro forma aufgelöst, damit keine Mitgliederlisten beschlagnahmt werden konnten und agitierte in der Form von Gesangs- und Kulturvereinen weiter.

H. blieb der Arbeiterbewegung treu, obwohl ihr LADAV sich nicht hatte durchsetzen können, ihr als Frau die politische Betätigung verboten war und Karl Marx und Friedrich Engels Lassalle, aber auch sie für mangelndes Klassenbewußtsein bei den deutschen Arbeitern verantwortlich machten.

H. arbeitete später mit August Bebel zusammen, dem sie nun ihre Informationen über Bismarcks vormaliges gutes Verhältnis zu Lassalle zuspielte, die auf die Regierung ein schlechtes Licht warfen. Sie schrieb darüber hinaus im *Vorwärts*, dem Organ der Sozialdemokratie, Artikel gegen die Regierung. Am 25. Januar 1881 erlag sie in Wiesbaden einer Lungenentzündung und wurde auf ihren Wunsch dort beigesetzt, in einem einfachen Reihengrab »inmitten der Bürger«.

Literatur: Hirsch, H.: Sophie von

Hatzfeldt. Düsseldorf 1981. – Reulecke, J. (Hg.): Arbeiterbewegung an Rhein und Ruhr. Wuppertal 1974.

Sieglinde Domurath

Hecker, Friedrich
Geb. 28. 9. 1811 in Eichtersheim (Baden); gest. 24. 3. 1881 in St. Louis (USA)

H., Sohn eines Rentamtmannes (Vorsteher einer Behörde zur Einnahme und Berechnung herrschaftlicher und landesherrlicher Bodenrenten), absolvierte nach dem Besuch des Gymnasiums in Mannheim ein juristisches Studium in Heidelberg und promovierte 1834. Nach einem staatlichen Vorbereitungsdienst in Karlsruhe ließ sich H. in Mannheim als freier Anwalt nieder. Seit 1838 »Obergerichtsadvokat« machte er in Mannheim die Bekanntschaft des sechs Jahre älteren Kollegen und späteren Sozialrevolutionärs Gustav von Struve, der zunehmend Einfluß auf H. gewann und ihn mit den französischen und englischen sozialistischen Schriften und Theorien vertraut machte. H.s politische Aktivität verschaffte ihm genügend Popularität, um 1842 als Oppositioneller in die Zweite Badische Kammer, das Landesparlament, gewählt zu werden. Dort gelang es ihm, die konservative Regierung so unter Druck zu setzen, daß sie zurücktreten mußte.

Nachdem im Herbst 1844 Bestrebungen des dänischen Königshauses deutlich geworden waren, aufgrund dynastischer Erbansprüche Schleswig (und Lauenburg) als der dänischen Krone zugehörig zu betrachten, und damit die Herzogtümer Holstein und Schleswig vor die Wahl gestellt wurden, sich entweder zu trennen oder sich gemeinsam zu unterwerfen, war H. im Februar 1845 der erste im badischen Parlament, der sich gegen die staatsrechtliche und politische Vereinigung von Schleswig-Holstein mit Dänemark in einer aufsehen-erregenden Rede wandte. Darin gab er sich als Patriot, Demokrat und Republikaner bereits vor der Revolution von 1848 zu erkennen. Über die Grenzen Badens hinaus wurde er im Mai desselben Jahres bekannt, weil ihn die preußische Regierung bei einer Reise nach Stettin zusammen mit seinem Parlamentskollegen, dem Führer der badischen Opposition, Johann Adam von Itzstein, aus Preußen auswies.

1846 und 1847 setzte H. die Opposition zur nunmehr liberalen badischen Regierung fort. Mit seinem Antrag auf Steuerverweigerung, bis das »System« überwunden sei, zeigte er sich als linker Sozialdemokrat. Mit Struve organisierte er im September 1847 die (erste) »Offenburger Versammlung«, auf der der sozialrevolutionäre Flügel der Opposition ein Programm beschloß, das das allgemeine und gleiche Wahlrecht, den freien Schulbesuch, die progressive Besteuerung und die deutsche Republik forderte.

Als die Nachrichten von der französischen Februarrevolution 1848 Baden erreichten, war H. durch seine Aktivität unangefochtener Führer der Volksbewegung in Baden. Er war eine beherrschende Persönlichkeit mit großer Ausstrahlung, empfindlich gegenüber Kränkungen, der Typ eines charismatischen Führers, der mehr aus dem Gefühl und dem politischen Instinkt heraus agierte, als aus kühler, rationaler Überlegung. Sein Eintreten für die armen Volksschichten hatte ihm die Aura personifizierter Gerechtigkeit gegeben. Bei diesen allerdings meist monarchisch gesinnten einfachen Leuten ging das Gerücht, H. sei der Bruder des Findlings und angeblichen badischen Prinzen Kaspar Hauser und deshalb eigentlich der wirkliche Erbe des Großherzogtums Baden. »Dadurch«, so schrieb der Historiker Veit Valentin, »bekam sein Kampf einen Anschein alten Rechts und nun vollends einen romantischen Reiz, der bis heute noch nicht ganz verblaßt ist;

magische Gewalt geht in der Geschichte nur von wenigen aus – Hecker gehörte nun einmal zu ihnen«.

Sein Charisma verstärkte sich noch im Frühjahr 1848, als er im Kostüm des Revolutionärs einen Putschversuch in Südbaden unternahm: mit blauer Bluse (der Arbeiterkleidung), hohen Stiefeln und dem Hecker-Hut (einem großen Schlapphut).

Zu diesem Putsch kam es, nachdem H. mit seinen Forderungen im Ende März/Anfang April 1848 in Frankfurt/M. tagenden Vorparlament gescheitert war: Proklamation der Republik und Permanenz des Vorparlaments. Die Erwartung H.s und Struves, ihrem Aufruf zum bewaffneten Aufstand vom 12. April 1848 würden die Volksmassen folgen, erfüllte sich nicht. Die Zahl der Kampfeswilligen blieb zu gering und deshalb, aber auch wegen taktischer Fehler, verlor H.s Freischar am 20. April 1848 bei Kandern im südlichen Schwarzwald das entscheidende Gefecht gegen badische Regierungstruppen.

H. floh in die Schweiz, veröffentlichte dort seine Schrift *Die Volkserhebung in Baden* und gab die Zeitung *Volksfreund* heraus. Im Juli 1848 hatte er die deutsche Revolution abgeschrieben und wanderte in die USA aus, wo er im Staate Illinois eine Farm erwarb. Im Mai 1849 rief ihn die badische Revolutionsregierung von dort zurück. Es war die Zeit der »Reichsverfassungskampagne«, des Versuchs, mit revolutionären Truppen die Revolution noch zu retten. Im Juli 1849 traf H. in Straßburg ein, mußte aber einsehen, daß die Revolution endgültig niedergeschlagen war.

Als Farmer in den USA blieb H. seinen politischen Überzeugungen treu und stellte sich im amerikanischen Bürgerkrieg (1861–1865) auf die Seite der Nordstaaten gegen die Sklavenhalterherrschaft. Sein Name war auch unter den Deutschamerikanern Michigans – darunter viele 48er – Grund genug, unter ihm als Regimentskommandeur zu kämpfen. Er wurde verwundet, sein Regiment löste sich im Zuge einer Meuterei auf.

H.s Interesse an der deutschen politischen Entwicklung blieb bis an sein Lebensende rege. So verlautete, er habe eine große, deutsch-patriotische Rede 1871 aus Anlaß des Friedensschlusses zwischen Frankreich und Deutschland gehalten. 1873 machte H. noch eine Reise durch Deutschland. Im Jahr davor waren seine *Reden und Vorlesungen* veröffentlicht worden.

H. hat durch seinen impulsiven Aktivismus, seine Rednergabe und seinen soziale Gerechtigkeit einfordernden Radikalismus zeitweilig als Person mehr Einfluß gehabt, als die Stärke seiner politischen Fraktion erwarten ließ. Sein Mut und seine draufgängerische Emotionalität ließen ihn zum Volkshelden werden. Als er 1881 starb, war er im deutschen Südwesten schon längst eine legendäre Figur.

Literatur: Kaufmann, W.: Die Deutschen im amerikanischen Bürgerkrieg. München 1911. – Klingelschmitt, K.-P.: Friedrich Hecker, ein deutscher Mythos. Stuttgart 1982. – Paul, S.: Basel und der erste badische Aufstand im April 1848. Basel 1926. – Scharp, H.: Friedrich Hecker, ein deutscher Demokrat. Frankfurt/Main 1923. – Valentin, V.: Geschichte der deutschen Revolution 1848–1849. 2 Bde., (Nachdruck) Köln 1970

Martin Kutz

Heine, Heinrich
Geb. 13. 12. 1797 in Düsseldorf;
gest. 17. 2. 1856 in Paris

Wie kaum ein anderer deutscher Autor in seiner Heimat umstritten und bekämpft, hätte er eine diebische Freude empfunden angesichts der seit dem Ende der 1960er Jahre in Deutschland explosionsartig einsetzenden Renaissance seines Werks. Der deutsche Jude im Pariser Exil, protestantisch getauft, vermochte als Außenseiter und »Streitobjekt« par excellence die Gemüter zu erhitzen: »Nestbeschmutzer«, »Störenfried«, »Verräter«, »undeutsch« oder »Décadent« sind nur einige Epitheta, mit denen er noch zu Lebzeiten bedacht und zur Emigration nach Frankreich getrieben wurde und die nach seinem Tode die Erinnerung an ihn begleiteten, bis hin zur Verbrennung seiner Bücher durch die Nationalsozialisten. Die Auseinandersetzung um H. war hierzulande stets ein »Gradmesser der Demokratie« (Höhn) gewesen. Ende der 1980er Jahre wurde er endlich in das Klassiker-Pantheon der deutschen Literatur aufgenommen, nachdem ihm die Welt-Literatur bereits seit langem diesen Platz zugewiesen hatte. Aber auch dort, wo er gefeiert wird, gehen die Meinungen über ihn auseinander.

Bis heute existieren verschiedene, miteinander konkurrierende H.-Deutungen marxistischer, konservativer, liberaler und progressiver, positivistischer oder judaistischer Richtung. Fest steht, daß er der deutschen und damit der europäischen Geistesgeschichte unzählige Impulse vermittelt hat, die bis heute nachwirken: der Junghegelianismus, H.s Religionskritik, Theorie des Traums und des Unbewußten, seine Kritik am Warencharakter aller Dinge und sein Unbehagen an der Kultur. Als Dichter brachte er einen neuen, frechen, witzigen, gesellschaftskritischen Ton in die romantische Poesie. Als Literatur- und Kunstkritiker spürte er unbeirrt Veränderungen und Umbrüche auf, wie 1828 das »Ende der (Goetheschen) Kunstperiode«, 1830 den Beginn der »Sozialen Revolution« und 1855 die Gefahr der »Herrschaft der finsteren Bilderstürmer«, der Kommunisten, so wie er schon früh vor dem »germanischen Pöbel« gewarnt hatte. Auch seine politischen Essays ebenso wie die Romanversuche waren richtungweisend modern.

Der Sohn des jüdischen Kaufmanns Samson Heine und dessen Frau Betty (Peira), geb. van Geldern, erlebte 1806 die Besetzung des Rheinlands durch Napoleon I., den H., begeisterter Anhänger der Französischen Revolution, als Befreier und trotz mancher Fehler, als »Gon-falonière der Democratie« (*Waterloo*-Fragment, 1854) verehrte. Die kurze Zeit der Gleichberechtigung der Juden (1806–1813) legte den Grundstein für H.s antiautoritäre, demokratische Gesinnung: »Ich hatte die Wahl zwischen gänzlichem Waffenniederlegen oder lebenslänglichen Kampf, und ich wählte diesen, und wahrlich nicht mit Leichtsinn. Daß ich aber einst die Waffen ergriff, dazu war ich gezwungen durch fremden Hohn, durch frechen Geburtsdünkel – in meiner Wiege lag schon die Marschroute für das ganze Leben«, schrieb er 1833 an Karl August Varnhagen v. Ense.

Nach einer mißglückten kaufmännischen Lehre in Frankfurt am Main und Hamburg (beim reichen Onkel Salomon Heine) wurde er 1819 Student. In Bonn, Göttingen und Berlin hörte er neben dem Jurastudium Literaturwissenschaft beim Bonner »Romantik-Papst« August Wilhelm Schlegel. Er machte in Göttingen die für einen Demokraten wichtige Bekanntschaft mit dem Standesdünkel philisterhafter Junkersöhne. Die 1819 nach der Ermordung des Dichters und russischen Staatsrats August von Kotzebue durch den Studenten Karl Ludwig Sand auf Veranlassung Metternichs eingeführten Karlsbader Beschlüsse hielten ihn nicht davon ab, der patriotisch gesinnten und damals als freiheitlich geltenden Burschenschaft beizutreten. Später wandte er sich von dieser reaktionär gewordenen Bewegung ab. Nach dem consilium abeundi wegen eines Duells mußte er die Universität verlassen und ging 1821 nach Berlin.

Der vielversprechende junge Dichter fand dort neben bedeutenden akademischen Lehrern wie Hegel, bei dem er Religionsphilosophie hörte, bald Zutritt zu den Salons von Rahel und Karl August Varnhagen sowie von Elise von Hohenhausen, in denen er viele Intellektuelle seiner Zeit kennenlernte, die sein Denken mitgeprägt haben. Dort, wo der Goethe-Kult herrschte, traf er Fichte, Schleiermacher, Alexander von Humboldt, Adelbert von Chamisso, Friedrich Heinrich de la Motte-Fouqué und andere. Er besuchte das Opern- und Schauspielhaus und trat dem 1819 gegründeten »Verein für Kultur und Wissenschaft der Juden« bei, in dessen Rahmen er Unterricht gab, um die Emanzipation der Juden auch bildungsmäßig voranzutreiben. All das schlug sich in den für seinen Stil bereits charakteristischen *Briefen aus Berlin* (1822) nieder. Die Kontakte zu dem polnischen Grafen E. Breza, dem aktiven Oppositionellen gegen die preußische Besatzung Polens, führten H. auf eine Reise nach Gnesen und Posen, deren nachhaltige Eindrücke er in seinen Reportagen *Über Polen* (1823) beschrieb: »(...) einen melancholischen Anblick gewähren die polnischen Dörfer, wo der Mensch wie das Vieh lebt (...) Resultate einer ausgebildeten Aristokratie (...)«.

H.s politische Einstellung, die unter Umgehung der Zensur zwischen die Zeilen »hineingeschmuggelt« wurde, und sein Judentum waren einer bürgerlichen Karriere im damaligen Deutschland abträglich. Zwar ließ er sich nach seiner Jura-Promotion 1825 taufen, doch sollte dies nur »ein Entréebillet zur europäischen Kultur« und kein gänzlicher Bruch mit der Herkunft sein. Bis nach Japan drang der Ruhm des Verfassers des *Buchs der Lieder*, in Deutschland wurde aus der Karriere des unbequemen »Gerechtigkeitsfanatikers« aber trotzdem nichts. Daß ihn der Dichter August Graf von Platen mit antisemitischen Invektiven anfiel und dafür Beifall erhielt, war nicht überraschend. H.s Reisen durch den Harz (1824), nach England (1827) und Italien (1828) fanden ihren Niederschlag in *Reisebildern*,

die als Auftakt zur Julirevolution der deutschen Literatur gesehen werden. Die Kritik des selbsternannten »braven Soldaten im Befreiungskriege der Menschheit« (1828) an Adel und Klerus mit der Hinwendung zur »Freiheitsreligion« war provozierend genug: »Nicht mehr die gekrönten Häuptlinge, sondern die Völker selbst sind die Helden der neuen Zeit (...) sie halten zusammen, wo es gilt für das gemeinsame Recht, für das Völkerrecht der religiösen und politischen Freyheit (...)« einzutreten, und daß »auch die Armen berufen sind zum Genusse«, schrieb er in den *Englischen Fragmenten* (1828). Ihm schwebte die »allgemeine europäische Völkerverbrüderung« vor, wohl Grund genug für die preußische Zensur, diese seine *Reisebilder IV* sowie die (schon verstümmelte) *Einleitung zu Kahldorf über den Adel in Briefen an den Grafen M. von Moltke* (1831), in der er eine Revolution in Deutschland prophezeit, im Jahre 1831 prompt zu verbieten. Als vier Jahre nach seiner Übersiedlung nach Paris seine Bücher zusammen mit den Schriften des Jungen Deutschland vom deutschen Bundestag 1835 verboten wurden, waren auch die anderen Schriften H.s landesweit als subversiv »dekodiert« worden. Sein rechtzeitiger Gang ins Exil erwies sich »als notwendige Voraussetzung zur fernerhin bürgerlich geschützten Rede fürs Volk« (Briegleb).

Rahel Varnhagen hatte H. nach Paris den Auftrag mit auf den Weg gegeben: »Dort müssen Sie schreiben, für hier«. Und das hat er getan. Zunächst noch ganz dem Bürgerkönig Louis-Philippe zugetan und im Banne der Saint-Simonisten, die die »Emanzipation des Fleisches«, »des Volkes«, ja der »Ganzen Welt« im Sinne hatten, ist er später aber auch von diesen abgerückt, wie von allen politischen Parteien und Gruppierungen. Ein Weltbürger seines Formats ließ sich auf die Dauer von keiner Idee, geschweige denn Ideologie fesseln. In

Shakespeares Mädchen und Frauen (1838) definierte er seinen Demokratie-Begriff der damaligen Zeit am Beispiel Julius Caesars: »Demokratie und Königthum stehen sich nicht feindlich gegenüber, wie man fälschlich in unsern Tagen behauptet hat. Die beste Demokratie wird immer diejenige seyn, wo ein Einziger als Inkarnazion des Volkswillens an der Spitze des Staates steht (...)«. H.s Engagement für Demokratie war aber das eines Einzelkämpfers, ohne Nibelungentreue, ohne Parteibindung und immer wieder Wandlungen unterworfen. Das ging mit dem Kommunismus wie dem Royalismus so. Typisch für ihn war der Ausspruch in den *Französischen Zuständen* (1832): »Es ist freilich wahr, daß dennoch der tote Napoleon noch mehr von den Franzosen geliebt wird, als der lebende Lafayette. Vielleicht eben weil er tot ist, was wenigstens mir das Liebste an Napoleon ist; denn lebte er noch, so müßte ich ihn ja bekämpfen helfen«.

Als während der Revolution von 1848 die Ideale besiegt wurden, für die H. gekämpft hatte, war er selbst der psychisch und physisch Besiegte. In seiner »Matratzengruft«, in der er krank – sich wie Lazarus fühlend – dem Tode nahe war, sah er die Emanzipation der Menschheit anders aus. Jeder Fortschritt bringt Verluste mit sich – H.s frühe Erkenntnis hatte sich nun bewahrheitet. Die beiden Vorreden zu den zwei Auflagen seiner Schrift *Zur Geschichte der Philosophie und Religion in Deutschland* von 1832 und 1852 sind dafür bezeichnend. Die zweite Auflage sollte die erste, durch die Zensur verstümmelt, ersetzen, denn »so ging die eigentliche Tendenz dieses Buches, welches ein patriotisch-demokratisches war, verloren (...)«. Diese Schrift läßt allerdings die Antwort auf die Frage nach der Alternative »Befreiung oder Barbarei« offen. Es gibt für den Demokraten H. nicht die eine, reine Wahrheit. Gerade deshalb gelten seine prophetisch-ironischen Zeilen heute mehr denn je: »Ich bin ein deutscher Dichter,/ Bekannt im deutschen Land;/ Nennt man die besten Namen,/So wird auch der meine genannt.«

Literatur: Briegleb, K.: Opfer Heine? Versuche über Schriftzüge der Revolution. Frankfurt/Main 1986. – Grab, W.: Heinrich Heine als politischer Dichter. Heidelberg 1982. – Höhn, G.: Heine-Handbuch. Zeit, Person, Werk. Stuttgart 1987. – Höhn, G. (Hg.): Heinrich Heine. Ästhetisch-politische Profile. Frankfurt/Main 1991.

Elvira Grözinger

Heinemann, Gustav
Geb. 23. 7. 1899 in Schwelm;
gest. 7. 7. 1976 in Essen

H. wurde um die Jahrhundertwende in eine Familie hineingeboren, in der man die Traditionen der Revolution von 1848 hochhielt. Sein Vater Otto H., der sich, aus kleinen Verhältnissen kommend, zum Leiter des Büros für Arbeiterangelegenheiten (Personalbüro) der Firma Krupp emporgearbeitet hatte, noch radikaler aber der für H. sehr wichtige Großvater (mütterlicherseits), waren freisinnig-liberal, kirchenfern und antiwilhelminisch. H. wuchs in Essen auf, im Frühsommer 1917 verließ er mit dem Notabitur die Schule, kam infolge einer Erkrankung aber nicht mehr zum Kriegseinsatz. Sein ausgeprägtes politisches Interesse zeigte sich bereits zu Beginn seines Studiums der Rechts- und Staatswissenschaften. An der Marburger Universität schloß er Freundschaft mit Wilhelm Röpke, dem späteren neoliberalen Ökonom, mit Ernst Lemmer, später Minister im Kabinett Adenauer und mit Viktor Agartz, der in den 50er Jahren als linker Gewerkschafter in die Mühlen der politischen Justiz geriet. Mit seinen Freunden stellte H. eine heimlich verteilte Zeitung her, die *Marburger Stadtbrille*, in der mit satirischen Mitteln die Auseinandersetzung mit der dominierenden deutsch-nationalen Strömung unter den Professoren und Studenten gesucht wurde. Er engagierte sich in einer linksliberalen Studentengruppe der »Deutschen Demokratischen Partei« (DDP); während des Kapp-Putsches im März 1920 leistete er Kurierdienste für die republiktreuen Parteien.

Die Zivilcourage, in einer minoritären Position demokratische Grundsätze zu vertreten, kennzeichnete seine Studentenjahre. 1921 promovierte er zum Dr. rer.pol., anschließend legte er die erste (1922) und zweite (1926) juristische Staatsprüfung ab und promovierte schließlich zum Dr. jur. (1929). Mitte der zwanziger Jahre kehrte er nach Essen zurück, wurde dort (1926) als Anwalt zugelassen und heiratete die Theologin Hilda Ordemann (vier Kinder wurden 1927, 1928, 1933 und 1936 geboren). Von 1928 bis 1936 war H. Prokurist und Justitiar der Rheinischen Stahlwerke in Essen, anschließend deren Vorstandsmitglied (bis 1949). Um 1930 wandte sich H. unter dem Einfluß des sozial engagierten Pfarrers Friedrich Graeber dem Christentum zu.

Im »Dritten Reich« stellte sich H. von Anfang an im »Kirchenkampf« gegen die vom Regime unterstützten »Deutschen Christen« und hatte Anteil daran, daß Essen eine Hochburg der »Bekennenden Kirche« (BK) wurde. Im Juni 1933 als Presbyter in der evangelisch-reformierten Gemeinde Essen-Altstadt gewählt, beteiligte er sich in den folgenden Jahren aktiv an fast allen Synoden der BK. Im Rheinischen Bruderrat der BK, dem H. angehörte, war vor allem sein juristisches Fachwissen in der Auseinandersetzung mit den staatlichen Stellen gefragt. Aber auch illegale Betätigung schloß er nicht aus. In einem Keller seines Hauses wurden zeitweise die *Grünen Blätter*, ein Informationsorgan der BK zwischen den Synoden, hergestellt. 1938 zog sich H. aus der Leitung der BK zurück, weil er deren

theologisch-dogmatischen und politikfernen Ansatz für falsch hielt, engagierte sich aber weiter vor Ort, so seit 1937 als Essener Vorsitzender des »Christlichen Vereins junger Männer« (CVJM).

Die Erfahrungen des »Dritten Reiches« reflektierte H. in einem Vortrag über »Demokratie und christliche Kirche«, den er 1945/46 in verschiedenen Städten hielt. Er kritisierte in dieser Rede vor allem die antidemokratische Verbindung von Luthertum und staatlicher Obrigkeit und forderte, daß auch die Kirche aus der NS-Diktatur Lehren ziehen müsse. H. gehörte zu den Unterzeichnern der sogenannten »Stuttgarter Schulderklärung« des Rates der Evangelischen Kirche Deutschlands (EKD) vom Oktober 1945, in der (religiöse) Versäumnisse der Kirche in den Jahren nach 1933 eingestanden wurden.

Jenseits von nationalistischem Konservatismus und atheistisch-marxistischer Sozialdemokratie plädierte H. politisch für eine überkonfessionelle christlich-demokratische »Union« an in christlich-sozialem Verständnis. Gegen viele Bedenken (z.B. in einem Briefwechsel mit Karl Barth) engagierte er sich aus diesem Grund von Anfang an in der CDU. Als Bürgermeister von Essen (1946–1949) und Justizminister von Nordrhein-Westfalen (1947/48) nahm er wichtige Positionen ein. Seine Ernennung zum Innenminister im ersten Adenauer-Kabinett Ende 1949 erfolgte allerdings hauptsächlich wegen seiner herausgehobenen Stellung als Präses der EKD, um der CDU das Odium der katholisch beherrschten Partei zu nehmen. Doch schon ein Jahr später schied er wegen Adenauers Angebot an die Westalliierten, ein deutsches Kontingent für ein militärisches Bündnis gegen den Osten bereitzustellen, aus der Bundesregierung wieder aus. In einem ausführlichen Memorandum *Warum ich zurückgetreten bin* vom 13. Oktober 1950 legte er seine religiösen und politischen Gründe detailliert dar. Nicht doktrinärer Pazifismus, sondern die Erfahrungen mit der nicht weit zurückliegenden Gewaltpolitik und die Überzeugung, mit einer westdeutschen Wiederaufrüstung die Vereinigung der beiden Teilstaaten Bundesrepublik und DDR zu verhindern, standen für ihn im Vordergrund; aber auch die Verletzung demokratischer Regeln durch Adenauers Arkandiplomatie spielte eine Rolle. 1952 trat H. aus der CDU aus. Versuche, mit anderen Dissidenten eine »Gesamtdeutsche Volkspartei« (GVP, 1952–1957) als Opposition gegen Adenauers Westintegrationspolitik aufzubauen, hatten keinen Erfolg. Die Kooperation von wertkonservativ-protestantischen, nationalneutralistischen und prokommunistischen Grüppchen traf sich allein in der Negation der Politik der Westintegration. Die GVP, von der Regierungspropaganda (und anfangs auch von der SPD) wechselweise als ostfinanzierte »Ulbricht-Hilfstruppe« und als »Gandhi-Schwärmer« diffamiert, konnte mit gerade 1,2 Prozent bei den Bundestagswahlen 1953 nicht reüssieren. Tief enttäuscht über die Bevölkerung, die mit ihrer Zustimmung zum Regierungskurs in den »Dulles-Wahlen« versagt habe, isolierte sich H. nicht nur parteipolitisch. Den konservativen Anhängern des Regierungskurses in der evangelischen Kirche, denen auch das Engagement von H. in der »Paulskirchen-Bewegung« gegen die Wiederaufrüstung mißfiel, gelang es, ihn auf der Synode in Espelkamp 1955 als Präses der EKD abzuwählen. Die Bilanz des Scheiterns seiner deutschlandpolitischen Bemühungen führte H. zur Analyse der Faktoren des westdeutschen Parteiensystems. In einem Aufsatz mit dem Titel *Die ›christliche‹ Partei* (1955) umriß er die »Weltanschauung« der Kanzlerpartei: »Viel verdienen – Soldaten, die es verteidigen, – und Kirchen, die beides segnen!« Dem inneren Konformismus der Parteien, nicht nur der CDU, entsprach in der Sicht von H. ein

Bonner Machtkartell, das mit der 5 Prozent-Klausel und der Verhinderung von Plebisziten dafür sorgte, daß keine neuen Oppositionsparteien entstehen könnten.

Verstärkt wandte sich H. in diesen Jahren seiner Anwaltstätigkeit in politischen Strafrechtsangelegenheiten zu. Seine Kanzlei, die er seit 1951 mit Diether Posser betrieb, übernahm nach dem Verbot der KPD im August 1956 die Verteidigung zahlreicher kommunistischer Funktionäre. Im Prozeß gegen den Gewerkschaftstheoretiker Viktor Agartz (1957) wegen »staatsgefährdender Agententätigkeit«, dem man vorwarf, daß sein *Wirtschaftsdienst* von der DDR finanziert würde, erreichte H. mit einem aufsehenerregenden Plädoyer einen Freispruch. Wenn der Inhalt des Blattes von Agartz strafbar wäre, so argumentierte er, so wären es auch zahlreiche Beschlüsse der Gewerkschaften, der Sozialdemokratie und der CDU in den ersten Nachkriegsjahren. Nach einigem Zögern stimmte H. 1957 der Auflösung der GVP zu und entschied sich mit 57 Jahren für ein parteipolitisches Engagement in der Sozialdemokratie, wobei er betonte, daß dieser Schritt erst durch die Hinwendung der SPD (und namentlich ihrer wirtschaftspolitischen Vordenker Karl Schiller und Heinrich Deist) zur »Marktwirtschaft« möglich geworden sei.

Als Bundestagsabgeordneter der SPD seit 1957 rechnete H. in einigen spektakulären Reden mit den Regierungsplänen zur Atombewaffnung der Bundeswehr ab; der Annäherung seiner Partei an die Politik der Westintegration – angekündigt mit der Bundestagsrede von Herbert Wehner am 30. Juni 1960 – stand er reserviert gegenüber. In den sechziger Jahren wechselte H. wohl auch deshalb das politische Terrain, er wurde Innen- und Rechtspolitiker. In zahlreichen Reden, Vorträgen und Aufsätzen warb er für eine Liberalisierung des aus dem »Kalten Krieg« überkommenen politischen Strafrechts und für Reformen im Zivil- und Strafrecht. In der Regierung der »Großen Koalition« aus CDU/CSU und SPD (1966–1969) setzte er als Justizminister einen Teil seines Reformprogramms durch. Als Beitrag zur Beendigung des inneren Freund-Feind-Denkens betrachtete es H., die politischen und juristischen Voraussetzungen für die Existenz einer legalen kommunistischen Partei zu schaffen (»Deutsche Kommunistische Partei«, DKP, gegründet 1968). Die Aussicht auf rechtspolitische Reformen hatte ihn überhaupt erst bewogen, der Koalition mit der CDU/CSU zuzustimmen, die von zahlreichen Intellektuellen mit größtem Mißtrauen betrachtet wurde. Und obwohl H. die Notwendigkeit von Notstandsgesetzen öffentlich verteidigte, deren Bekämpfung ein zentrales Argument für die aufkommende »Außerparlamentarische Opposition« (APO) war, sah z. B. Jürgen Habermas H. als einzigen Garanten der Demokratie in der Regierung. Sein öffentliches Eintreten für einen rationalen Diskurs in den »Osterunruhen« 1968 kontrastierte deutlich zu den Law-and-Order-Rufen des christdemokratischen Bundeskanzlers Kurt Georg Kiesinger und der Springer-Presse.

In der Konstellation des Auslaufens der Großen Koalition wurde die dramatisch knapp verlaufene Wahl von H. zum Bundespräsidenten am 5. März 1969 (mit den Stimmen von SPD und FDP) zu einem »Stück Machtwechsel« bzw. zu einem Symbol für den veränderten »Zeitgeist« der späten 60er und frühen 70er Jahre. Die Stärkung von Zivilcourage bzw. »Bürgermut« (Weihnachtsansprache 1971) bildete das Zentrum seiner Reden und Ansprachen in dieser kurzen euphorischen Aufbruchszeit: »Es ist, als ob ein seit langem angestautes Verlangen nach persönlicher Mitbestimmung und Mitgestaltung plötzlich wie ein Frühlingswind ausgebrochen wäre, der alle Einrichtungen und Organisationen durchfegt und nichts ungeschoren läßt« (1973). Die Ablehnung des Obrigkeitsstaats – berühmt wurde sein Ausspruch: »Ich liebe nicht den Staat, ich liebe meine Frau« – war verbunden mit einer neuen Sicht auf die deutsche Geschichte. In zahlreichen Reden erinnerte er an die Revolution von 1848, an die Novemberrevolution von 1918 und den Widerstand gegen Hitler (wobei er demonstrativ kommunistische Opfer einbezog) als Traditionen eines demokratischen und nach außen friedlichen Deutschland. H. war als Bundespräsident äußerst populär. Meinungsumfragen ergaben im Mai 1972 eine Zustimmung von 80 Prozent der Bevölkerung mit seiner Amtsführung.

Nach seiner Präsidentschaft (1969–1974) versuchte H., die in Stammheim einsitzende RAF-Gründerin Ulrike Meinhof zu bewegen, ihren Hungerstreik zu beenden (November 1974). 1976, in seinem Todesjahr, erregte er noch einmal Aufmerksamkeit mit einer scharfen, von sozialdemokratischer Seite mit Besorgnis registrierten Kritik an dem durch den sog. »Radikalen-Erlaß« (1972) entstandenen politischen Klima: »Kritik, radikale Kritik bedarf des freien Marktes der Meinungen und Gegenmeinungen, um fruchtbar zu bleiben« (1976). Seine letzten Lebensmonate verbrachte H. im Hause des seit den dreißiger Jahren mit ihm befreundeten Theologenpaares Brigitte und Helmut Gollwitzer.

Literatur: Koch, D.: Heinemann und die Deutschlandfrage. Mit einem Vorwort von Eugen Kogon. München 1978. – Koch, W.: Heinemann im Dritten Reich. Ein Christ lebt fürs Morgen. Wuppertal 1972. – Lindemann, H.: Gustav Heinemann. Ein Leben für die Demokratie. München 1978. – Vinke, H.: Gustav Heinemann. Hamburg 1979.

Axel Schildt

Heller, Hermann
Geb. 17. 6. 1891 in Teschen an der Olsa
(Schlesien); gest. 5. 11. 1933 in Madrid

H. waren nur wenige Jahre des politischen Sich-Einmischens beschieden: Als Freiwilliger auf Seiten des deutschen Kaiserreiches in den Ersten Weltkrieg gezogen, blieben ihm danach für volksbildnerische und akademische Lehr- und Forschungsarbeit nur knapp fünfzehn Jahre: 1933 wurde er von den Nazis ausgebürgert, seines Amtes als Professor in Frankfurt enthoben und in das republikanische Madrid ins Exil getrieben. H. gehörte zu den wenigen profilierten Staatsrechtlern in der Zeit der Weimarer Republik, die die parlamentarische Verfassung vorantrieben.

Zwar Mitglied der Sozialdemokratischen Partei seit 1920, blieb H. doch ein Außenseiter, mitwirkend in Zirkeln und Diskussionskreisen, wie in dem theoretischen Organ *Neue Blätter für den Sozialismus*. Offizielle parteiamtliche Funktionen in der SPD nahm er nicht wahr. H. trat aber als juristische Vertretung der preußischen SPD-Landtagsfraktion 1932 vor dem Reichsgerichtshof in Erscheinung, nachdem der Reichskanzler von Papen die preußische Landesregierung (Ministerpräsident Otto Braun, SPD) am 20. Juli 1932 als angeblich verfassungswidrige Institution abgesetzt hatte. Der Rechtsvertreter der Papen-Regierung war der Staatsrechtler Carl Schmitt, ein Antipode H.s., dessen Wirken in Deutschland über 1933 und 1945 mit fatalen Konsequenzen hinausreichte.

H.s Leben, über das wir in mancher Hinsicht nur fragmentarisch unterrichtet sind, weil viele Quellen von den Nazis vernichtet wurden, nahm zunächst für einen Juristen seiner Zeit einen konventionellen Anfang. *Hegel und der nationale Machtstaatsgedanke in Deutschland* (1921) war der Versuch, die Niederlage des deutschen Imperialismus nicht systematisch mit dem Machtstaatsgedanken Hegels zusammenzusehen. H. dürfte den Kriegsausgang 1918 nicht freudig empfunden haben. Die Einführung der parlamentarischen Demokratie und die Etablierung der Weimarer Republik veränderte allerdings seinen Blickwinkel. Durch die Freundschaft mit dem sozialdemokratischen Rechtsphilosophen Gustav Radbruch, dann auch durch die aktive Mitarbeit an der Niederwerfung des Kapp-Putsches in Kiel im März 1920 und die Tätigkeit als Leiter des Volksbildungsamtes der Stadt Leipzig von 1922 bis 1924, rückte die Frage nach der Möglichkeit realer Mitwirkung der Arbeiterklasse im parlamentarischen Demokratie ins Zentrum seiner Überlegungen: »Um zu erkennen, was notwendig ist, muß man zuerst erkennen, was ist: nur auf diesem Wege werden wir uns von Bierbankruhe und Ideologie befreien. Solche politische Urteilsfähigkeit setzt ein hohes Maß von sittlichem Wollen und geistiger Bildung voraus. Den durch die Revolution zur Staatslenkung neu berufenen Volksteilen wird man das erstere zubilligen müssen; das Lehrbare der letzteren ihnen zu vermitteln, sie insbesondere von möglichst vielen Seiten her mit dem umfassenden Leben des Staates bekannt zu machen, das ist heute die vornehmste Pflicht des wahrhaft geistigen Arbeiters«.

Hier erscheinen die zentralen Elemente von H.s politischem Denken: eine nüchterne Kenntnisnahme der realen Machtverhältnisse, strikte Kritik an der sich sozialistisch nennenden Ideologie, deren ökonomistischer Mechanismus so grell mit dem gesellschaftspolitischen Voluntarismus kontrastierte, die Erkenntnis, daß die Arbeiterklasse die Fähigkeit der Staatslenkung guten Teils lernen müsse und die eigene Verortung als Mitwirkender in diesem Prozeß.

Die von H. mit seinen Mitarbeitenden in den Grundzügen entworfene »Schule der Arbeit« für Leipzig war in ihren tragenden Elementen revolutionär. Durch eine Verbindung von Arbeiten, Lernen und gemeinschaftlichem Erleben sollten die Schattenseiten der (industriellen) Arbeit überwunden werden. H. trat für eine gemeinwirtschaftliche Ordnung ein.

H.s Rolle in einem internen Streit der Jungsozialisten 1925, einer relativ einflußlosen Gruppierung in der SPD, ist oft dazu herangezogen worden, ihn zum Verfechter eines nationalbetonten, anti-internationalistischen Sozialismus zu machen. Bei näherem Hinsehen ging es im Kern aber um das Verhältnis von Staat und Sozialismus. H. vertrat die Auffassung, daß die Weimarer Republik als verfassungsmäßige Staatsform der Ausgangspunkt und Kampfboden für weitergehende, sozialistische Veränderungen wäre. Er polemisierte immer wieder gegen zwei zentrale Elemente der sozialdemokratisch-sozialistischen Ideologie – gegen die Annahme, die kapitalistische Ökonomie triebe auf den Sozialismus zu, und Sozialismus sei eine geschichts- und staatslose Gesellschaftsform:»Der Staat ist (...) derjenige gesellschaftliche Verband, der das geordnete Zusammenwirken aller gesellschaftlichen Kräfte auf einem Gebiet in letzter Instanz sichert. Er ist aus der Gesellschaft ebensowenig fortzudenken wie die Wirtschaft. Eine gesellschaftliche Wirtschaft ist undenkbar ohne den ordnenden Staat, wie ein Staat undenkbar ist ohne gesellschaftliche Wirtschaft. Denn im Grund ist der Staat nichts anderes als die ordnende und geordnete Gebietsgesellschaft.«

Eine solche ordnende und geordnete Gebietsgesellschaft ist, H. zufolge, in einer sozialistischen Gesellschaft ebenfalls unentbehrlich, denn Interessensunterschiede und andere gesellschaftliche Widersprüche verflüchtigten sich keineswegs. Hindernisse für eine sozialistische Entwicklung machte H. nicht in der Verfassung der Republik aus, sondern in der realen Verfassung der Arbeiterbewegung und der Menschen. Diese

seien in ihren eigensüchtigen Mentalitäten befangen und jene sei in Ideenlosigkeit und Gestaltungsunfähigkeit erstarrt.

Der Gedanke der Volkssouveränität als Legitimationsstrang aller Herrschaft hätte sich indes in der Geschichte als Kern des demokratischen Ideenkreises herausgebildet. Demgegenüber sei das Element des Rechtsstaates vielfach nur einem formalen Gleichheitsgebot unterworfen, gehandhabt und von liberaler Seite gedacht worden, was zu krasser materieller sozialer Ungleichheit geführt oder diese befestigt habe. Die soziale Demokratie liege ganz in der Entwicklungsrichtung der Idee der Volkssouveränität. Sie wolle nämlich »nur das sozial solidarische Gesamtvolk als Rechtfertigungsgrund der Herrschaft anerkennen«.

Im Jahr 1928 hatte H. Gelegenheit, auf Einladung der italienischen Regierung das faschistische Italien zu besuchen. Er schrieb seine Eindrücke in der Arbeit *Europa und der Faschismus* (1929) nieder: Faschismus ist H. zufolge eine Reaktion auf Positivismus, Rationalismus und Nationalismus, eine Art Lebensgefühl, dessen roten Faden die Gewaltidee als Mittel politischer Gestaltung bildet. Dem korrespondiert die Beseitigung der Grund- und Menschenrechte und die Errichtung einer terroristischen Diktatur gegen die Freiheit des Denkens und gegen die Arbeiterbewegung. Die zentrale Lehre aus den italienischen Erkundungen war für H.: Die Legislative als zentrales Machtinstrument und Repräsentanz der Volkssouveränität müsse gestärkt werden. Der Rechtsstaat in seiner materiellen Bestimmung und formellen Sicherungsfunktion dürfe nicht destruiert, sondern müsse gefestigt werden: »Indem das Bürgertum aber Rechtsstaat, Demokratie und Parlamentarismus konventionelle Lügen nennt, straft es sich selbst Lügen. Durch seinen neofeudalen Gesetzeshaß gerät es nicht nur in einen

Selbstwiderspruch mit seinem eigensten geistigen Sein, sondern verneint auch die Existenzbedingungen seines gesellschaftlichen Lebens. Ohne die Gewißheit der gesetzmäßigen Freiheit der Meinungsäußerung, der Freiheit des Religionsbekenntnisses, der Wissenschaft, Kunst und Presse, ohne die rechtsstaatlichen Sicherungen gegen willkürliche Verhaftungen und gegen willkürliche Verurteilungen durch diktatorisch abhängige Richter, ohne das Prinzip der Gesetzmäßigkeit der Verwaltung kann das Bürgertum weder geistig noch ökonomisch leben« (*Rechtsstaat oder Diktatur*, 1930). Das Bürgertum müsse einsehen, »daß die Zukunft der abendländischen Kultur nicht gefährdet ist durch das Gesetz und seine Ausdehnung auf die Wirtschaft, sondern gerade durch die Anarchie und ihre politische Erscheinungsform, die Diktatur, sowie durch die anarchistische Raserei unserer kapitalistischen Produktion, die weder Hand- noch Kopfarbeitern Muße und Möglichkeit zu kulturschöpferischer Tätigkeit läßt«.

Die Legislative, deren Verfassungsrang H. obenan gestellt sehen wollte, gab im März 1930 in Deutschland mit der Großen Koalition unter Reichskanzler Hermann Müller (SPD), ihren gestaltenden Einfluß definitiv selbst auf. H. fand sich nun mit anderen, darunter die evangelischen Professoren Paul Tillich und Eduard Heimann, im Kreis um die *Neuen Blätter für den Sozialismus* zusammen, um dem Untergang der Weimarer Republik entgegenzuwirken. H.s Beiträge zur Verfassungsdiskussion jener Jahre enthielten drei Prämissen: »die autoritäre Überordnung des Staates über die Gesellschaft, namentlich über die Wirtschaft, (...) die demokratische Quelle der politischen Autorität und (...) die bestimmten Grenzen der Autorität des Staates«. In scharfer Abgrenzung zum Liberalismus wie zum Faschismus hielt H. an Grundrechten und Gewaltenteilung fest: »Für uns kann es

sich nur darum handeln, auch die Arbeits- und Güterordnung der materiellen Rechtsstaatsorganisation zu unterwerfen, den liberalen in sozialistischen Rechtstaat umzubauen, nicht aber, den Rechtsstaat überhaupt zu beseitigen« (1932).

H. hat – als kranker Mann – seit seiner ersten Herzattacke 1931 fieberhaft an der Fertigstellung seiner *Staatslehre* gearbeitet, die dann allerdings doch erst posthum von Gerhart Niemeyer (Leiden 1934) herausgegeben werden konnte. In der *Staatslehre* hat H. versucht, sein Lebenswerk zusammenzufassen. In dieser Schrift werden die ideen- und sozialgeschichtlichen Brüche und Risse der ersten dreißig Jahre des zwanzigsten Jahrhunderts in Europa reflektiert. Bedenkenswert ist H.s Einsicht – er wurde nach 1945 in ganz Deutschland weitgehend ignoriert –, daß der Weg zu einer menschenwürdigen gesellschaftlichen Ordnung ohne das tätige Mittun vieler, die von der Unabdingbarkeit der Grundrechte, der Menschenrechte, der Gewaltenteilung, des sozialen Rechtsstaats und einer gemeinwohlorientierten Wirtschaftsordnung überzeugt sind, nicht gelingen kann. H. diagnostizierte, daß der sich auf Marx berufende Leninismus über keine eigene politische Konzeption verfüge, sondern zwischen Diktatur und Demokratie wählen müsse.

Literatur: Albrecht, S.: Hellers Staats- und Demokratieauffassung. Frankfurt/Main/New York 1983. – Müller, C.; Staff, I. (Hg.): Der soziale Rechtsstaat. Gedächtnisschrift für Hermann Heller 1891–1933. Baden-Baden 1984. – Robbers, G.: Hermann Heller: Staat und Kultur. Baden-Baden 1983. – Schluchter, W.: Entscheidung für den sozialen Rechtsstaat. Hermann Heller und die staatstheoretische Diskussion in der Weimarer Republik. Baden-Baden (2. Aufl.) 1983. – Waser, R.: Die sozialistische Idee im Denken Hermann Hellers. Basel 1985.   *Stephan Albrecht*

Hess, Moses
Geb. 21. 1. 1812 in Bonn;
gest. 6. 4. 1875 in Paris

H. wurde 1812 in Bonn als Sohn eines
jüdischen Industriellen geboren. Er lebte in Köln und später im Exil in Paris,
Brüssel und Genf. H. war Begründer
und Redakteur der radikalen *Rheinischen Zeitung* und arbeitete mit Karl
Marx zusammen. Nach dem Scheitern
der Revolution von 1848 befaßte sich H.
mit Fragen der Zukunft des Judentums
und schrieb das Werk *Rom und Jerusalem* (1862), mit dem er zu einem
geistigen Wegbereiter des Zionismus
wurde. Als 1863 der »Allgemeine Deutsche Arbeiterverein« gegründet wurde,
arbeitete H. eng mit Lassalle zusammen,
dem Präsidenten dieses Vereins. Nach
dessen Tod unterstützte er die Fraktion
Bebel-Liebknecht und nahm an einigen
Kongressen der I. Internationale als Delegierter teil. 1869 trat er in Eisenach als
Organisator der »Sozialdemokratischen
Arbeiterpartei« auf. Den Ausbruch des
Deutsch-französischen Krieges 1870 erlebte H. in Paris. Den deutschen Sieg
und die sich anschließende großpreu
ßisch-deutsche Reichseinigung von
oben empfand er als Katastrophe. Eine
Rückkehr nach Deutschland war H. zumal nach dem Leipziger Hochverratsprozeß 1872 gegen August Bebel und
Wilhelm Liebknecht (wegen ihrer Solidarisierung mit der Pariser Kommune)
nicht mehr möglich. In Paris starb er
1875 resigniert und einsam.

H. benutzte die Begriffe Sozialismus
und Kommunismus gleichbedeutend.
Das entsprach durchaus dem damaligen
Gebrauch der Termini, die keinen festumrissenen, aus der Analyse der verschiedenen Theorien und Systeme gewonnenen Konzeptionen zuzuordnen
waren. In seinem Essay über *Sozialismus
und Kommunismus* (1843) gebrauchte
H. das Wort »Sozialismus« zwar eher für
eine Theorie von der Gesellschaft, die
sich im Grunde nur auf die Organisa

tion der Arbeit bezog, während »Kommunismus« überwiegend praktische
Bestrebungen bezeichnete, das ganze
gesellschaftliche Leben umfaßte und eine Radikalform, die Aufhebung des Privateigentums und jeder Herrschaft,
meinte. Dabei richtete sich die Verteilung der Güter nach den Bedürfnissen
(im Sozialismus nach den Fähigkeiten)
des einzelnen. Trotzdem hob H. hervor,
daß »das Grundprinzip beider identisch
sei«.

Diese Identität fand er im demokratischen Geist, der sich bereits vor der
Revolution in Frankreich entwickelt habe, mit ihr ins Leben getreten sei und
sich nach der Verwirklichung ihrer
Prinzipien »noch entscheidender ausbildete«: In der schicksalhaften Verklammerung von Sozialismus und
Kommunismus mit dem Emanzipationskampf des Proletariats sowie im
Prinzip der Gleichheit als dem spezifischen Element Frankreichs, das aber
ohne Freiheit und Einheit (Solidarität)
nicht bestehen könne. »Die Liberté,
Egalité und Unité bilden überall in der
Revolutionsgeschichte die heilige Trias,
welche die Herzen entflammte in dem
Kampfe gegen Unterdrückung, Ungerechtigkeit und Lüge aller Art«.

H.s' Ansicht nach wurden der französische und deutsche Geist durch Sozialismus (Fourier) und Philosophie (Hegel) zu dem absoluten Standpunkt erhoben, auf welchem die persönliche
Freiheit des Menschen in der industriellen Gesellschaft keinen Gegensatz
mehr zur Gleichheit darstellt, sondern
Freiheit und Gleichheit sich wechselseitig ergänzende Momente des Prinzips
der Einheit allen Lebens bilden.

Diese Behauptung galt zwar für die
Theorie des Sozialimus, traf aber auf
das praktische Leben nicht zu. Die Revolution von 1789 hatte den Dualismus
von Mensch und Staat, von Gleichheit
und Freiheit bestehen lassen. »Ihre Freiheit und Gleichheit, ihre abstrakten
Menschenrechte waren nur eine Form

der Knechtschaft«, weil der Gegensatz von Reichtum und Armut, von Herrschaft und Unterdrückung nicht überwunden wurde. Es wurden aufgrund der Prinzipien der Französischen Revolution alle möglichen Freiheiten beansprucht, z. B. die Gewissensfreiheit, die Handels-, Gewerbe- und Lehrfreiheit. Auf die Frage: »Wozu?« erteilte H. die folgende Antwort: »Zugunsten der Privatinteressen und Privatmeinungen, welche durch ›freie Konkurrenz‹ der Wahrheit und Gerechtigkeit die Herrschaft abzuringen gedenken!« H. unterschied hier scharf zwischen formeller, juristischer Freiheit und Gleichheit vor dem Gesetz einerseits, und sozialer, d. h. wahrer Freiheit, andererseits. »Es ist ein nutz- und fruchtloses Unternehmen das Volk frei zu machen, ohne ihm die wirkliche, soziale Freiheit zu geben« (*Die eine und ganze Freiheit*, 1843). Nach H. war die bestehende Demokratie nichts anderes als »die Herrschaft der individuellen Willkür unter dem Namen der subjektiven oder persönlichen Freiheit«.

Man sollte jedoch nicht voreilig den Schluß ziehen, daß alle Ordnungen für H. gleichwertig waren. Im Gegenteil: Der demokratische Staat, wie er in den Vereinigten Staaten Amerikas seit der zweiten Hälfte des 18. Jahrhunderts, in Europa seit der Französischen Revolution bestand, stellte für ihn einen großen Fortschritt dar gegenüber feudalistischen, theokratischen und despotischen Regierungsformen, d. h. den noch von Abstammung, Privilegien, Nationalität, Religion etc. geprägten Staaten: »Wenn ich die Wahl hätte zwischen Nordamerika und Rußland, oder zwischen der französischen und österreichischen Politik, so würde ich die erstere (...) gewiß (...) vorziehen«.

Trotzdem war H. der Meinung, daß die Regierungsform prinzipiell keine entscheidende Rolle spiele, weil die bisherige Geschichte, unabhängig von der jeweiligen politischen Ordnung, gekennzeichnet sei durch den blutigen Kampf zwischen dem Staat und der bürgerlichen Gesellschaft und durch das Prinzip des persönlichen Eigentums und damit der Ausbeutung und sozialen Diskriminierung. Auch in der demokratischen Republik, z. B. in Nordamerika, Holland und Frankreich sei es die Pflicht des Staates, die abstrakte persönliche Freiheit und das persönliche Eigentum zu garantieren. Weil sich aber die abstrakte Allgemeinheit der Personen im Prinzip der Menschenrechte verkörpere, über die Personen selbst erhebe und sich ihnen entgegenstelle, entstehe der Widerspruch, daß das Volk, das sich in der Demokratie selbst beherrschen solle, in Regierende und Regierte auseinanderfalle. Der moderne Staat könne deshalb keine organische Einheit konstituieren. Das Prinzip der Volkssouveränität sei angesichts der Konzentration der Produktionsmittel und der politischen Macht in wenigen Händen nicht mehr als »eine Phrase.«

H. meinte, daß der bürgerlich-demokratische Staat den praktischen Egoismus sanktioniert habe, »indem man die Menschen als einzelne Individuen, indem man die abstrakten, nackten Personen für die wahren Menschen erklärte, indem man die Menschenrechte, die Rechte der unabhängigen Menschen proklamierte, also die Unabhängigkeit der Menschen voneinander, die Trennung und Vereinzelung, für das Wesen des Lebens und der Freiheit erklärte und die isolierten Personen zu freien, wahren, natürlichen Menschen stempelte« (*Über das Gewissen*, 1845).

H. stellte fest, daß »keine Regierungsform« den sozialen Konflikt zwischen der herrschenden Klasse und dem arbeitenden Volk »heilen« könne. Alle politischen Reformen, sogar die radikalsten, seien nichts anderes als »Palliativmittel«. An der sozialen Frage, an dieser »Klippe«, seien alle »freien Staatsverfassungen«, auch die der französischen Republik, gescheitert.

Der bestehende demokratische Staat fasse, weil er den Menschen als allgemeines und abstraktes Wesen begreife, nur einen Teil des Menschen in sich, während dieser als Privatperson sein Leben in der bürgerlichen Gesellschaft auf ökonomischer und sozialer Grundlage führe. Deswegen befänden sich Citoyen und Bourgeois in permanentem Kampf gegeneinander. Dieser Konflikt könne keine politische Lösung, etwa durch die Gründung einer anderen Staatsordnung, finden, weil sich der politische Staat und die bürgerliche Gesellschaft, Allgemeines und Besonderes, als zwei getrennte Reiche gegenüberstünden. Die Französische Revolution habe die moderne Demokratie etabliert, indem sie dem dritten Stand ermöglichte, sich am politischen Leben zu beteiligen und es sogar zu prägen. Gleichzeitig habe sie aber den Bereich menschlicher Aktivität, der öffentlichen Charakter trägt, nämlich die wirtschaftliche Tätigkeit, der privaten Initiative des einzelnen überlassen: »Wo aber aller menschlicher Verkehr, jede menschliche Tätigkeit unmittelbar aufgehoben ist und nur noch als Mittel zur egoistischen Existenz ausgeübt werden kann, wo (...) nichts ohne Geld ausführbar ist (...) da ist das bloße Faktum der wirklichen Sklaverei zum Prinzip erhoben und konsequent durchgeführt« (*Die letzten Philosophen*, 1845) H.' Sozialismus distanzierte sich von den französischen Sozialisten. Saint-Simon wurde kritisiert, weil er das Wesen des Kommunismus nicht begriffen habe: Er habe nur die Ordnung gewollt, aber nicht die Freiheit, und demgemäß »wollte er eine Hierarchie, die schlimmste aller Regierungsformen, weil die konsequenteste«. Die Vernichtung der Freiheit hat nach H. die Zerstörung der Gleichheit zur Folge.

Wollte Saint-Simon Gleichheit ohne Freiheit, so tendierte der Sozialismus von Fourier umgekehrt zur Freiheit ohne Gleichheit: War der erste süchtig nach Reformen, so war der zweite konservativ und wollte die neue Idee der absolut freien Arbeit mit dem Bestehenden vermitteln. H. rechnete auch mit Proudhon ab. Er warf ihm einseitige Auffassung von dem Verhältnis zwischen Freiheit und Gleichheit, seinen Mangel an Verständnis dafür vor, daß die egalitäre Gesellschaft ohne Freiheit Sinn und Existenzgrund einbüße. Diese beiden Momente – Freiheit und Gleichheit – waren nach H.' Intention nicht als starre Gegensätze, sondern als Teile eines Prozesses zu fassen. Man solle Freiheit und Gleichheit als »wahre Momente eines Lebensprozesses« begreifen – dann sei die Freiheit selbst ein wesentliches Moment der Gleichheit, weil »ohne Verschiedenheit keine Ausgleichung denkbar ist – so wie umgekehrt die Gleichheit wiederum ein wesentliches Moment der Freiheit ist, weil ohne Ausgleichung, ohne Gerechtigkeit, das individuelle Leben nicht hervortreten kann (...)«.

Literatur: Lademacher, H.: Moses Hess in seiner Zeit. Bonn 1977. – Na'aman, S.: Emanzipation und Messianismus. Leben und Werk des Moses Hess. Frankfurt/Main 1982. – Rosen, Z.: Moses Hess und Karl Marx. Hamburg 1983. – Silberner, E.: Moses Hess. Geschichte seines Lebens. Leiden 1966. – Zlocisti, T.: Moses Hess. Der Vorkämpfer des Sozialismus und Zionismus. Eine Biographie. Berlin (2. Aufl.) 1921.

Zwi Rosen

Heuss, Theodor
Geb. 31. 1. 1884 in Brackenheim;
gest. 12. 12. 1963 in Stuttgart

Als erster Bundespräsident der Bundesrepublik Deutschland (1949–1959) verlieh H. mit seiner Persönlichkeit diesem vom Bonner Grundgesetz bewußt unpolitisch angelegten Amt Würde und Autorität. Sein von Parteineutralität geprägter Amtsstil inspirierte das reale

Verfassungsleben der jungen Bonner Republik mit demokratischer Gesinnung, so daß er als »erster Mann im Staate« die Demokratie festigte, die politische Kultur des jungen westdeutschen Staates positiv beeinflußte und das Ansehen der Bundesrepublik in der internationalen Politik stärkte.

Das Leben des Politikers, Publizisten und Gelehrten, insbesondere seine Verdienste als Verfechter liberal-demokratischen Denkens zu Beginn unseres Jahrhunderts, zur Zeit der Weimarer Republik und während der NS-Zeit wurde dagegen in vielen Lebensbeschreibungen in den Hintergrund gedrängt. Doch gerade die Berücksichtigung der Lebensgeschichte des politischen Lehrers und Schriftstellers H. im Kontext deutscher Zeit- und Geistesgeschichte zeigt die kontinuierliche Weitergabe demokratischen Gedankengutes im deutschen Bürgertum.

H.' Engagement für eine freiheitlich orientierte politische Entwicklung in Deutschland war keinesfalls selbstverständlich, zieht man die politischen Umstände in Betracht, die H.' Kinder- und Jugendjahre bestimmten: Die Monarchie stand in Deutschland noch auf festen Fundamenten, als er 1884 im württembergischen Brackenheim geboren wurde. Nach der mißlungenen Revolution von 1848 und der Gründung eines deutschen Nationalstaates 1871 waren republikanische und liberal-demokratische Strömungen in Deutschland eher die Ausnahme. Die württembergische Beamtenfamilie, aus der H. stammte, war demokratisch orientiert und kritisch gegenüber der Monarchie eingestellt. Richtungweisend für H.' späteres politisches Wirken wurde die Begegnung mit Friedrich Naumann im Jahre 1902 und dessen »Nationalsozialer Verein« (1896–1903).

So war es auch der mit Friedrich Naumann eng verbundene Nationalökonom Lujo Brentano, bei dem H. in München studierte. Als Naumann den

politischen Journalisten H. 1905 bat, in der Redaktion seiner Zeitschrift Die Hilfe in Berlin mitzuarbeiten, folgte H. dem Ruf. Die Zusammenarbeit mit Naumann beschränkte sich nicht auf das Journalistische: H. stand seinem Mentor auch zur Seite, als dieser 1907 in Heilbronn für die »Freisinnige Vereinigung« (1893–1910) kandidierte. Der Umgang mit Naumann führte in dessen Haus auch zur Begegnung mit Elly Knapp. 1908 heiratete H. die in Frauenfragen engagierte liberale Politikerin, Schriftstellerin und spätere Mitbegründerin des Müttergenesungswerkes. Die kirchliche Trauung nahm der Theologe, Arzt und Organist Albert Schweitzer in Straßburg vor.

Den politischen und geistigen Weg Naumanns begleitend, trat H. 1910 der liberalen »Fortschrittlichen Volkspartei« (1910–1918) bei und übernahm auf Wunsch seines Förderers von 1912 bis 1918 die Chefredaktion der Neckarzeitung in Heilbronn. Nach Ausbruch der Novemberrevolution 1918 kehrte H. nach Berlin zurück. Als Mitglied der am 20. November 1918 gegründeten und von Naumann geführten »Deutschen Demokratischen Partei« (DDP) befürwortete H. die Einführung der parlamentarischen Demokratie. Mit Sorge betrachtete er die Radikalisierung der politischen Linken, die nach seiner Ansicht dem Beispiel der bolschewistischen Revolution in Rußland folgte. Über die Ereignisse vom 9. November 1918 urteilte er wenige Jahre später so: »Die Novemberrevolution vollzog sich ohne staatspolitisches Gedankensystem. Wohl gab ihr der Sozialismus den Namen, in ihren seelischen Tiefen war sie individualistische Auflehnung gegen die Übersteigerung des staatlichen Zwangswillens, Befreiungsorgiasmus aus Erschlaffung der Gemeinschaftskräfte«.

In der Weimarer Republik engagierte sich H. als Hochschullehrer, Publizist und Parteipolitiker: 1920 wurde er Dozent an der von Naumann gegründeten »Hochschule für Politik« (unter Naumann noch »Staatsbürgerschule«) und Stadtverordneter in Berlin; von 1924 bis 1928 (für die DDP) und von 1930 bis 1933 (für die »Deutsche Staatspartei«, zu der die DDP im Juli 1930 mutiert war) gehörte er dem Reichstag an. Berühmt wurde seine Reichstagsrede von 1932, in der er vor einer Machtergreifung der Nationalsozialisten warnte. Im selben Jahr wies er auf die Gefahren des Nationalsozialismus in seinem Buch *Hitlers Weg* hin.

Als Adolf Hitler 1933 tatsächlich an die Macht gekommen war, verlor H. binnen weniger Wochen sein Lehramt an der Hochschule, nachdem er am 23. März zusammen mit seinen Fraktionskollegen Reinhold Maier (dem späteren Ministerpräsidenten von Baden- Württemberg), Ernst Lemmer (dem späteren Bundesminister), Heinrich Landahl (dem späteren Hamburger Schulsenator) sowie Hermann Dietrich (dem früheren Reichsminister) dem Ermächtigungsgesetz zugestimmt hatte. H. wollte ablehnen, schloß sich dann aber aus Fraktionsdisziplin den anderen an. Nach dem Kriege bezeichnete er öffentlich dies Verhalten als den größten Fehler seines politischen Lebens.

Noch bis 1936 gab H. *Die Hilfe* in Berlin heraus. 1937 veröffentlichte er eine Biographie über *Friedrich Naumann*. Auch eine ausführliche Lebensbeschreibung von Robert Bosch entstand in dieser Zeit (*Robert Bosch. Leben und Leistung.* 1946).

Das Kriegsende erlebte H. in Heidelberg, wohin er 1943 gezogen war. Hier brachte der politische Journalist die *Rhein-Neckar-Zeitung* heraus, bevor er als Kulturminister 1946–1949 in die württembergisch-badische Landesregierung aufgenommen wurde. Als sich im Dezember 1948 in Heppenheim die liberalen demokratischen Parteien der Westzonen zur »Freien Demokratischen Partei« (FDP) zusammenschlossen,

wurde H. ihr erster Vorsitzender. Seit 1948 war er auch Professor an der Technischen Hochschule in Stuttgart und Abgeordneter des Parlamentarischen Rats in Bonn, wo er entscheidenden Anteil an der Gestaltung des Grundgesetzes hatte. 1949 in den ersten Bundestag gewählt, übernahm H. dort den Vorsitz der FDP-Fraktion. Am 12. September 1949 wählte ihn die Bundesversammlung zum ersten Bundespräsidenten.

Als Bundespräsident hat H. wie sein späterer Nachfolger Gustav Heinemann, wenngleich mit weniger Erfolg, wiederholt auf verschüttete liberale und demokratische Traditionen in Deutschland hingewiesen und eine demokratische »Legendenbildung« angemahnt: »Auch die deutsche Geschichte kennt ihre inneren Freiheitskämpfe, die großen Bauernkriege im Beginn des sechzehnten Jahrhunderts, die studentischen Bewegungen nach 1815, nach 1830, den großartigen Versuch von 1848/49 (...). Auch der Widerstand des preußischen Landtags gegen den neuen Ministerpräsidenten Bismarck gehört in diese Reihe (...). Konkret gesprochen: die innerdeutschen Freiheitskämpfe sind eine Abfolge von Niederlagen und entbehren damit der ein Volksbewußtsein prägenden Legendenbildung (...) derlei fehlt den Deutschen« (*Friedrich Naumann und die deutsche Demokratie*, 1960).

Auch wenn H. als Bundespräsident die »große Politik« kaum mitgestalten konnte, so verkörperte er mit seinem politischen Engagement und mehr noch mit seiner Bereitschaft, sein eigenes Versagen gegenüber dem NS-Regime offen einzugestehen, eine geistig-politische Haltung, die in der Bundesrepublik der fünfziger Jahre selten war.

Literatur: Eksteins, M.: Theodor H. und die Weimarer Republik. Ein Beitrag zur Geschichte des deutschen Liberalismus. Stuttgart 1969. – Hess, J.C.: Theodor H. vor 1933. Ein Beitrag zur

Geschichte des demokratischen Denkens in Deutschland. Stuttgart 1973.

Reiner Albert

Heymann, Lida Gustava
Geb. 15. 3. 1868 in Hamburg;
gest. 31. 7. 1943 in Zürich

Zusammen mit ihrer Freundin und Mitstreiterin Anita Augspurg gehörte H. zum linken Flügel der deutschen bürgerlichen Frauenbewegung. Beide standen an der Spitze des Deutschen Zweiges der von ihnen mitbegründeten Internationalen Frauenliga für Frieden und Freiheit (IFFF), traten zunächst vor allem als engagierte Streiterinnen für das Wahlrecht der Frauen hervor und widmeten seit dem Ausbruch des Ersten Weltkrieges ihr weiteres Leben ganz wesentlich dem Kampf gegen den Krieg und für »völkerversöhnende Frauenarbeit«, d. h. der Einbeziehung der Frauen in die Friedensbewegung. Für H. war der Weg in die Frauen- und Friedensbewegung zugleich der Weg eines Mädchens aus großbürgerlichem Hause in den Kreis derer, die ihres demokratischen und sozialen Engagements wegen in stetem Konflikt mit der bürgerlichen Gesellschaft lebten, von den Mächtigen als »vaterlandslos« denunziert und vielfach auch von jenen mißverstanden, denen das Engagement galt.

H.s Vater hatte als Hamburger Großkaufmann im Kaffeehandel ein großes Vermögen erworben, ihre Mutter war auf einem sächsischen Rittergut aufgewachsen. Die Kindheit verlief in einer Atmosphäre bürgerlicher Wohlhabenheit in einem »Riesenhaus« im Hamburger Vorort Harvestehude. Bonnen, Gouvernanten und Lehrer erschienen dem sensiblen Mädchen lediglich dazu da zu sein, »uns Kinder zu quälen«. Auch der Besuch der Kreuslerschen höheren Töchterschule in der Hansestadt und des »Rosebery Houses« in Dresden verlief nicht ohne Konflikte, bei denen

sich der Gerechtigkeitssinn H.s und ihr Unmut über religiöse Scheinheiligkeit regten. Weitere elf Jahre – bis zum Tode des Vaters 1896 – verbrachte H. in ihrem Elternhaus, »in stetem Widerspruch zu meiner Umgebung«, wie sie später schrieb. Tiefen sozialen Gegensätzen begegnete sie namentlich auf dem Gut ihres Schwagers, eines pommerschen Landjunkers, und auch an einer Hamburger Armenschule, an der sie eine Zeitlang als Lehrerin unterrichtete.

Nach dem Tode des Vaters mietete H. in Hamburgs bester Geschäftsgegend Räume, in denen sie einen Mittagstisch für arbeitende Frauen und einen Kinderhort einrichtete. Unentgeltlich versorgte der Mittagstisch beim großen Hamburger Hafenarbeiterstreik 1896 Frauen und Kinder von Streikenden. Eine von H. eröffnete Beratungsstelle für Frauen, die sich vor allem der Berufstätigen annahm und eine rege soziale Hilfstätigkeit entwickelte, geriet bald mit der Geschäftswelt und Behörden in Konflikt, bei denen H. nur noch als »verrücktes Frauenzimmer« galt. Der sozialen Aktivität H.s diente als finanzielle Grundlage der sechs Millionen Mark umfassende Nachlaß ihres Vaters, den sie – auch im Interesse anderer Familienmitglieder – mit wachem Geschäftssinn verwaltete.

H. gründete in den letzten Jahren vor der Jahrhundertwende in Hamburg mehrere Vereine mit sozialer und frauenrechtlerischer Zielsetzung, darunter den Verein »Frauenwohl«, der die Forderung nach Gleichberechtigung der Frau auf allen Gebieten erhob. »Wir radikalen Frauen«, schrieb sie später, auf jene Zeit zurückblickend, »waren bei allem heiligen Ernst für die Sache eine lustige Arbeitsgemeinschaft, der nichts von dem Gouvernantenhaften, Geschraubten der alten Frauenvereine anhaftete«.

In das Jahr 1896 fiel die erste Begegnung H.s mit Anita Augspurg. Mit ihr blieb sie das ganze weitere Leben aufs engste verbunden. Beide Frauen, wohl auch durch eine lesbische Liebe vereint, zogen zusammen und wohnten zuerst in München, dann in einem Haus bei Irschenhausen im Isartal, später eine Zeitlang auf dem Siglhof beim oberbayerischen Peissenberg und später auf »Burg Sonnensturm« bei Icking. Sie betrieben landwirtschaftliche und gärtnerische Arbeiten, unternahmen Wanderungen und Reisen – und widmeten sich gemeinsamer Tätigkeit in der Frauenbewegung. In dieser vollzog sich um die Jahrhundertwende ein bald deutlich wahrnehmbarer Differenzierungsprozeß, der sich vor allem aus der unterschiedlichen Stellung seiner einzelnen Organisationen und Repräsentantinnen zur Forderung nach dem Frauenwahlrecht ergab, aber auch zur sogenannten sexuellen Frage und anderen Problemen. Der 1902 von Augspurg gegründete Deutsche Verein für Frauenstimmrecht verfocht engagiert die Forderung nach dem Wahlrecht; viele der im Bund Deutscher Frauenvereine (BDF) zusammengeschlossenen bürgerlichen Frauenvereinigungen lehnten sie hingegen bis 1917/18 ab. 1899 bildete sich – unter maßgeblicher Mitwirkung H.s – als Dachorganisation der »radikalen« Frauenorganisationen der Verband fortschrittlicher Frauenvereine, der umfassende Forderungen nach der Gleichberechtigung der Frau in der bürgerlichen Gesellschaft erhob und in starkem Maße feministische, patriarchalismuskritische Positionen bezog. H. und Augspurg wirkten in Rede und Schrift für das Frauenwahlrecht, das von allen Parteien außer der SPD und der linksliberalen Demokratischen Vereinigung abgelehnt und erst durch die Novemberrevolution verwirklicht wurde.

Bereits vor 1914 hatten H. und Augspurg die bürgerliche Friedensbewegung unterstützt. Bei Ausbruch des Ersten Weltkrieges, inmitten der von ihnen als unerträglich empfundenen Kriegspsychose richteten die beiden einen Appell an die Frauen der neutralen Länder für die Einberufung einer Frauenkonferenz gegen den Krieg. Resonanz fand der Appell bei holländischen Frauen; es vergingen jedoch noch mehrere Monate, bevor der Internationale Frauenkongreß im Haag (April 1915) stattfand. H. und Augspurg nahmen zusammen mit 26 weiteren deutschen Frauen daran teil. In Deutschland stießen sie damit – besonders in der bürgerlichen Frauenbewegung – auf scharfe Ablehnung. Das bayerische Kriegsministerium forderte H. als Leiterin der Münchener Ortsgruppe des Deutschen Frauenstimmrechtsbundes auf, ihre Antikriegsagitation zu unterlassen. Das Ministerium veranlaßte eine Hausdurchsuchung, verhinderte eine zweite Reise nach Holland und sorgte schließlich – im März 1917 – sogar dafür, daß H. aus Bayern ausgewiesen wurde. Ihre pazifistischen Bestrebungen galten als Gefährdung der öffentlichen Sicherheit und dem »nationalen Interesse widersprechend«.

Dennoch gelang es H., den Deutschen Frauenausschuß für dauernden Frieden – 1917 mit Verbindungen in 29 Städten – mitzubegründen und durch aktives Eintreten für einen sofortigen Frieden ohne Annexionen in der von zunehmender Kriegsmüdigkeit geprägten weiblichen Bevölkerung immer stärkere Resonanz zu finden. Doch stieß sie auch auf immer schärferen Widerspruch bei den alldeutschen Verfechtern eines »Siegfriedens«, die gegen die Pazifistinnen eine regelrechte Haßpropaganda entfesselten.

H. reiste von Hamburg zurück nach München, nachdem die Novemberrevolution 1918 ausgebrochen und in Bayern die Republik proklamiert worden war. Am 29. November 1918 suchte sie gemeinsam mit Augspurg Kurt Eisner auf, um ihn ihrer Unterstützung zu versichern. Gemeinsam mit dem Sozialisten kandidierte sie für die Nationalversammlung. Sie erlebte den Vormarsch der Gegenrevolution gegen die Münchener Räterepublik, deren Frauenreferat von ihrer Freundin Gertrud Baer geleitet wurde. Der aus der Revolution hervorgegangenen Republik begegnete sie zunehmend kritisch. Im Februar 1933 schrieb H.: »Nein, seit Dezember 1918 geht alle Gewalt nicht vom Volke aus, sondern von denen, welche über die höchsten Geldmittel verfügen, das größte Maul und die größte Geschicklichkeit haben, durch Entstellung der Tatsachen, Intrigen und Lügen das deutsche Volk irre zu führen.«

Die Jahre nach 1919 galten der Arbeit vor allem für die deutsche Organisation der »Internationalen Frauenliga für Frieden und Freiheit« (IFFF), die sich für weltweite Abrüstung und die Idee des Völkerbundes einsetzte, für tatkräftige Mitwirkung der Frauen in der internationalen Friedensbewegung. H. und Augspurg, die beiden Vorsitzenden des Deutschen Zweiges der IFFF, gaben die Zeitschrift *Die Frau im Staat* (seit 1919) heraus. Nach ihrer Auffassung war verantwortungsbewußte demokratische Mitarbeit der Frau im politischen Leben ein wichtiger Faktor der Friedenserhaltung. Den Parteien brachte H. erhebliches Mißtrauen entgegen, weshalb sie auch bei mehreren Wahlen für Frauenlisten eintrat. Den Versailler Vertrag verurteilte sie, barg er doch, wie sie schrieb, alle Keime künftiger Kriege in sich und förderte aufs neue den Chauvinismus. H. sprach sich auch gegen eine neue deutsche Kolonialpolitik aus und gegen jegliche Wiederaufrüstungsbestrebungen, die von deutscher Seite mit Forderungen nach »militärischer Gleichberechtigung« bemäntelt wurden.

Frühzeitig schon sah sich H. in München mit antidemokratischen Bestrebungen und dem Terror der NS-Bewegung konfrontiert. Gemeinsam mit Augspurg und anderen Frauen ersuchte sie, noch vor dem nationalsozialisti-schen Putsch vom November 1923, in einer persönlichen Unterredung den bayerischen Innenminister Franz Schweyer (Bayerische Volkspartei), den staatenlosen Adolf Hitler aus dem Freistaat auszuweisen – erfolglos. Im März 1931, nachdem der Nationalsozialismus zur Massenbewegung geworden war, forderte sie, »weiteste Aufklärung unter Frauen und Männern zu verbreiten über das hohle Phrasendreschen der Nationalsozialisten«. Sie selbst gab mit ihrem Wirken dafür das Beispiel.

Als das letzte Heft der *Frau im Staat* im März 1933 erschien, befanden sich die beiden Herausgeberinnen H. und Augspurg auf einer Reise in Spanien. Sie hatten Deutschland am 22. Januar 1933 verlassen und sollten es nach Hitlers Machtergreifung nicht wiedersehen. Das »Dritte Reich« konfiszierte H.s Vermögen. Frauen, die sie aus langjähriger Zusammenarbeit kannte, unterstützten sie und ihre Freundin im Exil. Die beiden bemühten sich noch immer um Aufklärung über die von den Nationalsozialisten ausgehenden Gefahren. Sie empfanden tief die Vergeblichkeit ihrer Bemühungen angesichts der Vehemenz, mit der die nationalsozialistische Aggressionspolitik an Terrain gewann. H. predigte tauben Ohren, als sie 1937 gemeinsam mit Gertrud Baer dem britischen Völkerbundsgesandten Henderson in Genf die Gefahren deutlich zu machen versuchte, die von Hitlers Aufrüstung ausgingen. »Ein Teil der Menschheit ist krankhaft hypnotisiert, befindet sich wie von einem Schraubstock fest umklammert«, schrieb sie 1941 in den gemeinsam mit Augspurg verfaßten Erinnerungen (die erst 1972 unter dem Titel *Erlebtes – Erschautes* im Druck erschienen, herausgegeben von Margrit Twellmann), »ein anderer vegetiert dahin unter einem schweren Alp: Ernte einer bösen teuflischen Saat. Wann endlich wird sich der Bann lösen?«

Literatur: Arendt, H.-J.: Der Deutsche

Zweig der Internationalen Frauenliga für Frieden und Freiheit 1915–1933, in: Wissenschaftliche Zeitschrift der Pädagogischen Hochschule »Clara Zetkin« Leipzig, H. 1 (1981), S. 53–61. – Gelblum, A.: Feminism and Pacifism. The Case of Anita Augspurg and Lida Gustava Heymann, in: Tel Aviver Jahrbuch für deutsche Geschichte, Bd. XXI. Gerlingen 1992, S. 207–225. – Hering, S.; Wenzel, C.: Frauen riefen, aber man hörte sie nicht. Die Rolle der deutschen Frauen in der internationalen Frauenfriedensbewegung zwischen 1892 und 1933 (Schriftenreihe des Archivs der deutschen Frauenbewegung, Bd. 1). Kassel 1986. – Weiland, D.: Geschichte der Frauenemanzipation in Deutschland und Österreich. Biographien, Programme, Organisationen. Düsseldorf 1983, S. 128–132.

Hans-Jürgen Arendt

Hippler, Wendel
Geb. um 1465 in Neuenstein, (Grafschaft) Hohenlohe; gest. 1526 oder später im Kerker des Heidelberger Schlosses

H. entstammte dem städtischen Bürgertum in Neuenstein; sein Vater stand im Dienst des Grafen von Hohenlohe. 1482 studierte H. an der Universität Leipzig, drei Jahre später trat er in die Dienste des Grafen von Hohenlohe, seit 1496 war er Sekretär der Kanzlei. Im obersten Verwaltungsamt beim Ausbau der Territorialherrschaft wurde H. ein gründlicher Kenner des Rechts und hatte stets einen Blick über die Fachgrenzen hinaus. Dem Grafen half er, das üppige Leben der Öhringer Stiftsherren einzuschränken und das Stift zu reformieren. Deshalb beklagten sich die Stiftsherren beim Würzburger Bischof: »Wendel, Schreiber, hat uns siegelbrüchig gescholten und gesagt, wir seien der Ehre nicht wert, uns Reverenz zu erweisen. Er ist auch mit bedecktem Haupt vor uns getreten.«

Götz von Berlichingen, schwäbischer Raubritter, der durch H.s Vermittlung im April 1525 Befehlshaber des Neckartal-Odenwälder Bauernhaufens wurde, urteilte in seinen Erinnerungen: »Wendel Hippler, ein feiner geschickter Mann und Schreiber, wie man selten einen im Rat finden wird, war auch Hohenlohischer Kanzler gewesen«. H. heiratete eine Frau aus der ersten Familie Heilbronns. Mit seinen beträchtlichen Einnahmen erwarb er Grundbesitz und betrieb die Rodung der letzten wilden Landstriche auf den Hohenlohischen Höhen. Er kaufte Äcker und Wiesen und legte in der Nähe von Städten große Weiher an, um Fische für den städtischen Markt zu züchten. In Öhringen besaß er eine Walkmühle, brachte Wald und Land beim heutigen Finsterrot (bei Heilbronn) in seinen Besitz, baute darauf einen Hof und eine Schankwirtschaft und errichtete eine Glashütte. Für dieses Gut ließ sich H. vom Kaiser einen Freibrief geben. Von seinem Hof aus wollte er den Status eines reichsunmittelbaren Ritters erlangen. Diese Pläne scheiterten, als H. in Streitigkeiten der beiden Grafen von Hohenlohe hineingezogen wurde und man ihn zum Verkauf zweier anderer Höfe zwang.

Für seine Glashütte ließ H. auf dem Fluß Kocher Holz heranschaffen und legte zwei Holzlager an. Diese Unternehmertätigkeit alarmierte die Hohenloher Fürsten. Der Graf ließ einfach den Hof überfallen, die Wirtschaft schließen und das Holz beschlagnahmen. Von da an folgte ein langes nutzloses Prozessieren. Am Ende verlor H. fast alles, zog zu den ihm wohlgesonnenen Grafen von Löwenstein und trat in die Dienste der Kurpfalz. 1522/23 amtierte er als Landschreiber im kurpfälzischen Neustadt an der Haardt (jetzt Weinstraße), lebte dann in der Residenzstadt Heidelberg und war als Advokat für den ritterschaftlichen Adel tätig, der an einer Reform des sozialen Gefüges interessiert war. 1524 wohnte er bei seinem Schwiegervater in Wimpfen und vertrat vor dem Reichsgericht in Eßlingen hohenlohische Bauern gegen ihre Grafen. So gewann er Vertrauen bei den späteren Sprechern der Bauernbewegung. Im Februar 1525, kurz vor Ausbruch der Bauernrevolution, sagte H. in Weinsberg zu einem Landsknecht mit Anspielung auf ein verschwörerisches Treffen: »Ich bin an einem Ort gewesen, da habe ich deine Herren zu Werk geschnitten, daran sie dies Jahr zu arbeiten haben werden«, und er fügte siegessicher hinzu, daß man dieses Jahr um Öhringen noch etliche Wiesen »kaufen« könne. H. wurde der politische Kopf des Odenwälder Bauernhaufens. Seine Motivation, sich der Bauernrevolution anzuschließen, beschrieb er später in der Haft: er habe die Ungerechtigkeiten von seiten der Bauern nicht gebilligt, und beabsichtigt, etwas »Nützliches zu erheben, mit Hilfe anderer die auch wohl vorhanden, denn nit alle, so bei den Bauern, zu Bösem geneigt seien.« Etwas Nützliches: Damit meinte H. Kanzleitätigkeit für die Bauern, wie einst für den Grafen, die Entwicklung einer großen politischen Strategie, Verhandlungen mit Städten, kleinen Adeligen und großen Landesherren, um ein politisches Potential für eine Umgestaltung des Deutschen Reiches zusammenzubringen. Am 26. März begann sich bei Mergentheim der Odenwälder Haufen zu bilden, am 2. April folgten die Hohenloher Bauern in Öhringen bei Heilbronn. Vier Tage später zog der Bauer Jäcklein Rohrbach in Öhringen mit seinem aufständischen Heilbronner Haufen ein. Die sog. »Hohenloher Bauernartikel« nahmen neben den üblichen Forderungen der aufständischen Bauern, z. B. Abschaffung des Zehnten und des adeligen Jagdrechts, Herabsetzung des Zinsfußes und freie Pfarrerwahl, schon H.s weitreichende Idee auf: »Wenn eine gemeine Reformation durch weltliche oder geistliche Obrigkeiten würde geordnet oder gemacht, die dem evangelischen Gesetz und dem

Recht billig und gleichförmig wäre«, so sollten sie daran teilhaben. Es entsprach H.s Politik, zunächst die Grafen von Hohenlohe zur Annahme dieser Artikel aufzufordern. Erst als der vereinigte Haufen nach Schöntal zog, sahen sich die Grafen gezwungen einzuwilligen. Sie mußten sich »Bruder Albrecht und Bruder Georg« nennen lassen und die Bauern anhören: »Ihr seid nimmer Herren, sondern Bauern, und wir sind die Herren von Hohenlohe.«

Der Haufen zog nach Weinsberg, wo es zu einer Bluttat unter der Führung von Jäcklein Rohrbach kam, die zum Signum der Bauernrevolution verfälscht wurde: der Graf von Helfenstein und die Reste seiner Getreuen wurden nach Kriegsrecht durch die Spieße gejagt und umgebracht. Sofort distanzierten sich der Odenwälder Haufen und H. von dieser Tat, Rohrbach wurde ausgestoßen und mußte sich den Württembergern anschließen. Durch seine Tat war aber der Adel so eingeschüchtert, daß er sich vorerst in Scharen dem Bauernheer anschloß. Von Beginn an führte H. Verhandlungen mit der Ritterschaft. Als er am 24. April 1525 Götz von Berlichingen im Bauernrat zum obersten Feldhauptmann wählen ließ, regte sich erstmals Widerstand, gegen den H. sich aber durchsetzte. Das Heer zog weiter nach Amorbach, wohin H. ihm folgte. Hier trat am 4. und 5. Mai der Bauernrat zusammen und verabschiedete die Amorbacher Erklärung, die die *Zwölf Artikel* (veröffentlicht Mitte März 1525), das Manifest der gesamten Bauernschaft teils anpaßte, teils milderte, teils auf eine zukünftige Neuordnung des Reichs verschob. Die Bauernvertreter hatten an den vorbereitenden Beratungen aber nicht teilgenommen. H. agierte hierbei stets als Realpolitiker, der aber bis zuletzt der Sache der aufständischen Bauern treu blieb. Sein Siegel auf Briefen und Verträgen zeigte vor gekreuzten Dreschflegeln, Spaten und Hammer den Spruch: »Das Wort Gottes bleibt ewig.«

Unter H. bekam der Bauernrat Regierungsgewalt, sprach Recht und arbeitete an einem gesetzlichen Rahmen zur Gesellschaftserneuerung. H. erkannte schnell die strategische Lage, daß nämlich die einzelnen Bauernhaufen vom Heer des fürstlichen »Schwäbischen Bundes« leicht aufgerieben werden konnten. Daher ließ er durch Boten alle Haufen zu einem allgemeinen Bauernparlament nach Heilbronn einladen, um sich über das weitere Vorgehen zu beraten. Die Tagung, die am 12. Mai im Schöntaler Hof von Heilbronn begann, wurde von H. vorbereitet und geleitet. Angesichts der Gefahr, daß der Kaiser ausländische Söldner (trotz seines gegenteiligen Versprechens) zu seiner Unterstützung herbeischaffen könnte, plante H., noch mehr auswärtige Unterstützer und Mitkämpfer für die Reichsreform zu gewinnen. Um nicht kaiserliche Maßnahmen zu provozieren, sollten die bewaffneten Bauern sobald als möglich nach Haus geschickt werden. Dann sollte allein das Bauernparlament entscheiden, wann und wo die Reichsreform durchgeführt werde, ob Gelehrte, Bauern und Bürger dabei zu entscheiden hätten. H. schwebte eine lebendige Diskussion der Zukunftsfragen vor: Die bäuerlichen Abgesandten müßten ihre Beschwerden vorbringen, und den Herren wollte er das Recht zugestehen, durch ihre Räte »den Widerpart zu halten«. Auch wenn dieser Weg scheiterte, gelang H. doch mit seinem Versuch die größte politische Leistung während der Bauernrevolution.

Inzwischen war aber das fürstliche Heer des Schwäbischen Bundes nach seinem Sieg bei Böblingen im Anmarsch auf Heilbronn, so daß das dortige Bauernparlament sich schnell auflöste. Der Bauernhaufen zog nun über Miltenberg nach Würzburg, verlor dort viel Zeit und Leute vor der uneinnehmbaren Festung, kehrte um, kam bis Weinsberg und zog sich an die Tauber zurück. H. aber versuchte bis zuletzt, dem Bauern-

haufen Waffen und Bündnispartner zu verschaffen. Als in der Königshofener Schlacht vom 2. Juni 1525 alles für die schwäbischen Bauern verloren war, flüchtete er und schlug sich bis zur Reichsstadt Rottweil durch. Maskiert, »mit verstellter Nase und Kleidung«, besuchte er 1526 in Speyer den Reichstag. H. wurde darauf in Neustadt erkannt, festgenommen und im Kerker des Heidelberger Schlosses in Haft gesetzt. Dort starb er wahrscheinlich 1526.

Literatur: Franz, G.: Der deutsche Bauernkrieg. Darmstadt (10. Aufl.) 1974. – Wunder, G.: Wendel Hippler. Hohenlohischer Kanzler, Bauernführer, in: Schwäbische Lebensbilder, 6. Bd., Stuttgart 1957, S. 61–85.

Hellmut G. Haasis

Hirschfeld, Magnus
Geb. 14. 5. 1868 in Kolberg;
gest. 14. 5. 1935 in Nizza

H.s Engagement für soziale Gerechtigkeit stand in einer nahen Beziehung zur Mehrheitssozialdemokratie der Weimarer Republik. Vermutlich trat er während seiner Münchener Studienjahre 1889/90 der SPD bei, spätestens aber 1892, als er in Berlin zum Doktor der Medizin promovierte und zu August Bebel eine freundschaftliche Verbindung anknüpfte. Rückblickend berichtete er, daß die Lektüre von Bebels populärstem Werk *Die Frau und der Sozialismus* (1. Auflage 1879) zu seinen entscheidenden politischen Bildungserlebnissen gehört habe und daß er von Anfang an, also seit dem 1. Januar 1891, Abonnent des *Vorwärts* gewesen sei.

In den neunziger Jahren des 19. Jahrhunderts begannen einige kulturelle Themen und Projekte in der Arbeiterbewegung Beachtung zu finden, die man unter die Bezeichnung »Lebensreformbewegung« subsumieren könnte. Anfangs war H. hierbei engagiert, indem er als Mediziner Methoden der Naturheilkunde anwandte und propagierte (von 1896 bis 1900 war er neben seiner Arztpraxis Redakteur der Wochenschrift für naturgemäße Lebens- und Heilweise *Der Hausdoctor*). Aber bald schon entdeckte er die Sexualreform als Betätigungsfeld für sich und schuf hier seine wichtigsten Werke, die ihm den Ruf eines Pioniers der Sexualwissenschaft eintragen sollten. Zum Ausgangspunkt und bis zuletzt zum Zentrum seiner Tätigkeit als Schriftsteller, Forscher und politischer Kämpfer wählte er die Emanzipation homosexueller Männer von sozialer Diskriminierung und staatlicher Verfolgung. Dabei dürfte es eine Rolle gespielt haben, daß H. selbst homosexuell war. Der programmatische Titel seiner ersten sexologischen Arbeit von 1896 lautete deshalb auch: *Sappho und Sokrates, oder Wie erklärt sich die Liebe der Männer und Frauen zu Personen des eigenen Geschlechts?*, und seine Antwort auf diese Frage – daß es die Natur selbst sei, die Menschen mit angeborener Liebe zum gleichen Geschlecht hervorbringe – diente ihm zur Begründung der Forderung nach einem Ende der Repression gegen Homosexuelle. So wurde diese Broschüre zum Gründungsmanifest einer Homosexuellenbewegung, die sich am 14. Mai 1897 in Hirschfelds Charlottenburger Wohnung als »Wissenschaftlich-humanitäres Komitee« konstituierte und als erste spektakuläre Tat eine Petition an den Reichstag richtete, in der die Streichung des § 175 aus dem Reichsstrafgesetzbuch gefordert wurde. Dieser Paragraph, den man aus dem Strafrecht des autoritären Militärstaates Preußens ins preußisch dominierte neue Deutschland übernommen hatte, bedrohte die »widernatürliche Unzucht zwischen Personen des männlichen Geschlechts« mit bis zu fünfjähriger Gefängnisstrafe. Anscheinend war es H.s guten Beziehungen zur SPD-Spitze zu danken, daß nicht nur die führenden Sozialdemokraten die Petition unterzeichneten, der Parteivorsitzende Bebel begründete sogar in einer Rede vor dem Reichstagsplenum am 13. Januar 1898, warum er H.s Forderung nach Straffreiheit für homosexuelle Männer unterstützte.

Das »Wissenschaftlich-humanitäre Komitee«, dem H. seit der Gründung bis zum Jahre 1929 als Leiter bzw. Vorsitzender angehörte, verfolgte sein Ziel, den »Befreiungskampf der Homosexuellen« zu fördern, auf vielfältige Weise. Neben der immer wieder von neuem dem Reichstag eingereichten und mit einer wachsenden Zahl von Unterschriften versehenen Petition gegen den § 175 wurde eine systematische Öffentlichkeitsarbeit entfaltet und mit Vorträgen, öffentlichen Disputationsabenden, Traktaten und Broschüren die Bevölkerung über die Ungerechtigkeit der Homosexuellenverfolgung aufgeklärt. *Was soll das Volk vom dritten Geschlecht wissen?* heißt eine von H. verfaßte Schrift, die in der Kaiserzeit in zehntausenden Exemplaren Verbreitung fand. Daß sie nicht von den Zensurbehörden verboten wurde, zeugt von dem Geschick ihres Autors, der die wissenschaftliche und humanitäre Ernsthaftigkeit seiner Ziele sogar den Autoritäten des wilhelminischen Staates glaubhaft machen konnte. Als H. aber 1903 unter Studenten der Technischen Hochschule Charlottenburg eine Umfrage veranstaltete (*Richtet sich Ihr Liebestrieb auf weibliche, männliche oder weibliche und männliche Personen?*), wurde er in einem damals aufsehenerregenden Prozeß, der durch alle Instanzen bis zum Leipziger Reichsgericht ging, zu 200 Mark Geldstrafe wegen Beleidigung verurteilt. Wie er hier die obrigkeitlich festgelegte Grenze der Wissenschaftsfreiheit verletzte, so fast zwanzig Jahre später die Grenze der Kunstfreiheit, die der nun, 1919, demokratischere Staat errichtet hatte: Der Spielfilm *Anders als die Andern*, den H. zusammen mit dem Regisseur Richard Oswald produziert hatte, wurde wenige Wochen nach der Uraufführung verboten. Erstmals sollte hier mit filmischen Mitteln (die Geschichte eines Homosexuellen, der erst erpreßt, dann nach § 175 verurteilt und schließlich in den Selbstmord getrieben wird) die Rechtlosigkeit und Verfolgung der Homosexuellen angeprangert werden. Daß ein Film mit einer solchen Thematik überhaupt entstehen konnte, war durch den Wegfall der Zensur mit dem Zusammenbruch der Militärdiktatur und dem Abdanken des Kaisers möglich geworden; daß er aber nach wenigen Wochen schon wieder verboten wurde, ist symptomatisch für den Ausgang der Novemberrevolution, die entgegen den Hoffnungen, die auch H. hegte, in einem Kompromiß endete, den die Arbeiter- und Soldatenmacht mit den alten Kräften schloß.

Die Wochen der Novemberrevolution 1918 bis zu den Wahlen zur Nationalversammlung am 19. Januar 1919 waren in H.s Leben die politisch aktivste Phase. Er beteiligte sich nicht nur am Wahlkampf, indem er zahlreiche öffentliche Reden für die Mehrheits-SPD hielt, sondern er verfaßte auch, gemeinsam mit seiner Schwester Franziska Mann die Schrift *Was jede Frau vom Wahlrecht wissen muß!*. Er erarbeitete eine Denkschrift, die die Verstaatlichung des Gesundheitswesens forderte. Am 10. November 1918, einen Tag nachdem der Sozialdemokrat Philipp Scheidemann in Berlin die Deutsche Republik ausgerufen hatte, hielt H. auf dem Platz vor dem Reichstag in einer Versammlung des pazifistischen »Bundes Neues Vaterland« eine Ansprache, in der er zur Auflösung des Reichstags und zur Wahl einer Nationalversammlung aufrief und seine politischen Ansichten, so deutlich wie sonst nicht mehr, zum Ausdruck brachte; den Text der Rede hat er später in seinem *Jahrbuch für sexuelle Zwischenstufen* drucken lassen:»Bürger und Bürgerinnen der neuen deutschen Re-

publik! Wilhelm II. von Hohenzollern hat einmal gesagt: ›Unsere Zukunft liegt auf dem Wasser!‹ Er hat sicherlich nicht geahnt, wie dieses Wort einst Wahrheit werden würde. Auf dem Wasser der Ostsee lagen die Schiffe der Matrosen, die als erste die Fesseln des Militarismus zerbrochen haben, welcher zum Erdrücken schwer auf dem deutschen Volke lastete. Das sei ihnen gedankt und nie vergessen. Der ehemalige Kaiser hatte gehofft, an der Spitze seiner Truppen unter schwarzweißroten Fahnen durch das Brandenburger Tor als Sieger einzuziehen. Diese Hoffnung war eine trügerische. Gestern, an dem ewig denkwürdigen 9. November 1918, zog auch ein Sieger durch das Brandenburger Tor. Aber dieser Sieger war das freigewordene deutsche Volk und seine Fahne war die rote Fahne der deutschen Republik (...). Neben dem wahren Volksstaat mit echt demokratischem Aufbau wollen wir die soziale Republik. Sozialismus heißt: Zusammengehörigkeit, Gemeinsamkeit, Wechselseitigkeit, Weiterentwicklung der Gesellschaft zu einem einheitlichen Volksorganismus. Jeder für alle und alle für jeden! Und noch etwas Drittes wollen wir: Die Gemeinschaft der Völker, Bekämpfung des Völkerhasses und des nationalen Chauvinismus, Beseitigung der wirtschaftlichen und persönlichen Verkehrsbeschränkungen zwischen den Völkern, das Selbstbestimmungsrecht der Völker über ihre staatliche Zugehörigkeit und Regierungsform. Wir wollen Völkerschiedsgerichte und ein Weltparlament. In Zukunft soll es nicht mehr heißen: Proletarier, sondern Menschen aller Länder vereinigt Euch!«

Der Aufbruchseuphorie des Winters 1918/19 folgte schon bald die Ernüchterung. H. mußte nicht nur erleben, daß keines seiner Ziele (rechtliche und soziale Gleichstellung der Homosexuellen, der Frauen, der unehelich Geborenen, der Prostituierten und der Transsexuellen) in der Republik verwirklicht wurde, er selbst geriet mehr und mehr in die Position einer Symbolfigur für alles, was die Feinde der Demokratie für hassenswert hielten. 1920 verübten Rechtsradikale in München auf ihn ein Attentat, das er nur durch Zufall überlebte. Hitler nahm dies zum Anlaß, um ihm in öffentlichen Versammlungen die Beteiligung an einer jüdischen Verschwörung gegen das deutsche Volk zu unterstellen. Die zahllosen Propaganda-Angriffe, die Antisemiten und Konservative schon in der Kaiserzeit gegen H. geführt hatten, erreichten nun in den zwanziger Jahren kampagnenartige Ausmaße. Er publizierte zwar noch in Deutschland sein fünfbändiges Hauptwerk *Geschlechtskunde* (1925–30), verließ seine Heimat aber bereits 1930, zunächst um sich auf eine Weltreise zu begeben, dann aber, um für immer aus einem Land, in dem es bereits Millionen Hitler-Anhänger gab, zu emigrieren. Er starb 1935 am Tag seines 68. Geburtstags im Exil in Frankreich.

Literatur: Herzer, M.: Magnus Hirschfeld. Leben und Werk eines jüdischen, schwulen und sozialistischen Sexologen. Fankfurt/Main 1992. – Magnus-Hirschfeld-Gesellschaft (Hg.): Magnus Hirschfeld. Leben und Werk. Ausstellungskatalog aus Anlaß seines 50. Todestags veranstaltet von der Magnus-Hirschfeld-Gesellschaft 1985. Hamburg (2. Aufl.) 1992. – Wolff, Ch.: Magnus Hirschfeld. A Portrait of a Pioneer in Sexology. London, Melbourne, New York 1986.

Manfred Herzer

Horkheimer, Max

Geb. 14. 2. 1895 in Zuffenhausen bei Stuttgart; gest. 7. 7. 1973 in Nürnberg

H., jüdischer Unternehmersohn, schlug die großbürgerliche Karriere aus, die ihm vorgezeichnet schien. Gegen den Widerstand seines Vaters, des Zuffenhausener Textilfabrikanten Moses Hork-

heimer, setzte er nicht nur seine Verbindung mit dessen Privatsekretärin, Rose Riekher, seiner späteren Frau, durch, sondern auch den Plan, als Wissenschaftler eine akademische Karriere einzuschlagen anstatt die väterliche Fabrik zu übernehmen. Die geistigen Quellen von H.s zunächst verdecktem, dann literarisch und wissenschaftlich hervortretendem Protest gegen die kapitalistische Gesellschaft des 20. Jahrhunderts waren die sozial engagierte bürgerliche Literatur des 19. Jahrhunderts und die Philosophien der Aufklärung und Schopenhauers, schließlich die Marxsche Theorie. Zusammen mit seinem Freund Friedrich Pollock, mit dem ihn eine lebenslange Gemeinschaft verband, gehörte H. in den zwanziger Jahren zum Kreis um Felix Weil, einem vermögenden Wirtschafts- und Sozialwissenschaftler mit Kontakten zur KPD und führenden linken Intellektuellen, der als Mäzen die Gründung eines marxistisch inspirierten sozialwissenschaftlichen Forschungsinstituts ermöglichte, des »Instituts für Sozialforschung«. Es wurde 1924 eröffnet und widmete sich zunächst, unter der Leitung von Carl Grünberg, der Erforschung der Geschichte des Sozialismus.

Horkheimer hatte nach dem Studium der Psychologie, Philosophie und Nationalökonomie in München, Freiburg und Frankfurt 1922 bei Hans Cornelius in Philosophie promoviert. Bis zu seiner Habilitation in Philosophie 1925 war er dessen Assistent und von 1926 an Privatdozent an der Frankfurter Universität. Im Jahre 1930 wurde er dort zum Ordinarius für Sozialphilosophie ernannt und im folgenden Jahr Direktor des Instituts. Dort initiierte er das einzigartige Projekt einer interdisziplinären Zusammenarbeit von Gesellschaftswissenschaftlern und Philosophen an einer kritisch-materialistischen Theorie des gesamtgesellschaftlichen Verlaufs.

Deren Grundüberlegung war folgende: Der Anspruch des liberalen Bürgertums, den gesellschaftlichen Prozeß autonom zu gestalten, habe sich als Schein erwiesen und die politische und psychische Fixierung des Proletariats auf den bestehenden Zustand als Hindernis seiner revolutionären Selbstbefreiung. Daher folge das Gesellschaftssystem dem unkontrollierten ökonomischen Bewegungsgesetz der Moderne, welches die liberalistische bürgerliche Marktgesellschaft in eine autoritär beherrschte Kommandowirtschaft monopolistischer Trusts transformiere. Diese Entwicklung hänge funktional zusammen mit dem prekären Charakter der Demokratie, die für die Herrschaft des Bürgertums in einer bestimmten geschichtlichen Epoche notwendig sei, aber im weiteren historischen Verlauf der Aufrechterhaltung ökonomisch fundierter Herrschaft hinderlich werde.

Nur in der Verbindung von Philosophie, Sozialpsychologie, Gesellschafts- und Kulturtheorie war es nach Horkheimers Ansicht möglich, die objektiven und subjektiven Faktoren zu begreifen, die dazu führten, daß »die Menschheit, anstatt in einen wahrhaft menschlichen Zustand einzutreten, in eine neue Art von Barbarei versinkt« (Horkheimer/Adorno, *Dialektik der Aufklärung*, 1944 u. 1947, Neuausgabe 1969). Die inhaltliche und methodische Grundlagenreflexion sowie die materialen Studien der kritischen Theorie, die diesem Gedanken nachgingen, erschienen 1932–1941 in der *Zeitschrift für Sozialforschung*, die H. herausgab. Ihre Mitarbeiter waren u. a. Theodor W. Adorno, Walter Benjamin, Erich Fromm, Otto Kirchheimer, Leo Löwenthal, Herbert Marcuse, Franz Neumann, Friedrich Pollock und Karl August Wittfogel.

H.'s politischem Weitblick und wissenschaftspolitischem Geschick war es zu verdanken, daß rechtzeitig vor der »Machtübernahme« der Nationalsozialisten die Vorbereitungen für die Emigration getroffen waren. Im Januar 1933

besetzte die SA das Haus von H. und Pollock; im März 1933 wurde das Institut von der Polizei geschlossen und im Mai dem »Nationalsozialistischen Studentenbund« überlassen. Pollock hatte das Stiftungsvermögen bereits ins Ausland transferiert. H.s Kontakte ermöglichten es, daß das Institut, nachdem es zunächst in seinen Zweigstellen in Paris und London weiterarbeiten konnte, 1934 in New York an der Columbia University wiedererrichtet wurde. Die Zeitschrift erschien bis 1939 in Paris als wichtigstes Organ kritischer Wissenschaft im zunehmend faschistisch kontrollierten Europa. In Paris wurde auch die kollektive Forschungsarbeit *Studien über Autorität und Familie* (1936) publiziert, die unter Leitung H.s mit Beiträgen u. a. von Erich Fromm und Herbert Marcuse entstanden war.

In den dreißiger Jahren war H. dem Problem der ausstehenden Verwirklichung des Sozialismus nachgegangen: Dazu gebe es in der bürgerlichen Gesellschaft zwar Ansätze, letztlich aber komme es auf die bewußte und gewollte, befreiende Tat der Unterdrückten an. Dabei grenzte er sich stets von der sowjetmarxistischen Umfälschung der Theorie von Marx in eine neue Herrschaftsideologie ab. Unter dem Eindruck der neuen Erfahrung, daß sich die Welt zu einem in zwei Blöcke aufgeteilten, universalen und hermetischen Herrschaftszusammenhang zusammenzuschließen schien, wandte sich H. in den vierziger Jahren zunächst der Theorie des »autoritären Staats« zu, den er nicht als historischen Bruch, sondern als Konsequenz der wirtschaftsliberalistischen bürgerlichen Demokratie begriff: »Wer (...) vom Kapitalismus nicht reden will, sollte auch vom Faschismus schweigen. (...) die totalitäre Ordnung ist nichts anderes als ihre Vorgängerin, die ihre Hemmungen verloren hat. Wie alte Leute zuweilen so böse werden, wie sie im Grunde immer waren, nimmt die

Klassenherrschaft am Ende der Epoche die Form der Volksgemeinschaft an. (...) Der Faschismus ist die Wahrheit der modernen Gesellschaft« (*Die Juden und Europa*, 1939). Schließlich widmete er sich, zusammen mit Adorno, der ihm 1940 von New York nach Los Angeles gefolgt war, der geschichtsphilosophischen Untersuchung der verhängnisvollen Verstrickung von Vernunft und Herrschaft und ihrer Grundlage, der Naturbeherrschung. Die Verschiebung von der Ökonomiekritik zur Vernunft- und Herrschaftskritik führte nun zu einer stärker philosophischen Akzentuierung. Das fand seinen Ausdruck in H.s Werk *Eclipse of Reason* (1947; dt. 1967 unter dem Titel *Zur Kritik der instrumentellen Vernunft*) und in der, wie bereits erwähnt, gemeinsam mit Adorno verfaßten *Dialektik der Aufklärung* (1944). Daneben wirkte H. in New York als Direktor der wissenschaftlichen Abteilung des »International Jewish Committee« federführend an einem interdisziplinären Forschungsprojekt zum Antisemitismus mit, aus dem die berühmten fünfbändigen *Studies in Prejudice* (ab 1949) hervorgingen.

Als sich nach der Zerschlagung des Nationalsozialismus die Möglichkeit bot, wieder in Deutschland zu arbeiten, kehrte H. mit Adorno nach Frankfurt zurück. 1949 wurde er erneut Ordinarius für Sozialphilosophie; 1950 wurde das Institut wieder eröffnet. H. entfaltete nun noch einmal sein wissenschaftspolitisches Genie, um den Forschungsarbeiten des Instituts und der kritischen Theorie internationale gesellschaftliche und akademische Geltung zu verschaffen. 1951 bis 1953 war er Rektor der Frankfurter Universität, 1954 bis 1959 Gastprofessor für Soziologie an der University of Chicago. 1959 zog er sich als Emeritus nach Montagnola zurück. Person und Lebenswerk sind mit zahlreichen Auszeichnungen gewürdigt worden: 1953 erhielt er die Goethe-Plakette, 1960 die Ehrenbürgerschaft der Stadt Frankfurt, 1971 in Hamburg den Lessing-Preis.

Sein theoretisches Interesse galt in den letzten Jahrzehnten der Bewahrung und Erweiterung der inneren und äußeren Spielräume des Individuums, dessen prekäre Position H. geschichtsphilosophisch und soziologisch immer wieder herausarbeitete. Das freie, autonome, urteils- und handlungsfähige Individuum war in der Entfaltung und Blütezeit der bürgerlichen Gesellschaft substantiell notwendig als Subjekt liberalistischer Ökonomie und freiheitlich-demokratischer Politik. In der Epoche der weltweit expandierenden »Rackets« und Monopole, also der wirtschaftlichen Machtcliquen und ihrer totalitären politischen Gewährsleute, ist es dagegen objektiv überflüssig geworden. In seinem Vorwort zur Neuausgabe seiner Aufsätze aus der *Zeitschrift für Sozialforschung* unter dem Titel *Kritische Theorie. Eine Dokumentation* (1968), der H. erst nach langem Zögern zustimmte, nachdem die Texte von Vertretern der studentischen Protestbewegung als Raubdrucke verbreitet worden waren, beschrieb er sein Verhältnis zur Demokratie in einer Zeit, als sie in der Bundesrepublik starken Erschütterungen ausgesetzt war: »Der Schrecken, mit dem der Lauf zur rationalisierten, automatisierten, verwalteten Welt sich vollzieht, (...) gehört zum Kampf der Blöcke zur Zeit der internationalen technischen Angleichung. Die Epoche tendiert zur Liquidation alles dessen, was mit der, wenn auch relativen, Autonomie des Einzelnen zusammenhing. (...) Nicht wenige meiner Impulse sind denen der Jugend in der Gegenwart verwandt, Sehnsucht nach dem Besseren, nach der richtigen Gesellschaft, mangelnde Anpassung an das Bestehende. (...) Der Unterschied betrifft das Verhältnis zur Gewalt, die in ihrer Ohnmacht den Gegnern gelegen kommt. Offen zu sagen, die fragwürdige Demokratie sei bei allen Mängeln immer noch besser als die Diktatur, die ein Umsturz heute bewirken müßte, scheint mir jedoch un der Wahrheit willen notwendig zu sein. Trotz ihrer Parteinahme für die russische Revolution hatte (...) Rosa Luxemburg vor fünfzig Jahren bereits die ›von Trotzki und Lenin gefundene (...) Beseitigung der Demokratie überhaupt‹ ein Hilfsmittel genannt, ›noch schlimmer als das Übel, dem es steuern soll‹. Die begrenzte ephemere Freiheit des Einzelnen im Bewußtsein ihrer zunehmenden Bedrohung zu schützen, zu bewahren, womöglich auszudehnen, ist weit dringlicher, als sie abstrakt zu negieren oder gar durch aussichtslose Aktionen zu gefährden.«

Der späte H. war »geneigt, die westliche Demokratie nun eher als Bollwerk gegen den Faschismus hochzuhalten, statt in ihr eher die Oberfläche jener kapitalistischen Gesellschaftsformation zu sehen, deren Tendenz zum autoritären Staat ihn in den dreißiger Jahren so erschreckt hatte« (Ch. Türcke). Seine Besorgnis um die bedrohten Errungenschaften des bürgerlichen Zeitalters ergab auch eine Reihe falscher Freundschaften und Parteinahmen: etwa für Kennedy, den vermeintlichen Märtyrer der Freiheit, für die US-amerikanische Intervention in Vietnam, für die Pillenenzyklika des Papstes, aber gegen den »Sozialistischen Deutschen Studentenbund« (SDS) und gegen das politische Engagement Herbert Marcuses. Doch dadurch wird sein Beitrag zur kritischen Theorie der Gesellschaft in der zweiten Hälfte des 20. Jahrhunderts nicht kompromittiert. H. führte seit der Rückkehr nach Deutschland ein intellektuelles Doppelleben: Seine exoterischen Reden und Schriften seit der Nachkriegszeit bestärkten, was die Stabilisierung der Demokratie und den Widerstand gegen die antidemokratischen Kontinuitäten unterstützte. Seine esoterischen Aufzeichnungen (*Notizen*, 1974) sind dagegen von tiefer Skepsis erfüllt. Sie machen sich über die Chancen von Demo-

kratie und Freiheit in Deutschland und in der »verwalteten Welt« keine Illusionen. Daher seine doppelte Wirkung: als humaner Pädagoge, der die Kraft zum Widerstand in den Individuen gestärkt hat, und als unbestechlicher Schriftsteller, dessen Melancholie seine Einsicht in den geschichtlichen Verlauf schärfte. Mit seiner immanenten Kritik der bürgerlichen Demokratie und mit seiner »linken Variante« der Totalitarismustheorie, die sich nicht scheute, die Gemeinsamkeiten von Faschismus und autoritärem Staatssozialismus beim Namen zu nennen, bewies H. politischen Weitblick. Die Auflösungsprozesse der Ostblockstaaten haben gezeigt, daß die abstrakte Negation demokratischer Errungenschaften kein Weg zur Überwindung der inneren Widersprüche der Demokratie sein kann.

Literatur: Schmidt, A.: Zur Idee der Kritischen Theorie. Elemente der Philosophie Max Horkheimers. Frankfurt/ Main, Berlin, Wien 1979. – Schmidt, A.; Altwicker, N. (Hg.): Max Horkheimer heute: Werk und Wirkung. Frankfurt/ Main 1986. – Türcke, Ch.; Bolte, G.: Einführung in die kritische Theorie. Darmstadt 1994. – Wiggershaus, R.: Die Frankfurter Schule. München 1988.

Gerhard Schweppenhäuser

Imbusch, Heinrich
Geb. 1.9.1878 in Oberhausen;
gest. 16.1.1945 in Essen

»Wir wollen keine Rückkehr zu der Zeit, wo es nur Untertanen gab und einige Herrschende, sondern wir wollen Freiheit, Gleichberechtigung, und wir wollen unseren gerechten Anteil an den Wirtschafts- und Kulturgütern«. So rief I. auf der letzten Generalversammlung des christlichen Bergarbeiterverbandes im März 1933.

I., als Sohn eines Haus (»Kotten«) und Grund besitzenden »Kötterbergmanns« im westlichen Ruhrgebiet geboren, folgte nach der Schulentlassung dem Vater und dem älteren Bruder in den Bergbau. Als Neunzehnjähriger trat I. 1897 dem drei Jahre zuvor gegründeten »Gewerkverein christlicher Bergarbeiter« bei und wurde nach dem großen Ruhrbergarbeiterstreik von 1905 als Redakteur des Verbandsorgans angestellt. Das kirchlich geprägte Milieu der katholischen Arbeiter des Ruhrreviers, in dem I. aufwuchs und erste gewerkschaftliche und politische Aufgaben übernahm, bildete den Nährboden der katholischen Arbeiterbewegung und der christlichen Gewerkschaften. Die nachwachsende Arbeitergeneration der Jahrhundertwende war nicht gewillt, sich unter die Vormundschaft der traditionellen Wortführer des politischen Katholizismus stellen zu lassen. Die erbitterten Auseinandersetzungen, die die jungen katholischen Arbeiter mit der Kirche hatten, hinterließen ebenso deutliche Spuren in I.s Denken und Handeln wie das konfliktgeladene Arbeitsklima im Ruhrbergbau und die schroffe Konfrontation, mit der die Ruhrunternehmer den Gewerkschaften begegneten. Die alltägliche Diskriminierung der Arbeiter durch Polizei, Justiz und Verwaltungsbehörden tat ein übriges, um der von I. vertretenen Formel von der Gleichberechtigung des »Arbeiterstandes« in Wirtschaft, Staat und Gesellschaft einen sehr konkreten Erfahrungshintergrund zu geben. Schon in den Jahren vor dem Ersten Weltkrieg formulierte I. im Verbandsorgan, auf Generalversammlungen und in diversen Broschüren Forderungen seiner Gewerkschaft.

I.s Denken erhielt starke Impulse von Schulungskursen des »Volksvereins für das katholische Deutschland«, dessen intellektuelle Vordenker um 1900 der Programmatik der christlichen Gewerkschaftsbewegung den Stempel aufdrückten. Einesteils ging es um die Vereinbarkeit gewerkschaftlicher Interessenvertretung mit dem christlichen Glauben: Sie wurde bejaht und mit Geboten aus der Bibel begründet. Die christlichen Gewerkschaften akzeptierten die kapitalistische Wirtschaftsordnung und den wilhelminischen Staat. Man erstrebte die Anerkennung als Tarifpartner durch die Arbeitgeber und die »Gleichberechtigung« von Kapital und Arbeit. So dachte auch I.. Im Unterschied zu vielen anderen christlichen Gewerkschaftlern distanzierte er sich jedoch seit der Novemberrevolution 1918 deutlich vom preußisch-deutschen Obrigkeitsstaat und dessen Herrschaftseliten, denen er Reformunwilligkeit vorwarf.

Im Januar 1919 wurde I. in die verfassunggebende Nationalversammlung gewählt, im Sommer des gleichen Jahres übernahm er den Vorsitz des christlichen Bergarbeiterverbands. Bis 1933 hatte I. ununterbrochen ein Reichstagsmandat für die (katholische) Zentrumspartei. Seit 1929 war er Vorsitzender des »Deutschen Gewerkschaftsbundes«, des Dachverbandes der christlich-nationalen Arbeiter- und Angestelltengewerkschaften. Es war bezeichnend für I.s Denken, daß er weniger das parlamentarische Regierungssystem mit seinem freien, gleichen und direkten Wahlrecht als zentralen Aspekt des neuen Staates ansah, als diejenigen Verfassungsartikel und Gesetze, die die Gleichberechtigung der Arbeiter und ihre Mitbestimmungsansprüche in der Wirtschaft sichern sollten. Im übrigen betrachtete er Verfassung und Gesetzgebung eher als Maschinerie, deren Funktionsfähigkeit von der Gesinnung und dem guten Willen der politisch Handelnden abhing.

Als im Herbst 1923 auf dem Höhepunkt der Krise in Wirtschaft und Politik die Ruhrunternehmer die Schwäche der Arbeiterorganisationen zum Versuch nutzten, sich der Gewerkschaften zu entledigen und zum Status quo ante 1918 zurückzukehren, sah I. nicht nur die Errungenschaften der Arbeiterklasse, sondern zugleich die Grundlagen der

Republik in Frage gestellt. Das offenkundige Scheitern einer auf dem Konsens von Arbeitgebern und Gewerkschaften basierenden Wirtschaftsverfassung ließ seine Hoffnung auf einen Gesinnungswandel der Großunternehmer schwinden. Er ging in den folgenden Jahren anders als die meisten seiner Kollegen in den christlichen (und den sozialistischen) Gewerkschaften auf scharfen Konfrontationskurs gegenüber den Unternehmern und forderte schließlich seit 1932 trotz weiterbestehender Gegnerschaft zum Sozialismus die Verstaatlichung des Bergbaus.

Seit Mitte der zwanziger Jahre sah I. die »soziale Reaktion« am Werk, die die 1918/19 erreichte »Höherbewertung« der Arbeiterschaft rückgängig machte und den alten »Klassenstaat« mit seiner rigiden sozialen Hierarchie wieder aufrichtete. Die parlamentarische Demokratie hielt er nur dann für lebensfähig, wenn sie der Arbeiterschaft soziale Entfaltungsmöglichkeiten bot. Die Entwicklung der Weimarer Republik bestärkte I. in dieser Einstellung. Der Kampf um ökonomische und soziale Machtpositionen bestimmte nun zunehmend sein Denken und Handeln. Für I. besaß die gewerkschaftliche Interessenvertretung Priorität. Daher lehnte er die nationalistisch-protofaschistische »Volksgemeinschafts«-Ideologie ab, die andere in der christlichen Gewerkschaftsbewegung propagierten.

I.s um die Frage der Gleichberechtigung der Arbeiterschaft zentriertes Demokratieverständnis bestimmte in hohem Maße auch seine Stellungnahmen zum Nationalsozialismus. Die Gefahr für die Demokratie ging für ihn nicht so sehr vom diktatorischen Machtwillen des »Führers« aus, sondern von den reaktionären Koalitionspartnern Hitlers, Alfred Hugenberg und Franz von Papen, den, wie I. meinte, Drahtziehern der Nazibewegung. I. glaubte im Frühjahr 1933, durch Fühlungnahme mit den Arbeitnehmer-Funktionären der NSDAP den Einfluß der Großindustrie auf die Regierung Hitler konterkarieren zu können. Schon im Mai 1933 mußte I. in das noch unter Völkerbund-Mandat stehende Saargebiet fliehen. Er war dort 1934/35 einer der Wortführer der katholischen Opposition gegen die Rückgliederung. Anfang 1935 ging er mit seiner Familie nach Luxemburg und unterhielt dort Kontakte mit Exilgruppen, ohne öffentlich hervorzutreten. 1940 mußte I. in Brüssel untertauchen. Es gelang ihm Anfang 1942, zu seiner nach Essen zwangsrückgesiedelten Familie zu gelangen, wo er sich noch drei Jahre lang versteckt hielt, bis er kurz vor Kriegsende an den Folgen einer Lungenentzündung starb.

Literatur: Schäfer, M.:, Heinrich Imbusch. Christlicher Gewerkschaftsführer und Widerstandskämpfer. München 1990. – Schneider, M.: Die Christlichen Gewerkschaften 1894–1914. Bonn/Bad Godesberg 1982.

Michael Schäfer

Jacoby, Johann
Geb. 1.5.1805 in Königsberg;
gest. 6.3.1877 in Königsberg

J., Sohn eines Kaufmanns, gehörte der ersten Generation preußischer Juden an, der das Emanzipationsdekret Hardenbergs vom Jahre 1812 teilweise bürgerliche Gleichberechtigung verlieh. Er studierte in seiner Heimat Medizin, promovierte 1827 und ließ sich als praktischer Arzt nieder. Er heiratete niemals, sondern lebte in gemeinsamem Haushalt mit seinen zwei älteren Schwestern.

Die Julirevolution in Frankreich 1830 erweckte J.s politisches Interesse. Während der polnischen Erhebung gegen die zaristische Unterdrückung begab er sich 1831 nach Polen, um den Freiheitskämpfern ärztliche Dienste zu leisten. Ein wichtiges Motiv seiner Auflehnung gegen das autoritäre Herrschaftssystem der Restaurationsepoche war der Schmerz über die Benachteiligung der Juden. Er erkannte, daß ihre Emanzipation Teil des notwendigen Befreiungskampfes der deutschen Bevölkerung war und schrieb 1837 in einem Brief:

»Wie ich selbst Jude und Deutscher zugleich bin, so kann in mir der Jude nicht frei werden ohne den Deutschen und der Deutsche nicht ohne den Juden. (...) Diese Freiheit aber kann nicht dem einzelnen zuteil werden; nur wir alle zusammen erlangen sie oder keiner von uns. Je schwerer gerade mich die Ketten drücken, desto inniger muß ich die Freiheit für alle wünschen. Der Tag des Kampfs rückt immer näher, darum laßt uns einig sein und stark!«

Nach der Thronbesteigung des Preußenkönigs Friedrich Wilhelm IV. im Jahre 1840 trat J. ins politische Rampenlicht. Seine Anfang 1841 verfaßte Flugschrift *Vier Fragen beantwortet von einem Ostpreußen* machte ihn in ganz Deutschland zu einem berühmten Mann, weil sie die Aspirationen der bürgerlichen Oppositionsbewegung artikulierte. J. forderte den König auf, die 1815 gegebene Zusage seines Vaters einzulösen und eine Verfassung zu erlassen, die durch die Errichtung parlamentarischer Institutionen den Bürgern politisches Mitspracherecht einräumte. Wegen Hochverrats, Majestätsbeleidigung und »frechen Tadels der Landesgesetze« angeklagt, wurde J. zunächst vom Königsberger Kammergericht zu zweieinhalbjähriger Festungsstrafe verurteilt, 1843 jedoch vom Berliner Oberappellationsgericht freigesprochen. Der Ausgang des Prozesses gab der Opposition in ganz Deutschland Auftrieb. Um die Mitte der vierziger Jahre gaben sich in dem blutig niedergeschlagenen Hungeraufstand der schlesischen Weber die Vorboten der Revolution zu erkennen. J. war sich der entscheidenden Bedeutung der sozialen Frage bewußt und erklärte: »All unser Streben nach politischer Freiheit ist nichts wert, es sei denn ein Mittel zur Umgestaltung unseres sozialen Elends, zur Veredlung der armen Volksklassen, die als Lasttiere von den Mächtigen gebraucht werden.«

Nach dem Sieg der französischen Februarrevolution 1848 glaubte J. die Stunde der ersehnten Umwälzung gekommen. Er nahm am Vorparlament in Frankfurt teil, das nach den siegreichen Volksaufständen in Wien und Berlin einberufen wurde, und war als einziger deutscher Jude Mitglied des Fünfzigerausschusses, der die Wahlen des Paulskirchenparlaments vorbereitete. Er erkannte, daß die Befreiung Polens von fremder Unterdrückung Panier und Prüfstein aller nationalen Emanzipationsbewegungen Europas war, und forderte die preußische Regierung auf, die Forderungen der polnischen Freiheitskämpfer zu unterstützen, einen selbständigen polnischen Staat wiederzuerrichten. Seine polenfreundlichen Anträge waren die Hauptursache, weshalb er nicht als Abgeordneter Königsbergs in die Paulskirche einzog. Bei den gleichzeitigen Wahlen für die preußische konstituierende Nationalversammlung in Berlin erhielt er ein Mandat. In seinen Reden als Wortführer der Linken trat er für ein Bündnis des Bürgertums mit der Arbeiterschaft ein und forderte »volle Gerechtigkeit gegen die arbeitende Klasse, um das Vaterland vor politischen Stürmen zu bewahren und die Frucht der Märzrevolution, die staatliche Freiheit, sicherzustellen«. Er betonte, daß sich herrschsüchtige Fürsten in ihrem Kampf gegen demokratische Verfassungen stets zweier Handhaben bedienten: »des zu blindem Gehorsam abgerichteten Heeres und der Furcht der Besitzenden vor den Besitzlosen«.

Diese Voraussage bewahrheitete sich, als der Preußenkönig im November 1848 mit Hilfe des Militärs die preußische Nationalversammlung auflöste. Als eine Abordnung von Parlamentariern den Herrscher vergebens um Rücknahme des Befehls bat, rief J.: »Das ist das

Unglück der Könige, daß sie die Wahrheit nicht hören wollen!« Einige Tage später ehrte ihn eine große Volksmenge in Berlin mit einem Fackelzug für seinen Mut. J. dankte mit den Worten: »Was ich getan, ist die Pflicht jeden Bürgers, dem das Wohl des Vaterlandes, dem die Freiheit am Herzen liegt. Zum Schutz der blutig errungenen Volkssouveränität bedarf es der kühnen, der tapferen Tat.«

Daran mangelte es den Parlamenten Frankfurts und Berlins. J. war Mitglied der zweiten preußischen Kammer, die nach der neuen Verfassung im Januar 1849 gewählt wurde, und begab sich nach Auflösung dieser Körperschaft nach Frankfurt, um an den Sitzungen der Paulskirche teilzunehmen, da er Ersatzmann des zurückgetretenen Berliner Abgeordneten Raumer war. Er gehörte auch dem Stuttgarter Rumpfparlament an, das im Juni 1849 von württembergischen Truppen auseinandergesprengt wurde. In einem Brief, den J. nach dieser militärischen Aktion schrieb, sprach er die Erkenntnis aus, »daß jede Revolution verloren ist, welche die alten wohlorganisierten Gewalten neben sich fortbestehen läßt«.

Nach kurzem Exil in der Schweiz stellte sich J. freiwillig der preußischen Justiz, die ihn wegen Hochverrats anklagte, weil er am Rumpfparlament teilgenommen hatte. J. berief sich auf die Immunität der Abgeordneten, die in allen Ländern mit Repräsentativverfassungen bestehe; die Geschworenen sprachen ihn frei.

Während der Reaktionsperiode der fünfziger Jahre war J. unter Polizeiaufsicht gestellt und widmete sich seinem ärztlichen Beruf. Zu Beginn der liberalen »Neuen Ära« 1859 betrat er wieder die Kampfarena und trat der neugegründeten linksliberalen Fortschrittspartei bei, die im sozialen und weltanschaulichen Bereich ein Konglomerat heterogener Kräfte bildete. Er wurde 1863 in die zweite Kammer des preußi-

schen Abgeordnetenhauses gewählt und prangerte dort den Bismarckschen Scheinkonstitutionalismus an. Als er 1865 nach der Annexion Schleswig-Holsteins durch Preußen zur allgemeinen Steuerverweigerung aufrief, wurde er zu einer sechsmonatigen Festungsstrafe verurteilt.

Je mehr das Bürgertum von den Erfolgen der Bismarckschen Blut- und Eisenpolitik berauscht wurde und die freiheitliche Tradition von 1848 über Bord warf, desto mehr näherte sich J. der Arbeiterbewegung. Er verließ 1868 die Fortschrittspartei und versuchte vergeblich, eine linksbürgerliche Volkspartei zu gründen. Er begrüßte ein Jahr später die Gründung der Sozialdemokratischen Arbeiterpartei und schrieb: »Ohne Teilnahme des Arbeiterstandes keine dauernde Besserung der politischen Zustände und ohne Änderung der politischen Zustände keine wirtschaftliche Besserung des Arbeiterstandes!« Er forderte die Arbeiter auf, »dem Druck der Kapitalherrschaft Widerstand zu leisten« und verlangte von den Arbeitgebern, den Arbeitern »Anteil am Geschäftsertrage zu gewähren«; die genossenschaftliche Produktionsweise solle durch Staatskredite gefördert werden.

Karl Marx kommentierte diese Vorschläge zwar mit Respekt, befand sie jedoch für untauglich. Er hielt den revolutionären proletarischen Klassenkampf für den einzigen Weg zur Überwindung des Kapitalismus; J. glaubte hingegen an die Möglichkeit einer friedlichen Lösung der sozialen Frage und hielt eine Sozialpartnerschaft der Klassen für erreichbar.

Als Frankreich im Krieg von 1870/71 unterlag, protestierte J. ebenso wie August Bebel und Wilhelm Liebknecht gegen die Annexion Elsaß-Lothringens. In einer Rede sagte er: »Wie würde es uns gefallen, wenn einst ein siegreiches Polen aufgrund des Kanonenrechts die Provinzen Posen und Westpreußen zurückfordern und annektieren würde?

(...) Nur wer die Freiheit anderer achtet, ist selber der Freiheit wert.« Wegen dieser Rede wurde J. erneut eingekerkert und verbrachte sechs Wochen ohne Untersuchung, Verhör und Urteil in einer ostpreußischen Festung. Für das nationalliberale Bürgertum, das auf die Seite Bismarcks übergegangen war, hatte J. ausgespielt; sein Wahlkreis ließ ihn fallen. Während des Hochverratsprozesses gegen Bebel und Liebknecht im April 1872 trat er demonstrativ der Sozialdemokratischen Arbeiterpartei bei. Er wurde zwei Jahre später als Abgeordneter der Sozialdemokratischen Arbeiterpartei (SDAP) in den Reichstag gewählt, lehnte jedoch das Mandat ab, weil er den Rechtsbruch nicht anerkannte, auf dem das neue Reich beruhte und nicht glaubte, daß man auf parlamentarischem Wege den Militärstaat in einen Volksstaat verwandeln könne.

J.s siebzigster Geburtstag wurde zu einem Triumph des unermüdlichen Kämpfers für Menschenrechte und eine freiheitliche Demokratie. Er zog in einer Rede ein Resumee seines Lebens: »Wenn ich auf die von mir durchmessene Bahn zurückblicke, so sind es vornehmlich zwei Erfahrungen, auf welche ich Wert lege: daß ich den Freiheitsidealen meiner Jugend unwandelbar treu geblieben bin trotz allem Wandel der Dinge, und daß die Freude, mit der ich in den vierziger Jahren das erste Emporstreben des Arbeiterstandes begrüßte, sich von Jahr zu Jahr mit dem Wachsen der Arbeiterbewegung gesteigert hat. (...) Ihr Selbstbewußtsein ist eine sichere Bürgschaft dafür, daß jene Freiheitsideale trotz aller Hindernisse zur schönen Wirklichkeit heranreifen werden.«

In seinen letzten Lebensjahren widmete sich J. literarhistorischen und philosophischen Studien. Obwohl er in seinen letzten Lebensjahrzehnten nur lockere Verbindung mit der jüdischen Gemeinde aufrechterhalten hatte, verfügte er im Testament, auf dem jüdi-schen Königsberger Friedhof mit traditionellem Ritus begraben zu werden.

Literatur: Engelmann, B.: Die Freiheit! Das Recht! Johann Jacoby und die Anfänge unserer Demokratie. Berlin und Bonn 1984. – Silberner, E.: Johann Jacoby, Politiker und Mensch. Bonn-Bad Godesberg 1976.

Walter Grab

Josel von Rosheim
Geb. vermutlich 1478 in Hagenau/Elsaß; gest. 3./4. 1554 vermutlich in Rosheim/Elsaß

Der volle Name lautete Josef ben Gershon Loans. Genannt wurde er Joselin, Joselmann oder einfach Josel. Als J. von Rosheim ging er in die Geschichte des deutschen Judentums ein, benannt nach seinem Wohnort in der kleinen elsässischen Reichsstadt Rosheim im Südwesten von Straßburg. Väterlicherseits stammte die Familie aus Louhans in Frankreich und siedelte sich nach ihrer Vertreibung im Endingen am Kaiserstuhl an. J. entwickelte sich in jahrzehntelanger, ehrenamtlicher Tätigkeit zur bedeutendsten Persönlichkeit des deutschen Judentums im Zeitalter der Reformation. Durch die rechtliche Sicherung einer Minderheit im Deutschen Reich und die politische Aktivierung der isolierten jüdischen Gemeinden in einem demokratischen Willensbildungsprozeß gelang ihm eine demokratische Leistung, die nicht nur den Juden, sondern auch dem Rechtsfortschritt in Deutschland zugute kam.

Im Jahr 1470 beschuldigte man drei Brüder von J.s Großvater, zusammen mit anderen Juden acht Jahre zuvor eine christliche Bettlerfamilie ermordet und die Köpfe der Kinder und das aufgefangene Blut für rituelle Zwecke an einen vermögenden Pforzheimer Juden verkauft zu haben. Unter grausamer Folter zwang man sie zu Geständnissen und verbrannte sie dann auf dem Scheiterhaufen. J.s Vater konnte dem Massenmord entgehen, über den Rhein ins Elsaß flüchten und sich in Oberehnheim bei Straßburg niederlassen. Sieben Jahre später überfielen marodierende Schweizer Söldner die jüdischen Gemeinden im Elsaß, plünderten und mordeten. J.s Eltern mußten wie andere Juden für ein Jahr auf elsässische Burgen flüchten. Diese Schicksale, vor allem die Ermordung der drei Großonkel im badischen Endingen, prägten sich tief in J.s religiös-politischer Identität ein. J.s Leben stand unter dem Entschluß: das traditionelle Leid der Juden durch politische Mitgestaltung abzuwehren; die Opfer hätten sich selbst zu regen; es sei Sache der Gemeinden, zur Beseitigung der aus der feindlichen Umwelt sich ergebenden Schwierigkeiten beizutragen.

J. erhielt eine solide sprachliche und religiöse Ausbildung in Hagenau, in der »Jeschiwah« (wörtlich: Sitz der talmudischen Hochschule) seines Onkels. Als er Rabbiner war, wählte er nicht aus Neigung, sondern aus Not den üblichen Beruf des Geldverleihers. Wenn J. dann später monatelang auswärts weilte, um den Juden Recht und Erleichterung zu verschaffen, mußte seine Frau das Geschäft alleine führen.

Nach 1500 nahm die Vertreibung der Juden auch im Deutschen Reich zu. Die Reichsstädte hatten inzwischen genügend christliche Bankiers, so daß man die unbequeme, oft weit tüchtigere jüdische Konkurrenz aus den Mauern und dem Reich haben wollte. Kaiser Maximilian I., ein Literat und Kunstliebhaber, hielt grundsätzlich zu den Juden, aber wenn seine Reichsstädte es geschickt anstellten und antisemitische Greuelmärchen auftischten, kam er ins Schwanken.

J.s politisches Leben begann, als Oberehnheim 1507 vom Kaiser die Erlaubnis bekam, die Juden zu verjagen. Sieben Jahre später wurden alle Juden in Mittelbergheim verhaftet, darunter

auch J., wohl wegen einer Münzaffäre. Nach Wochen stellte sich ihre Unschuld heraus, sie kamen frei. J. zog es vor, die haßerfüllte Stadt zu verlassen und nach Rosheim zu ziehen. Wegen der Oberehnheimer Vertreibung entschlossen sich die unterelsässischen Gemeinden 1510, J. zum Vorsteher aller Gemeinden zu wählen, hebräisch zum »Parnos«. Über seine Pflichten als demokratisch gewählter Parnos schrieb J. in seinen Memoiren: »Wenn der gemeinen Judenschaft insgesamt oder einzelnen Gemeinden etwas gegen ihre Freiheiten, die sie von römischen Kaisern und Königen seit langem bis auf diesen Tag bewahrt haben und deren Urkunden sie noch in Händen halten, widerfahren sollte, so muß ich allezeit diese Beschwerden an Orten und Stellen, die dafür zuständig sind, vorbringen, muß untertänig jeder Obrigkeit, von der solche Belästigung ausgehen, demütig unsere genannten Freiheiten und Belastungen und unsere Stellungnahme dazu vortragen. Wenn gegen alle Billigkeit Zwietracht und Streit zwischen Juden und Christen entstehen und mir vorgebracht werden, so habe ich die Juden stets dazu anzuhalten, daß sie sich an dem Recht ausrichten und Ungerechtigkeit vermeiden. Ebenso habe ich vorzubringen, was meinen Gemeindegliedern von den Christen an Ungerechtigkeiten geschieht.«

J. war kein Interessenvertreter, der bei den Fehlern der eigenen Seite das Auge zudrückte. Er war Richter in Streitfragen und hatte absolute Gewalt über die Juden. Wer sich nicht der Judenordnung und J.s Spruch fügte, wurde mit dem Bann belegt, sein Besitz verfiel dem Kaiser. J.s Stärke lag darin, daß er auch die Juden zur Einhaltung von Pflichten anhielt, um so der christlichen Kritik an jüdischen Geschäftspraktiken den Wind aus den Segeln zu nehmen.

Durch die zunehmende Notlage der deutschen Juden und durch seinen Ruf als geschickter Diplomat wurde J. in die große Politik hineingezogen. In seiner ältesten Klageschrift (1524) offenbarte er seine juristische Denkweise. Gegen die kaiserliche Austreibungserlaubnis für Oberehnheim berief sich J. auf das ältere, höherstehende Recht der allgemeinen Reichspolitik.

1519 starb der Kaiser, mit dem J. gut ausgekommen war. Dem Nachfolger Karl V. (1519–1556) huldigte J. in der Krönungsstadt Aachen als Vertreter der unterelsässischen Judenschaft. Karl V. orientierte sich in der Judenpolitik nicht an der spanischen Inquisition, sondern an der traditionellen deutschen Reichspolitik. So bekamen die Juden ihre Wohn- und Wirtschaftsrechte garantiert. Der im Elsaß noch immer schwelende Konflikt von Oberehnheim führte 1524 zur Einsetzung einer kaiserlichen Kommission. J. erreichte, daß Juden zur Abwicklung ihrer Geschäfte die Stadt betreten durften. Im Bauernkrieg von 1525 feierte J.s diplomatisches Geschick einen schönen Triumph. Der jüdische Vorsteher verhinderte, daß ein bei Rosheim liegender Bauernhaufen die Stadt überfiel. Der Bürgermeister erklärte daraufhin öffentlich: »Josel, du und deine Kinder sollen unseren Dank für diese Rettungstat ewig genießen.« 40 Jahre später wollte niemand mehr etwas davon wissen. Die Rosheimer ließen es gerne zu oder feuerten noch dazu an, daß Schlägerbanden die jüdischen Häuser angriffen, um die Juden aus der Stadt zu verjagen.

Im Vorfeld des Bauernkriegs hatte auch J. in seiner Argumentation egalitäre Ideen der Zeit aufgegriffen. Er beanspruchte, daß Juden Bürger wie andere seien.

1529 brach eine Mordwelle über die mährischen Juden herein. In Pösing bei Preßburg wurden nach einer der üblichen, erlogenen Ritualmordanklagen sechsunddreißig Juden verbrannt. Jetzt war es höchste Zeit, daß alle jüdischen Gemeinden ihre gewählten Vertreter nach Günzburg an der Donau in ein

Judenparlament schickten. Dort wurden Maßnahmen zur Befreiung weiterer jüdischer Gefangener getroffen. Der wichtigste Fortschritt in der Demokratisierung gelang dadurch, daß man J. zum Vorsteher aller deutschen Juden wählte. Sein Amtstitel wurde verschieden wiedergegeben: »Vorgänger«, »gemeiner Befehlshaber der Judenschaft im Deutschen Reich«, »Oberster der Judenschaft in deutschen Landen«, »Regierer der gemeinen Judenschaft«, »gemeiner jüdischer Profoß«, »gemeiner Judenschaft Anwalt«. In dieser Leitungsfunktion wurde J. vom Kaiser und vom Reichstag anerkannt. Für die Zeit während des Reichstags (1530) berief J. das jüdische Parlament nach Augsburg ein, um eine jüdische Wirtschaftsordnung auf demokratischem Weg zustandezubringen. Diese Ordnung wurde danach Reichsrecht.

Ein gefährlicher Angriff auf die Juden während des Reichstags erfolgte durch den Konvertiten Antonius Margaritha. Der Kaiser, impulsiv, gelegentlich leichtgläubig, war infolge schlimmer Vorwürfe empört über die Juden und zwang J., das Judentum in einer öffentlichen Disputation zu verteidigen. J., immerhin Rabbiner und gut gebildet, konnte mit eindrucksvollem Redetalent den gehässigen Konvertiten besiegen. Seitdem er gesamtdeutscher Judenvorsteher war, mußte er immer wieder weit im Reich herumreisen, um Konflikte zu schlichten, beschuldigte Juden zu verteidigen, Verleumder zu überführen und Rechtsbrüche anzuklagen. Bei einem Frankfurter Kongreß der protestantischen Fürsten im Jahre 1539 gelang es J. zu beweisen, daß die Verbrennung von 38 Juden in Brandenburg (1510) ein Justizmord gewesen war.

Zur gleichen Zeit hielt Luther Hetzreden gegen die Juden. Er verlangte unter anderm: alle Synagogen zu verbrennen, alle jüdischen Häuser zu zerstören, die Juden in Ställe zusammenzutreiben, alle jüdischen Bücher wegzunehmen, allen Rabbinern bei Todesstrafe Unterricht und Gottesdienst zu verbieten, den Juden die kaiserlichen Straßen zu verweigern, alle Geldgeschäfte zu untersagen, Geld und Juwelen wegzunehmen und die jungen, starken Juden zur Handarbeit zu zwingen. Für das Beste hielt Luther: alle Juden aus dem Land zu jagen.

J. gelang es, den Magistrat der evangelischen Reichsstadt Straßburg im Elsaß dafür zu gewinnen, den Nachdruck einer der schlimmsten lutherischen Hetzschriften zu verhindern. Hier siegten das Recht einer Minderheit und die Idee des Landfriedens gegen eine mörderische Haßpropaganda. Als J. seine letzte Klageschrift für den Magistrat von Hagenau formulierte – sein politisches Testament – tobte in der Rosheimer Judengasse ein Pogrom.

Literatur: Feilchenfeld, L.: Rabbi Josel von Rosheim. Ein Beitrag zur Geschichte der Juden in Deutschland im Reformationszeitalter. Straßburg 1898. – Stern, S.: Josel von Rosheim. Befehlshaber der Judenschaft im Heiligen Römischen Reich Deutscher Nation. Stuttgart 1959.

Hellmut G. Haasis

Kaiser, Jakob
Geb. 8. 2. 1888 in Hammelburg/
Unterfranken; gest. 7. 5. 1961 in Berlin

Dreifach hat er sich als Widerstandskämpfer bewährt: Gegen die innere Diktatur des Nationalsozialismus, gegen die äußere Diktatur der sowjetischen Besatzungsmacht und gegen autoritäre Tendenzen in den eigenen Reihen des politischen Katholizismus. Wie klarsichtig K. die Bedingungen einer wahren Demokratie mitten im Untergang der Weimarer Republik öffentlich zu formulieren wußte, zeigen folgende Worte: »Wir haben nie dem einseitigen Parlamentarismus und Zentralismus das Wort geredet. Wir haben die For-

maldemokratie abgelehnt. Wir haben Mitbestimmung der großen wirtschaftlichen Organisationen, insbesondere der der Arbeitgeber und Arbeitnehmer, gefordert, nicht nur in der höchst belanglosen Rolle, wie es heute der Reichswirtschaftsrat tut. Sondern in systematisch ausgebauter Form. Ob diese Vertretung nun Reichswirtschaftsrat heißt oder ob sie eine andere Bezeichnung trägt, darauf kommt es nicht an. Notwendig ist nur, daß die sozialen und wirtschaftlichen Interessen unseres Volkes in einem das Volksleben mitbestimmenden Parlament zur Geltung kommen. Hätten wir diese Wirtschaftskammern gehabt, dann wäre es wahrscheinlich nie möglich gewesen, das politische Parlament so herunterzuwirtschaften, wie das heute geschehen« (Vortrag am 19. 9. 1932 in Düsseldorf).

K. lehnte die Vorstellung einer »mechanischen Demokratie« ab und wollte einen echten »Volksstaat«, wie es damals hieß, also den »Sozialstaat« im Sinne des Grundgesetzes, der inhaltlich über den »Wohlfahrtsstaat« hinausging, weil die soziale Gerechtigkeit nicht durch einen hoheitlichen Akt und einen Verteilungsmechanismus, sondern durch permanente gesellschaftliche Partizipation in allen Bereichen des öffentlichen Lebens dargestellt werden sollte.

Dieses Staatsverständnis festigte sich für K. und seine Mitstreiter im Widerstand. Er brachte es unbeirrt durch Naziherrschaft und Besatzungsdiktatur in die Verfassungsdiskussion der frühen Nachkriegsjahre wieder ein, wobei er die Rolle der Gewerkschaften in Gestalt der »Einheitsgewerkschaft« noch deutlicher hervorhob: »In der Weimarer Republik waren sie der stabile Block sozialer und sozialpolitischer Aufbaupolitik, sie waren trotz aller Schwankungen und Fehler im wirtschaftlichen und politischen Auf und Ab der stärkste Ansatzpunkt einer echten Demokratie« (1945). Wenn K. in Berlin und nicht Konrad Adenauer in Bonn die Richtlinien der deutschen Politik ab 1949 bestimmt hätte, dann wäre Nachkriegsdeutschland eine Republik mit einem viel deutlicher ausgeprägten sozialen Gesicht geworden.

K. stammte aus einem verarmten Weinbauernstädtchen in Unterfranken. Er wurde als zweites von zehn Kindern geboren. Der Vater betrieb eine kleine Buchbinderei, die an diesem Ort nur wenig abwerfen konnte, so daß die Kinder früh mithelfen mußten: bei der Arbeit in dem kleinen Weinberg, beim Sammeln von Kienäpfeln für den Ofen, bei der Erziehung jüngerer Geschwister oder beim Verkauf buchbinderischer Devotionalien an fromme Wallfahrer im Frankenland. Immerhin konnte der Vater die beiden ältesten Söhne auf die Lateinschule schicken. Aber K. hielt die akademische Arroganz nicht aus, mit der das Bildungsmonopol der herrschenden Klasse von »steißtrommelnden Professoren« gegen Kinder aus ärmeren Familien verteidigt wurde. Nach dem Zusammenstoß mit einer pädagogischen Herrlichkeit mußte der junge K. auf die Volksschule wechseln. Sein Vater nahm ihn in die Buchbinderlehre. K. wurde Kolpingbruder und ging auf die Wanderschaft durch Norddeutschland und Österreich. Die christlichen Gewerkschaften engagierten ihn schon 1912 als hauptamtlichen Kartellgeschäftsführer in Köln. Dort wurde er ein Jahr später Mitglied des Vorstandes der Zentrumspartei.

K. nahm vier Jahre am Ersten Weltkrieg teil, erlitt schwere Verwundungen, erhielt das Eiserne Kreuz beider Klassen und die österreichische Tapferkeitsmedaille. Während der Revolution 1918 wurde er in den Arbeiter- und Soldatenrat der Stadt Köln gewählt und zugleich stellvertretender Vorsitzender der dortigen Zentrumspartei. Zwei Jahre später ging er als Geschäftsführer der Gewerkschaftszentrale nach Berlin. Dort mußte er sein Büro zeitweise mit Heinrich Brüning, dem späteren Reichskanzler, tei-

len. K. kümmerte sich in dieser Zeit um die Verteidigung der Republik sowohl in Oberschlesien als auch im Ruhrkampf 1923. Er kehrte 1924 nach Köln zurück, und zwar als Geschäftsführer für den Westen mit Arbeitsschwerpunkten in Königswinter, dem späteren Adam-Stegerwald-Haus. K. gelangte noch bei den letzten halbwegs freien Wahlen am 5. März 1933 als Abgeordneter für Essen in den Deutschen Reichstag.

Während Brüning und Stegerwald durch Notverordnungspolitik ab 1930 einen autoritären Sparkurs steuerten, der krisenverstärkend wirkte, verfolgte K. mit seinen Freunden in den Christlichen Gewerkschaften die Annäherung an sozialdemokratische und liberale Organisationen. Daraus resultierte noch im April 1933 ein Abkommen über den »Führerkreis der vereinigten Gewerkschaften«, an das K. und Wilhelm Leuschner sich nach der gewaltsamen Zerschlagung der Freien Gewerkschaften am 2. Mai 1933 bis in die Planungen des 20. Juli 1944 gebunden fühlten. K. berief sich auch später auf diese Vereinbarung, insbesondere als er die Einheitsgewerkschaft 1953 gegen Übergriffe Adenauers schützen mußte.

K. verstand es geschickt, seine Widerstandsarbeit als rein soziale Betreuung der früheren Funktionäre zu tarnen. Trotzdem wurde er 1938 sechs Monate wegen »Landesverrats« in Haft gehalten. Nach der Entlassung knüpfte er weiter seine Fäden im Reich, um für eine möglichst breite Fundierung der Opposition zu sorgen. Dabei unterstützte ihn seine tapfere Frau Elfriede, geb. Nebgen. Als der Umsturzversuch vom 20. Juli 1944 gescheitert war, erschien K. am Tag darauf bei Leuschner und bot ihm ein Versteck im Norden Berlins an, das Leuschner ablehnte, während K. bei Freunden in der Nähe Potsdams untertauchen konnte und dort das Ende des Hitlerterrors überlebte.

Schon im Juni 1945 wurde K. in Berlin in den Bundesvorstand des »Freien Deutschen Gewerkschaftsbundes« (FDGB) gewählt. Gleichzeitig kümmerte er sich um die Gründung einer neuen christlichen Partei, in der Katholiken und Protestanten sich gleichermaßen vertreten fühlen sollten. Deutlicher als Adenauer im Westen artikulierte K. den gesamtdeutschen Charakter dieser Christlich Demokratischen Union Deutschlands (CDUD). Er wurde im Dezember 1945 Vorsitzender der CDUD für Berlin und für die sowjetische Besatzungszone. Obwohl K. der sowjetischen Besatzungsmacht durchaus loyal begegnete, stieß er ab Dezember 1947 zunehmend auf Behinderungen durch das Besatzungsregime, so daß er sich nach Westen orientieren mußte. Als Vertreter Berlins trat er 1948 in den Parlamentarischen Rat unter der Präsidentschaft Konrad Adenauers ein.

Ab 1949 war K. Vorsitzender der Sozialausschüsse der christlich-demokratischen Arbeitnehmerschaft der CDU. Er vertrat Essen im Deutschen Bundestag und wurde von 1949 bis 1957 Bundesminister für Gesamtdeutsche Fragen in den beiden ersten Kabinetten Adenauers. K. gründete 1950 die »Exil-CDU« und wurde Stellvertretender Bundesvorsitzender der CDU im Westen unter Adenauer im Parteivorsitz. K. bildete das stärkste persönliche Gegengewicht innerhalb der CDU gegen reaktionäre Sozialpolitik und einseitige Westintegration.

Aus gesundheitlichen Gründen konnte K. 1957 nicht wieder für den Bundestag kandidieren. Seine Politik wurde in gewisser Weise durch den Schwiegersohn Hans Katzer fortgesetzt. K. starb noch vor dem Bau der Berliner Mauer, der einen vorläufigen Schlußpunkt für die von ihm bekämpfte Spaltungspolitik darstellte. K. scheute sich nicht, die Politik eines christlichen Sozialismus zu vertreten, auch als der Zeitgeist in eine andere Richtung wies. Die nationale und die soziale Einheit waren ihm gleichermaßen wichtig, um eine starke Republik mit einem festen gesellschaftlichen Fundament zu gründen.

Literatur: Gradl, J. B.: Stets auf der Suche. Köln 1979. – Köhler, H.: Adenauer. Eine politische Biographie. Frankfurt/Main 1994. – Mayer, T.: Jakob Kaiser. Gewerkschafter und Patriot. Eine Werkauswahl, hg. und eingeleitet von Tilman Mayer. Köln 1988. – Jakob Kaiser – Gewerkschafter und Patriot; Einleitung von Christian Hacke zu Jakob Kaiser – Wir haben Brücke zu sein. Reden, Äußerungen und Aufsätze zur Deutschlandpolitik, hg. von Christian Hacke. Köln 1988.

Gerhard Beier

Kaufmann, Franz
Geb. 5. 1. 1886 in Berlin;
gest. (erschossen) 17. 2. 1943 im KZ Sachsenhausen

K., Christ, aber jüdischer Herkunft, gehörte während der Nazi-Zeit zu den wenigen, die tatkräftig gegen die Deportation der Juden angingen. Seine Beweggründe faßte er in dem Satz zusammen: »Wir dürfen nicht so weitermachen, als geschähe nichts um uns herum; wir stecken mittendrin und müssen das durch die Tat beweisen«.

Der promovierte Jurist diente im Ersten Weltkrieg als Offizier und arbeitete anschließend beim Reichsrechnungshof. 1933 wurde der Oberregierungsrat wegen seiner jüdischen Abstammung aus dem Amt entlassen und zwangsweise pensioniert. Da die oppositionelle »Bekennende Kirche« für ihre Gemeindeglieder den sogenannten Arierparagraphen ablehnte, schloß sich K. dem durch Pfarrer Friedrich von Rabenau geleiteten Bibelkreis in Berlin-Dahlem an. Dort nahm er auch an einer von Pfarrer Helmut Gollwitzer gegründeten theologischen Arbeitsgemeinschaft teil. Die Diskussionen bestärkten K. in seinem christlichen Glauben und dem Engagement gegen die NS-Politik, insbesondere die Judenverfolgung. Er unterstützte die von Pfarrer Heinrich Grüber 1938 geschaffene und geleitete »Kirchliche Hilfsstelle für evangelische Nichtarier«. Sie beriet diese, half ihnen, antisemitischen Repressionen zu entgehen und ebnete ihnen Wege zur Auswanderung.

Von den im Oktober 1941 einsetzenden Judendeportationen nach Polen und in okkupierte sowjetische Gebiete blieb K. wegen seiner Ehe mit einer »arischen« Christin und ihres Kindes verschont. Doch die Verschleppungen veranlaßten ihn, seinesgleichen und Juden, die christlichen Kirchen nicht angehörten, intensiver und mit allen ihm möglichen Mitteln davor zu bewahren. Dafür gewann er aus den Dahlemer Gruppen der »Bekennenden Kirche« Helfer. Zu ihnen gehörten die Anwaltsgehilfin Helene Jacobs, die Sekretärin Hildegard Jacoby und die Fürsorgerin Gertrud Staewen. Helene Jacobs erinnerte sich, daß von K. »eine große Kraft ausging. Er öffnete uns die Augen, daß es wirklich nichts anderes mehr gab, als Menschen davor zu retten, ganz gleich wie. Er sagte, wir können als Christen doch nicht an dem vorbeigehen, was geschieht. Uns, die wir nicht selbst bedroht waren, spornte er zu immer neuen Anstrengungen an, unsere Suche nach Hilfe nicht aufzugeben. Seine Person, den Geist, der von ihm ausging, empfanden wir als etwas Kostbares in seiner einsamen Größe.«

K. nutzte alte wie neue Beziehungen, um den Helferkreis zu erweitern. Er drängte darauf, Betriebsinhaber anzuhalten, daß sie ihre jüdischen Zwangsarbeiter bei der Geheimen Staatspolizei als unabkömmlich (»u.k.«) reklamierten, was manchmal erfolgreich war. Wenn das scheiterte, setzte sich K. über seine juristische Vergangenheit hinweg und überschritt die durch bürgerliche Normen gezogenen Grenzen. So hielt er z.B. nach einer ergebnislosen Intervention eine jüdische Krankenschwester davon

ab, Hand an sich zu legen, brachte sie in Verstecke und verhalf ihr mit einem falschen Ausweis zur Arbeit in einer Augenklinik. Denn, so Helene Jacobs, »unerschütterlich war sein Vertrauen darauf, daß die Nazis endgültig doch scheitern mußten. Fast völlig Verzweifelten machte er Mut, den Sprung in die Illegalität zu wagen«.

K. bewegte Ärzte, Rechtsanwälte, Krankenschwestern und andere Berliner, ihm für die Rasseverfolgungsopfer Geld und Lebensmittel zu überlassen und Hinweise auf mögliche Verstecke zum »Untertauchen« zu geben. Mit dem Geld kaufte er Lebensmittel und Lebensmittelkarten und finanzierte die Fälschung von Ausweisen und weiteren Personalpapieren durch den zwanzigjährigen, im Untergrund lebenden Günther Rogoff.

Als die Polizei nach einer Denunziation einen der Untergetauchten mit einem von K. erhaltenen Ausweis faßte, spürte die Gestapo im August 1942 ihn, Helene Jacobs, Hildegard Jacoby und fast 50 andere, darunter 38 Juden, auf. Die beiden Frauen und neun weitere Helfer verurteilte das Sondergericht III beim Landgericht Berlin am 11. Januar 1943 wegen Verstößen gegen die Kriegswirtschaftsverordnung und Beihilfe zur versuchten Urkundenfälschung zu mehrjähriger Gefängnis- oder Zuchthaushaft. K. hingegen drangsalierte die Gestapo ein halbes Jahr, um weitere Details zu erfahren. Sie ließ ihn im Februar 1943 im KZ Sachsenhausen erschießen.

Dank K. und seines Helferkreises konnten einige der von ihnen Unterstützten überleben, so die erwähnte Krankenschwester und die Witwe des Flugzeugkonstrukteurs Edmund Rumpler. Als todwürdiges Verbrechen sah die NS-Herrschaft Barmherzigkeit, tatkräftige christliche Nächstenliebe und Hilfe für gequälte Menschen an. »Es bleibt die positive Tatsache«, urteilte Helene Jacobs, »daß ein Mann, von seinem Gewissen getrieben, seine eigene Bedrohung und die seiner Familie außer acht ließ, den Mut aufbrachte, die ihm von Gott gegebene Mitverantwortung zu bejahen und offen zu betätigen und an das Gewissen aller Christen appellierte.« Und sie fügte hinzu: »Hätte ein erheblicher Teil der Menschen, die damals in das Geschehen verwickelt waren oder irgendeinen Einfluß besaßen, die gleiche Verpflichtung gespürt, so wäre es damals möglich gewesen, die verbrecherischen Pläne zu vereiteln.«

Literatur: Grossmann, K. R.: Die unbesungenen Helden. Menschen in Deutschlands dunklen Tagen. Berlin 1957. – Oehme, W.: Märtyrer der evangelischen Christenheit 1933–1945. Berlin 1979. – Gerda Szepansky: Frauen im Widerstand 1933–1945. Frankfurt/Main 1983.

Klaus Drobisch

Kawerau, Georg Siegfried
Geb. 8. 12. 1886 in Berlin;
gest. 16. 12. 1936 in Berlin

K. entstammte einer alten Pädagogenfamilie. Nach dem Studium der Fächer Geschichte, Deutsch und Latein in Berlin und Breslau (1904–1909) und der Promotion zum Dr. phil. in Königsberg (1910) war K. im Schuldienst. Vom nationalistischen Taumel erfaßt, meldete er sich im August 1914 als bislang Ungedienter freiwillig zum Kriegsdienst, erhielt in Görlitz eine militärische Kurzausbildung und nahm daraufhin 1915 am Stellungskrieg in Nordfrankreich teil. Bei Verdun (deutsche Verdun-»Offensive« Februar bis Juli 1916, französische Rückeroberung Oktober bis Dezember 1916) verschüttet, nur noch zum Garnisondienst fähig, wurde er schließlich als nicht mehr kriegsverwendungsfähig entlassen. Trotz verflogener Kriegsbegeisterung machte er sich zum Fürsprecher einer Durchhaltepolitik bis zum »Endsieg« Deutschlands, einer

Sammlung aller politischen Parteien im »Geist der Gemeinschaft und Brüderlichkeit, den der Schützengraben doch so unendlich oft (habe) gedeihen sehen«. Er erhoffte sich eine »Einheit zwischen Sinnen- und Geistesleben, zwischen Erkennen und Handeln, Einheit im Volksleben zwischen Kopfarbeiter und Handarbeiter, Überwindung der sozialen Zerklüftung, der kirchlichen Sonderungen, Überwindung jenes Dualismus, der im tiefsten Grunde alles Menschentum und alle Menschenwürde« zerstöre (*Selbstbildnis*, Leipzig 1928).

Als Verfechter der Idee einer »Volksgemeinschaft« gründete K. in Landsberg den »Verband 1914«, der allerdings bald seine utopischen Vorstellungen von einer Klassenschranken überwindenden Volksversöhnung konterkarierte, indem er sich zum Kampfinstrument gegen den »Reichsfeind« Sozialdemokratie entwickelte. K. erhoffte sich ein »soziales Kaisertum« und stellte sich 1918 dem Militär für »vaterländischen Unterricht« zur Verfügung.

K. erlebte seinen Tag von Damaskus, als das Versagen der Monarchie durch die Niederlage offenkundig wurde und sich der Kaiser, was K. als Verrat empfand, am 10. November 1918 nach Holland ins Exil begab. Mitsamt seiner Familie verließ K. die evangelische Kirche, die den Krieg gepriesen hatte, und wurde Dissident. Fortan von der Notwendigkeit der Emanzipation der Arbeiterschaft und der Frauen überzeugt, trat er 1919 der Mehrheitssozialdemokratie (MSPD) bei und gehörte zum Gründerkreis des parteipolitisch neutralen »Bundes Entschiedener Schulreformer«. Er veröffentlichte *Der Bund entschiedener Schulreformer. Werden und Wesen* (Berlin 1922) und *Das Weißbuch der Schulreform* (Berlin 1920). Die Gründung des Bundes fiel in eine Phase des Umbruchs deutscher Politik, die Entfaltungsmöglichkeiten für Schulreformen erwarten ließ. Von Idealen der bürgerlichen Jugendbewegung inspiriert, entwarf der Bund ein umfangreiches schulreformerisches Programm, das das Schulsystem dem demokratischen Rechtsstaat anpassen sollte: Vereinheitlichung des Schulwesens, Unentgeltlichkeit des Schulbesuchs, Weltlichkeit der Schule als Konsequenz aus der Diskreditierung der Einheit von »Thron und Altar«, Koedukation, um den Verfassungsgrundsatz der Gleichberechtigung der Geschlechter zu verwirklichen, eine differenzierte, elastische Einheitsschule zur Förderung unterschiedlicher Begabungen, die Reduzierung der Pflicht-/Kernfächer zugunsten von Wahl-/Neigungsfächern, die Aufhebung des starren Klassensystems durch ein flexibleres Kurssystem, die Öffnung der Schule für die Lebenspraxis, eine demokratische Schulorganisation durch erzieherisches Zusammenwirken von Lehrern, Eltern und Schülern, die Einheitlichkeit und Republikanisierung des Lehrerstandes und die grundlegende, einem demokratischen, pluralistischen Gemeinwesen entsprechende Revision der Unterrichtsinhalte und -methoden.

K. glaubte, durch Erziehung einen »neuen Menschen« formen zu können, der sich aktiv für die demokratische Republik einsetzen würde. Die gebräuchlichen Unterrichtswerke sollten frei von chauvinistischen Tendenzen sein und über den Weltkrieg, die deutsche Niederlage, den Friedensvertrag und die republikanische Weimarer Verfassung wahrheitsgemäß informieren. (K. und andere: *Synoptische Tabellen für den geschichtlichen Arbeitsunterricht.* Berlin, Leipzig, Wien, Bern 1921). In seinen Funktionen als Schulleiter des Köllnischen Gymnasiums und der Kaemphschule in Berlin (seit 1927), als Schulrat, als Mitglied der Charlottenburger und der zentralen Schuldeputation sowie des »Fachausschusses Geschichte und politische Erdkunde« und der Prüfstelle für Lehrbücher der höheren Schulen beim preußischen Kultus-

minister (seit 1928) wirkte K. für eine Erziehung zur Völkerverständigung. Den geistigen Nährboden für den 1922 von rechtsextremen Attentätern begangenen Mord an Reichsaußenminister Walther Rathenau sah er in einer von Haß und Verachtung bestimmten antidemokratischen Erziehung. Der Hitlerputsch 1923 war für ihn »eine Frucht des allgemein üblichen Geschichtsunterrichts in Deutschland, der mit seiner Lauge von groben Entstellungen und vor allem von planmäßigem Verschweigen und dann von feinsten Suggestionen gottgewollter Untertanenhaftigkeit die Saat werdender Volksgemeinschaft erstickt« (*Alter und neuer Geschichtsunterricht.* Leipzig 1924).

K.s Hauptverdienst waren seine Vorschläge zur Erneuerung des Geschichtsunterrichts, für den er sich in seinen Schriften, auf Tagungen und durch die Mitarbeit in Kommissionen einsetzte. Er kritisierte aus der Position eines Außenseiters heraus, der aber weder von der Politik und den Verbänden noch den Schulbuchautoren übergangen werden konnte, einen Geschichtsunterricht, der Geschichte auf große Persönlichkeiten reduzierte, übersteigertem Patriotismus das Wort redete, sich auf abfragbares Wissen konzentrierte und nicht hinreichend zur Vermittlung historischer Erkenntnisse und Einsichten führte. K. regte an, den Geschichtsunterricht zur Soziologie hin zu öffnen; Haupt- und Staatsaktionen sollten im Unterricht hinter die Erforschung des historischen Alltags zurücktreten (*Soziologische Pädagogik*, Leipzig 1921; *Soziologischer Ausbau des Geschichtsunterrichts*, Berlin 1921). In amtlichem Auftrag analysierte er die in den Schulen benutzten Lehrwerke (*Denkschrift über die deutschen Geschichts- und Lesebücher vor allem seit 1923*, Berlin 1927). Als Maßstab für seine Beurteilung wählte er den Artikel 148 der Reichsverfassung, der den Bildungsauftrag der Schule mit Erziehung »im Geiste des deutschen

Volkstums und der Völkerversöhnung« umschrieb. Diesem Ziel entsprechend seien, wie K. feststellte, aus den geschichtlichen Unterrichtswerken alle nachweislichen Unwahrheiten zu entfernen, die kulturellen Leistungen des eigenen Volkes mit Zurückhaltung zu behandeln, generalisierende Werturteile über Völker zu vermeiden, während die Völkerbundsidee positiv herausgestellt werden sollte (Gründung des Völkerbundes 1920 in Genf). Geschichtsunterricht sollte zur Rationalität, zur Kritikfähigkeit und zum Verständnis für andere Völker und Mentalitäten beitragen. Schüler sollten sich, forschend lernend, historischen Sachverhalten nähern. Kriegsverherrlichende Unterrichtsstoffe sollten eliminiert, geschichtliche Ereignisse und Zusammenhänge problematisiert werden, um den Geschichtsunterricht gegenüber revanchistischen Tendenzen zu immunisieren.

K. war Organisator und Spiritus rector der »Internationalen Geschichtstagung« des »Bundes Entschiedener Schulreformer« im Sommer 1924, deren Beschlüsse sich teilweise wörtlich im Protokoll des gleich darauf abgehaltenen Berliner Weltfriedenskongresses wiederfanden. Ein von K. projektiertes europäisches Geschichtsbuch kam allerdings nicht zustande.

Wegen der Aufdeckung von Geschichtslegenden, insbesondere soweit sie zur Vernebelung der deutschen Kriegsschuld dienten, stieß K. wiederholt mit Vertretern der »Vaterländischen Verbände«, der rechtsgerichteten Presse, der nationalistischen Parteien und des »Verbandes der Geschichtslehrer« zusammen. Für die Nationalsozialisten war K.s Bekenntnis zur Kriegsdienstverweigerung, zur Notwendigkeit allgemeiner Abrüstung, zu internationaler Verständigung und europäischer Kooperation »Landes- und Volksverrat«.

Auch in den eigenen Reihen war K. nicht immer wohlgelitten. Als er für

eine Enttabuisierung der Sexualität in der Schule eintrat, befürchtete Paul Oestreich – als Vorsitzender –, die öffentliche Erörterung des heiklen Themas könne den »Bund Entschiedener Schulreformer« belasten. Daraufhin verließ K. 1925 die Organisation, dessen Verbandszeitschrift *Neue Erziehung* er zwischen 1920 und 1923 mitherausgegeben hatte. 1933 wurde K. aus dem Schuldienst entlassen und von den Nationalsozialisten mehrere Monate lang inhaftiert und gefoltert. An den Spätfolgen seiner Verletzungen starb er 1936.

Literatur: Huhn, J.: Georg Siegfried Kawerau (1886–1936), in: Quandt, S. (Hg.): Deutsche Geschichtsdidaktiker des 19. und 20. Jahrhunderts. Paderborn 1978, S. 280–303.

Reinhold Lütgemeier-Davin

Knigge, Adolph Freiherr (von)

Geb. 16.10.1752 auf Schloß
Bredenbeck bei Hannover;
gest. 6.5.1796 in Bremen

Dieser Sproß einer uradligen Familie ist allgemein nur als Verfasser des Erfolgsbuches *Über den Umgang mit Menschen* (1788) bekannt. Obendrein haben spätere Bearbeiter die meisten Stellen dieses Vademekums für Bürger, aus denen die entschieden demokratische Einstellung des Verfassers erkennbar war, »umgeschrieben«. So wurde aus dem Rat an bürgerliche Minister, die Zeit der Fürstengunst zu nutzen, um »sie daran zu erinnern, daß sie, was sie sind und was sie haben nur durch Übereinkunft des Volkes sind und haben; daß man ihnen dieses Vorrechte wieder nehmen kann, wenn sie Mißbrauch davon machen, daß unsere Güter und unsere Existenz nicht ihr Eigentum, sondern daß alles, was wir besitzen unser Eigentum ist« unter der Feder des Literaturhistorikers Karl Ludwig Goedeke schon in der Ausgabe von 1844 die Mahnung, die Fürsten daran zu erinnern, daß sie alles

»nur auf Grund der Gesetze haben, denen sie wie der geringste ihrer Untertanen unverbrüchliche Achtung (...) schuldig sind«. Eine erneute Änderung erfuhr der Text zum einhundertjährigen Jubiläum der Erstausgabe 1888 – entsprechend dem Byzantinismus des wilhelminischen Deutschland: »Stimme ihnen (den Fürsten) nicht bei, wenn sie je vergessen wollen, daß sie, was sie haben, nur durch die Gnade Gottes sind und haben« Aus dem Anhänger Jean Jacques Rousseaus und später der Französischen Revolution machte dieser »Bearbeiter« einen erzreaktionären Anwalt des Gottesgnadentums.

Seit dem Tod des hochverschuldeten Vaters 1766 in beengten wirtschaftlichen Verhältnissen lebend, bewarb sich K. nach kurzem Studium der Rechtswissenschaft in Göttingen (1769–1771) bei verschiedenen Fürsten, um seinen Lebensunterhalt zu verdienen. Weder seine Tätigkeit in Hessen-Kassel (1771–1775) noch die am Hofe des Erbprinzen von Hessen in Hanau (1777–1780) war jedoch von langer Dauer. Der offene und ehrliche K. wurde immer wieder zum Opfer höfischer Intrigen. Manche Ratschläge, die er im *Umgang mit Menschen* gab, gehen auf diese Erfahrungen zurück. Zuletzt war er im Dienste der hannöverschen Regierung Landdrost (Landrat) sowie Oberhauptmann und Scholarch der Domschule in Bremen, wo er die letzten Lebensjahre – zumeist krank und bettlägerig – von 1791 bis 1796 verbrachte.

Zum Schriftsteller wurde K. teils aus wirtschaftlicher Notwendigkeit, vor allem aber aus dem Willen heraus, die reaktionären deutschen Staaten durch aufgeklärte Fürsten und demokratische Teilhabe des Volkes an seinen Angelegenheiten zu reformieren. Diesem Zweck dienten vor allem seine satirischen Romane, die sich großer Beliebtheit erfreuten und auch von einfachen Leuten gelesen wurden. Aus der Fülle seiner politischen Publikationen hier

nur die drei wichtigsten: 1791 veröffentlichte er – pseudonym – in Göttingen die *Geschichte der Aufklärung in Abessinien*, darin wurde eine scharfe Kritik der zeitgenössischen deutschen Kleinstaaten auf imaginäre Länder Afrikas projiziert. Die Karikaturen der verschiedenen deutschen Duodezfürsten und ihrer Mißwirtschaft dürften für viele zeitgenössische Leser leicht zu entschlüsseln gewesen sein. Am Ende wird ein Aufstand der Abessinier geschildert, der dem Verfasser Gelegenheit gibt, die aufgeklärten Maximen des jungen Prinzen darzulegen, den er selbst im Geiste der Freiheit und Aufklärung erzogen habe: »Neue Gesetze, welche die Freiheit gewisser Handlungen einschränken, können nur mit Wissen und Willen aller erwachsenen Bürger im Staate gegeben werden. Es muß jedermann erlaubt sein, wenn ihm diese Gesetze nicht gefallen, das Land zu verlassen, in welchem man gezwungen wird, nach denselben zu handeln. Ein Gesetz also, welches den Bürgern im Staate das Auswandern verbietet, ist ein tyrannisches.« Vielleicht ist verständlich, daß diese satirische Schrift K.s, der von der Literaturwissenschaft der ehemaligen DDR hoch gelobt wurde, dort nicht in einer Neuauflage veröffentlicht wurde. 1792 erschien – wieder unter einem leicht durchschaubaren Pseudonym – *Joseph von Wurmbrands (...) politisches Glaubensbekenntnis mit Hinsicht auf die französische Revolution und deren Folgen*.

Im Unterschied zu Klopstock und Schiller, deren Begeisterung für die Französische Revolution angesichts der Jakobinerherrschaft geschwunden war, blieb K. der Revolution treu und rechtfertigte sogar deren Gewalttaten. Sie seien als notwendige Folge einer jahrzehntelangen Mißwirtschaft und deren künstlicher Aufrechterhaltung von Privilegien, die dem Geist des Zeitalters widersprächen, durchaus verständlich. Die deutschen Fürsten aber sollten aus dem Beispiel der Revolution in Frank-

reich lernen, daß es klüger wäre, rechtzeitig die Verfassung ihres Landes »dem
Geist der Zeit« anzupassen. Nicht »die
Bücherschreiber hätten die großen
Weltbegebenheiten bewirkt, sondern
die veränderte Ordnung der Dinge wir-
ke im Gegenteil auf den Geist der Bücherschreiber«. Damit widersprach K.
der von Konservativen verbreiteten Behauptung, die Revolution sei das Werk
von Intellektuellen und Geheimgesell-
schaften wie der Freimaurer und der
Illuminaten gewesen. K., der selbst diesen Organisationen angehört hatte, war
sich bewußt, wie gering in Wahrheit die
Einflußmöglichkeiten solcher Geheimbünde waren.

Am amüsantesten ist die dritte politische Schrift, mit der K. sein Publikum
erreichte: *Des seligen Herrn Etatsraths
Samuel Conrad von Schaafskopf hinterlassene Papiere* (1792). Der adlige
»Schaafskopf« schildert die Maximen
des uralten »Pinselordens«, in dem alles,
was reaktionär und borniert ist, seine
Heimat findet. Die Mitglieder verpflich-
ten sich u. a. »das abscheuliche Laster
der Toleranz zu bekämpfen und gegen
die vermaledeite Publizität, Denk-,
Sprech- und Pressefreiheit mutig ein-
zuschreiten«. Die Verhaltensregeln, die
der Pinselorden empfiehlt, sind in allem
das Gegenteil der demokratischen Prinzipien K.s und seiner »jakobinischen«
Freunde. »Vorgesetzten und Fürsten gegenüber betrage man sich (...) mit derjenigen Ehrerbietung und Unterwerfung, die man ihnen schuldig ist; die
Geringern und Untergebenen gewöhne
man, daß sie nicht vergessen, wer sie
und wer wir sind! Leute, die nichts als
Talente, Geschicklichkeit und was man
Verstand nennt, aber keinen Rang und
Titel haben, (...) gehören nicht in vornehme Gesellschaften«. – Der Orden –
so heißt es weiter – gedeihe vortrefflich
in absolutistischen Staaten, deren Bürger auch schlechte Fürsten als eine »gerechte Züchtigung«, die Gott ihnen geschickt habe, ertragen müßten. Als

schreckliches Beispiel eines republikanischen Staates wird Amerika erwähnt,
»wo man jetzt nicht einmal mehr weiß,
was für ein Ding ein Edelmann ist, wo
die Leute unempfindlich gegen Glanz,
Titel, äußere Ehre, Orden und Stand an
nichts denken als Handel, Wissenschaft,
Künste, Ackerbau und dergleichen bürgerliche, gemeine Gegenstände, wo (...)
niemand sein Glück machen kann, der
nicht im Schweiße seines Angesichts
sein Brot essen oder seine besten Jahre
mit den trockenen Pedanterien der Wissenschaft verderben will!« Der *Moniteur
universel* in Paris meldete am 5.5.1795:
»Baron Knigge, der durch sein Talent
berühmte Schriftsteller, dessen beliebte
Veröffentlichungen den Geist der Frei-
heits- und Gerechtigkeitsliebe und den
Haß gegen alle Tyrannen atmen, ist von
den Engländern in Bremen verhaftet
worden... Der aufgeklärte und wahrhaft philosophische Eifer, den Baron
Knigge für die Prinzipien der Französischen Revolution an den Tag gelegt hat,
verursachte seinen Untergang.«

Dem frühverstorbenen aufgeklärten
Demokraten K. wurden in zahlreichen
Veröffentlichungen der »deutschen Ja-
kobiner« gereimte und prosaische
Nachrufe gewidmet. Im *Genius der Zeit*
(Altona 1796) endete ein Gedicht an
Knigges Grab mit den Worten: »Denn
der Gerettete lebt! Lange noch blühet
sein Ruhm. /Spät noch schauet der
Jüngling und Mann in den Spiegel des
Lebens, /Den er mit fester Hand unter
den Menschen erhob. /Lange stählet mit
Muth sein Namen den kämpfenden
Weisen; /Lange erbebet bey Wort: Knigge! der Heuchler und Thor«. Daß aus
dem Namen dieses entschiedenen Aufklärers und Demokraten einmal der
Gattungsbegriff für spießbürgerliche
»Benimmbücher« werden sollte, konnte
1796 niemand voraussehen. Der »wirkliche« K. verdient, von Vergessenheit
und Verfälschung befreit zu werden, um
endlich in dem ohnehin kleinen Pantheon deutscher Demokraten einen verdienten Ehrenplatz einzunehmen.

Literatur: Bois, P.-A.: Adolph Freiherr Knigge (1752–1796). De la »nouvelle religion« aux Droits de l'Homme. L'itinéraire politique d'un aristocrate allemand franc-maçon à la fin du dix-huitième siècle. Wiesbaden 1990. – Grab, W.: Ein Volk muß seine Freiheit selbst erobern. Zur Geschichte der deutschen Jakobiner. Frankfurt/Main, Olten, Wien 1984. – Fetscher, I.: Nachwort zu Adolph Freiherr Samuel Knigge: Des seligen Herrn Etatsraths Samuel Conrad von Schaafskopf hinterlassene Papiere. Frankfurt/Main 1965.

Iring Fetscher

Lassalle, Ferdinand
Geb. 11. 4. 1825 in Breslau;
gest. 31. 8. 1864 in Genf

Der aus wohlhabendem jüdischen Hause stammende L. entschied sich nach kurzem Studium der Rechtswissenschaften zu einer schriftstellerischen Tätigkeit, die er von früh an in den Dienst des demokratischen Fortschritts und der Volksaufklärung stellte. Daneben hat er wiederholt mit erstaunlichem Geschick auch wirtschaftliche Unternehmungen (z. B. Aktiengesellschaften für städtische Gasbeleuchtung) gegründet und gefördert. Sein Leben lang zutiefst von der Hegelschen Philosophie beeinflußt, die er in einer von Eduard Gans und anderen eingeleiteten demokratisch-aufgeklärten Deutung rezipierte, nahm er sich während vieler Jahre der Gräfin Sophie von Hatzfeld an, die, von ihrem Ehemann unterdrückt und ausgebeutet, erst nach zahlreichen Prozessen ihre Scheidung durchsetzen konnte. L. sah hier eine Aufgabe, die nicht nur seinem jugendlichen Tatendrang, sondern auch seinem Streben nach Gerechtigkeit entsprach. Ähnlich wie Jean Jaurès sich später der Sache des reichen jüdischen Hauptmanns Dreyfuß annahm, sah L. keinen Gegensatz zwischen dem energischen Eintreten für Demokratie und Rechtsgleichheit auf der einen und Kampf gegen individuelles Unrecht auf der anderen Seite. Gräfin Sophie von Hatzfeld dankte ihm durch eine Leibrente und die Förderung der Sache der Arbeiteremanzipation und des Lassalle-Kults nach dem Tod ihres Freundes.

Obgleich zwischen 1846 und 1854 fast ständig mit der Verteidigung der Gräfin Sophie von Hatzfeld beschäftigt, nahm er zugleich aktiv mit Wort und Schrift an der revolutionären Entwicklung der Jahre 1848/49 teil. Im Juli 1849 wurde er durch das Düsseldorfer Zuchtpolizeigericht »wegen Aufforderung zum gewaltsamen Widerstand gegen Staatsbeamte« zu sechs Monaten Gefängnis verurteilt. Es war nicht die einzige Gefängnisstrafe, die er abzusitzen hatte. Ehrgeizig auch als Denker machte er sich durch die Schrift *Die Philosophie Herakleitos des Dunklen von Ephesos* (1858) als Hegelianer einen Namen und hielt in der Folge wiederholt Vorträge vor der Berliner »philosophischen Gesellschaft« über Fichte und andere Themen. Mit dem Buch *Das System der erworbenen Rechte, eine Versöhnung des positiven Rechts und der Rechtsphilosophie* (1861) und durch das Drama *Franz von Sickingen* (1859), das Karl Marx wegen der ihm zugrundeliegenden Geschichtsphilosophie kritisierte, erweiterte sich sein Tätigkeitsfeld. Schon während dieser Zeit zeichnete sich seine – auf eine Radikalisierung der Hegelschen Idee des »sittlichen Staates« zurückgehende – Auffassung von der künftigen Rolle des »Arbeiterstandes« deutlich ab. Die Idee des »sittlichen Staates«, wie sie Hegel in seiner Rechtsphilosophie fälschlich bereits als »realisiert« beschrieben habe, müsse erst noch durch die Vollendung der demokratischen Verfaßtheit von Gesellschaft und Staat verwirklicht werden. In seinen Vorträgen über *Verfassungswesen* und über *Scheinkonstitutionalismus* (1862) zog L. die Folgerung aus dem

Scheitern der Revolution von 1848/49 in Deutschland. Er unterschied zwischen der »wirklichen Verfassung«, die den »realen Machtverhältnissen« im Staate entspräche und der »geschriebenen Verfassung«, die freilich auf die Dauer nicht von der realen abweichen könne.

Grundfehler der Revolutionäre von 1848 war die Beschränkung auf den Entwurf einer schriftlichen Verfassung, ohne zuvor die »wirkliche« Verfassung geändert zu haben. Diese wirkliche Verfassung bestand (und bestehe in Preußen noch immer) in einem machtpolitischen Übergewicht des Königs und der allein auf ihn vereidigten Armee, des mit dem König eng verbündeten Adels sowie des Großbürgertums. Das bereits wenige Monate nach der im Dezember 1848 »vom König geschenkten« Verfassung in Preußen eingeführte Dreiklassenwahlrecht (Mai 1849) sichere darüber hinaus die reale Übermacht des Großeigentums gegenüber Kleinbürgertum und Arbeiterstand. Neben diesen Realfaktoren gehöre freilich auch das »allgemeine Bewußtsein«, der »Bildungsstand« der Bevölkerung zu den Faktoren der wirklichen Verfassung. So habe man z. B. dem einfachen Volk zwar durch das Dreiklassenwahlrecht seinen »politischen« Einfluß wieder nehmen können, die Wiederherstellung der alten feudalen Hörigkeitsverhältnisse und des strengen Zunftwesens sei jedoch – gegen den Widerstand der Bevölkerung und der Industrie – nicht mehr möglich. So begrenze die »wirkliche Verfassung« die Möglichkeiten der »geschriebenen«.

Nach der Niederlage der bürgerlichen Revolution sei die konservative Regierung aber klug genug gewesen, um nicht einfach zum offenen Absolutismus zurückzukehren. Vielmehr habe sie einen »Scheinkonstitutionalismus« eingeführt, der dem Volk die Illusion demokratischer Legitimiertheit der bestehenden Macht gebe. In dieser Situation sei es die einzige Aufgabe der Zweiten Kammer (des preußischen Abgeordnetenhauses), zu »erklären, was ist«, das heißt, offen auszusprechen, daß die preußische Regierung dem Parlament sein elementares Recht – durch die Budgetbewilligung auf die Regierungspolitik Einfluß auszuüben – vorenthalte, indem sie trotz Verweigerung des Heeresbudgets die Heeresvermehrung vorgenommen habe. Auf diese Weise werde die Regierung gezwungen, entweder nachzugeben oder aber offen die Verfassung zu verletzen. Die Erkenntnis der Tatsache, daß die Regierung die Verfassung bricht, werde aber zur Aufklärung der Bevölkerung und auf diese Weise zu einem vermehrten Druck auf die Regierung führen, dem diese – auf die Dauer – nicht standhalten könne.

Hatte L. mit diesen Reden den Versuch gemacht, kleinbürgerliche Demokraten über ihre Lage aufzuklären und das Abgeordnetenhaus zu einem entscheidenden Schritt zu motivieren, so wandte er sich schon im gleichen Jahr ausdrücklich an den »Arbeiterstand«: mit einer Schrift unter dem Titel *Über den besonderen Zusammenhang der gegenwärtigen Geschichtsperiode mit der Idee des Arbeiterstandes.* Während sein großes Vorbild J. G. Fichte 1806 sich nur an die »Gebildeten« in Deutschland wenden konnte, könne er sich jetzt an die Arbeiter wenden, die inzwischen einen höheren Bildungsgrad erreicht hätten. Hier, im Arbeiterstand – und L. gebrauchte nicht zufällig diesen Terminus statt den der »Arbeiterklasse« – sah er jetzt das historische Subjekt, das dazu berufen war, die Idee des »sittlichen Staates«, wie sie Hegel entworfen hatte, definitiv zu verwirklichen. Der vierte Stand sei wegen seines Charakters und seines Prinzips, und weil er keine neue Privilegierung wünschen könne, »gleichbedeutend mit dem ganzen Menschengeschlecht. Seine Sache ist (...) in Wahrheit die Sache der gesamten Menschheit, seine Freiheit (...) die Freiheit der Menschheit selbst, seine

Herrschaft (...) die Herrschaft aller«. Um dieses Ziel zu erreichen, sei lediglich das »allgemeine und direkte Wahlrecht« notwendig. Die »sittliche Idee des Arbeiterstandes« werde dann im sittlichen Staat voll und ganz zum Ausdruck kommen. Die bürgerliche Revolution habe lediglich individuelle Freiheit hergestellt, die fehlende »Solidarität der Interessen, die Gemeinsamkeit und die Gegenseitigkeit der Entwicklung« werde erst der Arbeiterstand im Staat verwirklichen. Hierzu bedürfe es nicht des liberalen »Nachtwächterstaates«, sondern eines »starken Staates«, der in die Interessen des Großbürgertums eingreife.

Durch diese Gegnerschaft gegen das liberale Großbürgertum glaubte L. eine Zeitlang, mit dem Exponenten der preußischen Konservativen Otto von Bismarck zusammengehen zu können. Die mit Otto von Bismarck geführten geheimen Gespräche wurden erst 1878 bekannt. Während aber Bismarck die Drohung mit der Einführung des allgemeinen Wahlrechts lediglich als Druckmittel gegen die Liberalen in Erwägung zog, hoffte L. auf eine Art Bündnis des sozialen Konservatismus (Königtums) mit dem Arbeiterstand. Durch Staatszuschüsse und Darlehen sollte es den Arbeitern ermöglicht werden, eigene Genossenschaftsbetriebe aufzubauen und damit dem »eisernen Lohngesetz«, das sie in ständiger Armut und Abhängigkeit hielt, zu entgehen. Die beiden Losungen – allgemeines, direktes und gleiches Wahlrecht und Staatszuschüsse für Genossenschaftsbetriebe – erwiesen sich als brauchbare Propagandamittel. Der am 23. Mai 1863 in Leipzig gegründete »Allgemeine Deutsche Arbeiterverein« wählte L. auf fünf Jahre zu seinem ersten – mit großer Vollmacht ausgestatteten – Präsidenten. Das »Arbeiterprogramm« und das »Offene Antwortschreiben« an den »allgemeinen deutschen Arbeiterkongress« zu Leipzig (1863) wurden – mehr noch als das »Kommunistische Manifest« – zu den einflußreichsten Programmschriften der jungen deutschen Arbeiterbewegung.

In einem Brief vom 8. Juni 1863 an Otto von Bismarck bekannte sich L. eindeutig zu einer Art demokratisch legitimierter Diktatur. Er überreichte dem Kanzler die Statuten des »Allgemeinen Deutschen Arbeitervereins« und bemerkte dazu: »Es wird Ihnen aus diesem Miniaturgemälde deutlich die Überzeugung hervorgehen, wie wahr es ist, daß sich der ›Arbeiterstand instinktmäßig zur Diktatur geneigt fühlt‹, wenn er erst mit Recht überzeugt sein kann, daß dieselbe in seinem Sinne ausgeübt wird, und wie sehr er daher, wie ich Ihnen schon neulich sagte, geneigt sein würde, trotz aller republikanischen Gesinnungen – oder vielmehr gerade aufgrund derselben – in der ›Krone‹ den ›natürlichen Träger der sozialen Diktatur im Gegensatz zu dem Egoismus der bürgerlichen Gesellschaft‹ zu sehen, wenn die Krone ihrerseits sich jemals zu dem (...) Schritt entschließen könnte, eine wahrhaft revolutionäre und nationale Richtung einzuschlagen und sich aus einem Königtum der bevorrechteten Stände in ein ›soziales und revolutionäres Volkskönigtum‹ umzuwandeln«. Wie »taktisch« auch immer diese briefliche Äußerung von L. gemeint gewesen sein mag, sie offenbart zumindest ein problematisches Verhältnis zur Demokratie und eine enge Verbindung von Sozialismus und Nationalismus, die L. in der Tradition von Fichte wiederholt anklingen ließ. In einer Reihe von aufsehenerregenden Reden wußte L. seine Zuhörer immer wieder zu begeistern. Der starke ethische Akzent seiner Argumentation und die geschichtsphilosophisch fundierte Zuversicht, die L. ausstrahlte, trugen wesentlich zu diesen Erfolgen bei. Dennoch blieb das Wachstum der Partei weit hinter seinen Hoffnungen zurück.

Stärker noch als Marx von Hegel beeinflußt, unterschied sich L. vor allem durch den eindeutig ethischen Akzent seiner Argumentation und durch die Idee des »sittlichen Staates«, die an der Stelle stand, die bei Marx die »klassen- und herrschaftsfreie Zukunftsgesellschaft« einnimmt. L. glaubte, wie er in einem Brief an Karl Marx mitteilte, in ein paar Monaten auch die Kritik der politischen Ökonomie sich aneignen zu können, worüber sich Marx entsprechend ironisch äußerte. Die Betonung der Rolle des Staates nicht nur für eine kurze revolutionäre Übergangszeit und die weit entschiedenere Ablehnung des Liberalismus haben als Erbe L.s lange in der deutschen Arbeiterbewegung nachgewirkt. Während Karl Marx dafür eintrat, zunächst – gemeinsam mit dem Bürgertum – die feudalen Reste der alten Gesellschaft zu beseitigen, glaubte L. an ein Zweckbündnis mit den Konservativen. L. ging es dabei in erster Linie um eine Loslösung der Arbeiter von den bürgerlichen Parteien und deren Theorien. Diesem Zweck diente u. a. auch die Schrift *Herr Bastiat-Schulze von Delitzsch, der ökonomische Julian oder Kapital und Arbeit* (1864).

Während eines Erholungsaufenthaltes in der Schweiz verliebte sich L. in Helene von Dönniges und mußte sich am 28. August 1864 mit deren Verlobtem Janko von Racowitz duellieren. Drei Tage später erlag er seinen Verwundungen.

Friedrich Engels und Karl Marx sind – trotz aller theoretischen Auseinandersetzungen mit L. – von seinem Tod tief betroffen gewesen. Friedrich Engels schrieb am 4. September 1864 an Karl Marx: »L. mag sonst gewesen sein, persönlich, literarisch, wissenschaftlich, wer er war, aber politisch war er sicher einer der bedeutendsten Kerle in Deutschland«, und Marx antwortete drei Tage später: »Er war doch immer einer der vieille souche und der Feind unserer Feinde (...).« Aus Anlaß des »Gothaer Programms« (1875), das sich die Vereinigung der Lassalleaner

mit den »Eisenachern« zur »Sozialistischen Arbeiterpartei Deutschlands« gab, setzten sich Marx und Engels mit dem Lassalleschen Erbe noch einmal heftig auseinander. Dennoch dürfte der Einfluß seiner Ideen bis weit ins zwanzigste Jahrhundert hinein in der deutschen Sozialdemokratie wirksam geblieben sein.

Literatur: Becker, B.: Geschichte der Arbeiter-Agitation Ferdinand Lassalles (1874). Berlin, Bonn 1978. – Hirsch, H.: Sophie von Hatzfeld. In Selbstzeugnissen, Zeit- und Bilddokumenten dargestellt. Düsseldorf 1981. – Na'aman, S.: Lassalle. Hannover 1970. – Ramm, T.: Ferdinand Lassalle, als Rechts- und Sozialphilosoph. Meisenheim (2. Aufl.) 1956. *Iring Fetscher*

Lessing, Gotthold Ephraim

Geb. 22. 1. 1729 in Kamenz (Oberlausitz); gest. 15. 2. 1781 in Braunschweig

L., dem begabten Sohn eines lutherischen Pfarrers, schien die theologische Laufbahn vorbestimmt, als er 1746 nach dem Besuch von St. Afra zu Meißen, einer der angesehensten sächsischen Fürstenschulen, die Leipziger Universität bezog. Die Messe- und Handelsstadt, ein Vorort der Aufklärung, führte ihn bald im Umgang mit Journalisten und Theaterleuten zum Studium des Lebens. L., zwischen Leipzig und Berlin öfter wechselnd, schrieb Schauspiele, Fabeln, Sinngedichte, *Rettungen* verkannter und vergessener Gelehrter und Literaten. Er wandte sich gegen Standes- und Gelehrtendünkel, gegen Wortklauberei und Unduldsamkeit, trat für Menschlichkeit, Menschenwürde und Toleranz ein. Mit seinem Schauspiel *Die Juden* (1749, Erstdruck 1754) und in der ihm folgenden Diskussion bekannte er sich zur Gleichberechtigung der Juden und verwies Zweifler und Gegner auf das Beispiel seiner Freunde, zu denen Moses

Mendelssohn und Aaron Salomon Gumpertz gehörten.

Ernst Cassirer sah in seinem 1932 erschienenen Buch *Die Philosophie der Aufklärung* ein großes Verdienst L.s darin, »die Kritik wieder ins Leben zurückzuwenden und sie zum unentbehrlichen Werkzeug für das Leben, für die Entfaltung und die ständige Selbsterneuerung des Geistes zu gestalten und zu gebrauchen«. Mit seinen kritischen Beiträgen zur Literatur, zum Theater, zur bildenden Kunst und zur Wissenschaft schuf der Journalist und Schriftsteller L. Grundlagen der Gedanken- und Meinungsfreiheit in Deutschland. *Miß Sara Sampson* (1755) wurde zum ersten bürgerlichen Trauerspiel von Belang in deutscher Sprache und trug entscheidend dazu bei, daß auf der Bühne die »Haupt- und Staatsaktionen« verdrängt wurden, die Zuschauer sich selbst erkennen und prüfen konnten. Im *Philotas* (1759) setzte sich L. kritisch mit Kriegsbegeisterung und falsch verstandenem Heldentum auseinander und plädierte für Frieden, Humanität und Völkerverständigung. Eigene Erfahrungen als Sekretär eines preußischen Generals in Breslau während der Jahre von 1760 bis 1765 fanden Eingang in sein Schauspiel *Minna von Barnhelm, oder das Soldatenglück* (1767), ein Zeitstück, das zu einem der klassischen deutschen Lustspiele wurde. Auch in diesem Werk äußerte L. Kritik: »Man muß Soldat sein, für sein Land; oder aus Liebe zu der Sache, für die gefochten wird. Ohne Absicht heute hier, morgen da dienen; heißt wie ein Fleischerknecht reisen, weiter nichts« (Tellheim). »Und wenn die Soldaten paradieren, - ja freilich scheinen sie da mehr Drechslerpuppen als Männer« (Franziska). »Die Dienste der Großen sind gefährlich, und lohnen der Mühe, des Zwanges, der Erniedrigung nicht, die sie kosten.« (Tellheim). In der *Minna* gestaltete L. selbstbewußte und selbständig agierende Frauengestalten und war auch damit bahnbrechend.

In Berlin fand sich für L. keine feste Aufgabe. Friedrich II. bevorzugte die französiche Sprache und Kultur. Auch die Königliche Bibliothek wurde einem Franzosen anvertraut. L. und Johann Joachim Winckelmann hatten das Nachsehen.

Von 1767 bis 1770 lebte L. in Hamburg und war am Experiment des »Nationaltheaters« beteiligt, das aufgrund interner Querelen, fehlender finanzieller Mittel, der Kluft zwischen Anspruch und Realität – vor allem weil kaum geeignete deutsche Schauspiele vorhanden waren -- und der unzureichenden Publikumsresonanz scheiterte. Mit der *Hamburgischen Dramaturgie* (1767–70) legte L. ein Grundwerk zur darstellenden Kunst vor, das der Blüte der deutschen Theaterkultur in den folgenden Jahrzehnten vorarbeitete.

L. war es nicht vergönnt, als freier Schriftsteller und Kritiker zu wirken. Er wurde 1770 Bibliothekar in Wolfenbüttel. Doch auch in braunschweigischen Diensten gab er seine geistige Unabhängigkeit nicht auf. Mit seinem Drama *Emilia Galotti* (1772) wandte er sich gegen Willkür- und Gewaltherrschaft und zeigte Konflikte um Leidenschaft und Verführung. Mit der Herausgabe von Fragmenten der radikalen Bibel- und Glaubenskritik des 1768 verstorbenen Hamburger Gymnasialprofessors Hermann Samuel Reimarus wollte L. in den Jahren 1774 bis 1778 eine öffentliche Debatte von Grundfragen und Grundlagen der Religon initiieren. Doch der entschiedene Widerstand der Orthodoxie und das Eingreifen seines Landesherrn zwangen L., auf die Publikation weiterer Texte zu verzichten und den Fragmentenstreit vor allem mit dem Hamburger Hauptpastor Johan Melchior Goeze zu beenden. Auf seiner »alten Kanzel«, der Bühne, wollte L. seine Position nun darlegen. In *Nathan der Weise* (1779, 1783 in Berlin uraufgeführt) bekannte er sich zu Humanität und Toleranz, zur Achtung der Andersdenkenden und Andersgläubigen gerade um ihrer Eigenart willen. Nicht die Gesinnungen und Überzeugungen, die Bekenntnisse und Bekenntnisschriften waren für ihn entscheidend, vielmehr die praktischen Konsequenzen, die daraus gezogen wurden. In der Ringparabel, dem Kern des »dramatischen Gedichts«, einer bis heute gültigen Absage an religiöse Alleinvertretungsansprüche, erklärte L., Wahrheit und Kraft der Religionen und Bekenntnisse zeigten sich in ihrer tätigen Nächstenliebe: »Es eifre jeder seiner unbestochnen/Von Vorurteilen freien Liebe nach!« Dies solle »mit Sanftmut,/ Mit herzlicher Verträglichkeit, mit Wohltun,/ Mit innigster Ergebenheit in Gott« erstrebt werden. Mit dem Nathan warb L. erneut für die Gleichberechtigung der Juden und leitete eine neue Diskussion über die Verbesserung ihrer Lage ein. Hannah Arendt hat L.s Grundhaltung treffend beschrieben: »Nicht nur die Einsicht, daß es die eine Wahrheit innerhalb der Menschenwelt nicht geben kann, sondern die Freude, daß es sie nicht gibt und das unendliche Gespräch zwischen Menschen nie aufhören werde, solange es Menschen gibt, kennzeichnet die Größe L. s.«

L.s Werk enthält zahlreiche Äußerungen auch zu politischen Fragen. 1749 widmete er der gescheiterten Verschwörung des Berner Schriftstellers und Journalisten Samuel Henzi ein Fragment gebliebenes Drama (1753 gedruckt). L. plädierte darin für die Wahrung überlieferter Rechte, für Gerechtigkeit und Duldung, kritisierte Eigennutz, Rechtsbeugung und Oligarchie. In den Collectanea, Aufzeichnungen aus der Hamburger und Wolfenbütteler Zeit, notierte L. unter dem Stichwort »Deutsche Freyheit«: »Von der man itzt überall eine sehr geringe Meynung hat« –, daß es fast nirgends mehr üblich sei, die wichtigen Angelegenheiten auf den Landtagen zu erörtern. »Sollten wir wenigstens nicht in unseren Schriften

unaufhörlich gegen diese ungerechten Veränderungen protestiren, anstatt durch schmeichelnde Nachsicht und Entschuldigung der Grossen ihre Thathandlungen rechtsprechen?«

Am 25. August 1769 schrieb L. seinem Berliner Freund, dem Verleger und Schriftsteller Friedrich Nicolai: »Sonst sagen Sie mir von Ihrer Berlinischen Freyheit zu denken und zu schreiben ja nichts. Sie reducirt sich einzig und allein auf die Freyheit, gegen die Religion so viel Sottisen zu Markte zu bringen, als man will.« So freies Schreiben wie im Falle Joseph von Sonnenfels' in Wien, der »dem vornehmen Hofpöbel« die Wahrheit gesagt habe, wie »für die Rechte der Unterthanen«, »gegen Aussaugung und Despotismus« in Frankreich und Dänemark sei in Preußen, das L. »das sklavischte Land von Europa« nannte, unmöglich. L. bezog sich auf eine Rede Joseph von Sonnenfels', in dieser dargelegt hatte, wahrer Adel begründe sich durch Verdienste um das Gemeinwohl, darüber hinaus auf die Schriften der französischen Physiokraten, die für Freiheit und Eigentum stritten, und auf das Buch von Georg Christian Oeder, mit dem dieser für die Bauernbefreiung eintrat. L. waren die Zusammenhänge von Absolutismus und Gutsherrschaft, von Sozial- und Militärsystem im alten Preußen durchaus bekannt. Mit großer Aufmerksamkeit und Anteilnahme verfolgte L. denn auch Johann Friedrich Struensees Reformen in Dänemark, unter denen die Einführung der Pressefreiheit war.

Ernst und Falk. Gespräche für Freymäurer (1778/79) sind Lessings politische Schrift. »Die Staaten« so erklärte er, »vereinigen die Menschen, damit durch diese und in dieser Vereinigung jeder einzelne Mensch seinen Teil von Glückseligkeit desto besser und sicher genießen könne. – Das Totale der einzeln Glückseligkeiten aller Glieder ist die Glückseligkeit des Staats. Außer dieser gibt es gar keine. Jede andere

Glückseligkeit des Staats, bei welcher auch noch so wenig einzelne Glieder leiden, und leiden müssen, ist Bemäntelung der Tyrannei. Anders nichts!« Doch war er sich bewußt, daß es in der »bürgerlichen Gesellschaft«, die für ihn gleichbedeutend war mit politisch-sozialer Verfassung überhaupt, »Klüfte« und »Scheidemauern« geben wird: nationale, konfessionelle, soziale und wirtschaftliche Unterschiede. Aufgabe der »bürgerlichen Gesellschaft« und ihr Sinn sei es, »daß allein in ihr die menschliche Vernunft angebaut werden kann«. Den Freimaurern als einem freien Bund der Aufgeklärten müsse es darum gehen, den in den Staaten unvermeidlichen »Trennungen« entgegenzuarbeiten, frei von nationalen und religiösen Vorurteilen, ohne Rücksicht auf Stand und Beruf. *Die Erziehung des Menschengeschlechts* (1780) begriff L. als großen Prozeß der Aufklärung, als Voranschreiten der Menschheit von der Zeit der Erziehung durch Offenbarung in eine von Vernunft und Mündigkeit geprägte Ära. Er war überzeugt, daß die Zeit kommen werden, in der der Mensch »das Gute tun wird, weil es das Gute ist«, nicht weil willkürliche Belohnungen darauf gesetzt sind«.

Auf L., der zu Lebzeiten oft allein stand oder nur von wenigen Mitstreitern unterstützt wurde, bezog sich, wer immer in Deutschland im 19. und 20. Jahrhundert für Aufklärung und Mündigkeit, Vernunft und Kritik, Toleranz und Freiheit eintrat – von Georg Forster über Heinrich Heine, Heinrich und Thomas Mann bis zu Theodor Heuss und Erich Kästner. Mit Recht wandte sich Franz Mehring (*Die Lessing-Legende*, 1893) gegen die Vereinnahmung des Kosmopoliten und Menschenfreundes als deutschen Geistesheros und borussischen Dichters. Der Sozialist Hermann Wendel charakterisierte L. als ersten Deutschen, »der den Philister ganz ausgezogen hatte«, als einen »Mann der Öffentlichkeit«. L. war ein Wegbereiter des offenen, in freiheitlichem Geist geführten Diskurses, ein Vorkämpfer der Toleranz und Gleichberechtigung, der Gedanken- und Gewissensfreiheit.

Literatur: Arendt, H.: Von der Menschlichkeit in finsteren Zeiten. Gedanken zu Lessing. Rede anläßlich der Verleihung des Lessingpreises 1959 der Freien und Hansestadt Hamburg und eine Ansprache von Hans-H(arder) Biermann-Ratjen. Hamburg 1960. – Barner, W.; Grimm, G.; Kiesel; H.; Kramer, M.: Lessing. Epoche-Werk-Wirkung. München (5. Aufl.) 1987. – Harth, D.: Gotthold Ephraim Lessing oder die Paradoxien der Selbsterkenntnis. München 1993. – Wendel, H.: Lessing als Vorkämpfer des dritten Standes. Ein Vortrag, in: Die Gesellschaft. Internationale Revue für Sozialismus und Politik, 1930, 1. Bd., S. 265–282.

Franklin Kopitzsch

Liebknecht, Wilhelm
Geb. 29. 3. 1826 in Gießen;
gest. 7. 8. 1900 in Berlin

Wer in sein vielgelesenes *Volks-Fremdwörterbuch* schaut, findet Demokratie schlicht als »Volksherrschaft« beschrieben und synonym als »Freibürgerthum« erklärt. (7. Aufl., Stuttgart 1897) Darin machte L. auf den Bedeutungswandel im amerikanischen Parteiensystem aufmerksam, in dem die »Demokraten« unter Berufung auf den Föderalismus der USA für die Sklaverei eintraten. Daß L. darin eine Perversion sah, ergibt sich aus dem Zusammenhang seines Lebenswerkes. »Demokratismus« definierte er als »Sinn für Volksfreiheit«. Freiheit und Demokratie gehörten für L. zusammen. Die »Volksbildung« sah er als Hebel zur Demokratisierung und gleichzeitig die Demokratisierung der Wissenschaften als Mittel der Emanzipation. Er folgte dabei dem Diktum Francis Bacons, »Wissen ist Macht«, und verhalf ihm zu großer Popularität in der Arbeiterbewegung.

L. forderte einen nationalen Erziehungsplan und eine Reform des gesamten Erziehungs- und Bildungswesens: »Um das Volk auf die Höhe seiner Aufgaben zu heben, muß ihm alles Wissenswerte auf allen Gebieten des Wissens zugänglich gemacht werden. Kein Monopol der Wissenschaft! Demokratisierung, Verallgemeinerung der Wissenschaft!« L. kämpfte für dieses Ziel nicht mit Waffengewalt, wenngleich er als »Soldat der Revolution« ein Befürworter der allgemeinen Volksbewaffnung und ein Mann der Barrikade war. Sein wichtigstes Mittel blieb die gewaltlose, wenn auch durchaus kämpferische Agitation in Wort und Schrift, auf der Straße und in der Volksversammlung.

Die Legende führt seinen Stammbaum auf Martin Luther zurück, ohne daß es dafür genealogische Beweise gibt. Tatsächlich stammte L. aus einer alten Gießener Gelehrtenfamilie, zu der Justus Liebig und Ludwig Weidig, der Gefährte Georg Büchners, zählten. L. studierte von 1842 bis 1847 in Gießen, Berlin und Marburg Philologie, Philosophie und Theologie. Die französische Februarrevolution des Jahres 1848 sah ihn bereits als »Sozialradikalen« aus dem Bunde der Kommunisten, weniger als »Bürgerradikalen« der Burschenschaften. Am 28. 2. 1848 schrieb er aus Zürich: »Daß die neuen Eroberungen des Volkes von Bestand sind, daß kein zweiter Napoleon die Frucht der Revolution dem Volke entreißt, dafür bürgt die Bildung der Massen, die unausbleibliche Durchführung sozialer Reformen. Das Volk, das die Republik mit seinem Blute erkauft hat, will nicht für ein Phantom gestritten haben, es läßt sich nicht mehr mit hohlen Worten von Freiheit und Ruhm befriedigen. Geistige Freiheit und materielles Wohlergehen wird die Devise der neuen Revolution und jeder Revolution sein.«

L. nahm am 2. badischen Aufstand (»Struve-Putsch«) im September 1848 teil und danach an den Kämpfen der »Reichsverfassungskampagne«. Wiederholt verhaftet, konnte er nach der Kapitulation der in der Festung Rastatt eingeschlossenen revolutionären Truppen (Juli 1849) zunächst nach Frankreich entkommen. Von dort floh er in die Schweiz und 1850 weiter nach London. Die Familie Marx nahm den vollkommen mittellosen Emigranten auf. Daraus entstand eine Freundschaft für das ganze Leben und eine dauernde Annäherung L.s an Theorie und Praxis des Marxismus, obwohl seine Anschauungen niemals deckungsgleich wurden, so daß er oft Kritik und Spott der Begründer des historischen Materialismus einstecken mußte.

Nachdem L. sich zwölf Jahre mühsam als Privatlehrer und Zeitungskorrespondent in London durchgeschlagen hatte, kam er 1862 in den Genuß einer Amnestie, so daß er nach Berlin zurückkehrte und 1863 dem »Allgemeinen Deutschen Arbeiterverein« (ADAV) Ferdinand Lassalles beitrat. Da ihm der ADAV nicht radikal genug war, wurde er 1865 daraus ausgeschlossen. Von der Polizei kurz danach aus der preußischen Hauptstadt ausgewiesen, fand er in Leipzig Anschluß an die »Demokratische Volkspartei«, an Arbeiterbildungsvereine und an die aufkeimende Gewerkschaftsbewegung der Buchdrucker.

Zusammen mit dem Drechsler August Bebel widmete L. seine weitere Tätigkeit der Politisierung und Radikalisierung der liberal beherrschten Arbeiterbildungsvereine, um ihnen ein sozialistisches Programm zu geben und sie in Verbindung mit der Ersten »Internationalen Arbeiterassoziation« (IAA) zu bringen. Das gelang auf dem Nürnberger Vereinstag von 1868. L. wurde zum Bevollmächtigten der IAA für Deutschland ernannt. Im August 1869 betrieb er die Gründung der »Sozialdemokratischen Arbeiterpartei« in Eisenach, die zunächst heftig mit den Lassalleanern rivalisierte, bis 1875 unter der helfenden Hand L.s die kompromißreiche Vereinigung auf dem Gothaer Vereinigungsparteitag möglich wurde.

Als direkt gewähltes Mitglied des Norddeutschen Reichstages (1867–1870) bekämpfte L. die Kriegspolitik Bismarcks. Er verweigerte die Kriegskredite und lehnte die Annexion Elsaß-Lothringens ab. Er verteidigte die Pariser Commune und wurde deshalb zusammen mit Bebel im Leipziger Hochverratsprozeß von 1872 zu zwei Jahren Gefängnis verurteilt.

Als erste größere Zeitung konnte L. den *Volksstaat* für die Eisenacher Partei redigieren. Der Titel war zugleich das Programm einer sozialen und demokratischen Republik nach Schweizer Vorbild und Vorgriff auf den »Volksstaat« der Weimarer Republik bzw. den »Sozialstaat« der Bundesrepublik Deutschland. Für die in Gotha vereinigte Partei gründete L. 1876 zusammen mit Wilhelm Hasenclever den *Vorwärts*, der zwar unter dem Sozialistengesetz (1878–1890) verboten wurde, aber als *Berliner Volksblatt* wieder auflebte. L. blieb bis zu seinem Tode der einflußreiche Chefredakteur des *Vorwärts*.

Durch Bismarcks Ausnahmegesetz wurde L. erneut um seine Existenz gebracht. Die Ausweisung vertrieb ihn nach Borsdorf bei Leipzig. Aber sein Reichstagsmandat, das er sich 1874 erneut erkämpft hatte, schützte ihn vor schärferer Verfolgung. Er behauptete das Mandat mit wechselnden Wahlkreisen bis zur Jahrhundertwende. L. gehörte von 1879–1885 und von 1889–1892 auch dem sächsischen Landtag an.

Als herausragende Leistung ist L.s Rolle bei der Vorbereitung und Durchführung des internationalen Arbeiterkongresses in Paris Mitte Juli 1889 zum 100. Jahrestag der Großen Französischen Revolution zu nennen. So entstand unter L.s maßgeblicher Mitwirkung die Zweite Sozialistische Internationale und die Resolution über den Achtstundentag mit der folgenden Maifeierbewegung.

Bei aller kämpferischen Attitüde war L. weniger ein Klassenkämpfer als vielmehr ein Volksmann, der durch die volksfeindliche Politik der deutschen und preußischen Reaktion aus der Bahn geworfen war. Er verkörperte in Rede, Schrift und Auftreten den radikaldemokratischen 1848er. In seinem politischen Testament wünschte er die Sozialdemokratie als »Partei des gesamten Volkes«, weniger als Partei des Klassenkampfes: »Die Sozialdemokratie zeichnet sich vor allen übrigen Parteien dadurch aus, daß ihre Tätigkeit sich nicht auf einzelne Seiten des staatlichen und gesellschaftlichen Lebens beschränkt, sondern daß sie alle Seiten desselben gleichzeitig umfaßt und durch Versöhnung der Gegensätze in Staat und Gesellschaft Ordnung, Friede und Harmonie herzustellen bemüht ist« (*Der Sozialismus und die Privilegierten*, Neue Welt Kalender 1901). Personenkult und Autoritätsglauben waren L. durch und durch verhaßt. Er war kein Doktrinär, obwohl er sich im aufkommenden »Revisionismusstreit« zusammen mit Bebel gegen Eduard Bernstein stellte.

Neuerdings gibt es eine aus zahlreichen Fragmenten zusammengestellte Autobiographie L.s (*Erinnerungen eines Soldaten der Revolution*, Berlin 1976), doch fehlt bis heute eine wissenschaftlich fundierte, umfassende Biographie dieses – neben August Bebel – wichtigsten Gründers der ältesten demokratischen Partei Deutschlands. L. läßt sich als der altmodischste und zugleich als der modernste unter den Gründervätern der deutschen Sozialdemokratie verstehen. Er verband die Tugenden des Freiheitskämpfers mit denen des Volkspädagogen, des Organisators und des Agitators. L. war weder bonapartistisch angekränkelt (wie Lassalle), noch dogmatisch verhärtet (wie Bebel).

Die Historiker der DDR haben die Chance versäumt, aus dem Lebenswerk L.s Lehren für den Demokratisierungsprozeß ihres Systems zu ziehen. Die westdeutsche Sozialdemokratie hat die Möglichkeit nicht wahrgenommen, ihre Wendung zur Volkspartei gleichzeitig als Besinnung auf das authentische Demokratieverständnis des älteren L. historisch zu legitimieren. Der lange dunkle Schatten des Sohnes Karl L. wirkte womöglich als Sperre gegen eine unbefangene Rezeption des politischen Vermächtnisses dieses wahrhaft großen Demokraten der deutschen Geschichte des 19. Jahrhunderts.

Literatur: Eisner, K.: Wilhelm Liebknecht. Sein Leben und Wirken. Berlin 1906. – Nobs, E.: Aus Wilhelm Liebknechts Jugendjahren. Zürich o. J. (ca 1926). – Schröder, W.: Ernestine. Vom ungewöhnlichen Leben der ersten Frau Wilhelm Liebknechts. Leipzig 1987. – Tschubinski, W.: Wilhelm Liebknecht. Eine Biographie. Berlin 1973. – Wendorff, W.: Schule und Bildung in der Politik von Wilhelm Liebknecht. Berlin 1978.

Gerhard Beier

Luxemburg, Rosa
Geb. 5. 3. 1871 in Zamośc (Südostpolen); gest. (ermordet) 15. 1. 1919 in Berlin

L. wurde in das jiddische Schtetl des chassidischen Zamośc in Russischpolen, wie »Kongreßpolen«, der auf dem Wiener Kongreß 1815 der Herrschaft des russischen Zaren unterstellte Hauptteil des Landes auch genannt wurde, hineingeboren, in eine von Pogromen, aber auch von sozialen Vorstellungen und Ideen des chassidischen Judentums (Chassidismus: ostjüdische Frömmigkeitsbewegung; chassid = fromm) gezeichnete Landschaft. Zu ihrer Kinderzeit zogen die Luxemburgs nach Warschau, wo sie ebenfalls mitten im Schtetl der Altstadt mit allen seinen religiösen Zwängen gegenüber einer relativ weit assimilierten Mittelstandfamilie mit einer deutschen Orientierung, wie es häu-

fig im jüdischen Mittelstand und so auch bei den Luxemburgs vorkam, lebten. Schon als Kind sprach L. hervorragend deutsch. Noch im Warschauer Gymnasium bäumte sich L. gegen russifizierende Tendenzen auf und nahm Kontakte zur polnischen sozialrevolutionären Partei »Proletariat II« auf. Wegen einer nach dem Abitur drohenden Verhaftung wurde sie 1889 von der Partei illegal außer Landes gebracht.

In Zürich fand L. Anschluß an den russischen marxistischen Zirkel »Osvoboždenie truda« (»Befreiung der Arbeit«) und freundete sich mit dessen beträchtlich älteren, späteren Führungspersönlichkeiten vornehmlich der Menschewiki, Georgi Walentinowitsch Plechanov, P. B. Akselrod, B. N. Križevskij und Vera Zasulič sowie dem später hinzugekommenen Leon Jogiches an, ihrem nachmaligen Lebensgefährten.

Nach dem Abbruch eines naturwissenschaftlichen Studiums und dem Wechsel zur Nationalökonomie promovierte L. 1897 mit einer Arbeit über *Die industrielle Entwicklung Polens*. Mit einer Gruppe emigrierter polnischer Sozialisten gründete L. das von Jogiches finanzierte Blatt *Sprawa robotnicza* (Arbeitersache), dessen Redaktion sie übernahm. Aus der Zürich-Pariser Emigrantengruppe entwickelte sich die internationalistische »Sozialdemokratie des Königreiches Polen und Litauen« (SDKPiL) als politischer Gegenpart zu der wenig älteren national-aktivistischen und antirussischen, zum Teil antisemitischen »Polnischen Sozialistischen Partei« (PPS). Um sich in Deutschland politisch betätigen zu können, ging L. in Basel eine Scheinehe mit dem deutschen Staatsbürger und Sohn ihrer Zimmervermieterin Gustav Lübeck ein, die 1903 geschieden wurde. Im Mai 1898 kam sie, nunmehr als Deutsche und nicht mehr als russische Staatsbürgerin, in das ihr trist und feindselig erscheinende Berlin. Unverzüglich trat sie der SPD bei, übernahm die Chefredaktion der

Sächsischen Arbeiterzeitung und schloß sich der von der SPD für die polnische Minderheit unterhaltenen »PPS des preußischen Teilungsgebietes« (PPSzp) an, für die sie, SPD-Vorstellungen entsprechend, besonders in dem politisch vom katholischen Zentrum dominierten Oberschlesien tätig wurde. Von der PPS bald tief enttäuscht, zog sich L. von ihr zurück. In München lernte L. 1901 Lenin kennen und half beim Aufbau seines radikalen Blattes *Iskra* (*Funke*, seit 1900), mit dem er 1903 den Bruch zwischen Menschewiken und seinen Bolschewiken in der russischen Sozialdemokratie herbeiführte.

Im Oktober 1907 nahm L. eine Tätigkeit als Dozentin an der Berliner SPD-Parteischule an. Außerdem entwickelte sie sich mit flammenden Reden auf Kundgebungen, vor Parteigremien und bei internationalen Sozialistenkongressen sowie durch Artikel und wissenschaftliche Ausarbeitungen zu einer kompromißlosen und gehaßten, wegen ihrer Ironie und Scharfzüngigkeit auch gefürchteten, aber überdies bewunderten Vertreterin der radikalen Richtung im deutschen und internationalen Sozialismus. L.s radikales politisches Auftreten brachte ihr in Deutschland seit 1907 wiederholt Gerichtsverfahren und Gefängnisaufenthalte ein. Besonders während der Kriegsjahre 1914 bis 1918 nutzte sie sie zu grundlegenderen Arbeiten, die eine Neuorientierung und Neuorganisation der sozialistischen Arbeiterbewegung nach dem Kriege zum Ziele hatten. Erst am 9. November 1918 wurde die seit Mitte 1916 unnachsichtig in »Schutzhaft« gehaltene L. entlassen. Umgehend gründete sie zusammen mit Karl Liebknecht und Leon Jogiches die *Rote Fahne* als Zeitung des »Spartakusbund«, deren Redaktion Jogiches übernahm, der seit 1916 den »Spartakusbund« konspirativ führte und ideologisch lenkte.

Ende Dezember 1918 hielt L. auf dem Gründungskongreß der Kommunisti-

schen Partei Deutschlands-Spartakusbund (KPD) eine weit beachtete Programmrede. Den Zusammenschluß ihrer polnischen SDKPiL, deren führende Genossen in der radikalen sozialistischen deutschen Szene Schlüsselpositionen einnahmen, mit der linken radikalen PPS-Lewica (PPS-Linke) Mitte Dezember 1918 zur Kommunistischen Arbeiterpartei Polens (KPRP) hieß L. ebenso gut, wie deren auf sie zurückgehende Ansicht, daß die Unabhängigkeit Polens (seit November 1918) schädlich sei und Polen stattdessen dem revolutionären Rußland angehören sollte. Während der Januarunruhen 1919 in Berlin wechselte L. wegen akuter Verhaftungsgefahr ständig ihren Aufenthaltsort, verließ die Hauptstadt jedoch nicht, weil sie dem revolutionären Geschehen nahe bleiben wollte. Am 15. Januar 1919 wurde sie verhaftet und nach einem Verhör von Freikorpsangehörigen ermordet. L.s Leiche wurde im Landwehrkanal versenkt und erst am 31. Mai an einer Schleuse angeschwemmt. Am 13. Juni 1919 wurde L. in Berlin-Friedrichsfelde beerdigt.

In ihrer politischen Arbeit verwendete L. aus Konspirationsgründen Pseudonyme voller osteuropäischer Symbolik. Dazu gehörten »Jìzef Chumra« (»Jozef, die unheilbringende Wolke«) und «Maciej Rozga» («Maciej, die Zuchtrute«), aber auch Symbole aus der griechischen und römischen Geschichte des Kampfes gegen Sklaverei und Unterdrückung, wie Spartacus, Gracchus, Junius oder Juvenis.

Schon als Redakteurin der *Sprawa robotnicza* bahnte L. Beziehungen zu französischen, niederländischen, schweizerischen und deutschen Sozialisten und Parteien an und nahm Diskussionen mit revisionistischen Strömungen im deutschen (Eduard Bernstein) und französischen Sozialismus (Alexandre Millerand) auf, was ihre Bedeutung und ihren internationalen Ruf als kämpferische Radikale begründen half.

Zu Lenin hatte L. von Anfang an ein gespanntes Verhältnis. Dessen »tatarischen Marxismus«, wie sich sich ausdrückte, – Lenin stammte aus dem tatarischen Simbirsk – lehnte sie ab und bezeichnete seine politischen Ansichten als etwas »unglaublich Wildes«, das domestiziert werden müsse. Der Konflikt mit Lenin war damit unvermeidlich, trotz gelegentlicher Zusammenarbeit. Auch für die Nachkriegszeit lehnte sie Lenins im September 1917 entwickelte Idee, eine neue, dritte, zentralistische »kommunistische« Internationale zu gründen, ab, obwohl sie eine demokratische Neuorganisation der internationalen Arbeiterbewegung auf der Grundlage der II. Internationale (2. Internationale Arbeiter-Assoziation seit 1889; 1. Internationale 1864–1876), die im Ersten Weltkrieg wegen zunehmender nationalistischer Tendenzen der sozialistischen Parteien zerbrochen war, ebenfalls anvisierte.

Mit der Konzentration auf die SPD seit 1907 verstärkte sich L.s Kampf gegen den Bernsteinschen Revisionismus. Sehr entschieden stellte sie sich gegen alle seine Erscheinungen, sprach sich aber genauso gegen die Organisationsvorstellungen Lenins und für demokratische Spontaneität in der Arbeiterbewegung aus, für eine friedliche Ausübung der proletarischen Diktatur. L. nahm Stellung zu Fragen des demokratischen Wahlrechts und der Gewerkschaften und setzte sich entschieden gegen Krieg und Militarismus ein. Auf der Grundlage ihrer Vorlesungen an der SPD-Parteischule entstand die Abhandlung *Akkumulation des Kapitals* (1913), eine für die damalige Zeit bemerkenswerte theoretische Weiterführung der Gedanken von Marx und Engels, und die erst postum erschienene, von Paul Levy edierte *Einführung in die Nationalökonomie* (1925), die auf der Grundlage der historischen Schule in der Nationalökonomie einen marxistischen Beitrag zur Wirtschaftstheorie darstellt.

Während ihrer Gefängnisaufenthalte seit 1915 schrieb L. die *Junius-Broschüre* (1915), eine Anklage gegen den Krieg, dann die eine neue internationale Organisation des Proletariats konzipierenden, indirekt gegen Lenins Vorstellungen argumentierenden *Junius-Thesen* sowie die kritische, postum von Paul Levy 1922 herausgegebene und dann 1928 durch bisher unveröffentlichte Manuskripte L.s noch ergänzte Abhandlung *Die russische Revolution* (geschrieben 1918), die mit Lenins Oktoberrevolution 1917, ihren Folgen und Begleiterscheinungen abrechnete. In ihr findet sich der Satz: »Freiheit ist immer die Freiheit der anders Denkenden«, der eine Verehrung L.s über Jahrzehnte begründete, die dem katholischen Marienkult nicht unähnlich war.

Trotz der äußerlichen Geradlinigkeit steckte L. voller Widersprüche. L.s in Deutschland verehrter und gerühmter Humanismus, der in dem Satz über die Freiheit der Andersdenkenden wurzelt, und der einer Abhandlung entstammt, zu der sich L. nie zu Lebzeiten bekannte noch sie veröffentlichte oder sonstwie bekannt werden ließ, kontrastiert grundlegend mit der schon 1909 in Russisch geäußerten Ansicht, politische Gegner, also gerade die anders Denkenden und Handelnden, sollte man »ohne Umstände exekutieren (erschießen)«.In der Haft Anfang 1917 schrieb sie, daß ihre Lebensdevise sei, statt »eine Gemeinheit zu begehen«, lieber »vor Leid zu sterben«. Trotzdem beteiligte sie sich von Anfang an an einer seit 1910 von Jogiches inszenierten, sich jahrelang hinziehenden Kampagne gegen Karl Radek, einen ebenfalls kompromißlosen Radikalen in Deutschland, um diesen politisch mundtot zu machen.

L. war weniger Humanistin als ein empfindsamer Schöngeist, der die Natur und deren Geschöpfe liebevoll beobachtete und in Briefen poetisch zu schildern wußte. Beherrscht war sie von einer geradezu franziskanischen Liebe zu allem Leben, das sie hegte und pflegte, was mit ihrer Äußerung von 1909 nicht zu vereinbaren ist. Auch in persönlicher Hinsicht war sie voller Widersprüche. Nach außen erschien sie als eine selbstbewußte, eigenständige und durchsetzungsfähige Frau, wie aus ihrer politischen Tätigkeit angenommen werden könnte. Dennoch war sie im Alltag unbeholfen und hilflos, fügsam ertrug sie entwürdigende Bevormundungen und Einmischungen in ihre Privatsphäre. Besserwisserisch redete L.s Lebensgefährte Jogiches ihr in die Dissertation hinein, griff redigierend in ihre politischen Überlegungen und Konzepte ein und beeinflußte sie grobschlächtig und unduldsam, wodurch er zu einem Teil ihrer politischen Persönlichkeit wurde.

Literatur: Kautsky, K.: Rosa Luxemburg, Karl Liebknecht und Leon Jogiches. Berlin 1921. – Nettl, P. J.: Rosa Luxemburg. Köln/Berlin 1967. – Strobel, G. W.: Die Legende von der Rosa Luxemburg. Eine politisch-historische Betrachtung, in: IWK. Internationale wissenschaftliche Korrespondenz zur Geschichte der deutschen Arbeiterbewegung. Berlin 1992, Nr. 3, S. 373–394. – Strobel, G. W.: Die Partei Rosa Luxemburgs, Lenin und die SPD. Der polnische »europäische« Internationalismus in der russischen Arbeiterbewegung. Wiesbaden 1974. – Zetkin, C.: Um Rosa Luxemburgs Stellung zur russischen Revolution. Hamburg 1922.

Georg W. Strobel

Marx, Karl
Geb. 5. 5. 1818 in Trier;
gest. 14. 3. 1883 in London

Die bürgerliche Revolution versprach den Menschen »Freiheit, Gleichheit und Brüderlichkeit«. Sie konnte aber nur die Befreiung von rechtlichen Schranken bringen, indem sie die Erbuntertänigkeit und Abhängigkeit von einzelnen feudalen Herren aufhob; die Rechts-

gleichheit aller (Männer!) herstellte und damit das illusorische Bild einer solidarischen Gemeinschaft erzeugte. Bald zeigte es sich jedoch, daß nun an die Stelle der durch das Feudalrecht begründeten Abhängigkeit die wirtschaftliche Abhängigkeit getreten war. Zwar waren die einzelnen Eigentumslosen nicht mehr von einem besonderen Herrn abhängig, wohl aber ihre Klasse insgesamt von den besitzenden Klassen, die Eigentümer der Produktionsmittel waren. Die Ungleichheit von Kapitalisten und Lohnarbeitern trat an die Stelle der von Adel und Bürgertum. Zwischen diesen Klassen mit gegensätzlichen Interessen konnte es keine Brüderlichkeit geben, sondern nur »Klassenkampf«.

Die bürgerliche Demokratie stellte einen »Überbau« über einer »sozialen Basis« dar, die aus Klassen mit unterschiedlichen, ja gegensätzlichen Interessen bestand. Als Citoyens, als »Staatsangehörige« waren alle tatsächlich frei und gleich. Aber die Citoyeneigenschaft abstrahierte von allen konkreten Eigenschaften der Individuen, von ihrem Eigentum, ihren religiösen Überzeugungen und so weiter. Als Angehörige der bürgerlichen Gesellschaft, der »sozialen Basis«, waren die Menschen Individuen mit entsprechenden konkreten unterschiedlichen Bedürfnissen. In der politischen Theorie von Hegel und der Hegelianer spiegelte sich diese Dualität als die von Bourgeois und Citoyen wider.

Der frühe M. hat diese Aufspaltung in eindrucksvollen Formulierungen kritisch beschrieben: »Der vollendete politische Staat [und das war die bürgerliche Demokratie, d. Verf.] ist seinem Wesen nach das Gattungsleben des Menschen im Gegensatz zu seinem materiellen Leben. Alle Voraussetzungen dieses egoistischen Lebens bleiben außerhalb der Staatssphäre in der bürgerlichen Gesellschaft. Wo der politische Staat seine wahre Ausbildung erreicht hat, führt der Mensch nicht nur im

Gedanken, im Bewußtsein, sondern in der Wirklichkeit, im Leben ein doppeltes, ein himmlisches und ein irdisches Leben, das Leben im politischen Gemeinwesen [als Citoyen, d. Verf.], wo er sich als Gemeinwesen gilt und das Leben in der bürgerlichen Gesellschaft, worin er als Privatmensch tätig ist, die anderen Menschen als Mittel betrachtet, sich selbst zum Mittel herabwürdigt und zum Spielball fremder Mächte wird«. In seiner noch durchaus hegelianischen Ausdrucksweise sprach M. davon, daß der »wahre Mensch«, der Mensch, der sich mit seinen Mitmenschen verbunden weiß, hier nur in der Gestalt als »abstrakter Staasbürger« anerkannt wird, der »wirkliche« aber lediglich als egoistischer Privatmensch (als Bourgeois). Die befreite Gesellschaft, die in den Frühschriften von M. als die vollendete Demokratie vorgestellt wird, würde erst dann entstehen, »wenn der wirklich individuelle Mensch den abstrakten Staatsbürger in sich zurücknimmt und als individueller Mensch in seinem empirischen Leben (...) Gattungswesen geworden ist, erst wenn der Mensch seine «forces propres» als gesellschaftliche Kraft nicht mehr in Gestalt der politischen Kraft von sich trennt, erst dann ist die menschliche Emanzipation vollbracht«.

Auch wenn sich M. später in der Regel nicht mehr so »philosophisch« ausdrückte, hielt er doch an dem Gedanken der »Rücknahme« des abstrakten Staatsbürgers und des Staates in das gesellschaftliche Leben fest. So heißt es etwa 1871 im *Ersten Entwurf zum »Bürgerkrieg in Frankreich«*: »Die Kommune – das ist die Rücknahme der Staatsgewalt durch die Gesellschaft als ihre eigene lebendige Macht, an die Stelle der Gewalt, die sich die Gesellschaft unterordnet und sie unterdrückt; das ist die Rücknahme der Staatsgewalt durch die Volksmassen selbst«. In diesen späteren Schriften bezeichnete M. die völlig emanzipierte, freie auch als »klassenlose

Gesellschaft«, in der »die freie Entwicklung eines jeden die Bedingung für die freie Entwicklung aller« ist. In dieser Gesellschaft könne der Staat als ein »Überbau« über der »sozialen Basis« absterben, weil mit der Aufhebung der unterschiedlichen Klassen kein staatlicher Unterdrückungsapparat mehr benötigt werde.

Die Marxsche Auffassung und Wertschätzung der Demokratie entwickelte sich auf Grund seiner Erfahrungen mit den parlamentarischen Demokratien in Frankreich und England. Seine geschichtsphilosophische Prognose lautete erstens, daß die Zahl der Produktionsmittelbesitzer durch Akkumulation und Konzentration des Kapitals einen immer geringeren Prozentsatz der Bevölkerung ausmachen werde und ebenso die der kleinen Warenproduzenten, die mit eigenen Produktionsmitteln – als Bauern oder Handwerker – arbeiteten. Gleichzeitig aber werde die Zahl der Proletarier (des Industrie- und Landproletariats) prozentual entsprechend zunehmen.

Zweitens: Sobald daher das allgemeine und gleiche Wahlrecht verwirklicht sei, werde die große Mehrheit der proletarischen Staatsbürger durch Vergesellschaftung der Produktionsmittel die kollektive Abhängigkeit von den Produktionsmittelbesitzern abschaffen und damit eine »sozialistische Gesellschaft« verwirklichen.

Es zeigte sich aber bald, daß diese Prognose voreilig war und die Entwicklung auf eine Anzahl von Hindernissen stieß, abgesehen davon, daß neue »Zwischenschichten« entstanden, die der Aufrechterhaltung der kapitalistischen Hegemonie in der Gesellschaft nützten.

1848 brachte das allgemeine Wahlrecht in Frankreich infolge des Gewichts der kleinbürgerlichen Parzellenbauern die bürokratische Diktatur mit Louis Bonaparte an der Spitze. In England benützte der politisch nach wie vor tonangebende Adel die Arbeiterstimmen, um die bourgeoisen Liberalen zu schwächen. Es kam zwar zu Verbesserungen der Lage des Proletariats, aber nicht zu einer revolutionären Bewegung. Dazu trug auch die Rolle der Freikirchen und der ethnische Gegensatz zwischen irischen und englischen Proletariern bei. Die Herausbildung einer verselbständigten Bürokratie war auf dem Kontinent das größte Hindernis für die Verwirklichung einer proletarischen Dominanz durch demokratische Mehrheiten. Angesichts der Bedrohung durch das zahlreicher werdende Proletariat verzichtete das Bürgertum auf seine direkte politische Machtausübung und dankte zugunsten einer Bürokratie ab, die für »Ruhe und Ordnung« sorgte. Aus dieser Einsicht in die Rolle der Bürokratie – besonders in Frankreich und im Bismarckschen Deutschen Reich – schloß M., daß für die proletarische Revolution die Beseitigung der Bürokratie in allen ihren Erscheinungsformen wichtigste Voraussetzung sein werde. Im *Kommunistischen Manifest* von 1848 hatte es noch ganz lapidar geheißen: »daß der erste Schritt in der Arbeiterrevolution die Erhebung des Proletariats zur herrschenden Klasse, die Erkämpfung der Demokratie ist«. Die Erfahrungen mit dem zweiten französischen Kaiserreich 1852–1870 und mit dem Scheinkonstitutionalismus des geeinten Deutschen Reiches 1871 führten zu einer Erweiterung dieses Konzepts: Ohnmächtige Parlamente und mächtige Bürokratien mit einem zur Unterdrückung proletarischer Massenbewegungen einsetzbaren Polizei- und Militärapparat müßten beseitigt werden, sollten demokratische Mehrheiten von Proletariern und sozialistischen Parteien effizient werden können. M. erblickte in der Verfassung der Pariser Kommune (1871) ein Muster für die Art von Organisation, die eine »demokratische Diktatur des Proletariats« sicherstellen könne. »Die Kommune bildete sich aus den durch allgemeines Stimmrecht in den verschiedenen Bezirken von Paris gewählten Stadträten. Sie waren verantwortlich und jederzeit [durch die Wähler, d. Verf.] absetzbar. Die Kommune sollte nicht eine parlamentarische, sondern eine arbeitende Körperschaft sein, vollziehend und gesetzgebend zu gleicher Zeit. Die Polizei (...) wurde sofort aller ihrer politischen Eigenschaften entkleidet und in das verantwortliche und jederzeit absetzbare Werkzeug der Kommune verwandelt. Ebenso die Beamten der anderen Verwaltungszweige. Von den Mitgliedern der Kommune an abwärts, mußte der öffentliche Dienst für Arbeiterlohn besorgt werden (...) Die richterlichen Beamten verloren jene scheinbare Unabhängigkeit, die nur dazu gedient hatte, ihre Unterwürfigkeit unter alle aufeinanderfolgenden Regierungen zu verdecken (...) Wie alle übrigen öffentlichen Diener, sollten sie fernerhin gewählt, verantwortlich und absetzbar sein«.

Während der bourgeoise Staat vor allem dazu da war, die Eigentums- und Machtverhältnisse, die sich auf Grund der ökonomischen Dynamik herausgebildet hatten, zu bewahren, hatte dieser »proletarische Staat« die Aufgabe, als »Hebel« zur Umgestaltung der Gesellschaft, das heißt zur Abschaffung der Klassen zu dienen. In einer ersten nachrevolutionären Phase, in der es zwar keine (Ausbeuter-)Klassen mehr gab, aber noch nicht genügend Produkte, um »jedem nach seinen Bedürfnissen« zuteilen zu können, blieb aber der Staat noch notwendig. Er war zwar schon kein »Staat im eigentlichen Sinne mehr«, aber er mußte doch die reale Ungleichheit der Lebensverhältnisse durch eine dem bürgerlichen Recht korrespondierende Ordnung aufrecht erhalten. Es galt die Losung: »Jeder nach seinen Fähigkeiten – jedem nach seiner Leistung«. Es gab zwar keine vererblichen Privilegien der Produktionsmitteleigentümer mehr, weil die assoziierten Produzenten gemeinsam genossenschaftliche Eigentümer aller Produktionsmittel waren, aber unterschiedliche Fähigkeiten und Kräfte einerseits sowie unterschiedliche Belastungen (durch die Familie zum Beispiel) andererseits führten doch zu ungleichen Lebensverhältnissen. Erst in einer zweiten Phase der nachrevolutionären Gesellschaft könne der »enge bürgerliche Rechtshorizont« überschritten werden und der Staat völlig absterben. In seiner *Kritik des Gothaer Programms* der SPD schreibt M. dazu (1875): »In einer höheren Phase der kommunistischen Gesellschaft, nachdem die knechtende Unterordnung der Individuen unter die Teilung der Arbeit, damit auch der Gegensatz geistiger und körperlicher Arbeit verschwunden ist; nachdem die Arbeit nicht nur Mittel zu Leben, sondern selbst das erste Lebensbedürfnis geworden; nachdem mit der allseitigen Entwicklung der Individuen auch ihre Produktionskräfte gewachsen und alle Springquellen des genossenschaftlichen Reichtums voller fließen – erst dann kann der enge bürgerliche Rechtshorizont ganz überschritten werden und die Gesellschaft auf ihre Fahnen schreiben: Jeder nach seinen Fähigkeiten, jedem nach seinen Bedürfnissen«.

Wann die Gesellschaft »reif« für eine proletarische Revolution sei und wann (und ob überhaupt) sie zu jenem höheren Stadium übergehen könne, konnte und wollte M. nicht exakt voraussagen. M. wie Friedrich Engels hatten wiederholt ihre Terminprognosen korrigiert. Daß während einer voraussichtlich langen »Übergangszeit« die Verfassung nach dem Muster der Pariser Kommune kaum lebensfähig wäre, kann man annehmen. Der Versuch, im postrevolutionären Rußland »Sowjets« nach dem Muster der Kommune mit der Monopolherrschaft einer einzigen Partei zu kombinieren, war notwendig zum Scheitern verurteilt.

Literatur: Avinieri, S: The Social and Political Thought of Karl Marx. Cambridge 1968. – Fetscher, I.: Marxistische Porträts, Band 1.: Politiker. Stuttgart 1975. – Miliband, R.: Marxism and Politics. Oxford 1977. – Rottleuthner, H. (Hg.): Probleme der marxistischen Rechtstheorie. Frankfurt/Main 1975. – Schieder, W.: Karl Marx als Politiker. München 1991.

Iring Fetscher

Mayer, Gustav

Geb. 4. 10. 1871 in Prenzlau;
gest. 21. 2. 1948 in London

In den nach seinem Tod erschienenen *Erinnerungen* (1949) schrieb M.: »Die preußische Demokratie galt den Historikern meiner wie der voraufgegangenen Generation wie ein in seinem Wachstum früh verkrüppelter Baum, von dem sich keine Früchte pflücken ließen. Im Gegensatz zu ihnen glaubte und hoffte ich, daß, ebenso wie in Westeuropa, auch in meinem Vaterlande früher oder später die Demokratie zur Herrschaft kommen werde, und schon deshalb hielt ich es für eine lohnende Aufgabe, unter dem Schutt ihrer Niederlage nachzuforschen und Quellen zu erschließen, die der Wissenschaft später wieder nützen können.«

Der Journalist, Historiker und Universitätslehrer M. gehört zu den ersten und bedeutendsten Geschichtsschreibern der deutschen Demokratie und der Arbeiterbewegung. M. war das älteste von acht Kindern eines wohlhabenden jüdischen Kaufmannes aus der märkischen Kleinstadt Prenzlau. Ein ursprünglich zur Vorbereitung für einen kaufmännischen Beruf gedachtes Studium – Nationalökonomie und Nebenfächer in Berlin und Freiburg von 1890 bis 1893 – schloß er 1894 mit der Dissertation über *Lassalle als Nationalökonom* ab. Nach mehreren Anläufen fand er zur Journalistik. Von 1896 bis 1906 war er Mitarbeiter der *Frankfurter Zeitung*, zuerst ihres Handels- und Börsenteils, dann jahrelang als Auslandskorrespondent in Amsterdam, Paris und Brüssel. In diesen Ländern knüpfte er engere Kontakte zu bekannten sozialistischen Parteiführern.

Seit 1906 Privatgelehrter, widmete er sich bahnbrechenden historischen Forschungen in Bereichen, die in der damaligen Zeit für die akademische Geschichtswissenschaft Randgebiete waren. Ein Buch über den Lassalleaner Johann Baptist von Schweitzer (1911), die Abhandlungen über *Die Trennung der proletarischen von der bürgerlichen Demokratie in Deutschland*, 1863–1870 (1911) und *Die Anfänge des politischen Radikalismus im vormärzlichen Preußen* (1913) sowie weitere Aufsätze zur Geschichte der deutschen Sozialdemokratie machten ihn bekannt. Beziehungen zu führenden deutschen Sozialdemokraten bahnten sich an. M. blieb aber zeitlebens parteilos.

Diese von Sympathie für die Arbeiterbewegung getragenen Schriften und ein 1916 veröffentlichter Aufsatz gegen die Annexionsgelüste der Alldeutschen nach belgischen Gebieten waren die eigentliche Ursache, daß man 1917 in der Berliner Philosophischen Fakultät die Habilitation für neuere Geschichte des Sechsundvierzigjährigen scheitern ließ. Erst 1919 nach dem Sturz des Kaiserreiches eröffneten sich ihm an der Berliner Universität Lehrmöglichkeiten. 1922 wurde er gegen starken professoralen Widerstand zum außerordentlichen Professor berufen. Geschichte der sozialen und demokratischen Bewegungen in Europa seit dem Vormärz und die Ideengeschichte des Sozialismus waren bevorzugte Lehrthemen.

Im Mittelpunkt seiner Publikationen standen die Geschichte der deutschen Arbeiterbewegung und die radikalen demokratischen Bestrebungen in Deutschland. Von herausragender Bedeutung sind die Nachlaßausgabe der Schriften und Briefe Lassalles (6 Bde., 1921/25) und die Friedrich-Engels-Bio-

graphie (2 Bde., 1919/34). Letztere rechnet der Historiker Hans-Ulrich Wehler (1971) zu den »drei oder vier wichtigsten Biographien, die die deutsche Geschichtswissenschaft in diesem Jahrhundert hervorgebracht hat«. Charakteristisch für M. ist – so Wehler – die Sympathie, mit der er »die damals weithin verfemten Theoretiker und Parteiführer der deutschen Arbeiterbewegung behandelt hat, die immense Sachkenntnis, die er sich für die Behandlung seiner Probleme erwarb, die subtile Analyse ideeller Wurzeln theoretischer Konzeptionen«.

1933 wurde der jüdische Gelehrte von den Nazibehörden entlassen. Seit 1934 lebte er in England, sich mühsam von zeitlich begrenzten Arbeitsaufträgen und Forschungsstipendien erhaltend. M. hinterließ zwei größere Manuskripte, ein 1400seitige *The Political History of the English Labour Movement from 1857–1872. Documents and Commentaries* und seine Memoiren. Die Erinnerungen enthalten sein Vermächtnis: Sein Bekenntnis zur Demokratie und Völkerverständigung, aus den schmerzlichen Erfahrungen nach 1933 aber auch die Mahnung, die Deutschen sollten aus dem schuldbeladenen deutschjüdischen Verhältnis zu der notwendigen Vergangenheitsbewältigung finden.

M., dem westeuropäischen Parlamentarismus schon früh verbunden, hatte mit großer Skepsis den Nationalismus, Militarismus und Imperialismus des obrigkeitsstaatlichen Kaiserreiches wahrgenommen. Da die bürgerlich-demokratische Bewegung sich in Deutschland als zu schwach erwies – sowohl vor als auch nach 1918 –, erwartete M. durchgreifende Impulse zur tiefgreifenden Umgestaltung von Staat und Gesellschaft von der Sozialdemokratie. Mit wachsender Besorgnis betrachtete er die antidemokratischen, nationalistischen Strömungen in der Weimarer Republik, die deren Sturz herbeiführten.

Obwohl niemals Marxist, registrierte M. mit Interesse die innovativen Ansichten von Marx und Engels, die, Hegel weiterführend, ungewohnte Einsichten in den historischen Prozeß und seine Triebkräfte – insbesondere der bürgerlich-kapitalistischen Industriegesellschaft – eröffneten. M. glaubte 1919, daß eine Synthese des Geschichtsdenkens von Ranke und Marx seiner eigenen Generation von Historikern Problem und Aufgabe werden müßte. M. hat aber zu orthodox-marxistischen Geschichtsauffassungen stets Distanz bewahrt. Auf alle Fälle wünschte er, daß die auf Staat und große Männer zentrierte Historie mit der Berücksichtigung wirtschaftlich-sozialer Momente und der Massenerscheinungen neue Dimensionen annähme.

Daß den sozialen und politischen Emanzipationsforderungen der Arbeiterschaft das nötige Gewicht zukommen müsse, hielt M. schon als Journalist für unabdingbar. Die parlamentarische Demokratie bildete nach seiner Meinung die beste Basis, soziale Ungleichheit zu überwinden und politische Gleichheit zu gewährleisten.

Literatur: Faulenbach, B.: Gustav Mayer. Zwischen Historiker-Zunft und Arbeiterbewegung, in: Christadler, M. (Hg.): Die geteilte Utopie. Sozialisten in Frankreich und Deutschland. Opladen 1985, S. 183 ff. – Niedhart, G.: Gustav Mayers englische Jahre: Zum Exil eines deutschen Juden und Historikers, in: Exilforschung. Bd.6, 1988, S. 98 ff. – Schleier, H.: Zu Gustav Mayers Wirken und Geschichtsauffassung: Klassenkampf – Sozialreform – Revolution, in: Evolution und Revolution in der Weltgeschichte. Ernst Engelberg zum 65. Geb. Bd. 1, Berlin 1976, S. 301 ff. – Wehler, H.-U.: Gustav Mayer, in: Wehler, H.-U. (Hg.): Deutsche Historiker. Bd.2, Göttingen 1971, S. 120 ff.

Hans Schleier

Mehring, Franz
Geb. 27.2. 1846 in Schlawe (Pommern); gest. 29. 1. 1919 in Berlin

Dem Mitkämpfer und späteren Mitbegründer der KPD, dem Historiker der preußischen Geschichte und der deutschen Arbeiterbewegung schrieb Rosa Luxemburg 1916 zum Siebzigsten: »Sehr verehrter Freund! Wir haben der deutschen Bourgeoisie doch das Letzte und Beste weggenommen, was sie noch an Geist, Talent und Charakter hatte: Franz Mehring.«

Der Sohn eines höheren Steuerbeamten und ehemaligen preußischen Offiziers kam am 27. Februar 1846 in dem hinterpommerschen Landstädtchen Schlawe zur Welt. Die Mutter, eine geborene von Zitzewitz, stammte aus preußischem Uradel. Zu den Vorfahren zählten auch etliche pommersche Prediger. In dieser Umgebung aufgewachsen, »hatte ich mich«, so Mehring später, »mit der lautern Milch preußischer Gesinnung genährt und noch beim Abiturientenexamen auf dem Gymnasium Greifenberg in Pommern die erste Note erhalten über das glückliche Thema: Preußens Verdienste um Deutschland «.

Auf der Universität, wo er, zunächst in Leipzig, dann in Berlin, Vorlesungen und Seminare in Latein und Griechisch besuchte, erweiterte sich sein Gesichtskreis. 1869 brach M., vermutlich unter dem Eindruck der geschichtlichen Ereignisse, die zwei Jahre später zur Gründung des Deutschen Reiches durch Bismarck führten, das Studium ab. Ihn zog es zum Journalismus, und er wollte – ein Bewunderer des Radikaldemokraten und Revolutionshelden von 1848 Johann Jacoby – politisch wirken. Erst 1882 – es war die Zeit des Sozialistengesetzes – promovierte er in Leipzig, nicht freilich in Klassischer Philologie, sondern mit einer Arbeit zur Geschichte der deutschen Sozialdemokratie, einer antisozialistischen Kampfschrift, die zuvor in einer Zeitungsserie und als Buch erschienen war. Der bis dahin demokratisch gesinnte, an den Schriften Lassalles geschulte arbeiterfreundliche bürgerliche Intellektuelle hatte, persönlich schwer gekränkt, der Partei seine Gunst entzogen, als diese einen ihr nahestehenden, aber in unsaubere kapitalistische Geschäfte verwickelten Zeitungsherausgeber gegen M.s Kritik in Schutz nahm.

Kurze Zeit später schwenkte M. wieder um, diesmal unwiderruflich. Abgestoßen von den brutalen und von einem großen Teil des Bürgertums gebilligten Regierungsmaßnahmen gegen Arbeiter und inzwischen vertraut mit den Werken von Marx und Engels setzte er sich als Leitartikler und Chefredakteur der *Berliner Volks-Zeitung* für die Aufhebung des Sozialistengesetzes ein. Das von M. schon früher und übrigens in stilistisch meisterhaften Polemiken aufs Korn genommene Bürgertum hatte in seinen Augen als Klasse verspielt, damit zugleich die politische Demokratie, die sich im Kampf gegen Feudalismus und Absolutismus und den Cäsarismus Bismarcks als unfähig erwiesen hatte.

1891 trat M. der SPD bei. Er schrieb – zunächst anonym – politische Leitartikel für das von Karl Kautsky herausgegebene sozialdemokratische Wochenblatt *Die Neue Zeit* und leitete auch dessen Feuilleton. Von 1902 bis 1907 war er Chefredakteur der *Leipziger Volkszeitung*, die er zu einer der bedeutendsten Arbeiterzeitungen im damaligen Deutschland entwickelte.

Mit Rosa Luxemburg und lange Zeit auch mit Kautsky stand M. auf dem linken Flügel der Sozialdemokratie. Bei Ausbruch des Ersten Weltkriegs gehörte M. zu denjenigen, die die Zustimmung der SPD-Reichstagsfraktion zum Krieg und zu den Kriegskrediten, den sogenannten »Burgfrieden« ablehnten. Lebhaft begrüßte er die russische Oktoberrevolution 1917, obwohl er selber von der »Lückenhaftigkeit, Spärlichkeit und Unsicherheit der Nachrichten« sprach,

die über die russische Grenze nach Deutschland drangen.

Mit einer vierbändigen *Geschichte der deutschen Sozialdemokratie* (1898), in der er zum Verdruß orthodoxer Marxisten auch Lassalle gerecht zu werden versuchte, und einer umfangreichen Marx-Biographie, die wegen des Krieges erst 1918 erscheinen konnte, wirkte M. bahnbrechend auf dem Gebiet der historischen Beschäftigung mit der deutschen Arbeiterbewegung.

Legendären Nachruhm erlangte M. – über die Arbeiterklasse hinaus – mit seinem bereits 1892/93, kurz nach seiner Bekehrung zum »Historischen Materialismus« verfaßten Buch *Die Lessing-Legende*. Es hätte auch den Titel »Die Hohenzollern-Legende« tragen können. M. ging es darum, den Kosmopoliten und Menschenfreund, den Vorkämpfer der bürgerlichen Emanzipation Lessing vor der Vereinnahmung durch die borussifizierte Geschichtsbetrachtung zu retten. Und das hieß zugleich: den Mythos von der nationalen, sozialen und kulturellen Mission der preußischen Könige, insbesondere Friedrichs des Großen, als »Verrat« der Bourgeoisie an ihren früheren Idealen anzuprangern. Hatte man es doch in Deutschland so weit gebracht, daß in den Schulen die Biographien der Hohenzollern wie an der Schnur aufgereiht durchgegangen wurden und sich viele Geschichtsbücher wie gedruckte Siegesalleen ausnahmen. In seinem Eifer geriet M. freilich die deutsche Geschichte seit dem Dreißigjährigen Krieg und insbesondere die brandenburgische und preußische zu einer, wie Engels lobend bemerkte, »einzigen fortlaufenden Misère«. Eine Auffassung, die nicht nur die um historische Legitimierung der DDR bemühte SED-Geschichtsschreibung zu allerlei Verrenkungen zwang, sondern auch die in der Bundesrepublik in den achtziger Jahren geführte Debatte um einen deutschen »Sonderweg« beeinflußte.

M. starb am 29. Januar 1919, vierzehn Tage nach der Ermordung seiner Freunde Rosa Luxemburg und Karl Liebknecht.

Literatur: Grebing, H.; Kramme, M.: Franz Mehring, in: H.-U. Wehler: Deutsche Historiker, Bd. V, Göttingen 1972, S. 73–94. – Höhle, Th.: Franz Mehring, 1869–1891. Berlin (2. verbesserte und erweiterte Aufl.) 1958. – Kumpmann, W.: Franz Mehring als Vertreter des historischen Materialismus. Wiesbaden 1966. – Schleifstein, J.: Franz Mehring. Sein marxistisches Schaffen 1891–1919. Berlin 1959.

Manfred Asendorf

Miquel, Johannes (von, seit 1897)

Geb. 19. 2. 1828 in Neuenhaus;
(bei Lingen); gest. 8. 9. 1901 in
Frankfurt/Main

»Aber Herr Miquel schwimmt nach wie vor oben, sei es nun wie ein Kork oder sei es wie ein rüstiger Schwimmer, der mit der Kraft seiner Muskeln immer wieder den Drang und Strom der Wogen bricht.« Diese Worte schrieb der sozialdemokratische Journalist und Historiker Franz Mehring 1900 in einem Artikel zum zehnjährigen Jubiläum M.s als Minister in Diensten Kaiser Wilhelms II.. Mehring skizzierte darin einen der eigenartigsten deutschen Lebensläufe des 19. Jahrhunderts, der vom Radikaldemokraten der Revolution von 1848/49 über den Kommunisten marxistischer Prägung zum Oberbürgermeister und tonangebenden nationalliberalen Politiker führte, zum Direktor und Inhaber der Disconto-Gesellschaft (Vorläuferin der Deutschen Bank) und schließlich zum preußischen Finanzminister und Vizepräsidenten des preußischen Staatsministeriums.

M. entstammte einer Familie, die im 18. Jahrhundert aus der Gegend des südfranzösischen Cahors nach Deutschland eingewandert war. Als Sohn des Mediziners Theodor Anton Miquel, der Bürgermeister in Neuenhaus war, besuchte M. ab 1844 das Gymnasium in Lingen und bestand dort 1846 das Abitur. Gleich darauf nahm er das Studium der Rechtswissenschaften in Göttingen, später in Heidelberg auf, das er 1850 mit dem ersten und 1854 mit dem zweiten juristischen Staatsexamen beendete. Die Jahre seines Studiums umfaßten das Aufleben der demokratischen Bewegung und die Revolution 1848/49, in der sich M. auf die Seite radikaler Demokraten stellte. Wie M. später erzählte, sei er mit einer Schar von Kommilitonen, bis zu den Zähnen bewaffnet, nach Frankfurt am Main gezogen, um die Nationalversammlung zu sprengen. 1850, nach der Niederlage der Revolution, schloß sich M. dem von Karl Marx im Londoner Exil geleiteten »Bund der Kommunisten« (seit 1847) an. An Marx schrieb M.: »Kommunist und Atheist, will ich wie Sie die Diktatur der Arbeiterklasse« – und empfahl sich als Organisator kommunistischer Bauernaufstände. Erst mit seiner Tätigkeit seit 1854 als praktizierender Rechtsanwalt in Göttingen, der mit den konkreten Nöten des von der Industrialisierung bedrohten Handwerker- und Kleinbauerntums konfrontiert wurde, wandte er sich von den Marxschen Lehren ab, um mit dem Eintreten für gewerbliche Bildung und Schulen den Aufbau beruflicher Selbsthilfe voranzutreiben.

Dank seiner mit vielseitigem Wissen verbundenen Rednergabe, mit der er ebenso vor Gericht wie auf Diskussionsabenden des Gewerbevereins hervortrat, konnte M. auf sich aufmerksam machen und gelangte so in verhältnismäßig kurzer Zeit in hohe Ämter des öffentlichen Lebens. Er trat 1857 in das Göttinger Bürgervorsteherkollegium ein, das ihn bald zu seinem Vorsitzenden wählte. Durch die Beschäftigung mit Problemen städtischer Verwaltung gewann M. jene Kenntnisse, die ihn später auf dem Gebiet der Kommunalverwaltung und des Finanzwesens auszeichneten.

Überzeugt, daß die nächste Geschichtsperiode von einem »großen unaufhaltsamen Entwicklungsprozeß zu bürgerlicher Freiheit« bestimmt sein werde, schloß er sich der bürgerlichen oppositionellen Bewegung an, die in der zweiten Hälfte des 1850er Jahre zu neuem Leben erwachte und die Forderung nach deutscher Einheit in das politische Bewußtsein der Zeit rief. Er beteiligte sich wie die Juristen Rudolf von Bennigsen und Gottfried Planck, die er in Göttingen kennengelernt und zu Freunden gewonnen hatte, im September 1859 an der Gründung des liberalen »Deutschen Nationalvereins«.

1863 wurde M. in die 2. Kammer der hannoverschen Ständeversammlung gewählt, in deren Sitzungen er sich durch seine undoktrinären, auf Zweckmäßigkeit gerichteten Vorschläge den Beifall seiner Freunde, aber auch die Anerkennung politischer Gegner sicherte. Er wurde 1865 im Amt des Bürgermeisters von Osnabrück bestätigt, was den Schwerpunkt seiner Arbeit in den kommunalen Bereich verlegte.

Nach der Annexion Hannovers durch Preußen 1866 im Gefolge des preußisch-österreichischen Krieges sprach sich M. für die deutsche Einheit aus: »Die Zeit der Ideale ist vorüber, die deutsche Einheit ist aus der Traumwelt in die prosaische Welt der Wirklichkeit hinuntergestiegen. Politiker haben heute weniger zu fragen, was wünschenswert, als was erreichbar ist.« Bismarck schätzte M.s Rat und seine Vermittlung bei den hannoverschen Liberalen, als es galt, die neue Provinz einzugliedern. Mit der Zugehörigkeit Hannovers zu Preußen eröffnete sich für M. die Möglichkeit einer breiteren parlamentarischen Tätigkeit als zuvor. 1867 wurde er sowohl Mitglied des preußischen Abgeordnetenhauses als auch Mitglied des norddeutschen Reichstages (bis 1871);

in beiden Parlamenten gehörte er zu den maßgeblichen Führern der von ihm 1867 mitbegründeten Nationalliberalen Partei.

Befreundet mit dem rheinischen Liberalen David Hansemann, der 1851 die inzwischen größte deutsche Bank, die Disconto-Geschellschaft, gegründet hatte, wurde M. 1869, nachdem er sein Oberbürgermeisteramt niedergelegt hatte, zunächst Mitdirektor und Mitinhaber dieses Bankhauses und 1873 Vorsitzender des Verwaltungsrats (bis 1876). Diese Tätigkeit verschaffte M. auch bedeutenden Einfluß im Reichstag. In dem Jahrzehnt von 1867 bis 1877 arbeitete M. in vielen Ausschüssen und Kommissionen, die für den inneren Ausbau des Reiches zuständig waren. Großen Anteil hatte M. an dem preußischen Aktiengesetz vor 1870. Als Vorsitzender der Kommission für die Reichsjustizgesetze wirkte M. mit an der Zivil- und Strafprozeßordnung. Mit der jährlichen Bewilligung der Matrikularumlage der Länder, der nach ihm benannten Clausula Miquel, erstritt er ein – zwar durch bundesstaatlichen Charakter begrenztes, jedoch echtes – Budgetrecht des Reichstages. Beim Zustandekommen des Reichsmilitärgesetzes von 1874 war es neben von Bennigsen vor allem M.s Geschicklichkeit zuzuschreiben, daß sich Bismarck für den Kompromiß des Septennats gewinnen ließ (Bewilligung des Militärhaushalts durch den Reichstag auf jeweils 7 Jahre als Kompromiß zwischen jährlicher und von Bismarck angestrebter einmaliger Bewilligung). Das Sozialistengesetz (1878–1890) lehnte M. allerdings ab.

Im Jahr 1873 ging die Mehrzahl der fast 1000 Aktiengesellschaften die seit 1870/71 in Deutschland gegründet wurden, bankrott. Diese Begebenheit, der sogenannte »Gründerkrach« und die damit zusammenhängende öffentliche Kritik an der Verbindung von Wirtschaft und Politik veranlaßten M. 1876, aus dem Reichstag auszuscheiden und

zunächst nach Osnabrück als Oberbürgermeister zurückzukehren. Von 1880
bis 1890 war M. Oberbürgermeister von
Frankfurt am Main. In seiner Ära entwickelte sich die Stadt zu einer der mo-
dernsten Metropolen Deutschlands. Besonderes Augenmerk richtete M. auf die
Verbesserung der sozialen Fürsorge sowie auf den Bau billiger Arbeiterwohn-
häuser und die Einrichtung von Ar-
beitsvermittlungsstellen.

Unter Federführung von M. entstand
1884 die »Heidelberger Erklärung« als
Richtschnur des rechten Liberalismus.
Sie leitete eine Bewegung der Nationalliberalen, deren Sitze auf 40 zusammen-
geschmolzen waren, nach rechts zu den
Konservativen ein. Das Programm war
eine Absage an eine gesamtliberale Einigung und eine Hinwendung zur Bismarckschen Militär- und Zollpolitik.
Bei den Kartellwahlen (Wahlbündnis
der Nationalliberalen mit den Konservativen) 1887 kehrte M. in den Reichstag zurück, wo er neben v. Bennigsen
die Geschicke der Partei bestimmte.
»Nicht Individualismus gewinnt, sondern Gemeinschaft gewinnt« mit dieser
Parole lenkte M. immer sichtbarer in
konservative Bahnen ein. M. trat jetzt
für die deutsche Kolonialpolitik und für
die »Germanisierung« der östlichen Teile Preußens ein.

Im Juni 1890, nach der Entlassung
Bismarcks, wurde M. von Kaiser Wilhelm II., der von seiner Arbeit als
Frankfurter Oberbürgermeister beein-
druckt war, zum preußischen Finanzminister ernannt. In dieser Stellung
wurde er zum Reorganisator des preußischen Steuerwesens und entwarf die
progressive Einkommensteuer, setzte
die Gewerbesteuerreform durch und
führte die Vermögenssteuer ein. Seine
Reformen dienten dabei ausnahmslos
der Sicherung und Festigung des von
Bismarck gegründeten Reiches.

Sein letzter Lebensabschnitt führte
M. an die Spitze des preußischen Staates. 1897 zum Vizepräsidenten des preu-

ßischen Staatsministeriums ernannt,
geadelt und mit dem schwarzen Adler-
orden ausgezeichnet, führte er schließlich ein konservatives Regiment, das
sich am Willen des Kaisers orientierte.

Wegen einer politischen Meinungs-
verschiedenheit zog sich M. den Zorn
des Kaisers zu, so daß er im Mai 1901
von Reichskanzler Bernhard von Bülow
entlassen wurde. Das abrupte Ende seiner Laufbahn und die Enttäuschung
blieben nicht ohne gesundheitliche Folgen für M. Nach der Rückkehr von einer
Kur aus Bad Schwalbach erlitt er in der
Nacht vom 7. auf den 8. September
1901 einen Herzschlag und starb.

Literatur: Herzfeld, H.: Johannes Miquel. Sein Anteil am Ausbau des deutschen Reiches bis zur Jahrhundertwende. 2.Bde., Detmold 1938. – Pausch, A.:
Johannes von Miquel. o. O. 1962.

Klaus-Dieter Weber

**Müntzer, Thomas
(auch: Münzer, Munczer)**
Geb. um 1490 in Stolberg / Harz;
gest. (hingerichtet) 27. 5. 1525 bei
Mühlhausen (Thüringen)

Es mag befremden, einen Theologen des
16. Jahrhunderts unter den »deutschen
Demokraten« zu finden, datierte man
bis vor kurzem doch das Aufkommen
demokratischen Gedankenguts gern in
die spätere Neuzeit, und als dessen Ursprung galt Westeuropa. So schrieb Gerhard Ritter (*Luther. Gestalt und Tat*, 4.
Aufl, 1947): »Es ist wahr, daß die demokratische Ideenwelt dem Bauernsohn
Luther gänzlich fern lag – ebenso wie
seiner ganzen thüringisch-sächsischen
Umgebung; sie ist das Produkt einer
späteren Zeit und westeuropäischer
Städtekultur.«

Ritters Bemerkung ist Ergebnis einer
isolierenden Betrachtungsweise, wie sie
seit Ende des 19. Jahrhunderts in
Deutschland vorherrschte. Anders als
frühere Autoren, etwa Friedrich Engels,

trennte man die Reformation von der Renaissance (und somit von der in dieser enthaltenen Tradition demokratischen Denkens) ab; man trennte ferner den Bauernkrieg von der Reformation, die Bauern als »Kommunisten« (Ritter) von den Reformatoren, von diesen den Reformator M., überdies den Reformator-Theologen M. von dem Aufrührer M., um eine von demokratischen Elementen freie Reformation herauszuschälen, freilich um den Preis der Verwerfung älterer Forschung. Z. B. hatte der liberale Historiker Georg Gottfried Gervinus 1853 in seiner *Einleitung in die Geschichte des neunzehnten Jahrhunderts* »die demokratischen Entfaltungen« der Neuzeit beobachtet, »deren Keime in dem Grundwesen des Protestantismus lagen«; M. könnte dementsprechend als derjenige Reformator verstanden werden, der versuchte, jene Keime zu beschleunigtem Wachstum zu bringen.

Unmittelbar als Inspirator der modernen Demokratien nahm der demokratische Historiker und Teilnehmer an der Revolution von 1848 Wilhelm Zimmermann M. in Anspruch. In den Revolutionen der Neuzeit sah er dessen Ideen wirksam (*Der große deutsche Bauernkrieg*, 3 Bde., 1841–1843): »Es ist nicht schwer, ja unabweisbar, den Sieg dessen, was ursprünglich zu M.s Ideen gehörte, wiederzuerkennen in dem, was nicht bloß mitwirkte, sondern vorzugsweise wirkend war in Staatsumwälzungen diesseits und jenseits des Meeres.« M. war Theologe von umfassender Gelehrsamkeit. Er nahm seelsorgerische Aufgaben in der Kirche in schnellem Wechsel an verschiedenen Orten wahr, zuletzt in Allstedt und Mühlhausen. Seinen legendären Ruf erwarb er sich als einer der bedeutendsten Führer der Aufständischen in Thüringen. Nach der Schlacht bei Frankenhausen am 15. Mai 1525 wurde er gefangengenommen, gefoltert und am 27. Mai hingerichtet.

Welches Bild von sich entwarf M.? In einer *Anrede an Jesus* sah er sich als dessen »unverdrossen(en) Landsknecht«, und er begriff sich zudem wohl als einen jener »rechten Pfaffen« (Pfarrer, die ihr Amt richtig auffaßten), denen die Welt »die Köpf für die Füß zu streichen« pflege. Was war er: Verfechter einer besonderen Form von Christentum? Ein Theoretiker der Demokratie, der zum Kämpfer für die Demokratie wurde, schließlich noch zu einem ihrer ersten Märtyrer? In der nach M.s Tod gedruckten Polemik gegen den Toten: *Die Histori Thome Muntzers/des anfengers der Döringischen vffrur* (1525) beschuldigte Luthers Parteigänger Philipp Melanchthon ihn gleich im Titel (historisch falsch) der Urheberschaft des thüringischen Bauernkriegs und sah die Ursache von M.s Untergang darin: er habe »ynn summa zwen yrthumb gelert/Den ein von geistlichen sachen (...). Der ander yrthumb ist gewesen/ von weltlichem regiment/das man dem selben nicht gehorsam sein solte«.

In der Tat hatte der Theologe M. seit dem Beginn der zwanziger Jahre eine eigene geistliche Lehre entwickelt. Zuvor wurde er den Lutheranern zugezählt, wie es die Kampfschrift der Franziskaner zu Jüterbog (1519) bezeugt: *Articuli (...) contra Lvteranos*, worin der »Magister Thomas« als radikaler Luther-Anhänger angeklagt wird. Auch blieben die Grundlage von M.s Lehre die von Luther in der Frühreformation entwickelte »theologia crucis« (wonach es den Christen bezeichne, christusförmig zu werden, nicht durch eine Imitation Christi, sondern durch willige Annahme des jeweils individuellen Leidenswegs des Gerechten) und des Reformators antipäpstliche Agitation – M. bezeichnete das Papsttum als »neronisch« und »Prunztopf (Pißtopf) zu Rome«.

Die Radikalisierung von M.s Position zeigt sich in seiner Schrift *Der Bemen Sache betreffende Protestation* (Titel auch: *Das Prager Manifest*, 1521), worin er Anschluß an das Denken und an die noch vorhandene Anhängerschaft des tschechischen Reformators Johann Hus (1369–1415) zu gewinnen gedachte. Nicht das Bekenntnis zu Hus war schon die Radikalisierung, stellte doch auch Luther sich seit 1519 in dieselbe Tradition. Doch zwei Indizien waren es: Die Theologie wurde von M. nun auf »die lebendige Rede Gots« gegründet, namentlich auf die Geisterfahrung »im Herzen des Menschen«. Folge: die Herabstufung der Bibel; diese sei »eußerlich«, wohingegen Gott »die rechte Heilige Schrift« »mit seinem lebendigen Finger« ins Innere der Gläubigen schreibe. Und: Stark akzentuiert erscheint nunmehr die Kategorie »Volk«, »armes Volk« (M. spricht vom »armen, armen, armen Volklein« und bekundet: »Aber am Volk zweifel ich nicht.«). Seine eigene Theologie entfaltete er – außer in seinen Predigten (kaum überliefert) – in weiteren deutschsprachigen theologisch-politischen Schriften, in seinem in Deutsch verfaßten kirchlichen Gebrauchsschrifttum sowie in seinen Briefen (Latein, Deutsch). Als Ziel benannte er, »der evangelischen Prediger Lere« zu bessern und zudem die »Römische Brudere« nicht zu verachten, Aufgaben, zu lösen durch eine »neue apostolische Kirche« bzw. »eine treffliche, unuberwintliche, zukünftige Reformation«. Bei Formulierung seiner Lehre bezog er – außer der Frühreformation – biblische Prophetien und Offenbarungen ein, Termini und Vorstellungen des Joachim von Fiore, dazu taboritische (radikalhussitische), solche der deutschen Mystik sowie humanistische. 1524 legte M. den Kern seiner Dogmatik in kühner Begrifflichkeit dar: »Das wir fleischlichen, irdischen Menschen sollen Götter werden durch die Menschwerdung Christi und also mit im (ihm) Gotes Schuler sein, von im (ihm) selber gelert werden und vergottet sein, ja wol vil mer, in in (ihn) ganz und gar verwandelt, auf das sich das irdische Leben schwenke in den Himel«!

In M.s Lehre »von weltlichem regiment«, d. h. in seiner politischen Auffassung, kann man einen durchgehenden Grundzug konstatieren: die Zentrierung auf das Volk, das »arme Volk«, den »gemeinen Mann«, die Unterschichten, vor allem die Bauern und Bergknappen (in Thüringen war die Grafschaft Mansfeld ein bedeutendes Bergbaugebiet, seinerzeit das wichtigste in Deutschland). Damit einher geht die Anklage gegen die »großen Hansen«. Über Gott schrieb er: »Do sicht er an die nydrigen ding und verwirft die hohen« (1524). An anderen Stellen wurde M. sehr präzis: »Die Regenten unternehmen nichts zur Sicherung des wahren Christenglaubens und vernachlässigen ihre Amtspflichten sämtlich.« In der sogenannten *Fürstenpredigt* (1524) rief er zwar die »teuren Regenten von Sachsen« auf, um des Evangeliums willen alles zu wagen, doch drohte er denselben auch: »das man die gotlosen Regenten (...) töten sol«, insbesondere die Kleriker. Aber schon in einem Brief vom 4. Oktober 1523 hatte es geheißen: »so wirt das swert yhn (ihnen) genommen werden und wirt dem ynbrunstigen Volke gegeben werden zum untergange der gotlosen«. Stärker formulierte er im Brief vom 22. Juli 1524: Man müsse die Fürsten »erwurgen wye dye hunde«. »Do hat yhr gewalt auch eyn ende, sye wirt in kurzer zeyt dem gemeinen volk gegeben werden«; M. kündigte damit die Verwirklichung der Volkssouveränität an. 1524 wiederholte er in der *Schutzrede* (gegen Anwürfe Luthers): »daß ein ganze Gemain (Versammlung aller) Gewalt des Schwertz hab wie auch den Schlüssel der Auflösung«; d. h. neben der alleinigen Autorität in weltlichen Sachen auch die geistliche (das Amt der Sündenvergebung als Inbegriff geistlicher Macht). Im Anschluß daran stand bei M. noch das Postulat öffentlicher Gerichtsbarkeit, mit Ablehnung geheimer oder Kabinettsjustiz des Fürstenstaats. Mit dem Prinzip der Volkssouveränität, dem

Kerngedanken der Demokratie, verband er zusätzlich Einsichten über die Eigentumsfrage und die Freiheitsproblematik.

Die Ursache allen Aufruhrs erblickte M. in der Ausbeutung aller Lebewesen durch Adel und Fürsten – in einem Abschnitt der *Schutzrede*, der an Sozialkritik das Schärfste enthält, was vor dem *Kommunistischen Manifest* (1848) in Druck gegeben wurde: »die Grundsuppe des Wuchers, der Dieberei und Rauberei sein unser Herren und Fürsten, nemen alle Creatur zum Aigentumb.«

Es kennzeichnet den Revolutionär M., daß er den Aufruhr indes weder mochte noch verwarf: »Wer hie ein rain Urtail haben wil, der muß den Aufrur nit lieben, auch muß er füglicher (berechtigter) Empörung nit feind sein«. In der Freiheit sah er eine Vorbedingung für das »Aufgehen« der Saat des Wortes Gottes (Brief, 13. 5. 1525): »Es beczeugen fast alle ortheyl (Sprüche) in der schrifft (Bibel), das dye creaturn mussen frey werden«. Die Bauern und andre Arme hätten aber ihr ganzes Leben daranzusetzen, ihren Unterhalt zu erwerben sowie den »erzgottlosen Tyrannen den Hals« zu füllen. Keine Abhilfe brächten die Gelehrten, weil sie käuflich seien und gern fette Brocken bei Hofe erschnappten: »Derhalben mustu, gemeiner Man, selber gelert werden, auf das du nicht lenger verfüret werdest«. Was hier im Denken M.s aufsproß, war die Notwendigkeit einer allgemeinen Volksbildung und hatte den Sturz der Adels- und Fürstenmacht zur Voraussetzung.

Gerhard Ritter irrte. Die »demokratische Ideenwelt«, sie hätte Luther so nahe rücken können wie M.. Beide konnten die Theorie der Demokratie und Revolution z.B. in der *Politeia* des Aristoteles studieren. Das politische Denken der Antike wurde von der Renaissance rezipiert, auch weiterentwickelt. In der historischen Tradition des Kampfes gegen das Papsttum operierten die Verfechter kaiserlicher Vormacht mit der Idee der Volkssouveränität (Dante, Marsilius von Padua, Johannes Quidort). Aus Chroniken und historischen Darstellungen ließ sich Anschauung über Volksaufstände und Freiheitsbewegungen ermitteln.

Vieles hiervon könnte M. nachgelesen haben. Gewiß aber ist, daß er, der Theologe, durch nichts so bewegt wurde wie durch seine Lektüre der Bibel, der ganzen, einschließlich des Alten Testaments, im Gegensatz zu Luthers Favorisierung des Neuen Testaments, eine sozialkritische Lektüre, aus der er sozialrevolutionäre Folgerungen zog. So wurde M., der Theologe, zum Demokraten und Streiter für eine – theologisch grundierte – Demokratie, der in den entscheidenden Monaten und Wochen des Bauernkriegs das Buch Daniel zitierte (vor allem Vers 7,18: »Aber die Heiligen des Höchsten werden das Reich einnehmen, und werden's es immer und ewiglich besitzen«) und das Evangelium des Lukas (Vers 1,52: »Er stößet die Gewaltigen vom Stuhl, und erhebet die Niedrigen«). Beides, um dem aufständischen Volk einzuschärfen: Alle Macht dem Volke, über alles die Volkssouveränität!

Literatur: Bubenheimer, U.: Thomas Müntzer. Herkunft und Bildung. Leiden 1989. – Friesen, A.; Goertz, H.-J. (Hg.): Thomas Müntzer. Darmstadt 1978. – Goertz, H.-J.: Thomas Müntzer. Mystiker, Apokalyptiker, Revolutionär. München 1989.

Wolfgang Beutin

Naphtali, Fritz (später Peretz)

Geb. 29. 3. 1888 in Berlin;
gest. 30. 4. 1961 in Tel Aviv

»Wenn ich in Bezug auf das Ideal von Freiheit und Gerechtigkeit, d. h. Demokratie und Sozialismus oder in Bezug auf den Weg, der die Gewalt, die Diktatoren, den Sprung in der Wirtschaft ablehnt und an den Geist und das Ringen um die Entwicklung glaubt, ›umlernen‹ könnte, wäre es vielleicht leichter. Aber ich kann und will nicht. Je erbärmlicher die Diktaturen der Gegenwart, je fester halte ich an der Demokratie als Grundlage des Sozialismus, an der Idee der geistigen Freiheit, an der Ablehnung der Heiligung des Mittels durch den Zweck, an dem Streben nach Gerechtigkeit, um ihrer selbst Willen, innerlich fest.«

Dieses Glaubensbekenntnis schrieb N. in sein Tagebuch am 18. März 1935 – der erste Eintrag seit seiner Auswanderung aus Nazi-Deutschland im Juni 1933 und seiner »Alija« (Aufstieg) nach »Erez-Israel« (Palästina). Es ist zugleich eine Zusammenfassung des deutschen und Einleitung in den israelischen Abschnitt seines Lebens. Für Demokratie und Sozialismus interessierte sich N. schon als Sechzehnjähriger. Er beließ es nicht dabei, sondern engagierte sich z. B. durch Teilnahme an Demonstrationen gegen das preußische Dreiklassenwahlrecht. Auch das Studium der Volkswirtschaft an der Handelshochschule in Berlin, unter anderen bei Werner Sombart, begründete er mit dem Wunsch, die Grundlagen des Sozialismus wissenschaftlich zu überprüfen. Der Marxismus war für ihn nicht Dogma, sondern kritische Methode. Schon in seinen Jugendjahren kam N. in Verbindung mit Eduard Bernstein und blieb dessen Lehre des »revisionistischen«, auf parlamentarisch-demokratischen Grundlagen basierenden Sozialismus sein ganzes Leben lang treu. 1911 trat N. der SPD bei.

Der Sohn des jüdischen Kaufmanns Hugo Naphtali und seiner Frau Ida arbeitete zunächst als Exportkaufmann in Berlin und Brüssel, wechselte aber 1912 zum Journalismus. Im Frühjahr 1912 begann er als Wirtschaftsredakteur der *Berliner Morgenpost* und anschließend an der vom Ullstein-Verlag herausgegebenen *Vossischen Zeitung*, unter enger Zusammenarbeit mit deren Redakteur, Georg Bernhard. Diese Arbeit setzte er bis zu seiner Einberufung zum Militärdienst im Oktober 1917 erfolgreich fort. N. war im Reserve-Infanterie-Regiment No. 208 an den schweren Kämpfen an der Westfront beteiligt. Das Kriegserlebnis festigte seine pazifistische Einstellung. Als die Revolution in Deutschland ausbrach, weilte N. noch an der Front. Vor seiner Entlassung im Dezember 1918 war er während einiger Wochen Mitglied des Soldatenrates seiner Einheit.

In Berlin kehrte N. zu seiner Arbeit bei Ullstein zurück, veröffentlichte aber auch Artikel in anderen Zeitschriften, u. a. in den *Sozialistischen Monatsheften*, deren Redakteur Dr. Josef Bloch dem Zionismus nahestand. N. zeichnete für die Rubrik »Kolonisation« verantwortlich, die sich oft mit dem jüdischen Aufbauwerk in Palästina befaßte. Dies war der Anfang von N.s Annäherung an die Zionistische Bewegung, der er sich 1925 anschloß. Im gleichen Jahr besuchte er Palästina und traf sich mit Führern der dortigen jüdischen Arbeiterbewegung.

1921, nach dem Tode seiner jungen Frau, siedelte N. nach Frankfurt/Main über, um dort die Wirtschaftsredaktion der *Frankfurter Zeitung* zu übernehmen. Im Jahre 1926 lud ihn die SPD ein, in Berlin zusammen mit Fritz Baade die Leitung der neugegründeten Forschungsstelle für Wirtschaftspolitik zu übernehmen. Diese Stelle war das wissenschaftliche Institut der deutschen Arbeiterbewegung, gemeinsam finanziert vom »Allgemeinen Deutschen Gewerkschaftsbund« (ADGB), »Allgemeinen freien Angestellten-Bund« (AfA-Bund), vom »Zentralverband deutscher Konsumvereine«, der »Großeinkaufsgesellschaft deutscher Konsumvereine« und der SPD. Dieses Institut, das der wissenschaftlichen Erforschung des Wirtschaftslebens diente, stellte die Ergebnisse von N.s Tätigkeit den Organisationen der Arbeiterbewegung und besonders deren öffentlich und parlamentarisch aktiven Vertretern zur Verfügung. An der großen Wirtschaftsenquete von 1926 war N. als Sachverständiger und Generalsekretär beteiligt, außerdem war er Mitglied des vorläufigen Reichswirtschaftsrats, erst als Vertreter und dann als Nachfolger Rudolf Hilferdings. Ferner gehörte er dem Aufsichtsrat der »Bank der Arbeiter, Angestellten und Beamten«, sowie dem Kuratorium der Staatlichen Wirtschaftsschule an.

Im Gegensatz zur orthodox-marxistischen Anschauung vertrat N. die Meinung, daß Wirtschaftskrisen die Interessen der Arbeiterbewegung nicht förderten, sondern schwächten. Die Belange der Arbeiterschaft verlangten eine aktive Politik der Konjunkturbeeinflussung, ermöglicht durch den Einbau von Organen zielbewußter Wirtschaftslenkung in die bestehende Wirtschaft. Im Jahre 1927 begann N. sein wichtigstes theoretisches Werk. Vom Vorstand des ADGB wurde er beauftragt, den bisher vagen Vorstellungen von Wirtschaftsdemokratie eine klare und ausführbare Form zu geben. Es handelte sich um die Entwicklung eines Konzeptes, das die Interessenpolitik der Gewerkschaften mit dem Ziel des Sozialismus vereinigen sollte. Das Ergebnis war der Sammelband *Wirtschaftsdemokratie, ihr Wesen, Weg und Ziel*, der den Teilnehmern des 13. Gewerkschaftskongresses im September 1928 in Hamburg als Diskussionsgrundlage überreicht wurde. N., der den Gedankengang des Werks als Redakteur und als Verfasser eines grundlegenden Kapitels sowie der programmatischen Zusammenfassung entscheidend beeinflußt hatte, referierte über *Die Verwirklichung der Wirtschaftsdemokratie*. Besonders betonte er den Anspruch auf Beteiligung der Arbeitervertreter an der Leitung der Gesamtwirtschaft. Für N., der ähnlich wie Hilferding den Gegenwartskapitalismus als

»Wirtschaft der monopolistischen Organisation« auffaßte, hieß das neben der Staatskontrolle auch die »Teilnahme der wirtschaftlichen Organisationen der Arbeiter an der Führung der großen Monopolorganisationen«. Die Zustimmung der Mehrheit der Kongreßteilnehmer fand Ausdruck in einem Beschluß, der die Demokratisierung der Wirtschaft als den Weg zum Sozialismus bezeichnete.

N. sah die Wirtschaftsdemokratie als »vollendete Demokratie«: die endgültige Emanzipation der Arbeiter und deren Eingliederung in die Wirtschaft und Gesellschaft. Ausgehend von der parlamentarischen Demokratie sollte die Arbeiterschaft auch die Wirtschaft demokratisieren, mittels nicht-kapitalistischer »Keile, die in das Fleisch der kapitalistischen Wirtschaft getrieben werden, und die schließlich dazu führen, die Wirtschaft zu umfassen und aus dem kapitalistischen System in ein sozialistisches zu überführen«. Dies sollte in zwei verschiedenen Formen geschehen: Auf der einen Seite standen die Forderungen, die sich an Gesetzgebung und öffentliche Verwaltung richteten, und denen die Gewerkschaften als Vertreter der Arbeiterschaft den notwendigen Nachdruck verliehen, um sich im demokratischen Staat durchzusetzen. Auf der anderen Seite standen die unmittelbar von der organisierten Arbeiterschaft ohne den Umweg über den Staat zu erfüllenden Aufgaben des Aufbaus neuer demokratischer Wirtschaftsformen.

Der Kampf sollte auf breiter Front geführt werden, mit Stärkung der staatlichen Körperschaften der Wirtschaftskontrolle, des Ausbaus der verschiedenen staatlichen, öffentlichen und kommunalen Einrichtungen sowie auch des Genossenschaftswesens und der gewerkschaftseigenen Industrie- und Finanzunternehmen. All diese Komponenten wurden als Ansatzpunkte zur Demokratisierung angesehen.

N. hatte Bedenken hinsichtlich der Mitbestimmung auf Betriebsebene. Er meinte, daß diese zum »Betriebsegoismus«, d. h. zur Zusammenarbeit von lokalen und partikularistischen Interessen gegen das Wohl der Gesamtheit führen könnten. Diese Meinung änderte er später durch seine Erfahrungen mit den Kibbuzim in »Erez-Israel« und den Entwicklungen in Deutschland und Europa nach 1945.

Es ging darum, die Wirtschaft dem Wohl der Allgemeinheit zu unterstellen: »Das Prinzip der Wirtschaftsdemokratie ist also die Unterordnung jeder wirtschaftlichen Tätigkeit unter die Interessen der Allgemeinheit und der Kampf der Arbeiterschaft als Weg zum Sozialismus ist ebensosehr ein Kampf für das Wohl der Allgemeinheit, wie ihr politischer Kampf nicht nur der Eroberung des allgemeinen Wahlrechtes und der politischen Demokratie gilt.«

So entwarf N. der deutschen Arbeiterbewegung ein Konzept des demokratischen Sozialismus. Doch war es ihm nicht bestimmt, zu dessen Verwirklichung beizutragen. Die Weltwirtschaftskrise, die im Oktober 1929, ein Jahr nach der Veröffentlichung des Wirtschaftsdemokratiebuches ausbrach, und der folgende Aufstieg des Nationalsozialismus machten dies unmöglich. Noch versuchte N. – vergebens – Wege aus der wirtschaftlichen Stagnierung und der Arbeitslosigkeit zu finden. Einer dieser Versuche war der von ihm redigierte und konzipierte Sammelband *Die 40-Stunden-Woche*, der, ähnlich der *Wirtschaftsdemokratie*, 1931 im Auftrag des ADGB herauskam. Ende 1932 wurde N. in eine Kommission berufen, die ein Aufbauprogramm für den nächsten Parteitag vorbereiten sollte. Dieser fand aber nicht mehr statt.

Die Machtergreifung Hitlers am 30. Januar 1933, die Kapitulation der Gewerkschaften und der Zusammenbruch der Partei machten N.s weiteres Wirken in Deutschland unmöglich. Im Mai 1933 wurde er verhaftet, doch gelang es seinem Freund Hans Staudinger, früher Staatssekretär im preußischen Handelsministerium und damals noch Mitglied des Reichstages, ihn zu befreien. N. entschloß sich, nicht ins Exil zu gehen wie viele andere seiner sozialdemokratischen Freunde, sondern den Kampf an der »zweiten Front«, der zionistischen, fortzusetzen. Das Versagen der Sozialdemokratie erleichterte ihm diese Entscheidung. Noch im Jahre 1937 schrieb er in sein Tagebuch, daß »wir die Pflicht gehabt hätten, 1933 wenn nicht zu siegen, dann zu sterben und daß wir durch die Tatsache daß wir leben, während das Barbarentum herrscht und Freunde und Genossen gequält werden, uns an der Idee versündigt haben.« Noch schlimmer war für N. die Bereitschaft sozialdemokratischer Kreise, sich dem Nazi-Regime anzupassen.

Im Juli 1933 betrat N. seine neue Heimat: »Erez Israel«, damals noch britisches Mandat. Dort bot sich ihm die Möglichkeit, sich ins Privatleben zurückzuziehen, aber er zog es vor, weiter für die Ziele der Arbeiterbewegung zu kämpfen. Erstaunlicherweise gelang es N., sich innerhalb weniger Jahre in das öffentliche Leben einzugliedern. Nach einigen Monaten anstrengender Arbeit beherrschte er die hebräische Sprache gut genug, um sich öffentlich verständlich zu machen. Dann folgte eine eindrucksvolle politische Laufbahn: Mitglied des Tel Aviver Stadtrates (1937), Direktor der Bank des Gewerkschaftsbundes »Histadrut« (Bank Ha-po alim, 1938), Mitglied der Histadrut-Exekutive (1940), Mitglied der Abgeordneten-Versammlung der jüdischen Bevölkerung (1944), Mitglied der Knesset im Staate Israel (1949), Landwirtschafts- und später Wohlfahrtsminister (1952–55, 1958) um nur die bedeutendsten seiner Posten zu nennen.

Literatur: Riemer, J.: Fritz Peretz Naphtali, Sozialdemokrat und Zionist. Gerlingen 1991. – Weinzen, H. W.:

Wirtschaftsdemokratie Heute? Konzept, Kritik, Konsequenz. Berlin 1980. – Weinzen, H. W.: Gewerkschaften und Sozialismus. Naphtalis Wirtschaftsdemokratie und Agartz' Wirtschaftsordnung. Frankfurt/Main, New York 1982.

Jehuda Riemer

Naumann, Friedrich
Geb. 25. 3. 1860 in Störmthal bei Leipzig; gest. 24. 8. 1919 in Travemünde

»Durch den Krieg aber ist die letzte große Probe der Monarchie gemacht worden, und der Befähigungsnachweis der Monarchie wurde nicht geliefert im großen Fegefeuer der Weltgeschichte. (...) Man hat den Krieg technisch glänzend geführt, aber man hat den Krieg in bezug auf Menschenpsychologie unglücklich geführt (...) weil man zu spät kam mit der Demokratisierung des deutschen Volkes«.

Mit diesen Worten deutete N. am 19. Februar 1919 in der Weimarer Nationalversammlung nicht nur die Niederlage im Ersten Weltkrieg, sondern zog auch das Fazit seines Lebensprojektes, der Synthese von Demokratie und Kaisertum.

N. stammte aus einer evangelisch-lutherischen Pastorenfamilie. Nach Gymnasialbesuch und Absolvierung der Fürstenschule in Meißen (1876–1878) studierte er in Erlangen und Leipzig Theologie. Von 1883 bis 1885 im Hamburger »Rauhen Haus« im Rahmen der Inneren Mission tätig, ging N. 1886 als Dorfpfarrer nach Langenberg bei Zwickau. Hier im sächsischen Industrierevier wurde N. die soziale Lage des Proletariats vor Augen geführt, und er erfuhr, wie wenig er der Überzeugungskraft der sozialistischen Idee auf die Arbeiter entgegenzusetzen hatte.

Nachdem N. 1890 als Vereinsgeistlicher des »Evangelischen Vereins für Innere Mission« nach Frankfurt/Main gewechselt war, engagierte er sich in der christlich-sozialen Bewegung (»Christlich-soziale Partei«, seit 1878, bis 1881 unter der Bezeichnung »Christlich-soziale Arbeiterpartei«) des Hofpredigers Adolf Stoecker, die, ein Konglomerat unterschiedlicher Kräfte mit sozialkonservativen, antisemitischen und antisozialistischen, aber auch mit sozialpolitisch-reformerischen Parolen die Sozialdemokratie bekämpfte. N. gehörte zu einer Gruppe jüngerer Christlich-Sozialer, die liberal-konservative Auffassungen vertrat.

In Aufsätzen und Artikeln, ab Dezember 1894 vor allem in der von ihm gegründeten *Hilfe*, entwickelte N. seine Ideen. Die Verbindung von Demokratie und Kaisertum sollte das Reich auf evolutionäre Weise zu einem modernen Nationalstaat umwandeln. Den Weg dorthin sah er durch eine politische Widersinnigkeit blockiert: Der bismarcksche Staatsaufbau zementiere, vor allem über das preußische Dreiklassenwahlrecht, die Dominanz klerikal-konservativer Interessen und des preußischen Junkertums in der Reichspolitik. Eine Allianz des Kaisers mit den in der SPD organisierten Arbeitern gegen die reaktionären Kräfte läge in beiderseitigem Interesse. Einerseits könnte die Monarchie ihre Handlungsfähigkeit nur bewahren, wenn sie sich auf breite Bevölkerungsschichten stütze. Andererseits sei die SPD trotz ihrer zahlenmäßigen Stärke zu schwach, Forderungen gegen den staatlichen Machtapparat durchzusetzen. Eine Verbindung von Kaiser und Arbeitern wäre möglich, wenn der Kaiser sich aus der klerikal-konservativen Umklammerung befreie und die SPD auf ihre unrealistische Forderung nach der Republik verzichte. Eine solche Allianz würde auch von den Bürgerlichen, die der Monarchie für die Schaffung der deutschen Einheit die Treue hielten, gestützt werden.

N. selbst lehnte die Republik auch aus sachlichen Erwägungen ab: »Einer, dessen Verantwortlichkeit dadurch vergrößert wird, daß er erblicher Leiter der Regierung ist, ist für Deutschland nötig als Mittelpunkt im Getriebe der Parteien« (*Was heißt christlich sozial?*, 1896). Im Gegenzug zur Anerkennung der Monarchie solle der Kaiser die Demokratisierung des Reiches und Preußens, Arbeitergesetzgebung, die Aufhebung der Gesindeordnung und eine umfassende Sozialpolitik einleiten. So forderte N. auch eine Verstaatlichung der Großbetriebe, die über die komplette Beherrschung ganzer Regionen die Arbeiter bis in ihr Privatleben hinein kontrollieren würden. An diesem Punkt machte N. auch seine Kritik des bürgerlichen Liberalismus fest, der die Bedrohung bürgerlicher Rechte durch ökonomische Abhängigkeit nicht erkenne und dadurch seine Rolle als Vorkämpfer der Freiheit verloren habe.

Mitte der 1890er Jahre scheiterte die christlich-soziale Bewegung am Versuch, auf Basis der christlichen Lehre eine für ihre Konservativen und Reformer gleichermaßen vertretbare Politik zu definieren. N. zog daraus den Schluß, daß Religion und Politik zwei wesensverschiedene Bereiche seien, die sich nicht gegenseitig beeinflussen dürften. Parallel dazu begriff er zunehmend – auch unter dem Einfluß Max Webers – den nationalen Machtstaat als entscheidendes Kriterium der Politik. Die Demokratisierung sollte die Arbeiter mit dem Staat versöhnen, weil »die äußere Macht auf die Dauer ohne Nationalsinn einer politisch interessierten Volksmasse nicht erhalten werden kann« (*Nationalsozialer Katechismus*, 1897). In diesem Sinne suchte N. nun den Weg in die Politik und gründete 1896 den »National-sozialen Verein«.

1900 zeichnete N. in *Demokratie und Kaisertum* das Bild eines auf das Amt orientierten Kaisertums in einer Demokratie, die ohne naturrechtliche Bestimmung das Zusammenleben der »Masse« funktional organisiert. Da Rechte im politischen Kampf gegen andere er-

stritten würden, gäbe es auch keine universal gültigen Prinzipien: »Die Menschheit als Ganzes ist der Schauplatz, innerhalb dessen Umgrenzung wir für bestimmte Lebenszwecke einzelner Menschheitsteile zu kämpfen haben.« Die Verneinung von Naturrechten führte N. schließlich soweit, daß er für seine Verteidigung der »Hunnenrede« Wilhelms II. bei der Einschiffung der Expeditionstruppen gegen den »Boxeraufstand« (des »Geheimbundes der Boxer«) in China 1900 (Ermordung des deutschen Gesandten von Ketteler in Peking) den Schmähnamen »Hunnenpastor« erhielt.

1903 scheiterte der »National-soziale Verein« in den Reichstagswahlen. N. trat der liberalen »Freisinnigen Vereinigung« bei, mit der sich der »Nationalsoziale Verein« verschmolz und übte dort maßgeblichen Einfluß auf den späteren ersten Bundespräsidenten Theodor Heuss aus. Von 1907 bis 1918 war N. mit kurzer Unterbrechung Mitglied des Reichstags, bis 1910 für die »Freisinnige Vereinigung«, danach für die »Fortschrittliche Volkspartei« (1910–1918), einem Kartell der drei bisherigen linksliberalen Parteien »Freisinnige Volkspartei« (1893–1910), »Freisinnige Vereinigung« (1893–1910) und »Deutsche Volkspartei« (1868–1910). N. setzte sich hier vehement für eine Erneuerung des bürgerlichen Liberalismus in einer Massenpartei ein und hielt an der Funktionalisierung demokratischer Ideale ebenso fest wie an der Kritik am unzureichenden Freiheitsbegriff des Liberalismus: »Freiheit ist in erster Linie ein nationaler Begriff.«

Weil sie zu keiner effizienten Machtentfaltung fähig seien, hätten Kleinstaaten kein Recht auf Souveränität; der »Gesamtfortschritt der Kultur« erfordere sogar ihre Unterwerfung. Erst in zweiter Linie sei Freiheit als Rechtsgleichheit ein individuelles Recht, das denen, die als Volk ihre Souveränität nicht bewahren konnten, das Leben im fremden Staat erträglich mache. Die Gewährung gleicher Bürgerrechte ohne dazugehörige Arbeiterrechte und Sozialgesetze sei aber wertlos, »denn was nützen die gleichen Bürgerrechte, wenn die Menschen sich freiwillig verkaufen müssen, falls sie leben wollen?« (*Das Ideal der Freiheit*, 1908). Die Frage der Freiheit werde nicht in der politischen Arena, sondern in den Betrieben entschieden; die Gegner des Liberalismus seien nicht die Sozialdemokraten, sondern die Klerikal-Konservativen (*Die Erneuerung des Liberalismus*, 1906).

N.s Hoffnung, daß Kaiser Wilhelms II. zu Beginn des Ersten Weltkriegs ausgesprochener Satz »Ich kenne keine Parteien mehr, ich kenne nur noch Deutsche« Taten folgen würden im Sinne seines, N.s, Programm, wurde enttäuscht. Die kaiserliche Osterbotschaft vom April 1917 mit ihrer verklausulierten Ankündigung der Abschaffung des preußischen Dreiklassenwahlrechts gab N. aber nochmals Auftrieb. In einer Denkschrift an das Reichsamt des Innern drängte er, die Reformen zügig umzusetzen, vor allem um den Eindruck zu vermeiden, die Demokratisierung erfolge nur auf Druck der alliierten Propaganda. Den alliierten Forderungen nach Abschaffung der Monarchie in Deutschland stellte N. einen »deutschen Freiheitsbegriff« entgegen. Die simple Gewährung gleicher Rechte war für ihn das »westliche« aus dem Kampf gegen den absolutistischen Staat stammende Freiheitsideal, das der historischen Wirklichkeit nicht mehr gerecht werden würde. Im »deutschen Freiheitsbegriff« sei wesentlich eine soziale Volksgesinnung enthalten, die den Westvölkern in dieser Art und Tiefe fremd sei. Die Freiheit der Schwachen (und die Schwachen sind die Vielen) bestehe nicht nur in aktiven und passiven politischen Rechten, sondern darin, daß ihre schwache Existenz staatlich geschützt werde. N. warnte aber auch vor dem Versuch, Freiheit durch soziale Sicherheit ersetzen zu wollen.

Im September 1917 wandte sich N. mit *Der Kaiser im Volksstaat* an die Öffentlichkeit, um das Kaisertum als historisch gerechtfertigte Regierungsform des Reichs zu verteidigen und zugleich, um die zügige Demokratisierung zu fordern. Ähnlich wie beim Freiheitsbegriff stellte er dem »westlichen« Konzept der Republik den »deutschen Volksstaat« entgegen; dieser setze »das Volk als eine gewordene und gewachsene Naturgröße voraus. Das Volk ist größer, wichtiger und älter als alle seine einzelnen Glieder.« N. grenzte den Volksstaat von völkischen Vorstellungen ab und distanzierte sich vom Antisemitismus.

N. hatte auch erkannt, daß eine größere Beteiligung des Volkes an der Politik eine bessere politische Bildung erfordere. Noch während des Krieges gründete er daher die »Staatsbürgerschule«, aus der im Oktober 1920 die »Deutsche Hochschule für Politik« hervorging, zu deren Dozenten Theodor Heuss und Rudolf Hilferding gehörten. Der Weimarer Republik stand N. skeptisch gegenüber. Ohne parteiunabhängige Staatsspitze schien ihm das reine Verhältniswahlrecht die Bildung einer entscheidungsfähigen Regierung zu gefährden. In der Weimarer Nationalversammlung (Wahl: 19. 1. 1919) saß N. als erster Vorsitzender der neugegründeten »Deutschen Demokratischen Partei« (DDP). Als Korrektur zum Verhältniswahlrecht forderte er vergeblich ein Präsidentenamt mit der Kompetenz zur Regierungsbildung.

N. suchte jedoch nicht nur einen Ersatz für die Funktion des Monarchen als vermeintlich parteiunabhängiges Entscheidungszentrum. Ihm zufolge gab der Monarch dem Staat auch die mythische Dimension, ohne die dieser nicht existieren könne: »Der König ist vom Staatsbegriff völlig umgossen, ragt ins Übersinnliche und Unausdenkliche hinein, ein Symbol wie ein altes Heiligtum (...) gesättigt mit merkwürdiger

Mystik (...)« (*Der Kaiser im Volksstaat*, 1917). Am 18. März 1919 brachte N. in der Nationalversammlung einen »Versuch volksverständlicher Grundrechte« ein, der als ein »Volkskatechismus zur Herbeiführung derjenigen Gesinnung, auf der der Staat beruht«, dienen sollte: »Den Staat nur auf vorübergehende Nützlichkeitserwägungen zu gründen, ist außerordentlich bedenklich (...). Das Bedürfnis nach einem Staatsbekenntnis, nach dem demokratischen Freiheitsstaat Deutschland, der als moralische Notwendigkeit hervorgewachsen ist, scheint mir absolut vorhanden zu sein (...)«. Die Idee als solche fand Anerkennung, der Vorschlag selbst wurde aber wegen seiner juristischen Unklarheiten abgelehnt. Krankheit und früher Tod verhinderten, daß N. dieses Konzept entwickeln konnte. 1958 ehrte Theodor Heuss das N.sche Wirken für einen erneuerten Liberalismus mit der Gründung der FDP-nahen politischen Stiftung, die N.s Namen erhielt.

Literatur: Eppler, E.: Liberale und soziale Demokratie. Zum politischen Erbe Friedrich Naumanns. Villingen 1961. – Heuss, Th.: Friedrich Naumann. Stuttgart, Berlin 1937. – Theiner, P.: Sozialer Liberalismus und deutsche Weltpolitik. Friedrich Naumann im Wilhelminischen Deutschland. Baden-Baden 1983.

Arndt-B. Janssen

Nettlau, Max
Geb. 30.4. 1865 in Neuwaldegg (bei Wien); gest. 23.6. 1944 in Amsterdam

N. ist vor allem als Chronist der anarchistischen Bewegung bekannt. Als Hauptwerk gelten seine in fünf Bänden posthum erschienene *Geschichte der Anarchie* (Bde. 1–3, 1972; Bde. 4–5, 1981–1984), die von ihm herausgegebenen *Gesammelten Werke* Michael Bakunins (3 Bde., 1921–1924) und die Biographien über Errico Malatesta (1922) und Elysée Reclus (1928). N. war als Autor sehr produktiv, seine kleineren Arbeiten erschienen in zahlreichen Übersetzungen und Auflagen, als Broschüren und Artikel – nicht ausschließlich, aber meist – bei Verlagen der internationalen anarchistischen Bewegung.

Nach eigener Angabe verbrachte N. seine Kindheit in einem wohlhabenden und sehr liberalen Elternhaus. Sein Vater stammte aus einer alten preußischen Familie und hatte die deutsche Staatsbürgerschaft nie aufgegeben, so daß auch N. deutscher Staatsbürger war. Nachdem er in Neuwaldegg bei Wien eine höhere Privatschule absolviert hatte, begann er 1882 in Berlin indoeuropäische vergleichende Sprachwissenschaft zu studieren, wobei er sich schon ein Jahr später, im Sommer 1883, speziell für die keltischen Sprachen interessierte. Seine Dissertation *Beiträge zur cymbrischen Grammatik*, mit der er, erst 22 Jahre alt, zum Dr. phil. promovierte, erschien 1887 in Leipzig. In London, wo N. von 1885 bis 1913 jedes Jahr für längere Zeit lebte, um sich Studien zu widmen, wurde er Mitglied der »Socialist League« und beschäftigte sich erstmals mit der Ideengeschichte des Sozialismus. Bald fand er Zugang zu anarchistischen Theorien. 1888 begann N., systematisch Materialien der anarchistischen Bewegung zu sammeln. Nach Beendigung seiner sprachwissenschaftlichen Studien Anfang der 1890er Jahre – er beherrschte fast alle europäischen Sprachen und hatte sich neben dem Keltischen auch mit Sanskrit und Chinesisch beschäftigt – wurde die Dokumentation der Geschichte des Anarchismus zu seiner Lebensaufgabe. Erste Artikel von ihm erschienen in Johann Mosts *Freiheit* in New York und in dem Londoner Blatt *Freedom*. Mit den Mitgliedern der gleichnamigen »Freedom Group« pflegte er ständigen freundschaftlichen Gedankenaustausch, allerdings war sein Verhältnis zu Fürst Peter Kropotkin (Offizier, Expeditionsreisender, Leninkritiker und Theoretiker des

Anarchismus), dem bekanntesten Vertreter dieses Kreises, eher distanziert.

Um die Jahreswende 1890/91 fand das Leben und Werk Bakunins, des unermüdlichen Aktivisten und Theoretikers des Anarchismus adliger Herkunft, der für die Abschaffung von Staat, Religion und Privateigentum eintrat und den »Staatssozialismus« marxistischer Provenienz, N.s Hauptinteresse. Mit großer Akribie versuchte er, dessen private Aufzeichnungen und Veröffentlichungen zusammenzutragen, und wurde so zum intimen Kenner dieses Gegenspielers von Karl Marx in der Zeit der »Ersten Internationale« (»Internationale Arbeiter-Assoziation«, bis 1876). N.s. Sammlung diente als Grundlage aller weiteren Bakunin-Studien, z. B. auch des seit 1961 herausgegebenen *Archives Bakounine* durch Arthur Lehning. Auf Reisen und durch Kopieren des handschriftlichen Nachlasses Bakunins sammelte er ständig Material. In den Jahren 1896 bis 1900 schrieb er eine Biographie, die für Freunde und Fachbibliotheken in ganz Europa bestimmt war. Auf Wunsch eines Freundes, des französischen Anarchisten Elysée Reclus, veröffentlichte er 1897 eine erste *Bibliographie de L'Anarchie* (Brüssel 1897).

Bis zum Ersten Weltkrieg besaß N. durch Erbschaft eine materielle Basis für seine Arbeit, die ihm erst durch die Inflation Anfang der zwanziger Jahre entzogen wurde. Er lebte seitdem in ärmlichen Verhältnissen von seinen bescheidenen Honoraren und den gelegentlichen Zuwendungen von Gönnern und Freunden – wie z. B. Fritz Brupbacher, dem schweizer Arbeiterarzt –, die seine Arbeit schätzten. 1935 mußte N. aus Geldmangel den größten Teil seiner Sammlung dem »Internationaal Instituut voor Sociale Geschiedenis« (IISG) in Amsterdam verkaufen. Dort verbrachte er auch nach dem »Anschluß« Österreichs 1938 durch Hitlerdeutschland seine letzten Lebensjahre.

Auf seiner ersten Spanienreise 1928 hatte er durch Freunde in der »Confederación Nacional del Trabajo« (CNT) (in Spanien war diese anarchosyndikalistische Gewerkschaft seit ihrer Gründung 1910 eine bestimmende Kraft) tiefe Einblicke in die inneren Verhältnisse der spanischen Arbeiterbewegung erhalten. Bis zum 29. August 1936 lebte er jedes Jahr, mit Ausnahme des Jahres 1930, zwei bis vier Monate in Barcelona. Die Beschäftigung mit der spanischen Geschichte veränderte N.s Denken. Er sah – im Gegensatz zu seinem sonstigen Kulturpessimismus – wie viele seiner Generation in der spanischen Bewegung ein Beispiel dafür, wie sozialistische Vorstellungen als Ergebnis einer langen Entwicklung wirklicher Bestandteil des Denkens der Menschen werden können. Um so größer war seine Enttäuschung nach der Niederlage der Anarchisten im Spanischen Bürgerkrieg (1936–1939).

N. selbst bezeichnete sich als »Vertreter mancher von der Routine abweichender Anschauungen«. Seine bekannteste theoretische Schrift *Solidarität und Verantwortlichkeit im Klassenkampf* (zuerst 1899 auf englisch erschienen) und zahlreiche Artikel in der *Internationalen* (Organ der 1922 gegründeten syndikalistischen Internationale: »Internationale Arbeiter Assoziation«, I. A. A.) geben darüber Auskunft. N. verstand sich selbst als ein Anarchist, der die einfache Grundüberzeugung – den moralischen Impuls – von den Versuchen trennen wollte, anarchistisches Denken in die Praxis umzusetzen. Die verschiedenen Formen des sogenannten »Anarchismus mit Adjektiven« (der Begriff »anarquistas sin ayetivos« wurde in den 1890er Jahren in Spanien geprägt) wie »individualistischer«, »kollektivistischer«, »kommunistischer« Anarchismus sah er gebunden an die zeitlichen und räumlichen Bedingungen bei ihrer Entstehung.

Auffallend ist der Gegensatz zwischen N.s positivem Menschenbild – der

Drang nach Freiheit und Selbstverwirklichung war für ihn immanenter Bestandteil der menschlichen Existenz – und seinem Pessimismus in bezug auf die Verwirklichung der Ideale in naher Zukunft. Er akzeptierte keine Dogmen. N.s Kritik der marxistischen Theorie, die pluralistisches Denken ausschließe und daher untauglich zur Erklärung der Wirklichkeit sei, weist auch auf seine Auffassung von Wissenschaft hin: Er forderte eine Wissenschaft der Bescheidenheit und Transparenz, die in ihren verschiedenen Arbeitsweisen und in der Art ihrer Vermittlung von Rationalität und Empirie ausgeht, aber einen moralischen Impuls und als Basis den gesunden Menschenverstand brauchte.

Der von N. formulierte Anspruch an sich selbst als Historiker enthielt die Forderung, die sich widersprechenden Ausformungen des Anarchismus als auch anderer politischer Denkrichtungen genau zu erfassen und zu beschreiben. Geschichte begriff N. als Prozeß der temporären und lokalen Annäherung an das Ideal der Freiheit und den darauf folgenden Phasen der Ernüchterung und des Zerfalls. In diesem Sinne waren für ihn die 1840er Jahre, die Zeit um 1890 und der Beginn des 20. Jh. durch Fortschritt gekennzeichnet; während vor allem die Zeit vor, während und nach dem Ersten Weltkrieg »eine leere Zeit mit relativ großer Prosperität und äußerst matten sozialen Bewegungen« gewesen sei.

Zwei Aspekte sind es, die N. aus heutiger Perspektive interessant machen: seine Auffassung von Fortschritt und seine Kritik an der Arbeiterbewegung und der Arbeiterschaft allgemein. Fortschritt hieß für ihn der Weg hin zu einer Gesellschaft, in der Individual- und Kollektivinteressen zur Aussöhnung kommen. Zwar begrüßte er technische Errungenschaften als nützlich, die »äußere« Welt sinnvoll zu gestalten, aber für viel wichtiger erachtete er den Willen der Menschen, diszipliniert und mit Respekt vor den Mitmenschen und der Natur das Zusammenleben neu auszurichten. Sozialstaatliche Maßnahmen waren für N. ein Indiz für den Zerfall der Gesellschaft, da sie ja nicht die Ursachen für soziale Mißstände angingen, sondern diese verfestigten. Auch seine Kritik an der Arbeiterbewegung sollte auf die Mängelverwaltung durch die Gewerkschaften hinweisen: Die innere Struktur, der organisatorische Aufbau und die interne Kommunikation auch der revolutionär-syndikalistischen und anarcho-syndikalistischen Gewerkschaften entließe den Arbeiter scheinbar aus der Verantwortung für sein Leben. Diese Passivität verhindere eine wirkliche Änderung der Lage.

Im ersten Band der *Geschichte der Anarchie* schrieb N. einleitend: »Die sozialen Bewegungen seit 1917 und alle früheren und ihr bisheriger Mißerfolg beweisen nicht etwa, daß der Sozialismus an dem natürlichen Freiheitsbedürfnis des Menschen scheitert, sondern, daß ein diesem Drang nach Freiheit nicht entsprechender Sozialismus nicht lebensfähig ist, auch wenn ihm alle durch Gewalt erzwungenen Hilfsmittel zur Verfügung stehen.«

Literatur: Oberländer, E. (Hg.): Der Anarchismus. Dokumente der Weltrevolution. Bd.4, Freiburg im Breisgau 1972. – Rocker, R.: Max Nettlau – Leben und Werk des Historikers vergessener sozialer Bewegungen. Berlin 1978.

Manfred Burazerovic

Peucer, Caspar

Geb. 6. 1. 1525 in Bautzen;
gest. 25. 9. 1602 in Dessau

P., Professor der Mathematik und Medizin, Astronom, Physiker, Theologe und Geograph, Humanist, Schüler Melanchthons und Leiter der Universität Wittenberg, wurde 1525 in Bautzen als Sohn des wohlhabenden sorbischen Handwerkers Gregor Peucer (Beutzer, Beuker,

Peuker) geboren. Er lernte Deutsch und besuchte die Lateinschule des humanistisch gesinnten Valentin Trotzendorf in Goldberg/Niederschlesien. 1540 machte P. sich, ausgestattet mit Empfehlungsschreiben Trotzendorfs, auf zur Universität Wittenberg und zu Philipp Melanchton, der ihn in seinen Haushalt aufnahm.

Wittenberg war noch um 1500 eine unbedeutende Landstadt mit dreitausend Einwohnern. Erst durch die 1502 gegründete Universität und die Tätigkeit Luthers und Melanchthons belebten sich Bautätigkeit und Gewerbe. Wittenberg als Universitätsstadt zeichnete eine weitere Besonderheit aus: Es lag mitten im stark sorbisch (wendisch) durchsiedelten Gebiet.

Die Verdrängung der sorbischen Sprache, die auch in Sachsen und Anhalt Tradition hatte, hielt während der Lutherzeit an. Der Bibelunterricht begann in der Regel mit der deutschen Fibel, die Reformation ging zusammen mit der Germanisierung vonstatten. Luther teilte im übrigen offenbar die Vorurteile seiner deutschen Zeitgenossen gegen alles Slawische: »Die Behmen fressen, die Wenden stelen« (Luthers Tischreden).

P. studierte in Wittenberg zunächst Mathematik und Arithmetik, lehrte seit 1548 in diesen Fächern und erhielt sechs Jahre später dort eine Professur für Mathematik. Nebenher hielt P. mit großem Erfolg Vorlesungen in Astronomie, Optik und Erdkunde und studierte Theologie sowie Medizin. Die medizinische Fakultät berief ihn 1559 auf eine Professur.

Im Kreis der Wittenberger Reformatoren war P. derjenige, der sich um die von den Deutschen gering geachteten sorbisch sprechenden Studenten wirklich bemühte. Er bahnte auch Beziehungen der Universität zu den Slowenen in Krain, zu den Slowaken, zu Siebenbürgern und Ungarn an und animierte sie, in Wittenberg zu studieren.

P. selbst galt und fühlte sich offenbar als Deutscher, da er seiner Muttersprache bereits seit seiner Schulzeit entwöhnt und darauf angewiesen war, sie von Zeit zu Zeit systematisch aufzufrischen, um sich ihrer überhaupt ab und an noch frei bedienen zu können. Seine Herkunft verstand P. als günstiges Moment, das ihm half, eine Politik der nationalen Toleranz und religiösen Offenheit gegenüber den osteuropäischen Nachbarn zu führen.

Dies bereitete zunehmend Schwierigkeiten, denn die offene »liberale« Phase des Reformationsprozesses in Wittenberg geriet ins Stocken und wurde schließlich in den siebziger Jahren »abgebremst« (Ernst Benz).

1573 kamen tschechische Protestanten aus Böhmen, die sogenannten »Böhmischen Brüder«, an die Universität Wittenberg. Sie bemühten sich dort um Übersetzung und Drucklegung ihrer Konfession und vor allem um ein Attestat über die inhaltliche Übereinstimmung ihres Bekenntnisses mit der *Confessio Augustana* (1530). In der Zeit ihrer Verfolgung waren sie auf eine offizielle Anerkennung durch deutsche Lutheraner angewiesen. Hatte Luther noch 1538 die Lehre der »Böhmischen Brüder« trotz manchen Dissenses in Einzelheiten um der Sache willen für rechtmäßig evangelisch erklärt, hatte nun die inzwischen eingetretene konfessionelle Verengung und dogmatische Durchbildung der Lehre auch in Wittenberg zur Folge, daß der damit beauftragte Hochschullehrer Rüdinger dogmatische Bedenken gegen die Ausstellung eines solchen Attestats erhob. P. las die tschechischen Schriften im Original, beurteilte sie positiv und erwirkte 1573 die Befürwortung der theologischen Fakultät. In einem Brief an Bischof Blahoslav, das Haupt der Böhmischen Brüderkirche, beklagte sich P. anschließend über den zunehmenden Dogmatismus und die Intoleranz im protestantischen Lager. Diese bereitete P.s Tätigkeit in Wittenberg bereits 1574 ein jähes Ende.

Theologisch hatte P. sich eng an Melanchthon orientiert, dessen Tochter er 1550 geheiratet hatte, in dessen Haus er lebte, dessen Schriften er herausgab, den er auf Reisen begleitete und beriet. Melanchthon hatte durch seine Mitarbeit am sogenannten »Leipziger Interim« (1549), ein Versuch der Vermittlung zwischen den Dogmen der katholischen und der evangelischen Kirche, den Haß der orthodoxen Lutheraner (Professor Flacius und seine Anhänger) auf sich gezogen.

In diesem anhaltenden Streit wurden P. seine guten Beziehungen zum sächsischen Kurfürsten schließlich zum Verhängnis. Die Nähe zum Kurfürsten August – P. wurde zu seinem Leibarzt, sogar zum Paten seines Sohnes Adolf gemacht – hatte P. zwar nicht gesucht, sich ihrer aber oft bedient, wenn es galt, die Universität mit Stellen und Mitteln auszustatten. 1573 änderte der Kurfürst seine Politik. Im Jahr darauf wurden P. und drei seiner engsten Mitstreiter als calvinistische Abweichler denunziert, P. selbst verhaftet und bis 1586 in der Leipziger Pleißenburg inhaftiert. In der Haft lehnte es P. ab zu »widerrufen«. Er schrieb ein Werk über die »Philippistische« (das heißt Melanchthonsche) Position und eines über seine sorbische Heimat. Nach seiner Haftentlassung – seine Frau war 1576 aus Gram gestorben – kehrte P. nicht nach Kursachsen zurück. P. starb 1602 in Dessau, wo er seine letzten Lebensjahre als Leibarzt und Berater des Prinzen von Anhalt verbracht hatte.

Literatur: Benz, E.: Caspar Peucers slawische Beziehungen. In: Zeitschrift für slawische Philologie, Leipzig, 16/ 1939, S. 286–306. – Friedensburg, W.: Geschichte der Universität Wittenberg. Halle 1917. – Metsk, F.: Die Sorben und die Universität Wittenberg. In: Wiener Slawistisches Jahrbuch 9/1962, S. 37– 52.

Brigitte Domurath

Preuß, Hugo
Geb. 28. 10. 1860 in Berlin;
gest. 9. 10. 1925 in Berlin

Als historisch-verfassungsrechtlicher Interpret und engagiert-kritischer Verfechter der »westlichen Demokratie« im Übergang vom preußisch-deutschen Obrigkeitsstaat zur Weimarer Republik ließe sich P. in prägnanter Kürze charakterisieren. Das Prinzip der parlamentarischen »Selbstregierung« einer Nation – im Unterschied vom »Regiertwerden« durch Aristokraten der verschiedensten Prägung – blieb für ihn ebenso leitmotivisch wie die Einsicht, daß eine liberale Demokratie der sozialpolitischen Ausgestaltung bedurfte, um nicht wiederum in einer Privilegienordnung zu münden: »Die deutsche Demokratie betont notwendigerweise und mit Recht das soziale Moment stärker als die westlichen Demokratien« (in: »Berliner Tagblatt«, 25. 12. 1919).

Die sein Lebenswerk krönende Rolle als Weimarer »Verfassungsvater«, der das gesellschaftspolitische Bündnis von sozialdemokratischer Arbeiterbewegung und republikanischem Bürgertum in staatsrechtlicher Grundlegung zu formulieren suchte, war P. keineswegs in die Wiege gelegt: Als Sproß einer vermögenden Fabrikantenfamilie des vornehmen Berliner Tiergartenviertels kannte er zeitlebens weder materielle Sorgen noch persönliche Identitätskrisen, so daß er niemals antibürgerlicher »Renegat« wurde, sondern die Vorzüge klassischen Bildungsgutes und kultivierten Lebensgenusses stets zu schätzen wußte. Die »standesgemäße« Heirat mit der Tochter eines Chemie-Professors aus der Liebermann-Familie (1889) rundet dieses ursprüngliche Bild einer in jeder Hinsicht saturierten Existenz ab. Die jüdische Herkunft freilich hinderte ihn an einer seinen Fähigkeiten entsprechenden Berufskarriere: Bereits achtundzwanzigjährig – mit einer voluminösen Studie über *Gemeinde, Staat,*

Reich als Gebietskörperschaften (1889) – habilitiert, blieb er der »ewige Privatdozent«, bis 1906 wenigstens eine Professur für Öffentliches Recht an der staatsfernen Berliner Handelshochschule die reaktionär-ministerielle Berufungssperre durchbrechen konnte. Die ambitionierte Theoriebildung ging bei ihm eine höchst seltene Verbindung mit politischer Praxis ein: Die Leitidee eines »self-government« der »Bürgergenossenschaften«, die sich von kommunaler Teilautonomie über den parlamentarischen Verfassungsstaat bis zur internationalen Gemeinschaft erstrecken sollten, konnte P. nicht nur in einem Dutzend Buchtiteln sowie Hunderten von Aufsätzen und Zeitungsartikeln als Gelehrter und Publizist verbreiten. In seiner Funktion als Berliner Stadtverordneter seit 1895, der im Herbst 1910 mit knapper Mehrheit der sozialdemokratischen und linksbürgerlichen Stimmen gegen den Widerstand des etablierten Liberalismus zum unbesoldeten Stadtrat gewählt wurde, vermochte er seinen Reformgedanken auch eine öffentliche Plattform zu verschaffen. Mit seinem beharrlichen Insistieren auf den Erfordernissen moderner Infrastrukturplanung anstelle tradierter Honoratiorenverwaltung darf P. als entscheidender Wegbereiter des späteren Groß-Berlin-Gesetzes von 1920 gelten. In der Spannbreite dieser jahrzehntelangen kommunalen Tätigkeit, die nach dem Ersten Weltkrieg eine landes- und staatspolitische Fortsetzung im Preußischen Landtag fand, erschienen die wenigen Monate des herausgehobenen Wirkens als Staatssekretär des Innern mit dem besonderen Auftrag der Verfassungsgebung nicht mehr als eine spektakuläre Episode.

Vom bloßen Kultur- und Wirtschaftsliberalismus des neunzehnten Jahrhunderts setzte sich P. zunehmend ab, weil er jenseits eines Versagens gegenüber der »sozialen Frage« auch dessen Unfähigkeit zur kompetenten Gestaltung von Millionenstädten des beginnenden zwanzigsten Jahrhunderts erkannte. Das Londoner Reformbündnis der »Progressives«, in dem sich ein metropolitan erneuerter Liberalismus mit sozialistischen Exponenten der »Fabian Society« und »Trade Unions« zusammenfand, hat ihn dabei ebenso beeinflußt wie die Formierung einer republikanischen Linken zur Abwehr antisemitisch-reaktionärer Tendenzen in Frankreich. Als geistig-politischer Mentor von P. ist vor allem Theodor Barth anzusehen. In Barths Zeitschrift *Die Nation* arbeitete er am Konzept eines »Revisionismus« mit, der sozialdemokratische und liberale Positionen vereinte, um gemeinsam gegen die herrschenden Rechtskräfte zu bestehen. Dem Weg Barths zur Gründung der »Demokratischen Vereinigung« im Jahre 1908 ist P. jedoch nicht gefolgt, weil er – die Erfolglosigkeit dieser Splittergruppe vorausahnend – seinen durch Herkunft und Überzeugung vorgezeichneten Standort weiterhin in einer größeren linksliberalen Gruppierung erblickte, wie sie 1910 in der »Fortschrittlichen Volkspartei« reorganisiert wurde. Wenn sich die 1904 – unter Mitwirkung P.s und dem Einfluß Barths – von der (gemäßigt linksliberalen) »Neuen Linken« abgespaltene Reformfraktion im Berliner Stadtparlament bereits als »Sozial-Fortschrittler« und zuweilen als die »kommunale Demokratie« bezeichnete, waren solche Namensgebungen durchaus programmatisch. In das überaus kontroverse Bewußtsein einer breiteren Öffentlichkeit außerhalb der Reichshauptstadt rückte P. mit der Studie *Das deutsche Volk und die Politik* (1915), die als frühzeitige Diagnose eines verhängnisvollen Sonderwegs im Abstand zu den westlichen Demokratien gelesen werden durfte.

Die Neubegründung einer »Deutschen Demokratischen Partei« (DDP) in den Revolutionstagen des Novembers 1918, an der P. wesentlichen Anteil hatte, erschien ihm zunächst als die Erfüllung des Zieles, eine starke bürgerliche Linke gemeinsam mit der SPD im Sinne eines modernen Sozialliberalismus regierungsfähig werden zu lassen. Doch ebenso wie in der DDP bald wieder ein modifizierter Vorkriegsliberalismus das politische Übergewicht erlangte, vermochte sich P. mit seinem Verfassungsentwurf »aus einem Guß« in wesentlichen Fragen nicht durchzusetzen. Insbesondere die Aufgliederung des preußischen Hegemoniestaates in eine Vielzahl selbständiger Gebietskörperschaften, die sich dann auf dem Niveau anderer deutscher Länder in eine bundesstaatliche Verfassung einfügen ließen, scheiterte abgesehen von situativen Bedenken (äußerer Bedrohung im Zeichen von »Versailles«) an einer unheiligen Allianz autoritär-zentralistischer Traditionen von den Rechtskreisen bis zu maßgebenden Kräften der preußischen Liberalen und Sozialdemokraten. Wenn P. als einer der ranghöchsten DDP-Politiker nicht einmal mehr eines der insgesamt 75 Listenmandate dieser Partei in der Nationalversammlung von 1919 (geschweige denn in den Reichstagen von 1920 und 1924) erlangen konnte, liefen eingewurzelte Vorbehalte gegenüber diesem »Querdenker« mit einer Strafaktion wider sein »antipreußisches« Konzept eines dezentralisierten Nationalstaates zusammen.

Vor solchem Hintergrund mag es geradewegs als Ironie anmuten, daß P. für den Rest seines Lebens eine Wirkungsstätte in einem preußischen Landesparlament fand, das entgegen seinen Intentionen die innenpolitische Bedeutung eines Reichstags zweiter Kategorie behielt. Nicht nur sein Beitrag zur preußischen Verfassungsgebung, die immerhin jenen (60 Prozent der deutschen Bevölkerung umfassenden) Teilstaat zu einer bis 1932 stabilen Bastion der Weimarer Koalitionsparteien umzugestalten gestattete, ist aus dieser letzten Schaffensperiode erinnerungswürdig.

Indem er überdies beständig das uneingelöste Versprechen einer Reform der preußischen Verwaltungshierarchie anmahnte, die als eine jener Erblasten obrigkeitsstaatlicher Kontinuität in die demokratische Republik hineinragte, zeigte dieser DDP-Abgeordnete einen wachsamen Blick auf fortbestehende Strukturprobleme. Gerade die beiden Jahre vor seinem Tod im Herbst 1925 standen auch sonst ganz im Zeichen der Warnung vor einem Scheitern der Weimarer Republik nicht durch spektakulären Umsturz, vielmehr infolge schleichender Aushöhlung von Buchstaben und Geist der Verfassung sowie mangelnder Handlungsfähigkeit der Staatsgründungsparteien gegenüber einer wachsenden Bedrohung seitens der nationalistischen Rechtskräfte. Von Resignation war bei diesem unentwegten Streiter für eine demokratische Neuordnung, der auch politisch ein »sanguinisches« Temperament verkörperte, jedoch bis zuletzt nichts zu verspüren. Die ressentimentgeladene Nachkriegsperiode der ideologischen Demagogie und der zunehmenden Gewaltbereitschaft blieb freilich auch diesem intellektuell weltgewandten Gelehrten-Politiker mit der Attitüde des modernen Aufklärers innerlich fremd; zum Populismus hatte P. weder persönliches Talent noch politische Neigung. Eine Anekdote erzählt von ihm, er habe sich einst dem Dutzend schwerreicher Privilegienwähler seines Wahlkreises zum Berliner Dreiklassenparlament (ironischerweise erfolgreich) mit der Ankündigung »empfohlen«, auch künftig vehement für die Beseitigung ihrer Privilegien zu streiten.

Obgleich sich P. mit der episodenhaften historischen Rolle des Weimarer Verfassungsautors bis hinein in das Schulbuchwissen »verewigt« hat, ist ihm darüber hinaus ein gebührender Platz unter den »Vordenkern« auf mühseligen Pfadspuren zur Demokratie in Deutschland bis heute versagt geblieben. Dabei wäre ihm neben vielen problematischen »Vorbehalts-«- und andere Prioritäten setzenden »Auch-Demokraten« gewiß der Rang eines Demokraten »par excellence« angemessen. Wenn es gleichwohl derzeit keine bekannte Einrichtung gibt, die sich ausdrücklich seines Namens und geistig-politischen Erbes bedient (eine Berliner »Hugo-Preuß-Brücke« wurde gleich seinem langjährigen Wohnsitz im Bombenhagel des Zweiten Weltkriegs zerstört), wirft auch diese Reminiszenz wiederum ein zusätzliches Schlaglicht auf die Problematik demokratischer Traditionsbildung in Deutschland.

Literatur: Gillessen, G.: Hugo Preuß. Studien zur Ideen- und Verfassungsgeschichte der Weimarer Republik. Phil. Diss. Freiburg 1955. – Lehnert, D.: Hugo Preuß als moderner Klassiker einer kritischen Theorie der verfaßten Politik. Vom Souveränitätsproblem zum demokratischen Pluralismus. In: Politische Vierteljahresschrift, 33. Jg., 1992, S. 33–54. – Schmidt, G.: Hugo Preuß, in: Wehler, H.-U. (Hg.): Deutsche Historiker. Band 7. Göttingen 1980, S. 55–68.

Detlev Lehnert

Quidde, Ludwig
Geb. 3. 3. 1858 in Bremen;
gest. 5. 3. 1941 in Genf

»Dieselbe Technik, die den Krieg so entsetzlich gemacht hat, hat uns die Mittel gegeben, die ganze Welt in einer internationalen Organisation zu umfassen. Natürlich darf die moralische Basis einer solchen Organisation nicht die bloße Furcht vor dem Kriege sein. Zugrunde liegen muß die Überzeugung, daß es eine sittliche Verpflichtung ist, den Krieg zu beseitigen und den Frieden sicherzustellen. Nur auf dieser Grundlage werden wir hoffen dürfen, einmal zur vollen Abrüstung und zu einem durch Verträge gesicherten Frieden zu gelangen.« Mit diesen Sätzen schloß Q.

am 10. Dezember 1927 seine Rede, die er anläßlich der Verleihung des Friedensnobelpreises in Oslo hielt.

Q. war Anhänger eines liberalen Parlamentarismus, dessen Prinzipien er auf die internationale Staatengemeinschaft übertragen wissen wollte. Obwohl er neben Gustav Stresemann, Carl von Ossietzky und Willy Brandt zu jenen Deutschen gehörte, die mit der Verleihung des Friedensnobelpreises internationales Ansehen erlangten, fiel Q.s Name mit und nach dem Zweiten Weltkrieg der Vergessenheit anheim. Bemerkenswert und symptomatisch für den politischen Liberalismus in Deutschland nach 1945 ist in diesem Zusammenhang auch, daß der dem Selbstverständnis nach liberale Q. weder Namensgeber einer Stiftung noch einer Auszeichnung oder eines Preises wurde und auch in Großstädten kaum Straßen nach ihm benannt worden sind.

Q. wurde am 23. März 1858 als Sohn eines wohlhabenden Bremer Kaufmanns geboren. Der noch unsichere junge Mann, der sich erst nach dem Abitur, 1876 das Stottern abgewöhnen konnte, begann 1877 das Studium der Philosophie, Nationalökonomie und der Geschichtswissenschaften, das er bereits 1881 mit einer Dissertation über ein Thema der spätmittelalterlichen Verfassungsgeschichte abschließen konnte. Die liberale Erziehung im Elternhaus, das tolerante Klima auf dem Gymnasium zeigten bereits während des Studiums nachhaltigen Einfluß auf den jungen Wissenschaftler. Als mit der wirtschaftlichen Depression um 1880 im Kaiserreich der Radau-Antisemitismus Hochkonjunktur hatte und durch die Schriften des national-liberalen preußischen Historikers Heinrich von Treitschke eine salonfähige, akademische Variante erhielt, wandte sich der dreiundzwanzigjährige Q. in einer Kampfschrift gegen antisemitische Tendenzen in der Studentenschaft. Die viel beachtete Broschüre *Die Antisemitena-*

gitation und die Deutsche Studenten-schaft brachte dem jungen Autor nicht nur Anerkennung, sondern auch Duell-aufforderungen ein, denen er aber aus-weichen konnte.

Als Historiker beschäftigte sich Q. weiter mit Problemen spätmittelalter-licher Geschichte. Er verfaßte Arbeiten über den Rheinischen und Schwäbisch-Rheinischen Städtebund von 1381 bzw. 1384 und legte Studien über die Entste-hung des Kurfürstenkollegiums und den westdeutschen Landfriedensbund von 1291 vor. Q. wurde Mitglied der »Bayerischen Akademie der Wissen-schaften« und 1890 einer der leitenden Sekretäre des »Preußischen Histori-schen Instituts« in Rom. Ihm wurde der Professorentitel verliehen; jedoch blieb Q. ohne Lehrstuhl und wirkte als Pri-vatgelehrter.

1890 ließ sich Q. in München nieder. Er bewegte sich im Milieu des süd-deutschen Liberalismus und zog 1907 als liberaler Abgeordneter in den Baye-rischen Landtag ein. Seine Karriere als Historiker hatte allerdings bereits vor Beginn seiner parlamentarischen Lauf-bahn ein Ende gefunden: 1893 veröf-fentlichte Q. seine Schrift *Der Militaris-mus im heutigen Deutschen Reich*. Ein Jahr später folgte die Broschüre *Caligu-la. Eine Studie über römischen Cäsaren-wahnsinn*, von der wegen ihres spekta-kulären Inhalts in kurzer Zeit 150 000 Exemplare vertrieben wurden.

Hinter der Schrift über den römi-schen Tyrannen verbarg sich eine Satire auf die überhebliche Haltung Kaiser Wilhelms II. Über die Entstehung des *Caligula* schrieb Q. 1926 rückblickend: »Als ich im Jahre 1889 in Königsberg aus irgendeinem Anlaß in Hertzbergs *Geschichte des römischen Kaiserreichs* (...) die Seiten las, die von Gajus Caesar Caligula handeln, fielen mir sehr über-raschende Parallelen zu Tagesereignis-sen und zu Beobachtungen an dem im Vorjahr zur Regierung gelangten jungen Kaiser Wilhelm auf (...). Mehr und

mehr gewöhnte ich mich daran, seine Handlungen und Reden als Zeichen gei-stiger Abnormität zu betrachten.« Hausdurchsuchungen, lange Verhöre des Staatsanwalts und schließlich die Isolation in der Historikerzunft waren Folgen, die der Autor des *Caligula* zu spüren bekam. Auf die Ächtung durch die wissenschaftliche Fachwelt reagierte Q. mit verstärktem politischen Engage-ment: 1894 trat er der »Deutschen Frie-densgesellschaft« bei; er wurde Mitglied im Rat des »Internationalen Friedens-bureaus« in Bern. Seit 1907 gehörte er zu der deutschen Gruppe der »Inter-parlamentarischen Union«. Schon um die Jahrhundertwende wuchs sein An-sehen über die Grenzen des wilhelmini-schen Deutschland hinaus.

Im Rahmen seines pazifistischen En-gagements forderte Q., daß an die Stelle des machtstaatlichen »Macchiavellis-mus« ein internationales Rechtssystem zu treten habe, daß Konflikte nicht mehr durch Säbelrasseln, sondern durch internationalen juristischen Aus-gleich entschieden werden sollten. Pazi-fismus war für ihn die Einhaltung der Grundwerte liberaler Demokratie auf internationaler Ebene.

Das Jahr 1914: Der Kaiser kennt keine Parteien und Klassenunterschiede mehr, sondern nur noch »Deutsche«. Die Pro-fessorenschaft fühlt sich verpflichtet, mit den »Waffen des Geistes« dem Deutschen Reich zu dienen. In dieser Situation steht Q., der im gleichen Jahr Präsident der »Deutschen Friedensge-sellschaft« wird, am Rande einer kriegs-taumelnden Gesellschaft. Er wird von der Politischen Polizei observiert, seine Schriften unterstehen der Zensur; Vor-ladungen zu den Militärbehörden sind an der Tagesordnung. Gerade Q.s orga-nisatorische und politische Fähigkeiten tragen maßgeblich dazu bei, daß die Organisationen der Friedensbewegung in Deutschland während des Ersten Weltkrieges nie ganz zum Schweigen gebracht werden konnten. Q.s Name steht unter Eingaben an den Reichstag, mit denen er sich gegen die Vertreter annexionistischer Kriegspolitik wendet. Mitten im Krieg, am 30. Juli 1916, gründet er mit anderen bekannten Persönlichkeiten des öffentlichen Lebens wie Eduard Bernstein und Gustav Landauer die »Zentralstelle Völkerrecht«.

Die Entstehung der Weimarer Republik ließ auch Q. zunächst auf eine demokratische Zukunft Deutschlands hoffen. 1919 entsandte ihn die Deutsche Demokratische Partei in die Weimarer Nationalversammlung. Es wurde jedoch früh deutlich, daß der Liberale in dieser Partei Außenseiter blieb. Seine kritische Haltung gegenüber den vorrepublikanischen Eliten der Gesellschaft, den Militärs, den Beamten, den Richtern der wilhelminischen Zeit, die in den zwanziger Jahren noch immer in Amt und Würden waren, verschaffte ihm mehr Feinde als Freunde in der eigenen Partei. Wegen eines Zeitungsartikels über die »Schwarze Reichswehr« wurde Q. 1924 verhaftet. Internationale Proteste führten dazu, daß die Anklage gegen ihn wieder fallen gelassen wurde.

Bis 1929 blieb Q. Präsident der »Deutschen Friedensgesellschaft«. Für seine unermüdlichen Ausgleichsbemühungen mit Frankreich, dem ewigen Feindbild der nationalen Rechten in Deutschland, erhielt er 1927 zusammen mit Ferdinand Buisson den Friedensnobelpreis. Im März 1933 mußte der jetzt Vierundsiebzigjährige den Weg in das Schweizer Exil antreten, wo er abgeschieden und unter schwierigen finanziellen Bedingungen seinen Lebensabend verbrachte. Obwohl er sich häufig nur mit Gelegenheitsarbeiten als Gärtner über Wasser halten konnte, warb er bei zahlreichen Institutionen oft erfolgreich, hilfsbedürftige Emigranten finanziell zu unterstützen. Er starb am 5. März 1941 in der Schweiz. Zu diesem Zeitpunkt – der Krieg ging in das zweite Jahr – nahm die Öffentlichkeit keine Notiz von seinem Tod.

Literatur: Rürup, R.: Ludwig Quidde, in: H.-U. Wehler (Hg.): Deutsche Historiker. Bd. III. Göttingen 1973, S. 124–147. – Wehberg, H.: Ludwig Quidde, ein deutscher Demokrat und Vorkämpfer der Völkerverständigung. Offenbach 1948.   *Rolf von Bockel*

Radbruch, Gustav
Geb. 21. 11. 1878 in Lübeck;
gest. 22. 11. 1949 in Heidelberg

»Keine Staatsform kann sich endgültig von ihrer demokratischen Grundlage lösen. Die Mehrheit von heute kann nicht eine Diktatur begründen, die für alle Majoritäten von morgen und übermorgen unzerstörbar wäre. Das Recht des Plebiszits über die Verfassung ist ein stillschweigender und selbstverständlicher Bestandteil jeder Verfassung« (1934).

R. war als Bürger der Hansestadt Lübeck Republikaner und als solcher nicht eben ein Enthusiast des »monarchischen Prinzips«. Schon in der ersten Auflage seiner berühmt gewordenen *Einführung in die Rechtswissenschaft* von 1910 nannte er das »monarchische Prinzip«, das den Fürsten über die Verfassung stellt, »eine gefährliche Waffe der Reaktion«. Er sah im Deutschen Reich von 1871 kein ideales Staatsgebilde, und er hat auch die Revolution von 1918 ausdrücklich begrüßt. An der neuen demokratischen Verfassung hat er sogleich tatkräftig mitgearbeitet.

Kaum war R. 1919 in Kiel Professor für Strafrecht und Rechtsphilosophie geworden – als Sozialdemokrat (seit 1918) war es damals außerordentlich schwierig, Ordinarius zu werden –, wurde er vor eine harte Bewährungsprobe gestellt. Am 13. März 1920 putschte dort die Reichswehr zusammen mit einem Kreis radikaler Politiker, an deren Spitze Wolfgang Kapp stand (»Kapp-Putsch«). R. wurde bei dem Versuch, gemeinsam mit dem Staats-

rechtler Hermann Heller ein Blutvergie-
ßen zwischen den Putschisten und den
ebenfalls bewaffneten Arbeitern zu verhindern, in »Schutzhaft« genommen.
Am fünften Tag war die Regierung Kapp
gestürzt, und R. wurde wieder freigelassen. Die Lage, in der er sich befunden
hatte, erwies sich im nachhinein als
äußerst gefährlich; wie sich herausstell-
te, hatten die Militärs ein Todesurteil
gegen ihn verhängt. Das für R.s Haltung
Kennzeichnende geschah aber erst jetzt,
nachdem er wieder auf freiem Fuß war:
Er betrachtete es als seine Aufgabe, die
von den Arbeitern gefangengenomme-
nen Reichswehrangehörigen, Offiziere
und Soldaten – also seine Gegner –,
unter Einsatz seines Lebens vor der
Volkswut zu retten. Und das gelang ihm
auch. Zwar hat er gar manchem seiner
eigenen Gefährten mit seiner humanen
Verhaltensweise ein Rätsel aufgegeben.
Aber bei der großen Mehrheit der Arbeiter hatte R. durch seine Haltung
während des Kapp-Putsches so starke
Sympathien gewonnen, daß man ihm
als einzigem Juristen der SPD-Fraktion
für die Reichstagswahlen am 6. Juni
1920 eine Kandidatur auf der Reichsliste
anbot. Ein Jahr später war R. Reichs-
justizminister (bis November 1922),
»der erste sozialdemokratische Reichs-
justizminister« überhaupt. Er entfaltete
eine äußerst segensreiche Wirkung, die
hier nur durch drei Worte angedeutet
werden kann: Entwurf eines neuen
Strafgesetzbuches (StGB), Reichsjugend-
gerichtsgesetz, Zulassung der Frauen zu
allen juristischen Berufen.

Warum eigentlich war R., der Sohn
aus noblem Hause, der angehende Professor, Sozialdemokrat geworden? Er
selbst hat die Frage beantwortet: »Mein
soziales Grundgefühl war immer dies, es
nicht besser haben zu wollen als andere«. Als prominenter Sozialdemokrat
wurde R. im Frühjahr 1933 von den
Nationalsozialisten seines Amtes enthoben. Er durfte aber im Ausland Vorträge
halten. Im September 1945 wurde er in

Heidelberg wieder in sein Professoren-
amt eingesetzt.

Die geistige Grundlage seines politischen Wirkens lag denn auch in seiner
Rechtsphilosophie (*Grundzüge der
Rechtsphilosophie*, 1914; *Rechtsphilosophie*, 1932). R.s Rechtsphilosophie ist
eine Brücke, die die antagonistischen
Positionen von gestern überspannt, sie
hat ihren Standort »jenseits von Positivismus und Naturrecht«. Das erhellt
ganz deutlich aus seinem Rechtsbegriff.
Dieser Rechtsbegriff war von Anfang an
ein wertbezogener Begriff, der besagt,
daß das Recht die Wirklichkeit ist, die
den Sinn hat, dem Rechtswert, d.h. der
Gerechtigkeit zu dienen. Das ist von
grundlegender Bedeutung, weil sich bereits hier beim Rechtsbegriff zeigt, daß
R.s spätere Lehre vom »gesetzlichen Unrecht« schon in der *Rechtsphilosophie*
von 1932, genau genommen sogar
schon in den *Grundzügen der Rechtsphilosophie* von 1914 angelegt war.

R. war von seiner Rechtsdefintion her
gehalten, über die »richtigen Inhalte des
Rechts« zu philosophieren und also eine
»Theorie der Gerechtigkeit« zu entwik-
keln. Und das ist das Neue an seinem
Konzept, der Durchbruch zu einer »materialen« Rechtsphilosophie. Seit Hegels
Tod hatte es das, von wenigen Außen-
seitern abgesehen, nicht mehr gegeben.
Die Rechtsphilosophie war zur »Allgemeinen Rechtslehre«, die es nur noch
mit den Formen, den Begriffen, den
Strukturen des Rechts zu tun hatte, ver-
ebbt.

Das war freilich auch R.s Auffassung.
Dennoch wich er der Frage nach den
Rechtsinhalten nicht aus. Der Preis, den
er für die Materialisierung der Rechts-
idee hat zahlen müssen, ist der »wert-
theoretische Relativismus«. Dieser Relativismus ist viel gescholten worden, indessen hat keiner der Kritiker zu sagen
vermocht, wie man ihn überwinden,
das heißt wie man zu sicheren Wert-
urteilen gelangen könne. Abgesehen davon ist es ein Mißverständnis, R.s Rela-

tivismus und seine Toleranz als gleichbedeutend mit einem ethischen Indifferentismus zu erachten. »Verantwortung und Entscheidung« spielten in seiner Philosophie eine außerordentlich große Rolle. Gleich Goethe galt auch ihm als Losung nicht: Erkenne dich!, sondern: Erprobe dich! Liest man seinen 1934 in Lyon gehaltenen Vortrag *Der Relativismus in der Rechtsphilosophie*, so kann man geradezu von einem kämpferischen Relativismus sprechen. Aber R. lehnte es, ähnlich wie Max Weber, ab, subjektive Werturteile als Erkenntnisse auszugeben.

Relativismus hieß für ihn vor allem »Toleranz« und »Demokratie«. Toleranz nahm in R.s Persönlichkeit eine ganz zentrale Stellung ein. Dabei hatte R. Toleranz und Demokratie ursprünglich absolut genommen. Die Mehrheit im Staat kann alles, sie kann sogar die Demokratie und das Mehrheitsprinzip beseitigen. 1934 hörte sich das dann aber anders an: »Die Demokratie kann alles tun – nur nicht endgültig auf sich selbst verzichten. Der Relativismus kann jede Meinung dulden – außer der Meinung, welche behauptet, absolut zu sein (…) Relativismus ist die allgemeine Toleranz – nur nicht Toleranz gegenüber der Intoleranz.« Damit war der Durchbruch zur »materialen Auffassung der Demokratie« erfolgt. Das führte ganz konsequent zur Anerkennung vorstaatlicher Menschenrechte, zumal zur Achtung der Menschenwürde und damit zum Vorrang des ebenfalls material verstandenen Rechtsstaatsgedankens vor dem Demokratiegedanken. Der berühmt gewordene Aufsatz *Gesetzliches Unrecht und übergesetzliches Recht* vom Jahr 1946 schließt mit dem Satz: »Demokratie ist gewiß ein preisenswertes Gut, Rechtsstaat aber ist wie das tägliche Brot, wie Wasser zum Trinken und wie Luft zum Atmen, und das Beste an der Demokratie gerade dieses, daß nur sie geeignet ist, den Rechtsstaat zu sichern.«

Literatur: Bonsmann, P.: Die Rechts- und Staatsphilosophie Gustav Radbruchs. Bonn (2. Aufl.) 1970. – Hippel, F. v.: Gustav Radbruch als rechtsphilosophischer Denker. Heidelberg, Tübingen 1951. – Kaufmann, A. (Hg.): Gustav-Radbruch-Gesamtausgabe in 20 Bänden. Heidelberg 1987 ff. – Kaufmann, A.: Gustav Radbruch – Rechtsdenker, Philosoph, Sozialdemokrat. München, Zürich 1987. – Spendel, G.: Jurist in einer Zeitwende; Gustav Radbruch zum 100. Geburtstag. Heidelberg 1979.   *Arthur Kaufmann*

Raschke, Marie

Geb. 29. 1. 1850 in Gaffert (bei Stolp in Pommern); gest. 15. 3. 1935 in Berlin

Als »Barbarei« und als ein »Recht zur Erniedrigung des weiblichen Geschlechts« bezeichnete die Frauenrechtlerin R. 1896 das bestehende und das geplante neue deutsche Recht, vor allem das Familienrecht mit den Schwerpunkten Ehe- und Elternrecht. Es beruhe auf den barbarischen Prinzipien des Gewaltrechts. Die Frau werde von diesem wirtschaftlich in Abhängigkeit vom Mann gezwungen. Hieraus ergebe sich ihre Gehorsamspflicht. Grundlage für jenes Verhältnis sei letztlich die körperliche Überlegenheit des Mannes über die Frau. So kam R. zu dem Ergebnis, daß »das deutsche Volk am Ende des 19. Jahrhunderts noch ein Barbarenvolk ist; denn die eine Hälfte desselben gehört zeitlebens zu den Unmündigen und Unterdrückten, ist also unfrei, und die Unterdrücker sind die Barbaren«. Solche Aussagen waren charakteristisch für eine der führenden und aktivsten Frauenrechtlerinnen. Mit großem Engagement und in plastischer Sprache wollte R. die Frauen zum Kampf für ihre Rechte aufrütteln und die Männer zum Nachdenken über ihre Vorrechte bewegen.

Als Tochter eines Rittergutsbesitzers auf dem flachen Land bei Stolp (im heute polnischen Pommern) geboren, erhielt R. Privatunterricht. Nachdem sie 29 Jahre im elterlichen Haushalt zugebracht hatte, vollzog sie einen abrupten Wechsel. Sie zog nach Berlin, bestand nach kurzer privater Vorbereitung das preußische Lehrerinnenexamen und wurde anschließend Lehrerin an einer privaten höheren Mädchenschule. Zum Schuljahr 1883/84 wechselte sie in den städtischen Schuldienst, in dem sie die nächsten anderthalb Jahrzehnte tätig war. Sie setzte sich dort für eine bessere Gestaltung der Mädchenschulen ein und gehörte zu den Mitgründerinnen des »Vereins Berliner Volksschullehrerinnen«. In dieser Zeit entwickelte sie organisatorische Interessen und Fähigkeiten, die ihr später bei den Kämpfen der Frauenbewegung zugute kommen sollten.

Seit Anfang der 90er Jahre befaßte sich R. mit den Problemen, die mit dem entstehenden Bürgerlichen Gesetzbuch auf die Frauen zukamen. Die Reichsverfassung von 1871 sah ein einheitliches bürgerliches Recht für das ganze Land vor, und eine Reihe von Kommissionsvorschlägen wurde der Öffentlichkeit vorgestellt. In die Diskussionen begann auch die sich formierende Frauenbewegung einzugreifen, die mit dem Bekanntwerden des Ausmaßes der Benachteiligung der Frauen auch im neuen Recht weiteren Zulauf erhielt. 1894 trat R. dem Verein »Frauenwohl« bei. Sie verfaßte eine umfangreiche Übersicht über die »Schädigungen des minderberechtigten weiblichen Wesens« im geplanten Gesetzbuch und stellte erfolgreich den Antrag, der Verein solle »einen allgemeinen Protest der deutschen Frauen gegen den Entwurf des Familienrechts eines neuen Bürgerlichen Gesetzbuches für das Deutsche Reich veranlassen«. Das Ergebnis war die 1895 veröffentlichte Schrift *Die Frau im neuen bürgerlichen Gesetzbuch*, der im folgenden Jahr weitere Publikationen folgten.

Im Herbst 1895 begann für die Frauenbewegung eine turbulente und kämpferische Zeit. Es galt, die Aufnahme derjenigen Bestimmungen in das Gesetzbuch zu verhindern, die im letzten Entwurf vom Oktober 1895 vorgesehen waren und die die Abhängigkeit der Frau vom Mann festschreiben würden. So war beispielsweise geplant, daß der Ehemann in allen das gemeinschaftliche eheliche Leben betreffenden Angelegenheiten das Entscheidungsrecht erhielt, daß er jedes Arbeitsverhältnis seiner Frau bewilligen oder kündigen konnte, daß er Verwaltungs- und Nutznießungsrecht über das Vermögen seiner Ehefrau erhielt, daß er allein die elterliche Gewalt ausübte und ihm in Erziehungsfragen das letzte Wort zustand, und daß er allein der rechtliche Vertreter der Kinder war.

Im Mai 1896 zur Vorsitzenden der Rechtskommission des »Bundes deutscher Frauenvereine« gewählt, trieb R. die Proteste voran. Ein Aufruf an die deutschen Frauen und Männer wurde verbreitet, eine Resolution an den Reichstag fand 50 000 Unterschriften, eine Volksversammlung in Berlin bildete den Abschluß. Der Einsatz der Frauenbewegung blieb jedoch ohne Ergebnis. Die Einwände wurden von der Mehrheit der (ausschließlich männlichen) Mitglieder des Reichstages nicht zur Kenntnis genommen oder verworfen, und das Bürgerliche Gesetzbuch wurde im Juli 1896 verabschiedet.

Rechtskenntnisse hatte sich R. bislang im Selbststudium angeeignet, als sie sich – weiterhin als Lehrerin tätig – im Wintersemester 1896 an der Berliner Universität als Gasthörerin für Jura einschrieb. Das Ziel, das sie damit verfolgte, beschrieb sie in einem programmatischen Zeitschriftenbeitrag unter dem Titel »Das Rechtsstudium der Frau«. Sie trat darin für das Schulfach »Gesetzeskunde« ein und forderte schon jetzt Frauen zum Jura-Studium auf, obwohl »noch ein, zwei oder gar

drei Generationen dahinsterben« müßten, ehe »eine Juristin als Richter oder Anwalt« zugelassen würde. Und da zu dieser Zeit Frauen in Deutschland noch nicht einmal zu einem regulären Jura-Studium zugelassen waren und dementsprechend keine Prüfung ablegen konnten, schloß R. 1899 ihr Studium in Bern mit der Promotion ab. Nach Studienende übte R., die unverheiratet und kinderlos blieb, den Beruf der Lehrerin nicht weiter aus. Sie gründete 1900 eine *Zeitschrift für populäre Rechtskunde* und gewann bekannte Juristen zur Mitarbeit. Im selben Jahr schuf sie eine »Centralstelle für Rechtsschutz« in Berlin. An die Stelle von Aufklärung über männliche Vorherrschaft trat nun das Ziel, »das Volk mit den bestehenden Rechtsvorschriften bekanntzumachen«. R. veröffentlichte ein Vielzahl volkstümlicher Darstellungen der verschiedenen Rechtsgebiete (*Populäre Rechtskatechismen, Rechtsbücher für das deutsche Volk*) und entwickelte außerdem ökonomische Fähigkeiten. So wurde sie 1908 Aufsichtsratsvorsitzende der in diesem Jahr entstandenen »Frauenbank« und 1914 Schriftleiterin der Zeitschrift *Frauenkapital* (die entgegen ihrer urprünglichen Absicht – »kein Geld für kriegerische Zwecke« – nach Ausbruch des Krieges ihre Leserinnen zur Kriegsfinanzierung aufrief). R. gehörte 1918 zu den Gründerinnen des »Juristinnenbundes«, der den Zugang von Frauen zu Justiz und Anwaltschaft durchsetzen wollte. Ungeachtet eines Gesetzes, das zwar 1922 Frauen in diesen Berufen den Männern gleichstellte, konnten aber angesichts des zähen Widerstandes der Justizbürokratie sowie der Interessenverbände der Richter und Rechtsanwälte nur relativ wenige Frauen eine solche Tätigkeit aufnehmen. Der »Juristinnenbund« wurde 1933 sogleich aufgelöst.
In den beiden letzten Lebensjahren R.s setzte das systematische Herausdrängen der Frauen aus den wenigen juristischen Stellen ein, die sie während der Weimarer Republik gegen alle Hemmnisse hatten einnehmen können. Die von R. und der Frauenbewegung bekämpften Bestimmungen des Bürgerlichen Gesetzbuches waren, in der DDR bald aufgehoben, in der Bundesrepublik noch bis zum Gleichberechtigungsgesetz von 1957 und der folgenden, die Gleichberechtigung allmählich durchsetzenden Rechtsprechung in Kraft.
Literatur: Berneike, C.: Die Frauenfrage ist Rechtsfrage. Die Juristinnen der deutschen Frauenbewegung und das Bürgerliche Gesetzbuch. Baden-Baden 1995.   *Andreas Kaiser*

Rebmann, Andreas Georg Friedrich (Pseud.: Justinus Pfefferkorn, Anselmus Rabiosus der Jüngere)
Geb. 23. 11. 1768 in
Sugenheim/Mittelfranken; gest.
16. 9. 1824 in Wiesbaden

Als Sohn eines ansbachischen Finanzbeamten studierte R. in Erlangen und Jena die Rechte und promovierte 1789. Er wandte sich dann der Schriftstellerei und politischen Publizistik zu und veröffentlichte kritische und satirische *Briefe über Erlangen* und *Briefe über Jena* (1792 und 1793), den Ritterroman *Heinrich von Neideck* und die vierbändige Sammlung von Aufsätzen und Erzählungen *Nelkenblätter* (1792). Im Jahre 1792 ließ er sich in Dresden nieder, wo er die – der strengen sächsischen Zensur unterworfenen und daher politisch zahmen – Zeitschriften *Neue Dresdner Merkwürdigkeiten* und später *Der Allgemeine sächsische Annalist* redigierte. Nach einer Reise durch einige deutsche Teilstaaten publizierte er 1793 anonym *Kosmopolitische Wanderungen durch einen Teil Deutschlands*, die die Aufhebung der Leibeigenschaft forderten und in grellen Farben das Elend der handarbeitenden Stadtplebejer schilderten. Seine *Empfindsame Reise nach Schilda*

(1793), *Hans Kiekindiewelts Reisen in alle vier Weltteile und in den Mond* (1794) und *Ludwig Wagehals* (1795) sind romanhafte, teilweise autobiographische anonyme Satiren über die Engstirnigkeit und Günstlingswirtschaft der deutschen Zwergdespotien. In den beiden letztgenannten utopischen Romanen sind Bruchstücke von Reden des Jakobiners Maximilien Robespierre eingeflochten, die dieser im Nationalkonvent, bzw. bei der Feier des »Höchsten Wesens« in Paris gehalten hatte.

Während sich die meisten deutschen Aufklärer seit der Hinrichtung König Ludwigs XVI. (1793) von der Revolution abwandten, radikalisierten sich R.s Auffassungen seit dem Auftreten der Sansculotten in der politischen Arena und dem Beginn der Jakobinerherrschaft in Frankreich. Als einer der leidenschaftlichsten Verfechter der Menschenrechte im deutschen Sprachraum entwickelte sich R. zu einem jakobinischen Agitator, der die revolutionären Aktionen der Massen gegen die traditionellen Gewalthaber guthieß. In den *Wahrheiten ohne Schminke* (1794) erklärte er die Ursachen des revolutionären Terrors als Antwort auf die Machinationen des Hofs, des Adels, der Geistlichkeit und der Interventionskriege der europäischen Mächte. Während der französischen Jakobinerherrschaft feierte er die Revolution als die »größte Begebenheit aller Jahrhunderte«. Er übersetzte Robespierres Rede über die jakobinische Außenpolitik vom 18. November 1793 und veröffentlichte sie anonym unter dem Titel *Neuestes Manifest der Frankenrepublik an alle Völker der Welt*. Darin erklärte der Chef des jakobinischen Wohlfahrtsausschusses, keinen Export der Revolution zu beabsichtigen, und warnte die »Tyrannen« der Nachbarstaaten, »jetzt könnten die Völker an der Reihe sein, die Könige zu strafen«.

R., der diese indirekte Aufforderung zu einer deutschen Revolution für »das wichtigste Aktenstück der Zeit« hielt, publizierte Robespierres Rede in zwei weiteren kommentierten Auflagen nach dem Sturz der französischen Jakobiner. In der dritten Auflage, die 1797 erschien, betonte er die Friedensliebe der jakobinischen Außenpolitik, um »alle Nationen von den Grundsätzen der französischen Republik und den Angriffen ihrer Feinde gegen die allgemeine Sicherheit der Völker zu unterrichten«.

Als Jakobiner verfolgt, verließ R. Mitte 1794 Sachsen und übersiedelte nach Erfurt, wo er gemeinsam mit dem Verleger Gottfried Leberecht Vollmer die Revolutionszeitschrift *Das neue graue Ungeheuer* herausgab. Dieses Journal prangerte nach R.s Worten »Zensur und Preßzwang, Militär-Despotismus, Elend mit Luxus verkleistert, Mätressenherrschaft, Pfaffenkabale, Bürokratie, unerschwingliche Abgaben« an.

Von den Behörden als »Anhänger und Verbreiter der rebellischen Grundsätze der Neufranken« verfolgt, entzog sich R. der drohenden Verhaftung und entkam ins dänische Altona, wo er bei den norddeutschen Jakobinern Friedrich Wilhelm von Schütz, Heinrich Würzer und ihren Freunden Zuflucht fand. Die von Vollmer und R. schon Mitte 1794 in Zusammenarbeit mit Schütz und dessen Stiefsohn Friedrich Bechthold begründete »Verlagsgesellschaft von Altona« publizierte 1795 bis 1800 mehr revolutionsfreundliche Schriften als jeder andere rechtsrheinische Verlag. In Altona verfaßte R. einen Bericht über seine Verfolgung und Flucht und *Bruchstücke aus meinem politischen Glaubensbekenntnis*, um die Zweck- und Sinnlosigkeit von Zensuredikten, Bücherverboten und Unterdrückung freimütiger Schriftsteller nachzuweisen. Er schrieb auch – wahrscheinlich gemeinsam mit dem zum Demokratenzirkel gehörenden Theaterdirektor und Schriftsteller Johann Friedrich Ernst Albrecht – die Kampfschrift *Der politische Tierkreis oder die Zeichen unserer Zeit*, die auch den Titel *Das neueste graue Ungeheuer* trug und unter dem Pseudonym »Huergelmer« 1796 erschien. Dieses Buch, das die staatsphilosophischen und außenpolitischen Auffassungen der deutschen Jakobiner prägnant zusammenfaßte, erörterte die unüberbrückbaren Interessenwidersprüche der Privilegienordnung und wies nach, daß politische Verbesserungen nur durch revolutionäre Auflehnung gegen die alten Gewalten erreicht werden könnten: »Eine kleine und langsame Reform hält das Volk hin und wiegt es in Schlaf«.

Als die Erfurter Behörden seine Auslieferung verlangten, floh R. im Sommer 1796 über Amsterdam nach Paris. Er sandte J. F. E. Albrecht seine *Briefe auf einer Reise durch Holland und Frankreich* ein, die dieser in seiner Zeitschrift *Der Totenrichter* veröffentlichte. Von Paris aus redigierte R. die in der »Verlagsgesellschaft von Altona« erscheinenden Journale *Die Schildwache* (1796/97) und *Die Geißel* (1797 bis 1799). Die Auseinandersetzung, die R. in diesen Zeitschriften 1797/98 mit dem Altonaer Demokraten F. W. von Schütz über die Frage führte, ob das deutsche Volk oder die französischen Revolutionsarmeen die Befreiung Deutschlands von der Feudalherrschaft übernehmen sollten, bildete einen Höhepunkt jakobinischer Gesellschaftskritik. Während Schütz, der schon 1792/93 in seiner Revolutionszeitschrift *Niedersächsischer Merkur* die Franzosen als Befreier vom Despotenjoch begrüßt hatte, von der Unmöglichkeit und Aussichtslosigkeit einer autonomen deutschen Revolution überzeugt war, hatte R. in seinem Pariser Exil die Abwendung der französischen Direktorialregierung von den ursprünglich verkündeten demokratischen Revolutionsidealen kennengelernt. Er begriff, daß die französischen Machtträger an keiner Republikanisierung Deutschlands interessiert waren,

sondern mit den traditionellen Herrschern paktierten. In einer Flugschrift *Laterne für die mittlere Volksklasse*, deren vier Folgen auch in der Monatsschrift *Die Geißel* erschienen, rief er das deutsche Volk auf, sich gegen seine Willkürherrscher zu erheben. Die alte Losung: »Friede den Hütten, Krieg den Palästen« müsse wieder aufgestellt werden. Das deutsche Volk werde aus Überzeugung, bei einer Revolution nichts zu verlieren, sondern nur gewinnen zu können, »mit Riesenstärke den Kampf beginnen« und erkennen, daß es »auf keine fremde Hilfe, sondern nur auf seinen eigenen Willen« rechnen dürfe. Daher müsse die demokratische Neuordnung von den revolutionären Volksmassen, ohne Beistand der Franzosen, erkämpft werden. »Ein Volk muß seine Freiheit selbst erobern, nicht zum Geschenk erhalten!« rief der patriotische Jakobiner aus. Als Staatsform befürwortete er »eine Art von revolutionärer Diktatur, mit Mäßigung ausgeübt«. Er besaß unerschütterliches Vertrauen zum wachsenden politischen Bewußtsein des Volkes und hoffte noch im Oktober 1798 auf die Errichtung einer deutschen Republik: »Es ist wie ein Lauffeuer, dessen Verbreitung durch nichts mehr aufgehalten werden kann«.

Nach der Annexion des Rheinlandes durch Frankreich und dem Frieden von Campo Formio mit Österreich Ende 1797 wurde R. als ausgebildeter Jurist zum Richter in Mainz ernannt. In einer Schrift *Die Deutschen in Mainz* (1799) gab er seiner Empörung über die Mißhandlungen Ausdruck, die die Mainzer Klubisten nach der Kapitulation der Stadt durch die preußischen Eroberer (1793) zu erdulden hatten. R. fungierte als Präsident des Kriminalgerichtshofes in den Prozessen gegen die Räuberbanden des »Schinderhannes« (1803) und Damian Hessel einige Jahre später.

Seit dem Machtantritt Napoleon Bonapartes ebbte R.s politische Publizistik allmählich ab. Er wurde jedoch den

Idealen seiner Jugend niemals untreu und hielt stets an der Überzeugung fest, daß der Kampf der französischen Revolutionäre gerecht gewesen sei und daß der Herrscher sich den von einer gewählten Volksvertretung beschlossenen Gesetzen zu unterwerfen habe. In einer seiner letzten Publikationen, den anonym erschienenen *Historisch-politischen Miszellen für unbefangene Leser,* die er 1805 anläßlich der Aufhebung des revolutionären Kalenders verfaßte, heißt es:

»Nein! Alles ist doch gewiß nicht vorübergegangen, was unsre Augen gleich einem vorüberfließenden glänzenden Meteor erblickten. Aus jeder ungeheuren Anstrengung menschlicher Kräfte folgt eine große Wirkung. (...) Wahrheiten, die im Drängen der Leidenschaften, im Gebrause der Volkswut am Ufer der Seine verlorengingen, wurden vielleicht am Gestade der Newa vernommen und tragen einst herrliche Früchte. Was wir mit Tränen säten, wird ein späteres Geschlecht mit Freude ernten.«

Nach Napoleons Sturz wurde R. in den Justizdienst Pfalzbayerns übernommen. Seine Hoffnungen galten nun dem Aufbau bürgerlicher, rechtsstaatlicher Verhältnisse im Linksrheinischen und der davon ausgehenden Ausstrahlung auf ganz Deutschland. Er starb als Oberpräsident des Appellationsgerichtshofs in Zweibrücken während einer Kur in Wiesbaden.

Literatur: Grab, W.: Demokratische Strömungen in Hamburg und Schleswig-Holstein zur Zeit der ersten französischen Republik. Hamburg 1966. – Ders.: Ein Volk muß seine Freiheit selbst erobern. Zur Geschichte der deutschen Jakobiner. Frankfurt/Main 1984. – Kawa, R.: Georg Friedrich Rebmann (1768–1824). Studien zu Leben und Werk eines deutschen Jakobiners. Bonn 1980. – Voegt, H.: Die deutsche jakobinische Literatur und Publizistik. Berlin 1955.

Walter Grab

Rée, Anton
Geb. 9. 11. 1815 in Hamburg;
gest. 13. 1. 1891 in Hamburg

Seine Lebensaufgabe sah R., ein Zeitgenosse des 19. Jahrhunderts, darin, den Kampf um die soziale und politische Gleichstellung der Juden mit dem Kampf um die »allgemeine« Volksschule zu verbinden. Um 1880 indes konnte man erkennen, daß die beiden Ziele in Wirklichkeit auseinanderdrifteten: Die Volksschule war, jedenfalls im Prinzip, auf den Weg gebracht, die Judenemanzipation dagegen, zunehmend bedroht durch eine rassistisch aufgeladene Judenfeindschaft, rückte in weite Ferne. Dennoch blieb R. hoffnungsvoll. Er glaubte bis zuletzt, wie es in einem Nachruf auf ihn im Januar 1891 hieß, an den »Fortschritt der bürgerlichen Gesellschaft auf der Grundlage religiöser und politischer Toleranz und liberaler Anschauungen«.

R. wurde am 9. November 1815 in Hamburg geboren. Der Vater Isaak Berend Rée war Hofbankier des dänischen Königs, die Familie lebte in glänzenden Verhältnissen. Von einem Hofmeister, so bezeichnete man damals den Hauslehrer wohlhabender Leute, sorgfältig vorbereitet, besuchte R. in Hamburg die Gelehrtenschule des Johanneums und das Akademische Gymnasium. Dann begab er sich nach Kiel, um Philosophie zu studieren. 1837, mit 21 Jahren, promovierte er dort mit einer Dissertation über die hebräische Sprache. R. hatte zunächst beabsichtigt, sich ganz der Wissenschaft zu widmen, entweder als Privatmann oder als Universitätslehrer. Aber es kam anders. Durch eine Handelskrise ging das väterliche Vermögen verloren, und R. mußte sich nach einem praktischen Beruf umsehen. Der Vater hätte ihm gern eine Stelle im dänischen Staatsdienst besorgt, aber R. lehnte ab. Er wollte Schulmeister werden, Volksschullehrer. Bei dem geringen Ansehen, das der Beruf des Volksschullehrers in jener Zeit besaß, bedeutete R.s Schritt faktisch die Loslösung von der gesellschaftlichen Sphäre, der er entstammte, dem jüdischen Groß- und Bildungsbürgertum. Freunde und Verwandte schlugen die Hände über dem Kopf zusammen. Und völlig unbegreiflich war ihnen dann auch, daß der junge Doktor der Philosophie die Möglichkeit in den Wind schlug, eine reiche »Partie« zu machen, und statt dessen ein an materiellen Gütern armes Mädchen heiratete.

Am 1. Juli 1838 wurde R. für ein bescheidenes Gehalt Lehrer an der »Israelitischen Freischule« in Hamburg. Hier wirkte er, seit 1848 auch als Direktor, insgesamt über 50 Jahre, bis an sein Lebensende. An dieser Schule, seiner »pädagogischen Versuchsstation«, wie er sie selbst bezeichnet hat, entwickelte und und verwirklichte R. die allgemeine Volksschule, ein erzieherisches Programm, für das er auch politisch eintrat: als Mitglied der Hamburger »Konstituante«, der Verfassunggebenden Versammlung 1848 bis 1850, als Mitglied der Bürgerschaft 1859 bis 1871, 1867 als Mitglied des konstituierenden Reichstags des Norddeutschen Bundes und 1881 bis 1884 als Mitglied des Deutschen Reichstags. Er gründete und leitete die »Gesellschaft für soziale und politische Interessen der Juden«, eine demokratische Vereinigung, die im Revolutionsjahr 1848 eine bedeutende Rolle spielte. 1859 gründete R. zusammen mit anderen den »Verein für Gewissensfreiheit« und wurde dessen Vorsitzender. Am 13. Januar 1891 starb R. Unter seiner Leitung hatte die Israelitische Freischule den Namen »Stiftungsschule von 1815« angenommen. 1920 verstaatlicht und in »Anton-Rée-Realschule« umbenannt, wurde sie 1933, wenige Wochen nach dem Machtantritt der Nationalsozialisten, von der Oberschulbehörde aus dem Verkehr gezogen.

R.s pädagogische und politische Zielvorstellungen waren bereits zu Beginn der vierziger Jahre bis in die Einzelheiten hinein ausgeprägt. Sie waren ursächlich mit einer bestimmten Sicht der Judenfrage verknüpft, also der Beziehungen zwischen Juden und Nichtjuden. Die soziale Stellung der Juden in Hamburg war durch ein Reglement von 1710 festgelegt. Noch bis weit ins 19. Jahrhundert waren die Juden von den Zünften, d. h. von den angesehenen Handwerken, ausgeschlossen. Die Masse der Juden mußte sich mit Hausierhandel und Trödel durchschlagen. Alle Juden, auch die wohlhabenden Makler, Bankiers, Kaufleute entbehrten der Teilhabe an politischen Rechten, ein Mangel, der durch die in Hamburg verfassungsmäßig vorgeschriebene Verquikkung von staatlicher und (lutherisch-) kirchlicher Ordnung noch verstärkt wurde. Solange die gesellschaftliche Trennung zwischen Juden und Christen bestand, stieß der Kampf um politische Gleichberechtigung auf klar erkennbare Grenzen. Die politische Emanzipation der Juden erlitt in Hamburg gerade dann empfindliche Rückschläge, wenn sie greifbare Erfolge zu zeitigen schien: jedesmal, insbesondere 1819, 1830 und 1835 kam es zu antisemitischen Ausschreitungen des »Pöbels«, geschürt durch Anstifter aus »besseren Ständen«, die hinter den Kulissen standen. Ob nicht die Erwartung, vernünftige Gesetze würden vernünftige gesellschaftliche Verhältnisse herbeiführen, zu optimistisch war? Die Anhänger der politischen Emanzipation in Hamburg hatten jedenfalls allen Grund, enttäuscht zu sein, und es verwundert nicht, daß selbst ein Gabriel Riesser, der wichtigste und tatkräftigste Vertreter dieser Richtung, einmal mit dem Gedanken spielte, in die Vereinigten Staaten auszuwandern.

In dieser Situation trat R. mit zwei programmatischen Schriften an die Öffentlichkeit, die den Zweck verfolgten, den jüdischen Befreiungskampf, die »jüdische Revolution«, wie sich R. ausdrückte, mit neuer Hoffnung zu erfüllen und voranzutreiben: 1844 erschien die Abhandlung *Die Sprachverhältnisse der heutigen Juden, im Interesse der Gegenwart und mit besonderer Rücksicht auf Volkserziehung* und zwei Jahre später der *Aufruf zu einer rascheren Förderung der jüdischen Angelegenheiten im Vaterlande.*

Darin bemühte R. die Geschichte, um nachzuweisen, daß der Kampf um bürgerliche Gleichstellung der Juden zwar auch künftig notwendig sei, die Juden ihr Hauptaugenmerk jedoch auf eine »soziale Umgestaltung« richten müßten: Erst wenn die »soziale Stellung« der Juden verbessert sei, werde der »Zwiespalt, in welchem die Gesamtheit der Juden mit ihrer Umgebung steht«, verschwinden. Mit dieser Auffassung sah sich R. in der Tradition der Französischen Revolution, als Nachfolger der »Jakobiner des Judentums«. Die jüdische »Bewegungspartei« hätte zwar die soziale Reichweite des Gegensatzes zwischen Juden und Nichtjuden erkannt, irrtümlich aber vorausgesetzt, daß zu dessen Überwindung »bloß ihr – Wille erforderlich sei, daß ferner die träge Menge sie verstehen und ihr folgen würde«. Nach dem Fiasko der Jakobiner konzentrierte sich R. zufolge die jüdische Revolution auf religiöse Reformen. Insofern sie darauf zielten, die Integration der Juden in die sie umgebende nichtjüdische Gesellschaft zu beschleunigen, scheiterten sie ebenfalls. »Wir fordern«, so betonte R., »für die Masse Kultur, die Reformatoren meinen noch immer den Kultus; das ist die weite Kluft zwischen ihnen und uns«. Im übrigen gleiche der fanatische Reformer dem Hyperorthodoxen darin, daß er denke, die besondere Konfession mache das Entscheidende für das ganze Leben aus und jede Bestrebung, die davon absehe, müsse alles Höheren bar sein. Demgenüber machte R. das Prinzip der Gewissensfreiheit geltend: »jede, unbedingt jede Erscheinung der Sittlichkeit,

also auch jede Konfession muß zu ihrem Rechte kommen«. Der Kampf um die jüdische Emanzipation war nur Teil des Kampfes um die Emanzipation aller Menschen. Die Freiheit, so hat R. später einmal gesagt, ist unteilbar, sie ist »Freiheit für alle«.

Der Kampf für Emanzipation war zugleich Kampf gegen den Antisemitismus, gegen, wie sich R. ausdrückte, »Rassenfeindschaft«. Rassismus aber bestand aus nichts denn aus Vorurteilen, allerdings aus Vorurteilen, die auf Umwelteinflüsse zurückgingen und für viele zur »zweiten Natur« geworden waren. Es sei indes nicht damit getan, solche Vorurteile für Unrecht zu erklären, auf den Sieg der Moral zu vertrauen und der Überzeugung zu leben, daß andere etwas gut zu machen hätten. Die Juden müßten sich vielmehr »entschließen, selbstbestimmend einzugreifen«. Da nun aber die Judenfeindschaft, so R. weiter, durch die sprachlichen Eigenheiten der Juden, die »besondere jüdische Mundart«, den »Dialekt« – den damals üblichen Ausdruck »Mauscheln« vermied R. – genährt würde, müßten die Juden ihren Dialekt vollständig verbannen. Er sei weder notwendig mit dem Glauben verbunden, noch drücke sich in ihm eine eigene Nationalität aus. Die deutschen Juden gehörten der deutschen Nation an, »einer Gesamtheit, welche dieselbe Sprache redet«.

R.s Konzept der sozialen Emanzipation besaß eine Logik, die am Ende auf eine pädagogische und bildungspolitische Forderung hinauslief: auf das Bildungsziel des sozialen Lernens. Das soziale Lernen aber sollte so früh wie möglich beginnen – in der Volksschule. Die Volksschule war der Hebel, um nicht auf diese oder jene Lehrmeinungen und Gebräuche und nicht nur auf einzelne Menschen, sondern auf die ganze Masse sozialen Einfluß zu üben. Die Volksschule war, so verstanden, für die Juden, aber nicht nur für sie, der

Weg, der aus dem »Lande der Sklaverei« in die Freiheit führte.

In Hamburg wie anderswo in Deutschland gab es in der ersten Hälfte des 19. Jahrhunderts neben Privatschulen zwar staatliche Armenschulen, darunter seit Beginn der 3oer Jahre eine Strafschule, aber keine staatlichen Volksschulen. Von alters her hatte die Kirche die Aufsicht über das Schulwesen. Eine Einteilung der vorhandenen Schulen nach Lehrzielen und Lehrgegenständen fehlte. Ebenso fehlten gesetzliche Bestimmungen über Schulpflichtigkeit und Grenze des schulfähigen Alters sowie über die Berechtigung zum Lehrerberuf. Als im Zuge der revolutionären Ereignisse von 1848 in Hamburg eine Verfassunggebende Versammlung daran ging, die von der Frankfurter Nationalversammlung ausgearbeiteten Grundrechte des deutschen Volkes auf hamburgische Verhältnisse zu übertragen, da gehörte die Reform des Schulwesens zu den dringlichsten und daher am heißesten umkämpften Aufgaben. R. war Berichterstatter des Verfassungsausschusses und einflußreiches Mitglied des Schulausschusses. Im Plenum beantragte R.: »Der Staat soll für die Bildung der Jugend durch öffentliche Lehranstalten, namentlich durch allen Volksklassen gemeinsame untere und höhere Volksschulen (Primar- und Sekundarschulen) genügend sorgen«. Mit anderen Worten: eine Schule für alle, für alle Kinder im schulpflichtigen Alter ohne Rücksicht auf gesellschaftliches Herkommen, Glauben und Vermögen. Die Streitfrage entschied sich in der Versammlung am 2. Juni 1849. R.s Standpunkt der allgemeinen Volksschule setzte sich auf ganzer Linie durch.

Vorerst änderte sich freilich nichts. Die Revolution scheiterte. Unter dem Druck preußischer Truppen, die Hamburg, vom Senat herbeigewünscht, im Sommer 1849 besetzten, mußte die Konstituante weichen. Erst 1870 wurde in einem besonderen Unterrichtsgesetz die öffentliche Volksschule verankert, wobei R. wiederum eine bedeutende Rolle spielte. Aber die Abkoppelung der Mittelschule und der höheren Bürgerschule war doch als ein Sieg der Kräfte zu betrachten, die die althergebrachten Vorrechte im Bildungsbereich zu erhalten wünschten.

Auch im konstituierenden Reichstag des Norddeutschen Bundes und im Deutschen Reichstag ist R. (als Mitglied der linksliberalen Deutschen Fortschrittspartei) für die Demokratisierung von Staat und Gesellschaft in die Bresche gesprungen. So verurteilte er 1867, drei Jahre vor Ausbruch des Deutsch-Französischen Krieges die Vorstellung, Frankreich sei der »Erbfeind« des deutschen Volkes, und fand, es sei nicht Aufgabe des Parlaments, Völker gegeneinander zu hetzen. 1882 brachte R. mit drei weiteren von insgesamt 59 Abgeordneten seiner Partei einen Antrag auf Aufhebung des Sozialistengesetzes (1878–1890) ein.

Was R. als Politiker versagt blieb, erfüllte er sich in seiner pädagogischen Versuchsstation, der Stiftungsschule von 1815. Dank R.s Begeisterungsfähigkeit und Tatkraft verwandelte sie sich von einer jüdischen Armenschule zur Heranbildung »brauchbarer Dienst- und Gewerbsleute« in eine Schule für Arme und Reiche, Juden, Christen und Konfessionslose. Als R. in die Schule eintrat, die »Judenschule« wurde sie verächtlich genannt, zählte sie 120 Schüler, als er 1891 starb, rund 750, die bestuchteste Lehranstalt der Stadt. Begraben liegt R., der um 1860 aus der jüdischen Gemeinde austrat, ohne zum Christentum zu konvertieren, nicht auf einem jüdischen Friedhof, sondern auf dem Ohlsdorfer Friedhof in Hamburg.

Literatur: Asendorf,M.: Der Hamburger Pädagoge und Politiker Anton Rée. Ein Beitrag zum Verhältnis von Emanzipation und Bildung, in: Jahrbuch des Instituts für Deutsche Geschichte, Universität Tel-Aviv, Beiheft 6 (1984), S. 257–279. – Feiner, J.: Dr. Anton Rée. Ein Kämpfer für Fortschritt und Recht. Hamburg 1916. – Schlie, D.: Dr. Anton Rée, Zur Würdigung seiner Bestrebungen und Verdienste. Hamburg 1891.

Manfred Asendorf

Reichenbach, Eduard Graf von

Geb. 10. 11. 1812 in Olbersdorf bei Reichenbach in Schlesien;
gest. 15. 12. 1869 in Brieg

Rittergutsbesitzer in der Zeit des Vormärz, der Epoche in der deutschen Geschichte, die der Märzrevolution von 1848 vorausging, pflegten politisch zumeist konservativ zu sein, etliche hingen auch liberalen Reformvorstellungen an. Daß Angehörige dieser Klasse ihre politische Heimat und Wirkungsstätte im Lager der revolutionären Demokratie fanden, blieb die Ausnahme. R. war eine solche. Was ihn, den Sproß eines urkundlich bis ins 13. Jahrhundert zurückzuverfolgenden schlesischen Adelsgeschlechts zu diesem Weg bestimmte, ist im einzelnen nicht überliefert. Fest steht jedoch, daß für ihn wie für ungezählte andere seiner Generation die Pariser Julirevolution 1830 das entscheidende zeitgeschichtliche Ereignis war, weil sie bewies, daß die Ketten zu brechen waren, die die antifranzösische Koalition und der Wiener Kongreß dem bürgerlichen Fortschritt 1815 geschmiedet hatten.

R., seit Herbst 1831 Student der Naturwissenschaften, speziell der Botanik, unterhielt in Jena Verbindung zur Burschenschaft »Germania« und wurde im Dezember 1832 von Wilhelm Wolff in die Breslauer Burschenschaft aufgenommen. In den hier geführten Diskussionen über Möglichkeiten und Grenzen des Liberalismus, die »Verhältnisse des Volkes« sowie Berechtigung und Nutzen verschiedener Staatsformen gewann er seine linksbürgerlich-radi-

kaldemokratischen Grundüberzeugungen. Verfestigt wurden sie durch Erfahrungen, die er mit der vom preußischen Staat ausgeübten repressiven Gewalt als verfolgter und zu Arrest verurteilter Burschenschafter sammelte.

Seit 1835 Gutsherr in Waltdorf (Kreis Neiße) wurde R.s Haus in den vierziger Jahren zu einem Treffpunkt der liberalen und demokratischen Opposition in Schlesien. Gemaßregelte und Verfolgte wie der Dichter Hoffmann von Fallersleben, der deutsch-katholische Theologe Johannes Ronge oder der Revolutionär Michail Bakunin genossen seine Gastfreundschaft. Als Teilnehmer an den Beratungen des »Hallgartenkreises« knüpfte er Beziehungen zu Wortführern des demokratischen Flügels der vormärzlichen Oppositionsbewegung wie Robert Blum, Johann Jacoby und Friedrich Hecker. R., so erinnerte sich später der gemäßigte Liberale Friedrich Daniel Bassermann an das Hallgartentreffen 1840, »fiel mir auf wegen seines Ernstes und seines warmen Ausdrucks tiefer Überzeugung. Seine Erscheinung verriet einen gebildeten Geist, und ich hätte ihn damals nicht der ultrademokratisch-sozialistischen Richtung fähig gehalten, der er sich seitdem ergeben«. Daß der von den Liberalen verfolgte Weg der Reformen und des Ausgleichs mit Fürsten und Adel den Bedürfnissen einer demokratischen Gestaltung Deutschlands nicht genügen konnte, daß vielmehr ein radikaler Bruch mit den überkommenen Zuständen auf dem Wege einer Volksrevolution zur Erreichung dieses Ziels unerläßlich sei, gehörte indes längst zu den Fixpunkten in R.s Weltbild und Politikverständnis. Der Aufklärung und Gewinnung von Bauern, Handwerkern und Arbeitern galt daher seine besondere Aufmerksamkeit. Als Ratgeber und Rechtsbeistand zahlreicher Dorfgemeinden in Dienstablösungsverfahren (Bauernbefreiung) sowie als Leiter von geheimen Lesezirkeln Breslauer Handwerker und

Arbeiter erwarb er sich Ansehen und Einfluß im »gemeinen Volk«.

Im März 1848 agierte er an der Spitze der Volksbewegung in Breslau. Der von ihr ausgehende Druck trug maßgeblich dazu bei, daß die Regierung in Berlin das allgemeine und gleiche Wahlrecht zugestehen mußte. Obwohl seit seiner Burschenschaftszeit überzeugter Republikaner, hielt R. zu diesem Zeitpunkt die Forderung nach der Republik verfrüht. Von den Erfahrungen der Französischen Revolution 1789 bis 1795 ausgehend, glaubte er, die Schaffung einer Republik könne nicht die Aufgabe der allerersten Phase, sondern erst das Ergebnis eines Lernprozesses sowohl der Massen als auch der Bourgeoisie im aufsteigenden Revolutionsverlauf sein. Im Frankfurter Vorparlament (März bis August 1848), an dessen Verhandlungen er als bekannter Vormärzoppositioneller teilnahm, trat R. mit anderen Linken für die Permanenz des Vorparlaments bis zum Zusammentritt der zu wählenden Konstituante ein, schloß sich aber nicht der auf Auszug – und letztlich schon auf eine republikanische Schilderhebung – zielenden Position Friedrich Heckers und Gustav von Struves an, als die Anträge der demokratischen Linken von der liberalen Mehrheit niedergestimmt wurden.

Im Mai 1848 wurde R. in Breslau und im Kreis Falkenberg – hier besaß er seit 1845 das Rittergut in Mahlendorf – als Abgeordneter in die konstituierende Versammlung für Preußen gewählt. Zu deren äußerstem linken Flügel gehörend, stellte er mehrfach Anträge im Sinne einer demokratischen Lösung der Agrarfrage, die aber fast durchweg an der liberalen Mehrheit scheiterten. Sein parlamentarisches Engagement verband R. mit dem Bestreben, die demokratische Bewegung durch außerparlamentarische Tätigkeit wirkungsvoll zu fördern. R. war ein gefragter Redner auf Volksversammlungen und in den Sitzungen demokratischer Vereine. In ei-

ner Rede auf der Kundgebung an den Gräbern der Berliner Märzgefallenen am 4. Juni 1848 appellierte er an die revolutionäre Wachsamkeit des Volkes und warnte vor der Gefahr, der Thron werde, sobald er nicht mehr wanke, die im März gegebenen Versprechen (u. a. freies Versammlungs- und Vereinigungsrecht) zurücknehmen.

Als im Laufe des Sommers offenbar wurde, daß der zwischen den Anhängern der Revolution und den Verfechtern der Konterrevolution bestehende und sich ständig zuspitzende Konflikt einer raschen Entscheidung zustrebte, setzte R. sich rückhaltlos für eine weiterführende revolutionäre Aktion ein. In einem offenen Brief an seine Wähler vom 23. September 1848 polemisierte er gegen den König und alle Privilegierten, »mögen sie bevorrechtete Gutsbesitzer oder bevorrechtete Beamte, Fabrikanten, Kaufleute oder Kapitalisten sein«. Die vergangenen Monate hätten gezeigt, daß die Hoffnungen des Landvolkes auf Erfüllung seiner Forderungen durch die Berliner Versammlung illusionär waren. Sinn und Zweck dieses Schreibens bestand darin, dem Volke zu erklären, daß seine Belange nur durch eine neue revolutionäre Aktion gesichert werden könnten. Sein engagiertes Wirken für dieses Ziel wurde von dem Ende Oktober 1848 in Berlin tagenden »Zweiten Demokratenkongreß« durch die Wahl zum Mitglied des dreiköpfigen Zentralausschusses der Demokraten Deutschlands honoriert. Dem taktischen Konzept folgend, durch Insurrektionen in den Provinzen der Regierung die Macht und die Mittel zu nehmen, Berlin weiterhin gewaltsam zu unterdrücken, versuchte R. Mitte November 1848 in der preußischen Provinz Sachsen den Widerstand gegen das Reaktionsministerium Brandenburg in einen Volksaufstand überzuleiten. Die Ansätze zu einer zweiten Revolution wurden jedoch mit Hilfe des liberalen Bürgertums – hier in Gestalt der Bürgerwehr der Stadt Halle

– unterdrückt. Auch die Anstrengungen R.s und seiner demokratischen Gesinnungsfreunde in den folgenden Monaten vermochten es nicht, das Blatt zu wenden.

Die Revolution 1848/49 überhaupt und insbesondere die Versuche, sie über die im März 1848 erreichte Stufe hinauszuführen, wurden in der herrschenden öffentlichen Meinung Deutschlands über Jahrzehnte hin strikt abgelehnt. Heute wird weithin anerkannt, daß der damals unterbliebene radikale Bruch mit den tradierten Macht- und Herrschaftsstrukturen der folgenden deutschen Geschichte nicht zum Vorteil gereichte. R. hatte wie zahlreiche andere Demokraten alle seine Kräfte und Fähigkeiten eingesetzt, um die Gunst der Stunde zu nutzen und der Demokratie zum Durchbruch zu verhelfen. Aber guter Wille und Engagement konnten die innere Zerrissenheit und Lähmung einer Bewegung nicht wettmachen, die weitgehend von einer historisch perspektivlosen, durch das Aufbrechen des Widerspruchs zwischen Bourgeoisie und Proletariat aus seiner traditionellen Stellung in der Gesellschaft verdrängten und zutiefst verunsicherten Schicht, dem Kleinbürgertum, bestimmt war.

Dieser Hinweis auf objektive Bedingungen für das Scheitern der demokratischen Bewegung in der Revolution 1848/49 kann die Frage nach Fehlverhalten und Grenzen ihrer führenden Repräsentanten nicht aufheben. Aber es mag durchaus sinnvoll erscheinen, die Erörterung eventueller Versäumnisse dieses oder jenes demokratischen Revolutionärs auch umzukehren und, was R. betrifft, zu fragen, was die Revolution diesem Manne schuldig blieb. Die Antwort lautet: Sie versagte ihm seine Stunde. Zu historischer Größe emporzuwachsen und unübersehbar nationale Bedeutung zu erlangen, blieb ihm vorenthalten, weil die Revolution scheiterte, noch ehe eine revolutionär-demokratische Phase der deutschen Geschichte ihr ihren Stempel aufdrücken konnte.

Der Aufschwung der Oppositionsbewegung in Preußen ausgangs der fünfziger Jahre eröffnete R. neue Möglichkeiten politischen Wirkens. 1863 errang er für die Fortschrittspartei ein Abgeordnetenmandat der zweiten preußischen Kammer, ohne es – wegen Kammerauflösung – wahrnehmen zu können. Seine letzten Lebensjahre waren von Krankheit überschattet. Wenige Monate vor seinem Tode wurde das von ihm seit 1855 bewirtschaftete, offiziell aber seiner Frau gehörende Rittergut Golkowitz im Kreis Rybnik verkauft.

Literatur: Bleiber, H.: Eduard Reichenbachs Angebot zur Mitarbeit an der »Neuen Rheinischen Zeitung« im April 1849, in: Marx-Engels-Jahrbuch, Bd. 9 (1986), S. 313 ff. – Bleiber, H.: Graf Eduard von Reichenbach – Schlesischer Rittergutsbesitzer und revolutionärer Demokrat, in: H. Bleiber u. a. (Hg.): Männer der Revolution von 1848, Bd. 2, Berlin 1987, S. 183 ff.   *Helmut Bleiber*

Riesser, Gabriel
Geb. 2. 4. 1806 in Hamburg;
gest. 22. 4. 1863 in Hamburg

R. sagte einmal über sich, den äußeren Impuls für sein politisch-schriftstellerisches Schaffen habe er durch die »Judenfrage« in Deutschland empfangen. Deutschland im Vormärz (1815 bis zur Märzrevolution 1848) konnte zwar eine »Judenfrage« stellen, war aber unwillig, sie in einem rechtlichen und politischen Akt zu lösen, so daß dieser Impuls immer wieder neu ausgelöst wurde und somit die politische Biographie R.s der deutsch-jüdischen Konfliktgeschichte entsprach.

Die elterliche Familie stammte aus der süddeutschen Stadt Öttingen. Der Großvater, Jacob Katzenellenbogen, war dort ein bekannter Rabbiner gewesen, der Vater, Elias Leiser Riesser, orthodoxer Rabbiner in Altona. Das Studium der Philosophie und Rechtswissenschaft in Heidelberg schloß R. 1826 mit der Promotion ab. Die angestrebte Hochschullaufbahn scheiterte, da die badische Regierung dem Juden R. die Privatdozentur verweigerte. Auch sein Versuch, sich als selbständiger Advokat in Hamburg niederzulassen, wurde vom Senat der Stadt mit dem Hinweis verwehrt, Juden seien in der öffentlichen Verwaltung nicht zugelassen. Damit war R. wie vielen anderen jüdischen Akademikern seiner Generation ein akademischer oder ausbildungsadäquater Beruf – und den fand man damals im Staatsdienst – versperrt. Die Weigerung, Juden den Weg in die Beamtenlaufbahn zu eröffnen, war noch immer von dem Vorbehalt bestimmt, sie nicht in Positionen gelangen zu lassen, in denen sie über Christen zu entscheiden hätten. Teilweise wurde dieses Sonderrecht dogmatisch mit der Ideologie vom christlich-deutschen Staat begründet, teilweise aber auch opportunistisch mit Vorurteilen der Bevölkerung.

Die geringen Chancen auf Verbesserung des Rechtszustandes der Juden in Hamburg gingen nach Übergriffen des »Pöbels aller Stände« gegen Juden im Sommer 1835 wieder verloren. Während dieser Krawalle, als jüdische Gäste aus den Kaffeehäusern geprügelt wurden, trat R. den Angreifern persönlich entgegen, übernahm später vor Gericht die Verteidigung eines inhaftierten Juden und drängte mit Eingaben und Strafanzeigen darauf, die »Macht des Gesetzes« anzuwenden, »das Recht und die Civilisation« zu wahren. Von nun an wirkte R. öffentlich als politischer Anwalt der Juden, dem bewußt war, daß die Minderheit nur von der »Herrschaft der Vernunft und der Gerechtigkeit« Schutz und Gleichstellung erwarten konnte. Daß nur bei gleichen Rechten auch gleiche Pflichten und Lasten gefordert werden könnten, erschien ihm selbstverständlich.

In politischen und juristischen Schriften, mit denen R. auf die öffentliche Meinung einzuwirken hoffte, ebenso wie in seinen Polemiken, in denen er reaktionäre Positionen bekämpfte, wie die des Theologen Heinrich Eberhard Gottlob Paulus (*Vertheidigung der bürgerlichen Gleichstellung der Juden gegen die Einwürfe des Herren Dr. H. E. G. Paulus*, Altona 1831) und radikale judenfeindliche Positionen, wie die des Philosophen Bruno Bauer (*Die Judenfrage. Gegen Bruno Bauer*, 1843), bediente er sich einer klaren Sprache. R. forderte energisch auf der Basis der Menschenrechte die Bürgerrechte ein und unterbreitete liberale Vorschläge zur Abhilfe, die fast schon demokratisch waren. Das Prinzip der unbeschränkten Volkssouveränität lehnte R. ab, da es bei Assoziationen an ungezügelte Massengewalt weckte.

Im Gegensatz zum philosophischen Diskurs der jüdischen Aufklärer und dem devot-konservativen Loyalismus der jüdischen Honoratioren war sein Stil selbstbewußt und politisch. Zugleich teilte R. die »Vernunfts- und Fortschrittsgläubigkeit« der Juden, die vor der Ungewißheit der Zukunft mit Formeln (»Demokratie«, »Einsicht«, »Toleranz«) auswichen.

Als nationalliberaler Bewunderer der amerikanischen Verfassung zeichnete R. ein Zukunftsbild vom »deutschen Vaterland«, das mit der ständischen Gesellschaftsordnung brechen und auf der Grundlage von Gewissensfreiheit und gleicher Rechte für alle eine religiös und kulturell pluralistische Gesellschaft vereinen sollte. In Büchern, Aufsätzen und mit einer eigenen Zeitschrift (*Der Jude. Periodische Blätter für Religion und Gewissensfreiheit*, Altona 1832/33) nahm er zu den Emanzipationsgesetzen verschiedener Staaten im Deutschen Bund Stellung, kritisierte antijüdische Pamphlete und wurde zum scharfsinnigen Gegner fast aller wortmächtigen Antisemiten seiner Zeit. In zahlreichen Konfliktfällen wurde R., der prominenteste Fürsprecher der Juden, von jüdischen Gemeinden um publizistische Hilfe und politischen Rat gebeten. An seinen Stellungnahmen orientierten sich die Juden in ganz Deutschland.

1848 wurde R. ins Vorparlament berufen und von den Wahlmännern des Herzogtums Lauenburg als Abgeordneter in die Frankfurter Nationalversammlung entsandt. R. war an der Formulierung der »Grundrechte des Deutschen Volkes« beteiligt und arbeitete im Verfassungsausschuß mit, zu dessen Vizepräsident er gewählt wurde. R. gehörte auch zu jener Deputation, die unter Führung des Präsidenten des Paulskirchenparlaments Eduard Simson am 3. April 1849 in Berlin Friedrich Wilhelm IV. die Kaiserkrone einer konstitutionellen Monarchie – vergeblich – antrug.

Mit dem Scheitern der Revolution war auch die politische Emanzipation der Juden vorerst beendet. R. selbst erlangte das Bürgerrecht erst nach Einführung der Hamburger Verfassung vom 28. September 1860, die die Privilegierung der evangelisch-lutherischen Kirche aufhob und die Gleichberechtigung der Konfessionen bestimmte.

Am 17. Oktober 1860 wurde R. zum Mitglied des von der neuen Verfassung eingeführten Hamburger Obergerichts ernannt und damit zum ersten Richter jüdischer Religion in Deutschland. In der ersten – teils durch Zensuswahl, teils durch Notabelnwahl zustandegekommenen – in der hamburgischen Geschichte gewählten Bürgerschaft (ab 1859) war R. Vizepräsident (bis 1861). Die deutschen Juden haben die Erinnerung an R. wachgehalten und ihn durch die Herausgabe seiner gesammelten Schriften geehrt.

Literatur: Friedländer, F.: Das Leben Gabriel Riessers. Berlin 1926. – Arnsberg, G.: Gabriel Riesser als deutsch-jüdischer Intellektueller und liberaler

Ideologe, in: Menora. München 1991, S. 81–104.

Rainer Erb

Rosenberg, Ludwig
Geb. 29. 6. 1903 in Berlin; gest. 23. 10. 1977 in Hösel bei Düsseldorf

Seinem Zorn über seine Freunde, die Funktionäre, machte R. gelegentlich durch Aphorismen Luft: »Ein wirklicher Führer darf nicht auf der Masse sitzen – er muß von ihr getragen werden« (*Genieße den Zeitgenossen*, 1972). R. veröffentlichte diese respektlosen Sprüche erst nach der Pensionierung. Er hatte viel Unverstand mit ansehen müssen, den er nach außen geduldig ertrug: »Alle Mängel und Fehler der Demokratie können uns nur dazu veranlassen, mehr und immer mehr zu tun, um die Menschen zu erziehen, sich als Demokraten ihrer Aufgaben bewußt zu werden und die ihnen reichlich gegebenen Möglichkeiten auch wirklich zu nutzen. Den umgekehrten Schluß zu ziehen, bedeutet nicht den Bankrott der Demokratie, sondern die Bankrotterklärung des Menschen schlechthin« (1969).

Diese anthropologische Begründung der Demokratie als einer unausweichlichen Aufgabe des Menschengeschlechts beherrschte R.s Wirken vom Erlebnis des Untergangs der Weimarer Republik bis zu den Höhepunkten sozialliberaler Demokratisierungspolitik unter Willy Brandt als Bundeskanzler. R. wollte den Weg *Vom Wirtschaftsuntertan zum Wirtschaftsbürger* (1948). Er übernahm dieses Motiv als junger Funktionär des liberalen Gewerkschaftsbundes der Angestellten (GDA) schon 1930, übertrug diesen Gedanken in die Grundsatzprogrammatik des Deutschen Gewerkschaftsbundes (DGB) von 1949 und 1963 und machte ihn zur Leitschnur seiner Arbeit an der Spitze des DGB von 1962 bis 1972.

Am Beginn seiner Amtszeit artikulierte der DGB-Vorsitzende R. sein Demokratieverständnis deutlicher und differenzierter als seine Vorgänger. Er betrachtete »die Demokratie als die Staatsform vernünftiger und aufgeklärter Menschen« (1963). Damit meinte er nicht nur die formale Demokratie des Liberalismus, sondern darüber hinaus die materielle Demokratie in allen Bereichen von Wirtschaft und Gesellschaft: »Die Gewerkschaften bekennen sich zu diesem Staat. Sie bekennen sich zu einem Staat, in dem das Volk in freien, demokratischen Wahlen sein Schicksal selbst bestimmt. Sie wissen, daß in diesem Staat noch längst nicht die Voraussetzungen genutzt werden, ihn in allen Teilen und in wichtigen Bezirken zu dem zu machen, was er sein sollte und was er sein könnte: Ein Staat, in dem Demokratie nicht nur Regierungs- und Verwaltungsform, sondern Lebensstil ist; ein Staat, in dem das demokratische Bewußtsein und die demokratische Verantwortung alle Bürger und alle Politiker erfüllt; ein Staat, in dem die Reste unseliger Vergangenheit auf allen Seiten keinen Raum mehr finden und in dem eine neue, verantwortungsfreudige Gesellschaft mit Mut zu sich selbst und Vertrauen in die Zukunft wirkt.«

»Unvorbereitet, wie ick mir habe« – so begann er gerne eine seiner brillanten Stegreifreden. R. war Berliner in seiner Sprache und Großstädter in seiner ganzen Lebensart. Er stammte aus einer Berliner Kaufmannsfamilie, besuchte das Realgymnasium und wurde kaufmännischer Angestellter. Zwanzigjährig ging er in die SPD und zwei Jahre später in den GDA (Gewerkschaftsbund der Angestellten), der ihn 1928 als hauptberuflichen Funktionär engagierte. Es war keineswegs ungewöhnlich, daß ein Sozialdemokrat für die liberale Angestelltengewerkschaft aus der Hirsch-Dunckerschen Traditionslinie arbeitete. Es charakterisiert R. aber als einen liberalen Sozialisten, der programmatischen Dogmen fernstand. R. lehnte den Gedanken der Sozialisierung keineswegs ab, aber er sah ihn funktional: nicht als Zweck, sondern als Mittel zu mehr Demokratie.

Als Mann jüdischer Herkunft fand R. im nationalsozialistischen Deutschland keine Lebensmöglichkeit und ging schon im Frühjahr 1933 als Emigrant nach England. Er wurde Mitbegründer der Landesgruppe Deutscher Gewerkschafter (LDG) unter Hans Gottfurcht. Während Gottfurcht im Krieg für das britische Außenministerium arbeitete, ging R. in den Dienst des Arbeitsministeriums und kümmerte sich um Arbeitsbeschaffung für rund 70 000 deutsche und österreichische Flüchtlinge, die auf der Insel versorgt werden mußten.

Mitte 1946 kehrte R. nach Deutschland zurück. Er nahm zunächst Quartier in Bielefeld, wo die Behörden der britischen Besatzungszone saßen. Ab 1947 arbeitete er in Frankfurt/Main beim Gewerkschaftsrat der Bizone. Er war dort der engste Mitarbeiter Fritz Tarnows und hatte – als welterfahrener Mann – schwierige Verhandlungen mit General Lucius D. Clay zu führen, der dem Gedanken der Wirtschaftsdemokratie sehr fern stand. Der elegant gekleidete R. hatte nicht nur das Auftreten eines Diplomaten, sondern er bewies auch Festigkeit gegenüber der Militärregierung. Auf dem Gründungskongreß des DGB im Oktober 1949 wurde R. deshalb zum Leiter der Auslandsabteilung gewählt.

Die Bundesrepublik Deutschland verfügte zu diesem Zeitpunkt noch über kein eigenes Auswärtiges Amt, so daß dem DGB mit seinen internationalen Verbindungen besondere Verantwortung zukam. Als Adenauer Kanzler und Außenminister in einer Person war, mußte er R. öfter konsultieren. »Irgendwie«, so berichtete R. im Gespräch mit dem Verfasser, »war Adenauer ärgerlich, daß Hitler so viele Gewerkschafter und

Sozialdemokraten ins Ausland gejagt hatte, die sich nun so vorzüglich auskannten und sogar fremde Sprachen beherrschten.« Das Besatzungsstatut bedeutete auch für die deutschen Gewerkschaften einen Primat der Außenpolitik, und R. wußte damit umzugehen. Als Adenauer nach seinem Wahlsieg 1953 die Einheitsgewerkschaft zerschlagen wollte, setzte R. seine diplomatischen Hebel an, so daß Adenauer aus Washington erfuhr, daß die deutsche Einheitsgewerkschaft als Bollwerk des demokratischen Wiederaufbaus zu erhalten sei.

Einiges spricht dafür, daß R. mit seinen großen Talenten, mit seiner wirtschaftsdemokratischen Orientierung und seinen diplomatischen Beziehungen der richtige Mann im richtigen Alter gewesen wäre, um nach Hans Böckler schon 1951 die Führung des DGB zu übernehmen. Aber Böckler war nicht frei von antisemitischen Vorurteilen, andere vermißten bei R. den proletarischen Stallgeruch. Statt aufzusteigen wurde er – nicht zuletzt auf Adenauers Drängen – aus der Außenpolitik in die Wirtschaftspolitik geschoben. Er handhabte dieses Ressort so souverän, daß er 1962 als unbestrittener Nachfolger Willi Richters – aber zehn Jahre zu spät – den Vorsitz des DGB mit Sitz in Düsseldorf übernehmen konnte.

R. gab der Rolle des DGB in der bundesdeutschen Gesellschaft erstmals Glanz, insbesondere durch seine eloquenten Auftritte im Fernsehen, das immer mehr zum vorherrschenden Massenmedium wurde. Er führte jahrelang eine kraftvolle Kampagne für die erweiterte Mitbestimmung und machte sie zu einem zentralen Thema der gesellschaftspolitischen Diskussion. Trotzdem gelang ihm kein entscheidender Durchbruch in der Gesetzgebung des Bundes, denn seine wirtschaftsdemokratische Kampagne wurde überlagert vom Kampf gegen die Notstandsgesetze 1966 bis 1968. Zwischen Otto Brenner

von der IG Metall, der konsequent gegen jede verfassungsändernde Notstandsgesetzgebung auftrat, und Georg Leber von der IG Bau-Steine-Erden, der eine mehr ordnungspolitische Konzeption vertrat, geriet R. mit seinem zentralen Anliegen in die Hinterhand. Er wurde sogar beschimpft, weil er sich mit wortradikalen Aussagen spürbar zurückhielt.

Bewundernd meinte Georg Leber, der DGB-Vorsitzende habe die Begabung einer Henne, »die auf rohen Eiern tanzen kann, ohne sie zu zerbrechen«. Wer aber ein nahrhaftes Rührei bereiten will, der muß die Eier in die Pfanne hauen. Das war R.s Art nicht. Wer wollte ihm das verübeln? Er litt an den Schwächen eines Schöngeistes und verfügte über die Stärken eines glänzenden Mediators. In Bonn hätte er als Wirtschaftsminister, als Sozialminister und als Außenminister gute Figur machen können. Aber er wollte die Wahlkämpfe der SPD nicht mit einem jüdisch klingenden Namen belasten.

In den fünf Jahren von der Pensionierung bis zu seinem Tode mischte er sich mit Reden und Artikeln immer wieder in die Demokratiedebatte ein. Die Krise der Demokratie im Zusammenhang der Entführung und Ermordung des Arbeitgeberpräsidenten Hanns-Martin Schleyer durch die Terrororganisation Rote-Armee-Fraktion (Sept./Okt. 1977) erschütterte ihn schwer. Der Tod riß ihn aus der Arbeit an einem Manuskript zum Problem des politischen Terrorismus.

Literatur: Brandt, W.: Ludwig Rosenberg, in: Fetscher, I. (Hg.): Geschichte als Auftrag. Berlin, Bonn 1981. – Nemitz, K.; Becker, R.: Gewerkschaft, Wirtschaft, Gesellschaft, Festschrift für Ludwig Rosenberg. Köln 1963. – Schuster, D.: Ludwig Rosenberg. Freudenstadt 1969.

Gerhard Beier

Rothmann, Bernhard
Geb. um 1495 in Stadtlohn (Westfalen),
gest. wahrscheinlich 25. oder
26.6. 1535 in Münster

R., theologischer Kopf des Täuferreichs
zu Münster 1534/35, gehörte zu jenen
niederen Geistlichen, die die religiös-
kirchliche Reformation zu sozialen und
politischen Zielen führen wollten, um
Erwartungen des einfachen Volkes zu
erfüllen, dem sie entstammten und dem
sie verbunden blieben. Sohn eines
Schmieds, verdiente R. sich nach Schulbesuch zunächst in seiner Vaterstadt bei
den »Brüdern vom gemeinsamen Leben« in Deventer, danach als Lehrer im
westfälischen Warendorf das Geld für
ein Studium der »freien Künste«
(Grammatik, Dialektik, Rhetorik sowie
Arithmetik, Geometrie, Musik, Astronomie) in Mainz, wo er 1524 zum Magister promovierte. Vom Lehr- zum Predigeramt übergewechselt und 1529 als
Prediger am bischöflichen Domstift vor
den Toren Münsters eingesetzt, machte
er auf einer Studienreise 1531 in Wittenberg die Bekanntschaft mit den Reformatoren Philipp Melanchthon und
Johann Bugenhagen, im spannungsrei-
chen Straßburg mit den Theologen
Wolfgang Fabricius Capito und Kaspar
von Schwenkfeldt sowie mit den Anschauungen des schweizerischen Reformators Ulrich Zwingli und des Schriftstellers und Vorkämpfers für religiöse
Toleranz Sebastian Franck; er predigte
nach seiner Rückkehr gegen die Miß-
bräuche der katholischen Kirche. Vom
Bischof vertrieben, führte R. Anfang
1532 als städtischer Prediger, gestützt
auf die Handwerker, die Reformation in
Münster ein und gab ihr im Laufe eines
Jahres eine volksreformatorische Gestalt, die in eine politische Neuordnung
mündete. Entgegen der katholischen
wie der evangelischen Rechtfertigungs-
lehre predigte er in Wort und Schrift die
Einheit von Glauben und Werken, von
Gesinnung und Tat, und feierte das

Abendmahl ähnlich Zwingli als reines
Gedächtnis- und Bekenntnismahl. Die
von ihm eingeführte demokratische
Kirchenordnung bestimmte, daß die
Gemeinde ausschließlich Christus un-
terworfen sei und die Macht habe, ihren
Pfarrer zu wählen. Sie beflügelte die
Neuwahl eines demokratischen Rats.

Unter dem Eindruck des von Anhängern Melchior Hoffmanns in die Stadt
getragenen Täufertums predigte R. ab
1533 gegen die Kindertaufe, bestritt in
seinem *Bekenntnis von beiden Sakra-
menten, Taufe und Abendmahl* deren
Charakter als sündenvergebende Gna-
denmittel und deutete sie als heilige
Verpflichtung, »daß sie alle einen Leib,
eine Küche und Brot wären und mit
Christus alle Dinge gemein hätten«. Er
und weitere Prediger ließen sich taufen,
tauften ihre Anhänger und erzwangen
die Anerkennung durch den Rat.

Überzeugt von der Unüberwindlich-
keit ihrer Wahrheit kraft ihrer Übereinstimmung mit Volksinteressen, vertrauten R. und seine Mitstreiter auf den Sieg
ihrer Lehre durch friedliche Propaganda. Aber nach einem Überfall des lan-
desfürstlichen Bischofs im Komplott
mit seinen einheimischen Parteigängern
im Februar 1534 und der im März einsetzenden Belagerung der Stadt forderten sie von jedem, die neue Glaubens-
taufe anzunehmen oder die Stadt zu
verlassen. R. predigte nunmehr das
Recht auf Selbstbestimmung in der festen Meinung, die Duldung, die den
Protestanten 1532 vom Reich gewährt
und im Februar 1533 durch Vermittlung
Philipps von Hessen, des Führers des
von evangelischen Reichsländern 1531
in Schmalkalden (Thüringen) gegründeten »Schmalkaldischen Bundes«, dem
Bischof abgetrotzt worden war, gelte
auch für sie und gebe ihnen das Recht
zum Widerstand gegen den Bischof und
die Abmahnungen des protestantischen
Lagers.

Während der fast anderthalbjährigen
Herrschaft des Täuferreichs zu Münster

vom Februar 1534 bis Juni 1535 stand R. als volkstümlicher Prediger, theologischer Ratgeber und eindrucksvoller Schriftsteller an der Seite der »Propheten« Jan Matthys und Jan Bockelson aus Leyden. In vier Schriften und einer nicht mehr gedruckten fünften, alle in niederdeutscher Sprache, rechtfertigte R. die geistliche und weltliche Ordnung in Münster, das zum Zentrum der Bewegung im westfälischen, friesischen und niederländischen Raum wurde, und warb für sie. In seinem *Bekenntnis des Glaubens und Lebens der Gemeinde Christi zu Münster* und seiner *Restitution oder Wiederherstellung rechter und gesunder christlicher Lehre, Glaubens und Lebens aus Gottes Gnaden* (Oktober 1534) übernahm er Melchior Hoffmanns Christologie, wonach Christus die Mensch gewordene göttliche Vollkommenheit verkörpert, von Gott als Lehrer und Vorbild gegeben, dem die von seinem Geist erfüllte Gemeinde »gleichförmig« werden müsse, um sein Reich auf Erden zu verwirklichen. Dem entsprach die zum Wahlspruch des Täuferreichs erhobene Auffassung des Johannes-Evangeliums (1.14): »Und das Wort wurde Fleisch und wohnte in [oder: unter] uns.« Entgegen der Lehre der Erbsünde sprach R. dem Menschen den freien Willen zu und die Kraft, das Böse zu überwinden, wenn er so handle, wie es das Gesetz der Natur, die Gebote des Alten Testaments und der Geist Christi gleichermaßen verlangten. Die in der Bibel prophezeite Wiederherstellung der ursprünglichen Einheit der Menschheit mit Gott (Apostelgesch. 3.21) deutete er als welthistorischen, in Abfall und Erneuerung wechselnden Prozeß, angefangen mit Moses' Gesetz, fortgesetzt durch Christi Beispiel, erneut begonnen durch die Reformation des Erasmus, Martin Luthers und Ulrich Zwinglis, die aber stecken geblieben und verdorben sei. Sie zu vollenden sei Aufgabe der rechten Gemeinde Christi, die R. nicht nur als Glaubens-, sondern

auch als »leibliche Gemeinschaft der Heiligen« verstand und die er in Erinnerung an die urchristliche Gemeinde mahnte, »was wir sind und haben, unsern Brüdern in Christus gemein zu machen«.

R. gab allen religiösen Glaubensinhalten einen weltlichen Sinn: Das Jüngste Gericht bringe nicht den Untergang der Welt, sondern den Anbruch einer neuen Welt der Freiheit und der Einheit des Menschengeschlechts; nicht im Himmel und in der Hölle würden Vergeltung und Wiederbringung geschehen, sondern in dieser Welt; hier auf Erden werde der Kampf zwischen dem Reich Christi und dem Reich des Teufels entschieden, nicht durch das Erscheinen des Messias, sondern durch »Gottes Knechte« als sein Werkzeug.

Dieser Kampf bedeutete für R. den Kampf um eine gerechte, friedliche und solidarische Gemeinschaft gegen »Eigensucht und Eigentum« in Gestalt spätfeudaler und frühkapitalistischer Ausbeutung und Unterdrückung. Wie er betonte, habe man in Münster nicht nur die Güter gemein gemacht und eine Verteilung nach dem Bedürfnis eingeführt, sondern sich auch zu gegenseitigem Dienst und Beistand verpflichtet, folglich alle Zins- und Rentenbriefe vernichtet, Kaufen und Verkaufen und Arbeiten um Geldlohn abgeschafft, mithin ein Leben auf Kosten der Arbeit anderer ausgeschaltet. Faktisch konnte dies freilich nur unter den Bedingungen des Kriegszustands erfolgen.

R. verteidigte alle umwälzenden Maßnahmen des Täuferreichs, auch wo sie vom allgemeinen Täufertum abwichen. Veranlaßt durch den starken Frauenüberschuß erlaubte er die polygame Ehe, die dann eine Zeitlang sogar befohlen wurde, um zwei Ordnungen zu vereinheitlichen: die strikte Einhaltung der Ehe- und Familiengebote und die soziale Eingliederung aller Frauen und Mädchen. Wie alle Theologen hielt R. die Ehe für die allein Gott gefällige

Geschlechtsbeziehung, eingesetzt zu dem einzigen Zweck, christliche Kinder zu zeugen und aufzuziehen. Er sah in ihr »ein Bild auf Christus und seine Gemeinde«; sie war folglich Pflicht, verlangte Einheit der Gesinnung und verdammte als Hurerei und Ehebruch alles, was dem nicht diente: Heirat um Geld und Gut, außerehelichen und selbst ehelichen Verkehr aus bloßer Lust. Andererseits betrachtete auch R. die herkömmliche, aus Familie und Gesinde bestehende, patriarchalisch regierte Haushaltung als soziale Zelle des Gemeinschaftslebens, weshalb alle Frauen, junge wie alte, sich einen »Schutzherrn« zu suchen hatten, was im belagerten Münster schon die straffe Organisation von Arbeit und Verteidigung, Dienstleistung und Versorgung erforderte.

Angesichts des Kampfes auf Leben und Tod mit dem Bischof, der schließlich die Hilfe des Reichs, auch evangelischer Landsknechtskontingente erhielt, unterstützte R. die Hilfsersuchen an die Täufer in der Umgebung, in Friesland und in den Niederlanden und rief zur allgemeinen Erhebung auf, die er mit der grausamen Verfolgung der Täufer im ganzen Reich begründete. In seinem *Ganz tröstlichen Bericht von der Rache und Strafe des babylonischen Greuels* (Dezember 1534) rechtfertigte er den gewaltsamen revolutionären Umsturz, ohne den das Volk nicht erlöst werden könne. Indes verkündete er die Ablösung des von Gott erweckten strafenden und rächenden »David-Christus« durch die von diesem vorbereitete friedsame Ordnungsmacht des »Salomon-Christus«, der zuletzt die Herrschaft Gott selbst übergeben werde, das heißt, dem, sich in Gottes Geist direktdemokratisch regierenden Gemeinwesen.

In seinen letzten Schriften *Von Verborgenheit der Schrift des Reiches Christi und von dem Tag des Herrn* (Februar 1535) und *Von irdischer und zeitlicher Gewalt* (etwa im Mai 1535) erklärte R. eine politische Gewalt als besondere, vom Volk getrennte Institution und eine »Teilung der Welt« in Obrigkeiten und Untertanen als historische Erscheinungen, weder von Gott noch von Natur geboten, da Gott »alle Dinge in Gerechtigkeit gepflanzt« habe. Eine Obrigkeit habe Gott nur nach dem Abfall verordnet, damit sie das Gute tue und das Böse strafe; verkehre sie dies, so sei es den Christen erlaubt, das Schwert gegen eine gottlose Obrigkeit zu gebrauchen. Zur Zeit des Leidens, des Kreuzes, müsse die wahre Gemeinde Christi dem Wort des Propheten Joel (4.10) folgen: »Schmiedet eure Pflugscharen zu Schwertern«; zur Zeit der Restitution dem Wort Jesajas (2.4): Sie sollen ihre Schwerter zu Pflugscharen machen. Dann würden alle Kreaturen frei werden und Friede auf der ganzen Erde herrschen.

R.s Schriften mobilisierten starke niederdeutsche Täufergruppen zum Aufbruch und provozierten führende protestantische Theologen zu Gegenschriften. Bei der Erstürmung der Stadt am 25. Juni 1535 stürzte sich R. in den Kampf. Obwohl er wahrscheinlich fiel, fahndete man überall im Norden Deutschlands noch lange nach ihm.

Literatur: Brendler, G.: Das Täuferreich zu Münster 1534/35. Berlin 1966. – Dülmen, R. v. (Hg.): Das Täuferreich zu Münster, Berichte und Dokumente. München 1974. – Stupperich, R. (Hg.): Die Schriften Bernhard Rothmanns. Münster 1970.

Joachim Höppner

Rotteck, Karl Wenzeslaus Rodeckher von

Geb. 18. 7. 1775 in Freiburg im Breisgau; gest. 26. 11. 1840 in Freiburg

Friedrich Gentz, Metternichs engster Berater, nannte R. 1819 einen der wichtigsten Männer Deutschlands. Neben Ernst Moritz Arndt, Joseph von Görres,

Karl Theodor Welcker und Friedrich List zählt R. zu den großen politischen Publizisten Deutschlands im frühen 19. Jahrhundert. Von der Politik der Restauration angefeindet, galt er der vormärzlichen Opposition als prominentester Wortführer eines entschiedenen – Kritiker sagten: »doktrinären« – Liberalismus. Berühmt wurde er durch sein Wirken als Historiker, Staatswissenschaftler, politischer Journalist und Parlamentarier.

R. war im vorderösterreichischen Breisgau verwurzelt; der Mittelpunkt seines Wirkens lag zeitlebens in Freiburg, obwohl seine brieflichen Verbindungen und sein Ruf in alle Gegenden Deutschlands und in das benachbarte Ausland reichten. Er gehörte dem typischen österreichischen Neuadel an; denn Kaiser Joseph II. hatte seinen Vater, den bürgerlichen Arzt und Medizinprofessor Franz Karl Anton Rodeckher, 1789 zum »Rodeckher von Rotteck« geadelt, als er bereits mit der irrtümlich für adlig gehaltenen Charlotte Poirot d'Ogeron aus einer lothringischen Advokaten- und Klerikerfamilie verehelicht war.

1775 in Freiburg geboren, entwickelte R. in seiner Jugend starke Sympathien für die Französische Revolution, deren Prinzipien »Volkssouveränität« und »Menschenrechte« fortan für ihn prägend wurden. Im Alter von 15 Jahren begann er an der Universität Freiburg das Studium der Logik, Philosophie und vor allem der Rechtswissenschaften. 1797 bestand er die juristische Staatsprüfung mit Auszeichnung und erhielt daraufhin eine Anstellung beim Magistrat der Stadt Freiburg. 1798 wurde R. durch kaiserliches Hofdekret ordentlicher öffentlicher Professor der Weltgeschichte in Freiburg.

Eintönig und mit schwacher, teilweise stotternder Stimme sprechend, riß R. seine Zuhörer weniger durch Rhetorik als durch Begeisterung und politische Gesinnung mit. Er hatte das Fach Geschichte nie studiert, sondern sich durch unermüdliche Lektüre das historische Wissen angeeignet. Er war eigentlich nicht Wissenschaftler, sondern politischer Erzieher, der seine Leser im Medium der Geschichte den Weg zu einem freiheitlichen konstitutionellen Verfassungsstaat weisen wollte. »Geschichte ist eine reiche Quelle von Kenntnissen, sie soll auch aufs Gefühl und auf den Willen wirken, die moralische Kraft erhöhen, Liebe zur Tugend und Haß des Lasters geben und Begeisterung zu großer Tat« – das schrieb er im Vorwort seiner *Allgemeinen Geschichte vom Anfang der historischen Kenntnis bis auf unsere Zeiten, für den denkenden Geschichtsfreund*, die zwischen 1812 und 1826 in neun Bänden erschien. Sie wurde, unterstützt durch eine gekürzte *Allgemeine Weltgeschichte für alle Stände*, bis 1875 in Deutschland und in den USA mit einer für damalige Verhältnisse unerhörten Verbreitung von mehr als 300 000 Exemplaren zum Bestseller des 19. Jahrhunderts und war selbst auf den Regalen badischer Bauern aufzufinden. Darin focht R. für das Recht auf Selbstbestimmung der Völker gegen Willkür und Tyrannei; er glaubte, genau zwischen Bösem und Gutem zu unterscheiden, und erblickte in der Weltgeschichte einen fortschrittsorientierten Prozeß. Er stand in der Tradition der Aufklärung, der die Geschichte zum Richten und Ratgeben der Menschen diente. Das Mittelalter galt ihm als Inbegriff von Aberglaube, Inquisition, Zensur, Leibeigenschaft und Faustrecht, die Reformation als Befreiungstat. Nicht Geschichtswissenschaft, sondern bürgerlich-nationale Volkspädagogik in aufklärender Absicht lag ihm am Herzen.

1818 wechselte er in Freiburg in die Rechts- und Staatswissenschaftliche Fakultät über, was einem Aufstieg gleichkam, aber zugleich an seine historischen Arbeiten anknüpfte: Er lehrte fortan das Staatsrecht der konstitutionellen Monarchie; sein Hauptfeld wurde jedoch das Vernunftrecht, über das er das vierbändige *Lehrbuch des Vernunftrechts und der Staatswissenschaften* (1829–1835) verfaßte. Hier legte er seine Lehren vom Staatsvertrag, von den Grundrechten dar. Er hatte die Professur für die Rechts- und Staatswissenschaften bis zum Jahr 1832 inne, als er aus politischen Gründen in den Ruhestand versetzt wurde. Kurz vor seinem Tode wurde er rehabilitiert.

Politik war für R. wesentlich Verfassungspolitik, für welche die badische Verfassung von 1818 den Rahmen gezogen hat. Von 1819 bis 1824 wirkte er zunächst als Vertreter der Universität in der Ersten Kammer der badischen Ständeversammlung; hier stritt er durch Anträge für eine selbständige katholische Nationalkirche, die sich von dem Diktat der römischen Kurie lossagen sollte, für gesetzliche Gewähr der Pressefreiheit und insbesondere für die Aufhebung feudaler bäuerlicher Lasten und Dienste. Im Kampf gegen das »historische Recht« boten ihm seine vernunftrechtlichen Überzeugungen schlagkräftige Argumente gegen die überkommene, mit hoheitlichen Elementen des ehemaligen grundherrlichen Adels durchsetzte Rechtsordnung.

1831 bis 1840 gehörte er der Zweiten Kammer an. Hier erwarb er sich durch seine mutigen Reden und Anträge weit über Baden hinaus den Ruf eines Vorkämpfers des Liberalismus. Gemeinsam mit Welcker erreichte er in einer wirkungsvollen Kampagne den Erlaß des badischen Preßgesetzes von 1831, das die Vorzensur aufhob und die Entscheidung über die Strafwürdigkeit von Publikationen öffentlichen Geschworenengerichten übertrug. Der Großherzog mußte auf massiven Druck der Bundesversammlung hin das Gesetz, das in der Tat die Zensurbestimmungen des Bundesbeschlusses vom 20. September 1819 unterlief, durch einen rechtswidrigen Verwaltungsakt annullieren. R. ließ jedoch nicht nach, Gesetze über Ministerverantwortlichkeit und Pressefreiheit einzufordern und für eine unabhängige Politik Badens gegenüber dem Bundestag zu plädieren. Zugleich setzte er seinen Kampf gegen feudale Frondienste, Lasten und Zehnten fort; dadurch wurde er in bäuerlichen Kreisen so populär, daß dem eine – schließlich doch nicht verwirklichte – Idee entsprang, in allen Gemeinden an aussichtsreichen Punkten sogenannte »Rotteckeichen« zu pflanzen.

In der Zeit der Julirevolution von 1830 trat R. als Vorkämpfer eines freien polnischen Staates hervor, wobei er intensive Kontakte zu polnischen Politikern und Emigranten pflegte, polnische Offiziere auch in seinem Haus aufnahm und Flüchtlinge als Mitarbeiter der liberalen Presse gewann. Seine Anschauungen prägten den Zuschnitt jenes süddeutschen Kammerliberalismus, der sich ungeachtet aller vernunftrechtlichen Prinzipienfestigkeit nicht mit konsequentem Wirtschaftsliberalismus anfreunden konnte: R. votierte gegen den Anschluß Badens an den Deutschen Zollverein.

Neben dem Professor und Politiker erregte auch der politische Publizist Aufsehen. Das geschah vor allem in den seit 1830 bei Cotta verlegten *Allgemeinen Politischen Annalen* und 1832 in dem Freiburger Blatt *Der Freisinnige*. 1832 vom Bundestag unterdrückt, brachte es R. zugleich die Versetzung in den Ruhestand ein. Als wichtigstes Medium jedoch diente R. fortan das von ihm und Welcker herausgegebene *Staats-Lexikon*, das mit einer Auflage von über 300 000 Exemplaren als »Bibel des deutschen Frühliberalismus« – immer wieder aufgelegt und ergänzt – zwischen 1834 und 1875 weite Kreise der Bevölkerung für liberale Überzeugungen gewann.

Dem Hambacher Fest von 1832 war R. ferngeblieben, und durch ein politisches Bekenntnis auf dem konstitutio-

nellen Fest am 11. Juni 1832 in Badenweiler zog er sich den Zorn der Republikaner zu, als er erklärte: »Ich will die
Einheit nicht anders als mit Freiheit,
und will lieber Freiheit ohne Einheit, als
Einheit ohne Freiheit (...). Ich will keine Einheit unter den Flügeln des preußischen oder österreichischen Adlers,
ich will keine unter der Form der allgemeinen teutschen Republik, weil der
Weg, zu einer solchen zu gelangen,
schauerlich, und der Erfolg höchst un-
gewisser Eigenschaft erscheint«. Diese
berühmt gewordene »Badenweiler Formel« markierte in den nachfolgenden
Richtungskämpfen um die nationale
Einheit einen Riß im Liberalismus, wie
er in den Debatten der Frankfurter Nationalversammlung und in der nationalen Publizistik der 1860er Jahre zutage
trat.

Auch nach seinem Tode 1840 erschien R. der Regierung noch als überaus gefährlich: Sie unterdrückte Samm-
lungen für ein Denkmal; eine Bronze-
büste auf dem Platz vor der Universität
ließ die Polizei im Jahre 1850 entfernen,
und erst im Jahre 1863 lebte das öffentliche Gedenken an R. wieder auf, als
man die Büste vor seinem ehemaligen
Wohnhaus mit feierlicher Demonstration wieder aufstellte. R. war auf doppelte Weise »politischer Professor«: einerseits im Widerstand gegen obrigkeit-
liche Zumutungen, wobei er auch sein
akademisches Amt riskierte, andererseits durch seine Maxime, Aufgabe der
Wissenschaft und Universität sei es,
nicht nur Bildung und Wissen zu vermitteln, sondern auch politisch zu erziehen. Er wäre einer modernen wissenschaftlichen Biographie würdig.

Literatur: Ehmke, H.: Karl von Rotteck, der »politische Professor«. Karlsruhe 1964 (= Freiburger rechts- und
staatswissenschaftliche Abhandlungen,
Bd. 3). – Kopf, H.: Karl von Rotteck –
Zwischen Revolution und Restauration.
Freiburg 1980. – Treskow, R. v.: Erlauch-
ter Vertheidiger der Menschenrechte!

Die Korrespondenz Karl von Rottecks.
Bd. 1: Einführung und Interpretation.
Bd. 2: Regesten. Freiburg/Br. 1990–1992.
Wolfram Siemann

Schmidt, Ernst Friedrich Franz
Geb. 28. 11. 1818 in Niedersalzbrunn/
Schlesien; gest. 29. 3. 1853
in Mantanzas (Kuba)

Sch., Sohn eines schlesischen Bauern-
gutsbesitzers und Gemeindevorstehers,
seit 1850 verheiratet mit der Tochter des
bekannten, von der Polizei permanent
observierten Frankfurter Demokraten
Theodor Schuster, zählte als deutsch-
katholischer Prediger zu den stark sozial
engagierten Repräsentanten der religiösen und politischen Oppositionsbewegung des Vormärz. Er wurde in der
Revolution von 1848/49 als Abgeordneter der Deutschen Nationalversammlung und Mitglied der äußersten linken
Fraktion »Donnersberg« bekannt durch
seinen Einsatz für radikal-republikani-
sche Ziele und für die Wiederherstellung eines freien, demokratischen Polen. Sch. gehörte zu den »Achtundvierziger«-Emigranten in den USA, die
nach 1849 unter freireligiöser Flagge
einer sozial verpflichteten republika-
nisch-demokratischen Bewegung den
Weg bereiten wollten.

Sein politisches Debüt gab der Breslauer und Hallenser Theologiestudent
zwischen 1840 und 1843 in der bur-
schenschaftlichen Bewegung als Mitglied einer Breslauer Gruppe und Mitbegründer einer neuen Hallenser Bur-
schenschaftsverbindung, die Kontakt zu
mehreren deutschen Universitäten
pflegte. Polizeilichen Verfolgungen entkam er durch seinen überraschenden
Abgang von der Universität. Der Theo-
logiekandidat – nun Hauslehrer im
(preußischen) Großherzogtum Posen –,
der seit 1844 mit Korrespondenzen in
schlesischen Zeitungen über die Lage
der polnischen Bevölkerung informier-

te, hielt engen Kontakt zur schlesischen Sozialistengruppe, die sich unter Führung von Wilhelm Wolff herausgebildet hatte.

Man wurde auf Sch. erneut aufmerksam, als er 1845, inzwischen ins evangelische Predigeramt zu Ostrowo (Posen) berufen, durch »aufrührerische« Predigten Furore machte, die die Zeitschrift der schlesischen Sozialisten, das *Bote aus dem Katzbachthale*, abdruckte. Mit seiner rigorosen Kritik an der Jenseitsbezogenheit des christlichen Glaubens und der Forderung, »den Geist des Christentums in diesem Leben zu realisieren«, handelte er sich umgehend den Vorwurf der kirchlichen Obrigkeit ein, kommunistische Anschauungen zu vertreten und »das Gotteshaus zu einer Halle des Communismus« zu verwandeln. Sein offener Affront gegen kirchliche Orthodoxie knüpfte an die Bibelkritik des Junghegelianers David Friedrich Strauß (*Das Leben Jesu kritisch bearbeitet*, 2 Bde. 1835) an, analysierte das Christentum historisch-kritisch und unterwarf dessen Glaubenssätze allein der Vernunft.

In ihrer sozialen Komponente zielte Sch.s Religionskritik auf eine Veränderung der realen Lebensbedingungen der Menschen, namentlich der Armen und Besitzlosen, für die sich die Kirche verantwortlich zu fühlen habe: »Ich lebe der Überzeugung, daß die christliche Religion vielmehr nur dadurch in ihrem Wesen, ihrem Segen und ihrer Wahrheit zur Erscheinung komme, daß sie die ›ganze Wirklichkeit unsrer Lebens-Verhältnisse‹, das menschliche Leben in seiner Totalität durchdringe und wahr und wahrhaftig – ihren Hauptgeboten der Liebe nach von den Menschen gelebt, und nicht bloß gelehrt und ›geglaubt‹ werde; was zur natürlichen Folge haben muß, daß alles der Liebe und menschlichen Vervollkommnung Widersprechende aus den realen Zuständen und Verhältnissen mehr und mehr schwinde. (...) Wir haben schon einen zwei-

tausendjährigen Fortbestand dieser Verhältnisse erlebt; wir haben erkannt und niemand kann es leugnen! – daß diese irdischen Verhältnisse eine sehr, sehr wesentliche Bedingung dazu abgeben, ob der Mensch in ihnen seiner Vervollkommnung lebe oder ob er geistig und leiblich zu Grunde gehe.-«

Konsequenz von Sch.s rationalistischer Haltung war der Bruch mit der evangelischen Kirche und der Übertritt zum Deutschkatholizismus, einer Religionsgemeinschaft, die sich 1844 aus Protest gegen die Ausstellung des »Heiligen Rockes« in Trier von der römisch-katholischen Kirche in Deutschland getrennt hatte. Im Oktober 1847 wurde Sch. zum Prediger der deutschkatholischen Gemeinde Löwenberg in Schlesien gewählt. Er präsentierte sich als ein Vertreter jener Kräfte im Deutschkatholizismus, die nicht nur die Entfaltung der menschlichen Natur als Ziel der Geschichte begriffen, sondern – wie der Breslauer Naturforscher Christian Gottfried Nees von Esenbeck – auch bemüht waren, ihre religiös motivierte politische Opposition mit sozialen Bestrebungen und sozialistischem Denken zu verbinden. In diesem Geist entstand eine Reihe von Schriften Sch.s, darunter *Über das Verhältnis der christkatholischen Kirche zum irdischen Leben* (1847), *Ihr könnt nicht Gott dienen und dem Mammon* (1848), *Die vier Evangelien zu übersichtlicher Vergleichung für alle denkenden Menschen* (1848) und *Heimkehr vom Himmel zur Erde. Ein Buch für freie Christen* (1851).

Sch.s soziales und sozialistisches Engagement war immerhin so weit bekannt, daß das von Karl Marx 1846 in Brüssel gegründete »Kommunistische-Korrespondenz-Komitee« Kontakt zu ihm aufnahm, um ihn – ohne sichtlichen Erfolg – in die kommunistischen Parteibestrebungen einzubeziehen. Die Verbindung mit Wilhelm Wolff, die Sch. bis zu seinem Lebensende aufrechterhielt, ermöglichte ihm 1848/49 eine zeitweilige Korrespondententätigkeit für die von Marx in Köln herausgegebene *Neue Rheinische Zeitung*.

Wie die meisten führenden Köpfe der deutschkatholischen Bewegung des Vormärz reihte sich auch Sch. in der 1848er Revolution in den radikalen Flügel der demokratischen Partei ein. In Schlesien zum Abgeordneten der Deutschen Nationalversammlung gewählt, gehörte er von deren Eröffnung in Frankfurt am 18. Mai 1848 bis zur Vertreibung des von der Nationalversammlung übriggebliebenen Stuttgarter Rumpfparlaments am 18. Juni 1849 der äußersten linken, radikal-demokratischen Fraktion »Donnersberg« an. Alle Aufrufe dieser Gruppe tragen auch seinen Namen. Sch. gehörte dem Parlamentsausschuß für das Unterrichtswesen an und setzte sich zusammen mit anderen Radikaldemokraten für die Förderung des Volksschulwesens ein.

Als Parlamentarier machte er von sich reden durch sein mutiges Eintreten für die Belange der unterdrückten Polen während der im Juli 1848 ausgetragenen Debatte um die von Preußen bereits vollzogene Eingliederung polnischer Gebiete in das künftige Deutsche Reich, und durch seine entschiedene Ablehnung des preußischen Erbkaisertums im Frühjahr 1849. In der Polendebatte hielt er die sachlich fundierteste und wirkungsvollste propolnische Rede. Er warnte die Nationalversammlung davor, sich durch Bestätigung der preußischen Annexionen polnischer Gebiete selbst den Boden unter den Füßen wegzuziehen: »Nehmen Sie diesen Antrag an, so huldigen Sie der Politik, wonach die Völker und Nationen in ihren heiligsten Lebensfragen unter die Kabinettsbefehle der Fürsten gestellt werden und geben damit dem Partikularismus, der sich in Deutschland drohend erhebt, die schärfste Waffe gegen sich selbst in die Hände.«

Ende März 1849, wenige Tage bevor eine Delegation der Frankfurter Natio-

nalversammlung dem preußischen König Friedrich Wilhelm IV. – vergeblich – die Kaiserkrone anbot, forderte Sch. anders als die Mehrzahl der linken Abgeordneten das Parlament auf, bei der Abwehr der konterrevolutionären Angriffe auf die Errungenschaften der Märzrevolution nicht bei legalem Widerstand stehenzubleiben, sondern alle Mittel anzuwenden, das Volk zu mobilisieren: »Was sind denn die Gesetze auf dem Papier unter dem Erbkönigtum in Preußen? Und was werden die Gesetze sein unter dem preußischen Erbkaisertum? Wahrlich, wer in einer Zeit, die mit so vielen Zungen predigt, daß Gewalt für Recht ergehe, wer in einer solchen Zeit die Gewalt in die Hände gerade derjenigen Macht zu bringen sucht, welche am deutlichsten gezeigt hat, daß sie Gewalt für Recht zu üben entschlossen ist, der trifft nur immer die Einleitung zu Erscheinungen, wie die des passiven Widerstandes in Berlin. Einmal (...) ist die Erhebung des deutschen Volkes zuschanden geworden an den Kaisergrillen, wollen Sie, daß dasselbe Spiel sich wiederholt?« Und am 8. Mai 1849 unterschrieb Sch. mit einigen wenigen revolutionären Demokraten des Frankfurter Parlaments den Aufruf: »Zu den Waffen, deutsche Männer in allen Gauen des Vaterlandes! (...) Verbindet auch Euch und erhebt Euch, um das Vaterland zu retten.«

Innerhalb der Fraktion »Donnersberg« gehörte Sch. zum Kreis um Wilhelm Adolf von Trützschler, der für den Einsatz revolutionärer Gewalt zur Durchsetzung demokratischer Verhältnisse plädierte und bewaffneten Widerstand gegen die Konterrevolution befürwortete. Sch. hielt daher engen Kontakt zu den außerparlamentarischen Bewegungen. Im November 1848 eilte er nach Schlesien, um auf Volksversammlungen zur Gegenwehr gegen den preußischen Staatsstreich aufzurufen. Die Reichsverfassungskampagne sah ihn seit Mai 1849 an der Seite der Aufständischen – als Agitator für die bewaffnete Erhebung in der Pfalz und als stellvertretendes Mitglied der dortigen, am 17. Mai gebildeten Provisorischen Revolutionsregierung. Die siegreiche Konterrevolution strengte deshalb gleich zwei Verfahren gegen ihn an. Das Berliner Obertribunal verurteilte Sch. – in Korrektur eines erstinstanzlichen Freispruchs – im November 1851 zu zehn Jahren Zuchthaus; und in Zweibrücken (Pfalz) wurde sogar das Todesurteil gegen ihn ausgesprochen.

Habhaft werden konnte man seiner jedoch nicht. Er war im Juli 1849 in die Schweiz geflohen und emigrierte Mitte 1850 in die USA. In St. Louis, wo er sich niederließ, gründete er eine wegen ihrer pädagogischen Erfolge bald weithin bekannte Mädchenschule. In Fortsetzung seines deutschkatholischen Engagements im Vormärz rief er einen in der Tradition der deutschen freisinnigen Gemeinden stehenden »Verein freier Männer« ins Leben, der ihn zum Präsidenten wählte. Im Auftrag des Vereins gab er von März 1851 bis zu seinem Tode im März 1853 die Zeitung *Freie Blätter*, ein Organ für religiöse Aufklärung heraus. Sch. sah die freireligiöse Bewegung als Ansatzpunkt für politischen und sozialen Fortschritt.

Literatur: Hildebrandt, G.: Parlamentsopposition auf Linkskurs. Die kleinbürgerlich-demokratische Fraktion Donnersberg in der Frankfurter Nationalversammlung 1848/49. Berlin 1975.

Walter Schmidt

Scholl, Hans
Geb. 22. 9. 1918 in Ingersheim; gest. (hingerichtet) 22. 2. 1943 in München-Stadelheim

Scholl, Sophie
Geb. 9. 5. 1921 in Forchtenberg am Kocher; gest. (hingerichtet) 22. 2. 1943 in München-Stadelheim

»Es lebe die Freiheit« waren die letzten Worte des Münchner Medizinstudenten H. Sch., als er zusammen mit seiner Schwester sowie ihrem Freund, dem Medizinstudenten Christoph Probst, am 22. Februar 1943 von den Nazis ermordet wurde. Wenige Stunden zuvor hatte S. Sch. in dem Prozeß vor dem »Volksgerichtshof« erklärt: »Ich bin nach wie vor der Meinung, das Beste getan zu haben, was ich gerade jetzt für mein Volk tun konnte.«

Im Ergebnis langer Auseinandersetzungen befreiten sie sich von dem verführerischen Einfluß der NS-Propaganda. Von Anhängern des Dritten Reiches wurden sie zu konsequenten Gegnern. Immer deutlicher erkannten sie das Wesen der nationalsozialistischen Gewaltherrschaft mit ihrer tiefen Menschen- und Kulturfeindlichkeit. Ihrer Überzeugung nach sei es für die Zukunft des deutschen Volkes lebensnotwendig, sei von Adolf Hitler und seinem Regime aus eigener Kraft zu befreien. Nur wenn dies gelänge, könne Deutschland wieder einen gleichberechtigten Platz unter den Völkern einnehmen.

Zusammen mit Freunden aus München und anderen Orten Süddeutschlands, insbesondere den Medizinstudenten Alexander Schmorell, Christoph Probst und Willi Graf sowie dem Professor für Philosophie und Psychologie, Prof. Kurt Huber, gaben Hans und Sophie Sch. ein Beispiel entschlossenen Handelns gegen die NS-Tyrannei. Im Juni/Juli 1942 erschienen die vier *Flugblätter der Weißen Rose* sowie im Januar/Februar 1943 zwei weitere Flugblätter.

Als Reaktion auf die Niederlage Hitlerdeutschlands bei Stalingrad brachten sie an zentralen Stellen in München die Losungen an: »Nieder mit Hitler«, »Hitler ist ein Massenmörder« und »Freiheit«. In einem größeren Kreis von Freunden und Bekannten versuchten sie, anderen über die Wirklichkeit in Deutschland die Augen zu öffnen und den Geist der Opposition zu wecken.

Die Aktionen der »Weißen Rose« wurden noch im Krieg in der Welt bekannt und setzten ein Zeichen für das andere Deutschland.

Eine Schlüsselstellung in dieser Widerstandsgruppe nahmen H. und S. Sch. ein. Ihre Haltung zum Leben war maßgeblich durch die Erziehung in dem bürgerlich-liberalen Elternhaus geprägt.

Ihr Vater, Robert Scholl, war ein konsequenter Demokrat und Kriegsgegner. H. und S. sowie die drei anderen Geschwister Inge, Anneliese und Werner wuchsen in freiheitlichem und weltoffenem Geist auf. Musik, Literatur und Kunst sowie eine enge Bindung zur Natur spielten in der Familie eine große Rolle.

Trotz der Warnungen des Vaters gerieten die Geschwister Sch. unter den Einfluß der NSDAP. Alle Kinder wurden Mitglied der Hitlerjugend. Die wohlklingenden Worte der Nazis von Kameradschaft und internationaler Gleichstellung Deutschlands verfehlten ihre Wirkung nicht. H. Sch. war Fähnleinführer und vertrat seinen Heimatort 1936 auf dem Parteitag der NSDAP in Nürnberg. Zu diesem Zeitpunkt, auf dem Höhepunkt der Zustimmung, begann der Bruch. Die ständigen Aufmärsche und die Hohlheit vieler Reden riefen Zweifel und erste Ablehnung hervor. Dieser Prozeß der Distanzierung setzte sich später fort. Neue Einsichten und andere Bindungen entstanden durch Kontakte zu Gruppen der bündischen Jugend, die trotz Verbots weiter wirkten und oppositionelle Jugendliche sammelten. Der Terror der Gestapo im

November/Dezember 1937 gegen diesen Teil der Jugend traf auch die Kinder der Familie Sch.. H. Sch. wurde mehrere Wochen inhaftiert. Zu dieser Zeit war er nach Abitur und sechs Monaten Arbeitsdienst bereits Soldat. Kadavergehorsam und militärischer Drill bei Arbeitsdienst und Wehrmacht trugen dazu bei, seine Ablehnung gegenüber dem Dritten Reich zu verstärken. Eine neue Chance der Selbstverwirklichung sah er bei Beginn des Medizinstudiums im Mai 1939 in München. S. Sch. besuchte zu diesem Zeitpunkt eine Oberrealschule in Ulm und hatte sich bereits weitgehend vom Einfluß des BDM (Bund Deutscher Mädchen) gelöst. Viel Freizeit nutzte sie, um zu zeichnen und zu malen.

Der Beginn des Zweiten Weltkriegs am 1. September 1939 fand die Geschwister auf der Seite derjenigen, die mit Sorge und Trauer das Geschehen verfolgten. S. Scholl schrieb fünf Tage nach Kriegsbeginn an ihren Freund, einen angehenden Berufsoffizier, Fritz Hartung: »Nun werdet ihr ja genug zu tun haben. Ich kann es nicht begreifen, daß nun Menschen dauernd in Lebensgefahr gebracht werden von anderen Menschen. Ich kann es nicht begreifen, und ich finde es entsetzlich. Sag nicht, es ist für's Vaterland.« H. Sch. notierte am 20. September 1939 in seinem Tagebuch: »Mich verlangt es nicht nach einem ›Heldentum‹ im Krieg.«

Das Erlebnis des Krieges als Soldat in Frankreich und bei der Verwundetenbetreuung in Deutschland verstärkte bei ihm die Zweifel und die Ablehnung gegen das NS-System. Viele Fragen zu seiner eigenen Zukunft und der seines Heimatlandes entstanden. Er suchte Antworten in der Literatur, um sich aus seiner inneren Krise zu befreien. Antwort suchte er auch bei Älteren, die sich humanistisches Denken und Handeln bewahrt hatten, wie dem katholischen Publizisten Carl Muth, dem Schriftsteller Theodor Haecker und Professor Dr.

Kurt Huber. Vor allem Carl Muth half ihm im Herbst 1941, im Christentum neuen Halt zu finden.

S. Sch. begann nach dem Abitur, im Frühjahr 1940 eine Ausbildung als Kindergärtnerin, um danach zu studieren. Die Einberufung zum Arbeitsdienst und die anschließenden sechs Monate Kriegshilfsdienst führten zu einer einjährigen Verzögerung des Studienbeginns. Der Alltag des Krieges hatte von ihrem Leben mehr und mehr Besitz ergriffen. Kraft fand sie, ähnlich wie ihr Bruder, in Werken humanistischer Schriftsteller und im Christentum. Besonders viel bedeuteten ihr die Stunden inneren Friedens beim Malen, bei einem Orgelkonzert oder in der Natur.

Anfang Mai 1942 kam S. Sch. nach München, um ihr Studium zu beginnen. Zu dem Zeitpunkt hatten ihr Bruder und sein Freund Alexander Schmorell bereits den Entschluß gefaßt, mit Flugblättern zum Widerstand gegen Hitlerregime und Krieg aufzufordern. Zunächst wußte S. Sch. nicht, wer die Verfasser waren. Als sie es durch einen Zufall erfuhr, beteiligte sie sich an der Verteilung.

Von Ende Juli bis Anfang November 1942 kam die Münchner Studentenkompanie an der Stalingrader Front zum Einsatz. Die Kenntnis deutscher Kriegsverbrechen in Polen und in der Sowjetunion sowie das Zusammentreffen mit zahlreichen Russen führten bei H. Sch. zu grundlegend neuen Einsichten. Am 9. Oktober 1942 schrieb er in einem Brief: »Fern allem politischen Denken (dem ich aber prinzipiell nicht fremd bin, sondern mehr verbunden denn je...) bin ich Gott dafür dankbar, daß ich nach Rußland gehen mußte. (...) Hier erst habe ich endlich gelernt, mich selbst nicht mehr so unendlich wichtig zu nehmen, sondern die ziellose Reflexion umzustülpen und den Sinn nach außen, den Dingen zuzuwenden.« Bereits an der Ostfront wuchsen bei ihm, Alexander Schmorell und Willi

Graf der Entschluß, ihren Widerstand gegen das NS-Regime zu verstärken wenn sie nach München zurückgekehrt wären. Hier fanden sie in S. Scholl eine entschlossene Partnerin. Ihr zweimonatiger Einsatz im Sommer 1942 in einem Rüstungsbetrieb hatte die Entschlossenheit erhöht, alles in ihren Kräften Stehende für die baldige Beendigung des Krieges zu tun. Einen letzten Anstoß zur unmittelbaren Tat gab den Studenten die Niederlage der deutschen Truppen in der Schlacht um Stalingrad. Durch Flugblätter und Losungen riefen sie zum Sturz Hitlers auf, um den Völkermord zu beenden.

Die Absicht der Geschwister Sch. und ihrer Freunde, durch ihre Tat zum Aufstand gegen den »Staat Adolf Hitlers« aufzurufen, mißlang. Ihr Einsatz war aber nicht sinnlos. Er zeigte, daß es der nationalsozialistischen Gewaltherrschaft nicht voll gelungen war, die Stimme der Demokratie und der Humanität zum Schweigen zu bringen. Die überlieferten sechs Flugblätter, die Tagebücher und zahlreichen Briefe enthalten Einsichten und Gedanken, die von bleibendem Wert sind.

Die vier *Flugblätter der Weißen Rose* spiegelten im Sommer 1942 den Stand der Auseinandersetzungen nach vielen Gesprächen mit ihren Lehrern wider, unter anderen Carl Muth und Professor Dr. Kurt Huber. Bewußt wurde an das humanistische Gedankengut von Goethe und Schiller, Lao-tse, Aristoteles und Novalis angeknüpft, das in krassem Gegensatz zur Wirklichkeit im Dritten Reich stand. Eine zentrale Rolle nahm die Aufklärung über die Verbrechen Hitlerdeutschlands gegenüber anderen Völkern und dem eigenen Land ein. Der Mord an bis dahin bereits mehreren hunderttausend Juden in Polen wurde als »das fürchterlichste Verbrechen« gekennzeichnet. Heftige Kritik erfuhr das Schweigen der großen Masse der Deutschen gegenüber diesen Schandtaten. »Vergeßt nicht, daß ein jedes Volk diejenige Regierung verdient,die es erträgt.« Ein Sieg Hitlers in diesem Krieg müsse unbedingt verhindert werden, denn dies habe »unabsehbare, fürchterliche Folgen«.

Um dieser Entwicklung zu wehren, erfolgte der Aufruf zum passiven Widerstand »wider die Geißel der Menschheit, wider den Faschismus und jedes ihm ähnliche System des absoluten Staates.« Notwendig sei, sich hier wiederzufinden, aufzuklären über die Wirklichkeit in Deutschland und die Politik seiner Machthaber mit dem Ziel ihres Sturzes, denn »jeder einzelne Mensch hat einen Anspruch auf einen brauchbaren und gerechten Staat, der die Freiheit des einzelnen als auch das Wohl der Gesamtheit sichert«. Da der Staat Hitlers eine gegenteilige Politik betreibe und »unendliche Schuld« auf sich geladen habe, müsse er zerstört werden. Aufgefordert wurde zur Sabotage des NS-Regimes auf allen Ebenen.

Das vierte Flugblatt hob die besondere Verantwortung jedes Christen hervor: »Hat Dir Gott nicht selbst die Kraft und den Mut gegeben zu kämpfen? Wir müssen das Böse dort angreifen, wo es am mächtigsten ist, und es ist am mächtigsten in der Macht Hitlers.«

Das Flugblatt *Aufruf an alle Deutschen* verfaßte H. Sch. Es zeigte deutlich seine Entwicklung unter dem Einfluß der Erlebnisse an der deutsch-sowjetischen Front und der zahlreichen Gespräche zur Verstärkung des Widerstandes nach der Rückkehr in München. Am Anfang des Textes stand die Feststellung, daß der Krieg für Hitler verloren sei und er »das deutsche Volk in den Abgrund« führe, welches dem »Führer« blindlings ins Verderben folge. Wenn sich dieser Zustand nicht ändere, seien die Folgen für Deutschland verhängnisvoll. Um dies zu verhindern, wurde zum Sturz der nationalsozialistischen Herrschaft aufgefordert. Widerlegt wurden die NS-Parolen, daß Deutschland siegen müsse, um die Ge-

fahr des Bolschewismus zu bannen und nur eine Zukunft habe, wenn der Nationalsozialismus triumphiere.

Als Lehren aus dem Krieg und dem Dritten Reich wurden für den Aufbau eines neuen Deutschland genannt: »Nur in großzügiger Zusammenarbeit der europäischen Völker kann der Boden geschaffen werden, auf welchem ein neuer Aufbau möglich sein wird.« Dies setze voraus, daß in Deutschland »der imperialistische Machtgedanke« und »ein einseitiger preußischer Militarismus« nie mehr Fuß faßten: »Nur eine gesunde föderalistische Staatenordnung vermag heute noch das geschwächte Europa mit neuem Leben zu erfüllen.« Einen hohen Stellenwert für ein friedliches und demokratisches Zusammenleben der Völker nähmen die sozialen und politischen Grundrechte der Bürger ein: »Freiheit der Rede, Freiheit des Bekenntnisses, Schutz des einzelnen Bürgers vor der Willkür verbrecherischer Gewaltstaaten, das sind die Grundlagen des neuen Europa.«

Wie ernst es H.und S. Sch. mit diesen Einsichten war, wird unter anderem darin deutlich, daß H. Sch. veranlaßte, im letzten Flugblatt, das von Professor Dr. Kurt Huber im Februar 1943 als Antwort auf die Niederlage von Stalingrad verfaßt wurde, einen Absatz zu streichen, in dem die Rolle der deutschen Wehrmacht glorifiziert und als ihr Hauptkriegsziel die Vernichtung des russischen Bolschewismus angegeben wird.

Literatur: Drobisch, K. (Hg.): Wir schweigen nicht! Eine Dokumentation über den antifaschistischen Kampf Münchner Studenten. Berlin 1968. – Jahnke, K. H.: Weiße Rose contra Hakenkreuz. Der Widerstand der Geschwister Scholl und ihrer Freunde. Frankfurt/Main 1969. – Jens, I. (Hg.): Hans Scholl. Sophie Scholl. Briefe und Aufzeichnungen. Frankfurt/Main 1984. – Steffahn, H.: Die Weiße Rose 3. Aufl. Hamburg 1992.   *Karl Heinz Jahnke*

Schulz, Wilhelm
Geb. 13.3.1797 in Darmstadt;
gest. 9.1.1860 in Zürich

Sch., Sproß einer Darmstädter Beamtenfamilie, trat als Vierzehnjähriger in das Leibgarderegiment des Großherzogs von Hessen-Darmstadt ein. 1813 zum Leutnant ernannt, nahm er an der Völkerschlacht bei Leipzig (Oktober 1813) und am Frühjahrsfeldzug in Frankreich 1814 teil. Nach Kriegsende bezog er die Universität Gießen, um die für seine Offiziersausbildung nötigen mathematischen und kriegswissenschaftlichen Studien zu betreiben. Dort lernte er den Anführer der »Gießener Schwarzen«, den Jurastudenten und Burschenschafter Karl Follen, kennen, dessen Intellekt und revolutionäre Energie ihn zwar beeindruckten, dessen Ideen der Befreiung Deutschlands durch Terrorismus und Fürstenmord er jedoch ablehnte. Sch. machte es sich vielmehr zur Aufgabe, die notleidenden und unwissenden Volksmassen über ihre politische Rechtlosigkeit und ihre Menschenrechte aufzuklären.

Im März 1819 verfaßte er ein anonymes *Frag- und Antwortbüchlein über allerlei, was im deutschen Vaterland besonders nottut. An den Bürgers- und Bauersmann.* Dieser Aufruf, den er in Frankfurt in einer Auflage von 3500 Exemplaren auf eigene Kosten drucken und von Freunden verteilen ließ, war in sehr einfacher und einprägsamer Sprache geschrieben, um den Bauern verständlich zu sein. Sch. flocht mehrere Bibelzitate ein, um seinen politischen und sozialen Forderungen durch die allgemein anerkannte Autorität des Evangeliums größeres Gewicht zu verleihen. Er wies auf das Elend der Fronbauern hin, das mit dem Luxus der adeligen Großgrundbesitzer kontrastierte, forderte Gleichheit vor dem Gesetz, unabhängige Gerichtsbarkeit, unentgeltliche Volksbildung, freie Berufswahl, Abschaffung der veralteten

Zunftbestimmungen und Aufhebung der Binnenzölle. Dabei rief er jedoch zu keinen Gewaltmaßnahmen auf, sondern begnügte sich mit dem Appell an die Vernunft. Seine Flugschrift gipfelte in der Forderung einer deutschen Einheitsrepublik: »Das ganze deutsche Volk müßte seine echten, frei erwählten Volksvertreter haben; diese bestimmen dann eine höchste Obrigkeit für das Deutsche Reich, der sowohl Könige und Fürsten wie Bürger und Bauern untertan wären.«

Die Behörden konnten dem anonymen Verfasser monatelang nicht auf die Spur kommen. Sch. wurde im Oktober 1819 verhaftet und verbrachte ein Jahr in Untersuchungshaft. Wegen Hochverrats und Aufreizung zum Aufruhr angeklagt, sprach ihn das Kriegsgericht frei, weil sein Anwalt nachwies, daß er nicht zu blutiger Umwälzung aufgerufen habe. Er wurde aus dem Militär entlassen und mit einer kleinen Pension in den Ruhestand versetzt.

Sein Versuch, die juristische Laufbahn einzuschlagen, scheiterte, weil er als verdächtiger Volksaufwiegler nicht zum vorgeschriebenen Gerichtsjahr zugelassen wurde. Er verdiente sein Brot als Journalist und freier Schriftsteller und heiratete 1828 Caroline Sartorius, die Schwester eines Burschenschafters aus Follens Zirkel. Die kinderlose Ehe mit der sehr intelligenten und kongenialen Frau verlief überaus glücklich.

Die Pariser Julirevolution 1830 machte der politischen Friedhofsruhe in Deutschland ein Ende. Sch. nahm an den Presse- und Vaterlandsvereinen teil, die an vielen Orten Südwestdeutschlands entstanden. Er hielt bei Volksversammlungen Reden und veröffentlichte 1832 das Buch *Deutschlands Einheit durch Nationalrepräsentation.* Dort propagierte er, »die Selbstherrschaft der Völker an die Stelle der Selbstherrschaft der Fürsten« zu setzen und einen deutschen Einheitsstaat zu errichten. Starkes soziales Engagement unterschied ihn von den meisten anderen bürgerlichen politischen Publizisten der Epoche; er erkannte mit Besorgnis, daß »der immer greller hervortretende Zwiespalt zwischen Reichen und Armen« eine Begleiterscheinung des industriekapitalistischen Fortschritts war und erhob die Forderung, die Arbeiter an den Gewinnen der Unternehmer zu beteiligen. Er sprach dem Staat die Pflicht zu, das Recht auf Arbeit zu garantieren, die Bedürftigen zu unterstützen und die kulturellen Einrichtungen zu fördern. Mit diesen zukunftsträchtigen Ideen eröffnete der Prophet des modernen Wohlfahrtsstaates die Perspektive auf eine Gesellschaftsordnung, in der das Privateigentum unangetastet, aber sozial gebunden und der Wirtschaftsbereich im Interesse der Bevölkerungsmehrheit gelenkt und überwacht sein sollte.

Während der Niederschrift seines Buches schloß Sch. seine Studien ab und promovierte 1831 in Erlangen mit einer Arbeit *Über das zeitgemäße Verhältnis der Statistik zur Politik*. Wegen einiger zur Volksbewaffnung aufrufender Broschüren im September 1833 wiederum verhaftet, wurde er (da er noch immer seine Offizierspension bezog) vor ein Kriegsgericht gestellt, das ihn wegen Hochverrats zu einer Kerkerstrafe von fünf Jahren in der unweit Darmstadts gelegenen Festung Babenhausen verurteilte. Seine Frau schmuggelte ihm Ausbruchswerkzeuge in die Zelle und versorgte ihn mit einer Handsäge, kräftigen Feilen und unzerreißbaren Gurten. In der Nacht vom 30. zum 31. Dezember 1834 glückte ihm eine abenteuerliche Flucht. Er zwängte sich durch die durchgesägten Fenstergitter, ließ sich mittels eines Seils in den vereisten Wallgraben hinab und floh nach Straßburg, wo kurz darauf Caroline eintraf.

In der elsässischen Hauptstadt lernte Sch. zwei Monate später einen anderen hessischen Flüchtling, Georg Büchner, kennen. Die beiden steckbrieflich Verfolgten schlossen Freundschaft und be-

warben sich um Dozenturen an der Zürcher Universität, die eine wissenschaftliche Zufluchtstätte vertriebener deutscher Demokraten war. Im Herbst 1836 wurde Büchner als Privatdozent für Medizin und Sch. als Privatdozent für Verfassungskunde nach Zürich berufen. Sie bezogen im selben Haus Quartier; Büchner verbrachte seine freien Stunden vorwiegend in Gesellschaft des Ehepaares Sch. Die beiden emigrierten Revolutionäre debattierten über die Ursachen sozialer Gegensätze und die Möglichkeiten ihrer Überwindung, über die Beziehung der intellektuellen Avantgarde zu den Volksmassen, über die Aussichten einer künftigen deutschen Revolution, über Volksaufklärung, Milizarmee und stehende Heere sowie über philosophische, literarische und ästhetische Probleme.

Wenige Tage nach Büchners Tod im Februar 1837 kam sein Mitarbeiter am *Hessischen Landboten*, Friedrich Ludwig Weidig, nach fast zweijähriger Haft im Darmstädter Gefängnis ums Leben. Sch. hegte keinen Zweifel, daß die Behauptung der hessischen Behörden, er habe im Kerker Selbstmord begangen, erlogen war. Nach sechsjährigen Recherchen veröffentlichte Sch. anonym ein Buch *Der Tod des Pfarrers Ludwig Weidig*, in dem er den Verdacht äußerte, Weidig sei ermordet worden. Er forderte die Abschaffung der inquisitorischen Geheimjustiz und die Einführung öffentlicher Prozeßverfahren.

Die bedeutsamste wissenschaftliche Leistung des militanten Demokraten war die Abhandlung *Die Bewegung der Produktion* (1843), die die Widersprüche der kapitalistischen Wirtschaftsordnung kritisch analysierte und wichtige Erkenntnisse des historischen Materialismus vorwegnahm. Sch. zeigte, daß öffentliche Institutionen wie Verwaltung, Rechtspflege und Schulwesen durch die sich ständig wandelnde Wirtschaftsstruktur der Gesellschaft bedingt seien; die ungezügelte Wirtschaftsordnung tendiere dahin, immer größere Kapitalien in den Händen einer immer kleineren Minderheit anzuhäufen, während am anderen Ende der sozialen Leiter ein immer größeres Heer ausgebeuteter Proletarier entstehe.

Diese von Sch. aufgestellten Thesen – die Basis-Überbau-Theorie und die Akkumulations-, bzw. Verelendungstheorie – übernahm Karl Marx, der in seinen 1844 niedergeschriebenen *Ökonomisch-philosophischen Manuskripten* seitenlang die Abhandlung von Sch. exzerpierte; noch im *Kapital* ein Vierteljahrhundert später bezeichnete er sie als »eine in mancher Hinsicht lobende Schrift«.

Sch. erfuhr niemals, welche Erkenntnisse er Marx vermittelt hatte. Er blieb zeitlebens Anhänger der privatwirtschaftlich-marktorientierten Ordnung und hielt eine Harmonisierung der Interessen von Kapital und Arbeit durch staatliche Sozialgesetzgebung und Demokratisierung aller Lebensbereiche für möglich und notwendig. Den Kommunismus hingegen lehnte er ab, weil er der Meinung war, daß die Aufhebung des Privateigentums und die erzwungene Gütergemeinschaft der Natur und der geistig-politischen Bestimmung des Menschen widerspreche. Dieses Urteil fällte er in einem Essay über *Communismus*, den er in der *Enzyklopädie der Staatswissenschaften* 1846 publizierte. Sch. war eifriger Mitarbeiter dieses berühmten Lexikons; den Unterricht an der Universität hatte er schon nach fünf Semestern aufgegeben. Er freundete sich mit den Dichtern Georg Herwegh, Ferdinand Freiligrath und Gottfried Keller an. Nach dem Tod seiner Frau Caroline 1847 heiratete er Kitty Bodmer, die einer Zürcher Patrizierfamilie entstammte.

Bei Ausbruch der Revolution im März 1848 nahm Sch. am Frankfurter Vorparlament teil und wurde als Vertreter Darmstadts in die Paulskirche gewählt. Das war der Höhepunkt seines Lebens; bald jedoch sollten Ernüchterungen und Katzenjammer folgen. Kurz nach dem Zusammentreten des Parlaments proponierte Sch. die Errichtung eines Volksheeres zur Verteidigung der Nationalversammlung gegen die befürchteten Übergriffe Preußens und Österreichs, die Schaffung eines von den Einzelregierungen unabhängigen Verwaltungsapparates und die Besteuerung der Wohlhabenden zur Finanzierung der Heeres- und Staatsausgaben. Die Versammlungsmehrheit, die mit den Fürsten zu einer »gültigen Vereinbarung« kommen wollte, lehnte jedoch diese Anträge ab. Sch. stimmte im März 1849 gegen die Wahl des Preußenkönigs zum deutschen Erbkaiser, gehörte dem Stuttgarter Rumpfparlament an und zog sich nach Zersprengung der Volksvertretung durch württembergische Truppen (18. Juni 1849) enttäuscht nach Zürich zurück. Eine Zeitlang hoffte er auf das Wiederaufflammen der Volkserhebung und verfaßte im Herbst 1849 eine Flugschrift *Deutschlands gegenwärtige politische Lage und die nächste Aufgabe der demokratischen Partei*, in der er die Ersetzung der stehenden Heere durch Volksmilizen nach Schweizer Muster forderte. Er trat für eine föderative Republik unter Einschluß Deutsch-österreichs ein.

In seinem letzten Lebensjahrzehnt veröffentlichte Sch. die Bücher *Militärpolitik* (1855) und *Die Rettung der Gesellschaft aus den Gefahren der Militärherrschaft* (1859), in denen er zu beweisen suchte, daß Abrüstung und Truppenreduktion im Interesse aller Regierungen lag. Die Umwandlung der stehenden Heere in Miliz-Armeen und die internationale Proklamation der Handelsfreiheit sollten zur Friedenssicherung beitragen, die Solidarität der Völker fördern, der Verelendung des Proletariats ein Ende setzen und den Grundstein zu einer humanen, gerechten, demokratischen und harmonischen Gesellschaftsentwicklung legen. In seiner letzten Publikation *Entwaffnung oder Krieg* (1859) betonte er, daß der Kampf für sozialen Fortschritt und Demokratie mit dem Kampf gegen das Wettrüsten einhergehen müsse. Seine pazifistischen Abrüstungslosungen, die ihre Bedeutung bis heute beibehalten haben, lauteten: »Keinen Krieg! Die vernichtende Strafe der öffentlichen Meinung über den Friedensbrecher! Die Völker wollen den Frieden, sie wollen die den Frieden verbürgende Entwaffnung!«

Dies war das politische Vermächtnis des Mannes, der als einziger politischer Publizist Deutschlands an allen drei, immer höher steigenden Wellen der demokratischen Bewegung von 1817 bis 1819, 1830 bis 1834 und 1848/49 teilnahm und für soziale Gerechtigkeit kämpfte. Es blieb ihm erspart zu erleben, daß die ersehnte Einigung Deutschlands nicht durch erfolgreiche Demokraten vollzogen wurde, sondern durch den preußischen Militärstaat, der drei Kriege gegen andere Länder führte und die traditionelle Gesellschaftshierarchie im Kaiserreich beibehielt.

Literatur: Grab, W.: Dr. Wilhelm Schulz aus Darmstadt, Weggefährte von Georg Büchner, Inspirator von Karl Marx. Frankfurt/Main 1987.

Walter Grab

Schulze-Delitzsch, Hermann
Geb. 29. 8. 1808 in Delitzsch bei Leipzig; gest. 29. 4. 1883 in Potsdam

Das politische Leitbild Sch.-D.s läßt sich am besten als »offene Bürgergesellschaft« charakterisieren. Für einen der führenden liberalen Demokraten des 19. Jahrhunderts bedeutete dies nicht nur politische Mitbestimmung durch das allgemeine und gleiche Wahlrecht und eine Regierung gemäß dem Willen der Volksvertretung im Rahmen einer parlamentarischen Monarchie. Angestrebt war vielmehr auch die materielle Absicherung der unteren Schichten, d. h. der Arbeiter und kleinen Handwerker, durch genossenschaftliche Organisation und dadurch ihr »Hineinwachsen« in die bürgerliche Gesellschaft. Seit der Revolution von 1848 setzte sich Sch.-D. für diese Ziele ein.

Seine ersten gesellschaftspolitischen Erfahrungen sammelte er als Kreisrichter in seinem Geburtsort, der damals zur preußischen Provinz Sachsen gehörte. Zuständig für die Polizei und Rechtsprechung in erster Instanz, eröffnete sich ihm im Vormärz ein weiter sozialer Erfahrungsraum, der ihm als Abgeordneter seines Kreises in der preußischen »Nationalversammlung« in Berlin 1848 zugute kam. Er wurde Mitglied des »Linken Zentrums«, das unter der Führung von Johann Carl Rodbertus stand, später einer der profiliertesten Nationalökonomen und (politisch eher konservativen) Staatssozialisten.

Schon früh war sich Sch.-D. bewußt, daß es zur Verwirklichung einer freiheitlichen Verfassung notwendig sein würde, die »soziale Frage« zu lösen. Als Vorsitzender der Handwerkerkommission, die von der Berliner Nationalversammlung zur Bearbeitung zahlreicher Petitionen aus der Handwerkerschaft eingerichtet worden war, lernte Sch.-D. die soziale Problematik kennen, die sich für die Kleingewerbetreibenden mit dem Übergang zur Industriegesellschaft ergab. Er setzte sich dafür ein, den Handwerkern begreiflich zu machen, daß sie nur mit der Industrie, nicht durch Wiedereinrichtung des Zunftwesens überleben konnten.

Nach Auflösung der preußischen Nationalversammlung wurde Sch.-D. wegen seiner Beteiligung an der Revolution unter einem Vorwand vor Gericht gestellt. Trotz Freispruchs wurde er in der anschließenden Reaktionszeit politisch gemaßregelt und beruflich so schikaniert, daß er 1851 aus dem Staatsdienst ausschied.

Nun konnte er, durch seine Frau finanziell unterstützt, sich ganz der sozialen Frage widmen. Er begann, zunächst auf lokaler Ebene, mit der Organisation von Genossenschaften. Diese Kreditvereine und Vereine zur Beschaffung billiger Rohstoffe für Handwerker und zur Magazinierung der fertiggestellten Waren beruhten ganz auf dem Grundsatz der Selbsthilfe. Den Genossenschaften der 1850er Jahren gehörten nämlich noch viele Achtundvierziger an, die auf die Hilfe des politisch ungeliebten preußischen Staates lieber verzichteten. Besondere Hoffnungen setzte Sch.-D. in die Produktivgenossenschaften, die auch ehemaligen Lohnarbeitern oder vom Bankrott bedrohten Handwerkern die Selbständigkeit ermöglichen sollten. So sollte der Arbeitsmarkt von zusätzlichen Arbeitsuchenden entlastet und den Lohnarbeitern die Chance gegeben werden, durch eigenverantwortliche Leitung der Genossenschaft auch der Gefahr der durch die Mechanisierung der Arbeitsvorgänge entstandenen Entfremdung zu begegnen. Hoffnungen, die sich nicht erfüllten.

1858 begann in Preußen mit der Einsetzung des Prinzregenten Wilhelm, des späteren Königs Wilhelm I., eine neue liberal- konservative Ära (»Neue Ära« bis 1861). Sch.-D. wirkte nun an zentraler Stelle bei der Gründung des Deutschen Nationalvereins und der Deutschen Fortschrittspartei 1859 bzw. 1861 mit. Beide Organisationen verfolgten das Ziel, Deutschland unter preußischer Führung zu einigen. Sowohl im Nationalverein als auch in der auf Preußen konzentrierten Fortschrittspartei hatten sich Liberale und Demokraten bzw. Republikaner zusammengeschlossen. Man wollte pragmatisch vorgehen und sich nicht von vornherein wieder in das politische Abseits manövrieren. Bekenntnisse zum demokratischen Wahlrecht wurden daher eher zögernd vorgetragen.

Sch.-D., dem hierbei eine Vermittlerrolle zwischen dem linken und rechten Flügel zufiel, wurde 1861 ins preußische Abgeordnetenhaus gewählt. Hier setzte er sich, besonders im Verfassungskonflikt 1861 bis 1866 für die Rechte der Volksvertretung ein, ferner für die Koalitions- und Vereinsfreiheit und gewerkschaftliche Organisation der Arbeiter sowie für eine rechtliche Absicherung der Genossenschaften. Diese Fragen verfolgte er auch nach der Reichsgründung 1871 als Mitglied des Reichstags weiter. Seit Mitte der 1860er Jahre geriet Sch.-D. immer stärker in die politische und sozialpolitische Defensive. Bismarck stützte sich bei der Reichseinigung und dem Ausbau des Reiches in den 1870er Jahren auf die Nationalliberale Partei, also auf die Rechtsliberalen, deren verfassungs- und gesellschaftspolitische Ziele Sch.-D. nicht teilte. Er blieb daher weiterhin Abgeordneter der linksliberalen Fortschrittspartei, die zunehmend an Einfluß verlor. Sozialpolitisch war Sch.-D. bereits 1863, seit der Gründung des »Allgemeinen Deutschen Arbeitervereins« (ADAV) durch Ferdinand Lassalle in die »Schußlinie« geraten.

Lassalle lehnte Produktivgenossenschaften auf Selbsthilfebasis ab und propagierte stattdessen Produktivgenossenschaften mit staatlicher Hilfe. Auch der liberale »Vereinstag Deutscher Arbeitervereine« wandte sich von der liberaldemokratischen Genossenschaftsbewegung ab und schloß sich der internationalen sozialistischen Arbeiterbewegung an. 1869 gründeten August Bebel und Wilhelm Liebknecht in Eisenach die »Sozialdemokratische Arbeiterpartei« (SDAP).

Die Entwicklung einer selbständigen Arbeiterbewegung, die auf die Mentorenschaft von liberalen Sozialreformern verzichtete, erhielt einen zusätzlichen Anstoß durch das Scheitern der von Sch.-D. organisierten Genossenschaftsbewegung. Dies galt nicht nur für die von Lassalle angesprochenen Produktivgenossenschaften, sondern generell.

Zwar prosperierten vor allem die Kreditvereine, doch herrschte bei ihnen die Tendenz vor, sich nicht »nach unten« zu öffnen, sondern sich von den unteren Schichten abzuschotten, z. B. dadurch, daß nur Hausbesitzer als Mitglieder zugelassen wurden. Aber auch die Rohstoff- und Magazingenossenschaften entwickelten sich immer stärker zu reinen Mittelstandsorganisationen. Auch Sch.-D.s Plädoyer als Vorsitzender des deutschen Genossenschaftsverbandes, offen für die »unteren Klassen« zu sein, änderte daran nichts. Zwar verfehlte Sch.-D. die Verwirklichung seiner sozialpolitischen Ziele. Aber seine Grundidee – Assoziation durch Selbsthilfe – enthält bis heute, zumal nach dem Scheitern des Kommunismus, ein unausgeschöpftes sozialpolitisches Potential. *Literatur:* Aldenhoff, R.: Schulze-Delitzsch. Ein Beitrag zur Geschichte des Liberalismus zwischen Revolution und Reichsgründung. Baden-Baden 1984. – Eisenberg, Chr.: Frühe Arbeiterbewegung und Genossenschaften. Bonn 1985. – Offermann, T.: Arbeiterbewegung und liberales Bürgertum in Deutschland 1850–1863. Bonn 1979.

Rita Aldenhoff

Schumacher, Kurt
Geb. 13. 10. 1895 in Kulm (Westpreußen); gest. 20. 8. 1952 in Bonn

Sch. stammte aus einem liberalen Elternhaus. Der Vater war Kaufmann. Die Familie votierte später für Hitler und distanzierte sich von dem roten Sprößling. Sch. besuchte ein humanistisches Gymnasium, konnte bei Ausbruch des Ersten Weltkrieges im Sommer 1914 das Notabitur ablegen und ging als Kriegsfreiwilliger an die Front. Schon im Dezember wurde er in der Nähe von Lodz schwer verwundet und verlor den rechten Arm. Von 1915 bis 1919 studierte er Rechts-, Staats- und Wirtschaftswissen-schaften in Halle, Leipzig und Berlin. Er promovierte 1920 bei Johann Plenge in Münster i. W. über den *Kampf um den Staatsgedanken in der deutschen Sozialdemokratie*. Dabei orientierte er sich an einer neu-marxistischen Denkweise unter starker Berufung auf den Parteigründer Ferdinand Lassalle. Seit 1918 Mitglied der SPD, vertrat Sch. während der Revolution den »Reichsbund der Kriegsbeschädigten« im Großberliner Arbeiter- und Soldatenrat. Gleichzeitig betätigte er sich als Redner der Mehrheitssozialdemokraten (MSPD, von der sich die USPD 1917 abgespalten hatte) auf Volksversammlungen. Der württembergische Parteiführer Erich Roßmann holte ihn 1920 als Redakteur an die in Stuttgart erscheinende *Schwäbische Tagwacht*. Von 1924 bis 1931 gehörte Sch. dem Württembergischen Landtag an, von 1930 bis zur Auflösung 1933 dem Deutschen Reichstag. In beiden Parlamenten war er Mitglied des Fraktionsvorstandes der SPD. Zusammen mit Carlo Mierendorff und Theodor Haubach zählte er zu den jungen parlamentarischen Aktivisten, die sich dem sozialdemokratisch-gewerkschaftlichen Legalismus in der Auseinandersetzung mit den Nazis widersetzten und als »militante Sozialisten« galten. Sch. war seit 1930 Vorsitzender der Stuttgarter Parteiorganisation, als er am 6. Juli 1933 verhaftet wurde.

Die Nazis verzichteten auf eine geplante öffentliche Zurschaustellung Sch.s in den Straßen der Stadt, weil die würdelose öffentliche Mißhandlung des Kriegsopfers zu Protesten geführt hätte. Bis März 1943 blieb Sch. ununterbrochen in KZ-Haft, davon die meisten Jahre in der Bibliothek des KZ Dachau beschäftigt, denn er hatte sich durch einen erfolgreichen Hungerstreik von schwerer körperlicher Arbeit freigekämpft. In der Bibliothek gab es Gelegenheit zu vielen politischen Gesprächen mit Häftlingen, unter ihnen Genossen und Widerstandskämpfer. Trotz kameradschaftlichen Umgangs mit Kommunisten ließ er sich auf keine ideologischen oder organisatorischen Gemeinsamkeiten ein, sondern widersetzte sich schon im Lager dem Einheitsstreben.

Zum Skelett abgemagert, wurde Sch. im März 1943 unter strengen Auflagen zu Verwandten nach Hannover entlassen. Der schlechte Gesundheitszustand und die regimetreue familiäre Umgebung machten es aus der Sicht des Regimes unwahrscheinlich, daß Sch. sich am Widerstand beteiligte. Nach dem 20. Juli 1944 wurde Sch. im Rahmen der (Gestapo-)»Gewitter-Aktion« nochmals einige Wochen gefangengesetzt, ohne daß Verbindungen zu den Verschwörern nachgewiesen werden konnten. Die letzten Wochen des Schreckens verbrachte Sch. im Versteck bei Genossen in Hannover, denn es drohte die Ermordung durch NS-Fanatiker. Sch. stand auf einer Erschießungsliste.

»Entweder die neue deutsche Demokratie wird sozialistisch oder gar nicht sein; entweder ist der Sozialismus demokratisch, oder er ist kein Sozialismus«: So einfach lauteten die Grundsätze, mit denen Sch. unmittelbar nach der Befreiung Hannovers am 10. April 1945 an die Wiedergründung – er sprach von »Neubau« – der Partei und der Republik ging. Mit Hermann Hasselbring und anderen überlebenden Funktionären traf er sich schon am 29. April in der Fröbelschule. Sie requirierten die Räume des Luftschutzbundes in der Jacobstraße 10. Dieses erste Quartier zwischen den Trümmern wurde zum »Büro Dr. Schumacher«, der Keimzelle einer zentralistisch organisierten westdeutschen Sozialdemokratie. Am 6. Mai 1945 wählten 150 Sozialdemokraten, die sich im Sitzungssaal des Polizeipräsidiums von Hannover versammelt hatten, Sch. zum Vorsitzenden. Am 11. Juli folgte die Beauftragung »mit der Organisierung und politischen Führung im gesamten Reich« durch den Partei-

bezirk Hannover. Bald schlossen sich andere Bezirke aus den drei Westzonen an, so daß Sch. ein Mandat besaß, das auch vom Exilvorstand der SPD und von der »Union« sozialistischer Parteien in London akzeptiert und unterstützt wurde. Auf der ersten zentralen Parteikonferenz am 5./7. Oktober 1945 im Kloster Wennigsen bei Hannover hielt Sch., der hier formell zum Beauftragten der Partei für die Westzonen gewählt wurde, das Grundsatzreferat mit später vielzitierten Sätzen, die den Abschied von der Klassenpartei und die Hinwendung zur Volkspartei bedeuteten. Die neue SPD sollte »viele Wohnungen für viele Arten von Menschen« bereithalten: »Mag der Geist des kommunistischen Manifestes oder der Geist der Bergpredigt, mögen die Erkenntnisse rationalistischen oder sonst irgendwelchen philosophischen Denkens ihn bestimmt haben, oder mögen es Motive der Moral sein, für jeden, die Motive seiner Überzeugung und deren Verkündung, ist Platz in unserer Partei. Deren geistige Einheit wird dadurch nicht erschüttert.«

Sch. selbst bekannte sich zum Marxismus »als Methode« der gesellschaftskritischen Analyse. Er lehnte aber das marxistisch-leninistisch-stalinistische Dogma konsequent ab. Er sah in der »Gruppe Ulbricht« und ihren Anhängern die Vertreter eines sowjetischen Imperialismus. Anders als ein Teil auch der westdeutschen Parteifreunde beharrte er von Anfang an und ausnahmslos auf Konfrontation mit der KPD und auf Ablehnung des SED-Projektes. Wer ihm dabei nicht folgte, war ab März 1946 mit dem Ausschluß aus der SPD bedroht.

Der erste Nachkriegsparteitag der SPD vom 9. bis 11. Mai 1946 in Hannover wurde durch Sch. als überragenden Parteiführer beherrscht. Er forderte die sozialistische Umgestaltung der Wirtschaft als Voraussetzung einer dauerhaften Demokratisierung. Gleichzeitig

bekannte er sich zur Idee des Klassenkampfes, solange er durch die Realität
begründet sei. Der Parteitag wählte ihn
mit 244 von 245 abgegebenen Stimmen
zum Vorsitzenden. Bis zu seinem Tode
wurde er ohne Gegenkandidaten drei-
mal wiedergewählt. Auf seine Anhänger
übte Sch. eine geradezu magische Wirkung aus, die von einer scheinbar kör-
perlosen Geistigkeit ausging. Der auf-
rechte Gang des geschundenen und aus-
gemergelten Sch. durch die zerstörte
politische Landschaft warb der Sozialdemokratie neue Anhänger aus dem
enttäuschten und verelendeten Bürgertum, unter den Heimatvertriebenen,
unter verführten Hitlerjungen und
BDM-Führerinnen, sogar unter Leuten
aus der Waffen-SS. Die Faszination seines Trümmer-Pathos war bei den Besat-
zungsoffizieren und im Ausland von
eher negativer Wirkung. Obwohl Sch.
sowohl in der regierenden britischen
Labour Party als auch unter den nord-
amerikanischen Gewerkschaften einflußreiche Fürsprecher hatte, blieben
seine Reisen nach England und Amerika
ohne die erhoffte Wirkung. Seine bel-
lende Rhetorik wirkte abschreckend
und erinnerte zu sehr an die verbalen
Exzesse des NS. Hinzu kamen schwere
gesundheitliche Probleme des notori-
schen Kettenrauchers, der fast ein Jahr
lang wegen einer Beinamputation für
das politische Geschäft ausfiel, und zwar
in der entscheidenden Phase der Wäh-
rungsreform 1948 und der Beratungen
über das Grundgesetz für die Bundesrepublik Deutschland 1948/49.

Es wirkt noch rückblickend fast wie
ein Wunder, daß dieser Mann im April
1949 erfolgreich in Konfrontation sowohl mit den Besatzungsmächten als
auch mit der Mehrheit des Parlamentarischen Rates und einflußreichen Teilen seiner eigenen Partei ging, um eine
starke Finanzverfassung des Bundes gegenüber den Ländern durchzusetzen.
Der CDU-Vorsitzende Konrad Adenauer hielt es für ein abgekartetes Spiel

zwischen Hannover und London, aber
es war ein persönlicher Erfolg Sch. s. Als
die SPD die erste Bundestagswahl vom
14. August 1949 verlor und Adenauer
am 15. September Kanzler wurde,
nannte Sch. in der Nachtsitzung des
Bundestages vom 14. zum 15. November 1949 Adenauer einen »Kanzler der
Alliierten« und wurde dafür mit 20 Tagen Parlamentsverbot bestraft – ein Eingriff, der das Jahrzehnt der westdeutschen Restauration ankündigte.

Sch. verstand Demokratie als kämpferisches Wechselspiel von parlamentarischer Regierung und Opposition.
Diesem notwendigen Prozeß der Mei-
nungs-, Bewußtseins- und Willensbil-
dung galt sein letztes Ringen mit Adenauer um den Weg zur deutschen Einheit und zur europäischen Integration.
Das Bild vom »Turmwächter der Demokratie«, das die engsten politischen
Freunde ihrem Parteiführer bald nach
seinem Tode gaben, enthält indes einen
Widerspruch im Demokratieverständnis seiner Generation und seiner Genossen: als bilde die zivilisierte demokratische Gesellschaft eine militärische
Festung, die der Verteidigung durch einen alles überragenden »Turmwächter«
bedürfe.

Der gesundheitlich seit Jahrzehnten
überforderte Körper verfiel, ohne daß
Sch. an Rücktritt dachte oder eine
Übergangsregelung vorsah. Niemand
zweifelte, daß er 1953 in der Bundestagswahl als Kanzlerkandidat antreten
würde. Cerebrale Durchblutungsstö-
rungen hinderten ihn nicht an der Fortführung seiner Geschäfte. Er starb am
20. August 1952 nach einer Konferenz
mit dem geschäftsführenden Parteivorstand in aller Stille in seiner Bonner
Wohnung am Kiefernweg.

Sch. charakterisierte den Nationalsozialismus schon 1932 als einen »dauernden Appell an den inneren Schwei-
nehund im Menschen«. Er verurteilte
die Kommunisten nach 1945 als »rotlak-
kierte Nazis«. Er verdächtige die Bun-

desregierung als Erfüllungsgehilfen der Besatzungsmächte. Aber er erkämpfte der parlamentarischen Opposition in Deutschland Ansehen und Spielraum.

Literatur: Abrecht, W.: Kurt Schumacher. Ein Leben für den demokratischen Sozialismus. Bonn 1985. – Edinger, L. J.: Persönlichkeit und politisches Verhalten. Köln und Opladen 1967. – Merseburger, P.: Kurt Schumacher. Der schwierige Deutsche. Eine Biografie. 3. Aufl. Stuttgart 1996. – Wesemann, F.: Kurt Schumacher. Ein Leben für Deutschland, Frankfurt/M. 1952.

Gerhard Beier

Siebenpfeiffer, Philipp Jakob

Geb. 12. 11. 1789 in Lahr;
gest. 14. 5. 1845 in Bümplitz bei Bern

»Ein Deutschland gilt es zu bauen; wo deutsche Männer, da sind wir dabei, wir erheben ein Deutschland stolz und frei.« Als S. diese Liedzeilen 1832 dichtete, umfaßte der Deutsche Bund 34 Staaten. Mit seiner Forderung griff S. zum wiederholten Male die bestehenden Verhältnisse an – dabei hatte zunächst nichts darauf hingedeutet, daß er einmal in Opposition zur Obrigkeit stehen würde. 1789 als Sohn eines Schneiders geboren und früh verwaist, trat S. 1804 eine Stelle als Skribent am Oberamt in Lahr an. Dem Wechsel zur Finanzverwaltung nach Freiburg i.Br. 1808 folgte dort 1810 das Studium der Philosophie und der Rechte. In dieser Zeit entstand der persönliche Kontakt zum Freiburger Professor Karl von Rotteck. Als väterlicher Freund und wissenschaftlicher Lehrer eröffnete er S. Zugänge zu aufklärerischem Denken und vermittelte ihm philosophische Kenntnisse. Nach juristischem Examen und Promotion 1813 beteiligte sich S. als Freiwilliger an den deutschen Befreiungskriegen. Als Truppen der Koalition gegen Napoleon (Rußland, Preußen, England, Schweden, Österreich und

Bayern) 1814 das linke Rheinufer besetzt hatten, arbeitete er zunächst beim österreichischen Generalgouvernement im elsässischen Colmar, dann bei der gemeinschaftlichen österreichischen und bayerischen Landesadministration für die Pfalz in Kreuznach. Als die Pfalz 1816 an Bayern fiel, blieb S. Verwaltungsbeamter, zuständig für Speyer und Frankenthal.

1819, ein Jahr nachdem er sein erstes Werk *Über Gemeindegüter und Gemeindeschulden, eine rechtlich-politische Abhandlung,* veröffentlicht hatte, wurde S. Landkommissär des Kreises Homburg im bayerischen Rheinkreis. Von einer oppositionellen Haltung gegen die Regierung war noch nichts zu spüren. Als König Ludwig I. 1825 den Thron bestieg und liberale Reformen verkündete, setzten die Anhänger einer konstitutionellen Monarchie, zu denen auch S. zählte, große Hoffnungen in ihn. Nach 1829, anläßlich des Besuches des bayerischen Königspaares in der Pfalz 1829, dichtete er: »Der König ist's, des Landes Schmuck und Ehre, des Volkes höchster Stolz, sein Glück, sein Ruhm!«

Neben dem poetischen Versuch *Baden-Baden oder Rudolph und Wilhelmina* (1824) verfaßte S. in den zwanziger Jahren die Schrift *Über die Frage unserer Zeit in Beziehung auf Gerechtigkeitspflege* (1823). Darin übt er zwar am Kritik am rheinbayerischen Recht, das auf das französische zurückging, doch »ist seine Sympathie für die Reformen französischen Rechts (...) unübersehbar« (E. Wadle). Damit vertrat S. typisch liberale Positionen seiner Zeit. Mißstände in der Pfalz, vor allem die hohe Besteuerung und die für den Warenverkehr negativen Folgen der »Maut«, einer Zollinie um das Gebiet, prangerte er an. Da seine Reformvorschläge jedoch keinen Anklang fanden, wurde S. gegenüber der Regierung kritischer.

S. glaubte an die Macht der öffentlichen Meinung und der Presse. Schon im Winter 1829 entwickelte er den Plan für eine Zeitschrift. Ausschlaggebend für seine politisch-publizistische Tätigkeit war jedoch die französische Julirevolution 1830. Gemeinsam mit Ludwig Hoffmann gab er 1830 ein Periodikum heraus: *Rheinbaiern. Eine vergleichende Zeitschrift für Verfassung, Gesetzgebung, Justizpflege, gesammte Verwaltung und Volksleben des constitutionellen Inn- und Auslandes, zumal Frankreichs* (Titel ab 1832 : *Deutschland* ...). Mit dem zweiten Heft des ersten Bandes (November 1830) zeichnete S. allein für das Blatt verantwortlich, in dem er ein einiges Deutschland, das durch eine »Revolution auf (...) friedlichem Wege« erreicht werden sollte, propagierte. Dabei war er von der besonderen Rolle Frankreichs als »Retterin der politischen Freiheit Europas« überzeugt.

Die Maßregelung des Beamten blieb nicht aus. Er wurde im November 1830 an das Zwangsarbeitshaus in Kaisheim als Direktor versetzt. Sein Amt mußte er niederlegen, doch er ging nicht nach Kaisheim, sondern zog sich nach Zweibrücken zurück. Ein von ihm gegen das Vorgehen angestrengtes Verfahren gegen die Regierung, das sich bis Oktober 1832 hinzog, endete mit seiner Versetzung in den Ruhestand unter Beibehaltung der Bezüge.

In Zweibrücken hatte S. mit der Arbeit an seinem *Handbuch der Verfassung, Gerichtsordnung und gesammten Verwaltung Rheinbayerns* begonnen (6 Bde., 1831–1833). Politisch bedeutsamer war seine regional bezogene, kritische Tageszeitung *Westbote* (zunächst: *Bote aus dem Westen*; 12. März 1831–17. März 1832). In der Zeitschrift *Rheinbaiern* wandte sich S. nun verstärkt auch überregionalen Themen zu. Konflikte mit der Zensur und Geldstrafen waren an der Tagesordnung.

Ab Winter 1831/32 sah sich S. durch den Journalisten Johann Georg August Wirth publizistisch unterstützt. Wirth gab seine *Deutsche Tribüne* in Homburg heraus, S. druckte den *Westboten* 1832

in Oggersheim und Frankenthal. Vermutlich unter dem Einfluß Wirths ließ S. zunehmend nationale und frankreichkritische Töne hören. Er stellte sich jedoch nicht kategorisch gegen Frankreich. Der weitverbreiteten Befürchtung, die Franzosen wollten ihre Ansprüche auf den Rhein gewaltsam durchsetzen, versuchte er entgegenzutreten, indem er sich – allerdings erfolglos – um eine offizielle Garantie Frankreichs für die bestehenden Grenzen bemühte.

Im Januar/Februar 1832 beteiligte sich S. an der Gründung des »Preß- und Vaterlandsvereines«, der sich rasch über die Landesgrenze hinweg verbreitete. Am 1. und 2. März 1832 wurden per Beschluß des Deutschen Bundes »Preßverein« und *Westbote* verboten sowie ein fünfjähriges Berufsverbot gegen S. verhängt. Im Frühjahr 1832 plante das im Preßverein organisierte Neustädter Bürgertum ein politisches Fest auf dem Hambacher Schloß. S. verfaßte das Einladungsschreiben. Das Fest, zu dem sich am Sonntag, den 27. Mai 1832 (zum Jahrestag der bayerischen Verfassung: 26. Mai 1818) über 20 000 Menschen versammelten, war ein in seinen Dimensionen einmaliger Ausdruck oppositionellen Geistes während des Vormärz, zugleich ein Vorbild für viele kleinere Feiern in der Folgezeit; die schwarz-rot-goldenen Farben setzten sich hier endgültig als Zeichen deutscher Einheit durch. Zwar waren die in Hambach vertretenen politischen Ansichten durchaus heterogen, aber alle Hoffnungen richteten sich auf die »Wiedergeburt des Vaterlandes«. S. rief zum Widerstand gegen die »Tyrannen« auf, lehnte die bestehenden Verfassungen der deutschen Staaten ab und ließ das »freie, das einige Deutschland« hochleben.

Auf der Versammlung im Schießhaus am 28. Mai wurden auf seine Anregung hin Vertrauensleute gewählt. Im kleinen Kreis plädierte er dann gemeinsam mit

Wirth für eine Ausdehnung der bisherigen Ziele: Die beiden wollten die Umgestaltung Deutschlands vorantreiben und sahen die Gewählten, zu denen sie zählten, als provisorische Volksvertretung. Sie konnten sich jedoch nicht durchsetzen. Der daraufhin von S. und Wirth geplante Reformverein kam nicht zustande, denn schon am 17. Juni 1832 verhaftete man S. wegen »Aufreizung zum Aufruhr«. Der Prozeß vor dem Landauer Geschworenengericht fand am 29. Juli bis 16. August 1833 statt und endete mit einem spektakulären Freispruch. S. wurde jedoch in einem zweiten Verfahren wegen Beamtenbeleidigung am 8. November 1833 zu zwei Jahren Gefängnis verurteilt. Er flüchtete und gelangte über Weissenburg/Elsaß und Zürich nach Bern.

Rasch bemühte er sich dort um eine Niederlassungsbewilligung, im Dezember 1834 wurde er eingebürgert und es entstanden seine *Ideen zu einer Grundreform der Erziehungs- und Unterrichtsanstalten* (1834). Die darin proklamierten Erziehungsziele, Humanität und Staatsbürgertum, sollten letztlich eine »wahre, volksthümliche Staatsordnung« ermöglichen. Im August 1834 hatte S. einen Ruf zum außerordentlichen Professor an die juristische Fakultät der Berner Universität angenommen.

Während sich seine persönliche Lage verbesserte, verschlechterte sich die der anderen politischen Flüchtlinge in der Schweiz. Den Beschwerden anderer Staaten gegen die Emigranten, denen konspirative Tätigkeit vorgeworfen wurde, folgten, besonders ab 1836, Ausweisungen. S. betonte in dieser Zeit öffentlich und gegenüber dem Erziehungsdepartement, daß er sich aus der Politik zurückgezogen habe. In einem Schreiben, das am 15. Juni 1836 in der *Augsburger Allgemeinen Zeitung* in Teilen abgedruckt wurde, distanzierte sich S. von jeder politischen Tätigkeit. Dort schrieb er mit Blick auf Flüchtlinge, die sich aktiv für die Einheit Deutschlands

einsetzten: »was ich weiter wahrnehme, kann mir fast nur Ekel oder Mitleiden einflößen.« Eine Gruppe deutscher Emigranten warf daraufhin S. in dem Entwurf für eine Gegenerklärung vor, er habe politische Aktionen unterstützt, anschließend aber jede Mitwisserschaft geleugnet und die Beteiligten sogar verspottet. Eine solche Doppelrolle soll er mehrfach gespielt haben. Diese wegen der einsetzenden Verfolgungen nie gedruckte Erklärung ist ein Hinweis darauf, daß S. tatsächlich in der Schweiz bis 1836 im geheimen politisch aktiv war. Auch Berichte von Agenten Metternichs lassen dies vermuten.

Seinen ordentlichen Lehrstuhl in Bern konnte S. nicht erhalten. Im Dezember 1837 vom »Großen Rat« (dem Berner Stadtregiment) zum Ersatzmann am Berner Obergericht gewählt, übte er das Amt zwei Jahre aus. Im Januar 1840 nahm S. eine Stellung als Sekretär der Justizdirektion an; im September 1842 diagnostizierten Ärzte bei ihm eine Geisteskrankheit. S. verstarb drei Jahre später in einer Klinik.

Literatur: Braun, H.: Philipp Jakob Siebenpfeiffer. Ein liberaler Publizist des Vormärz 1789–1845. München 1956. – Doll, A.: Philipp Jakob Siebenpfeiffer 1789–1845 – Johann Georg August Wirth 1798–1848, in: Baumann, K. (Hg.): Das Hambacher Fest. 27. Mai 1832. Männer und Ideen. Speyer (2. Aufl.) 1982, S. 7–94. – Reinalter, H.: Philipp Jakob Siebenpfeiffer. Versuch einer politischen Biographie (1789–1845), in: Jahrbuch der Hambach-Gesellschaft 5 (1994/95), S. 41–51. – Saarpfalz-Kreis (Hg.): Ein Leben für die Freiheit. Philipp Jakob Siebenpfeiffer 1789–1845. Konstanz 1989. – Wadle, E. (Hg.): Siebenpfeiffer und seine Zeit im Blickfeld der Rechtsgeschichte. Sigmaringen 1991.

Elisabeth Droß

Sigel, Franz
Geb. 18. 11. 1824 in Sinsheim/Baden;
gest. 21. 8. 1902 in New York

Es war Wilhelm Blos, der spätere sozialdemokratische Staatspräsident von
Württemberg in den Jahren nach der
Novemberrevolution 1918, der als erster
dem badischen Revolutionsgeneral S.
ein literarisches Denkmal setzte, indem
er 1902 dessen *Denkwürdigkeiten aus
den Jahren 1848/49* herausgab. S. war
kurz zuvor als zwar hochgeehrter, aber
wenig begüterter Veteran des amerikanischen Bürgerkriegs in New York gestorben. In einem Brief an Blos vom
Jahre 1892 hatte sich S. als Republikaner
bezeichnet, und zwar als Vertreter einer
demokratischen, nicht aristokratischen
oder oligarchischen Form der Republik.
Demokratie war ihm gleichbedeutend
mit einem System freier Konkurrenz, in
dem alle politischen, sozialen oder religiösen Kräfte offen und ehrlich um Anerkennung und Macht ringen könnten.
S. stammte aus wohlsituierten Verhältnissen, die Eltern kamen aus dem
traditionellen Bürgertum. Der Vater
war großherzoglich badischer Ober-
amtmann, der freilich 1838 (wegen seiner liberalen Gesinnung oder wieder-
holter Dienstvergehen: von beidem ist
die Rede) strafversetzt und dann
zwangspensioniert wurde. S. ging nach
dem Besuch des Gymnasiums in Bruch-
sal auf die Kadettenschule in Karlsruhe
und wurde 1843 Leutnant im vierten
badischen Infanterie-Regiment in
Mannheim. Er mußte aber wegen eines
Duells 1847 den Dienst quittieren, wobei ihm das Gericht auf Lebenszeit das
Tragen einer Uniform verbot. Dem Urteil zum Trotz sollte das Militär zur
Lebensaufgabe des jungen S. werden.
Während er noch erwog, in Heidelberg
Jura zu studieren, brachen in Mannheim jene Unruhen aus, die in die Revolution von 1848/49 mündeten. S. hielt
nach eigenem Urteil »die Gelegenheit
für günstig, die Einheits- und Freiheits-

Ideen in Deutschland, wie sie schon
verbreitet wurden, zu unterstützen und
zu verwirklichen.« Er entwarf einen Or-
ganisationsplan für eine Volksbewaffnung und sandte ihn einem befreundeten Mannheimer Militärarzt, der ihn
sogleich einlud, in Mannheim ein »Frei-
corps« aufzustellen. S. gelang es, in wenigen Tagen eine Bürgerwehr von fünf-
hundert Mann zu bilden, sogenannte
»Sensenmänner«, weil die richtigen
Waffen nur für die Hälfte von ihnen
ausreichten.

Als überzeugter Republikaner nahm
S. an der II. Offenburger Versammlung
vom 19. März 1848 teil, wo ihn eine
Delegation von Demokraten aus Konstanz aufforderte, den Bodenseekreis
militärisch zu organisieren. Hatte doch
die Offenburger Versammlung in allen
Gemeinden die Bildung von Bürger-
wehren beschlossen. Konstanz galt dank
der Agitation des (radikal-)demokrati-
schen Journalisten Joseph Fickler als eine Hochburg der revolutionären Bewegung. S. und seinen Auftraggebern ging
es indes eigentlich nur um die Sicherung der Heimat gegen eine befürchtete
Invasion aus Württemberg oder Bayern.
Sie waren daher völlig überrascht, als
am 11. April 1848 Friedrich Hecker –
nach S.s Worten – wie ein »deus ex
machina« in Konstanz eintraf, um dort
am folgenden Tag gemeinsam mit Gustav von Struve »die Republik zu proklamieren und einen Eroberungszug
durch Deutschland anzutreten«. S. sollte eine Armee zusammenstellen, die jedoch nach Heckers Willen ausschließlich aus Freiwilligen zu bilden war. So
fanden sich denn am Tag des Aufbruchs
nur achtundfünfzig Mann in Konstanz
bereit, den Heckerzug mitzumachen.
Auch wenn sich in der Folge einige
hundert Freischärler Hecker und Struve
anschlossen, scheiterte das Unternehmen bei Kandern am 20. April 1848
kläglich. S. selbst hatte weitere Freischärler aus Südbaden sammeln können und zog mit diesen Einheiten

Ostern 1848 gegen Freiburg, wo er – durch Struve voreilig in die Kämpfe verstrickt – der Übermacht der Regierungstruppen unterlag. Seine Leute suchten das Weite, er selbst konnte über den Rhein ins Elsaß und von dort in die Schweiz fliehen.

S. wurde in Abwesenheit zu lebenslanger Haft verurteilt und verbrachte die folgenden Monate im Exil, bis ihn der »südwestdeutsche Maiaufstand«, wie er ihn selbst nannte, ins Zentrum der Revolution zurückholte. Der Vollzugsausschuß der badischen Volksvereine übernahm, nachdem sich die badischen Garnisonen der Revolution angeschlossen hatten, am 14. Mai 1849 die Regierung in Karlsruhe. Die politischen Flüchtlinge wurden zurückgerufen, und sogleich kam S., von einer schweren Erkrankung kaum genesen, aus Aarau in die badische Landeshauptstadt, um bei der Aufstellung eines Volksheeres mitzuwirken. Unter dem neuen Kriegsminister Eichfeld übernahm er die Operationsabteilung und wurde nach Eichfelds Versagen auf Drängen von Raveaux und Goegg zum Kommandeur der badischen Neckararmee ernannt, die gegen die vorrückenden Preußen die Revolution verteidigen sollte. Der Versuch S.s, selbst gegen Frankfurt zu marschieren, scheiterte schon im ersten Gefecht bei Heppenheim. Die politische und militärische Lage wurde immer verworrener. Man übertrug nun dem gerade fünfundzwanzigjährigen S. am 1. Juni 1849 das Kriegsministerium, doch begab er sich bereits wenige Tage darauf wieder an die Front, bis am 8. Juni General Mieroslawski den Oberbefehl übernahm. Ihm wurde S. als Generaladjutant und Stellvertreter zur Seite gestellt, eine einflußreiche Position, zumal Mieroslawski kein Deutsch sprach. Trotz tapferster Gegenwehr mußten die Badener immer weiter zurückweichen. Als eine Widerstandslinie an der Murg zusammenbrach, gab Mieroslawski auf. S. übernahm nochmals den Oberbefehl

und plante, im Schwarzwald gegebenenfalls in einem Guerillakampf die Sache der Freiheit zu verteidigen. Doch bei Donaueschingen in die Zange genommen, zog er sich mit den letzten Einheiten nach Konstanz zurück, von wo die Reste der Revolutionsarmee ins Schweizer Asyl überwechselten.

Wie zahlreiche andere badische Revolutionshelden hielt sich S. zunächst in der Schweiz auf und ging dann nach London, wo er sich den vielen Flüchtlingen aus Deutschland anschloß. Von Karl Marx und Friedrich Engels bekämpft und verächtlich gemacht, reiste er schließlich in die USA aus. Dort schuf er sich eine bescheidene Existenz als Lehrer für Mathematik und Geschichte in St. Louis. Er trainierte den dortigen deutschen Turnverein, der zugleich als politischer Club wirkte, und engagierte sich in der »Republikanischen Partei«. Beim Ausbruch des amerikanischen Bürgerkriegs 1861 wurde S. auf Seiten der Nordstaaten Regimentskommandeur einer Einheit von Deutschamerikanern, der etliche »Fortyeighters« angehörten. S. und seine Leute schlugen sich tapfer, und er wurde schließlich nach der siegreichen Schlacht bei Pea-Ridge in Arkansas am 13. März 1862 zum Generalmajor befördert. Später verlieh ihm der Senat der USA als verdienten General einen Ehrensold. Auf Manhattan errichtete man ihm zu Ehren an der Riverside Drive ein Reiterstandbild.

Seinem Freund Amand Goegg, der aufgrund einer Amnestie 1862 in die badische Heimat zurückgekehrt war, schrieb er voll Optimismus, nun könne bald die Revolution in Deutschland vollendet und das Land zu einer national geeinten Republik gemacht werden. Dem badischen Großherzog Friedrich hätte er gerne die Rolle zugewiesen, das Werk von 1848 fortzuführen und eine demokratische Reichsverfassung zu proklamieren.

Wie man sieht, war die politische Lagebeurteilung nicht S.s Stärke. Auch als Offizier und Kommandeur war S. kein Genie. Aber seine Soldaten liebten ihn. Er war aufrichtig, herzlich und unkompliziert. Sein Bekenntnis zur republikanischen Staatsform entsprach dieser Haltung. In seinem Tagebuch hielt er fest: »Wenn ich sage, daß ich Republikaner bin, so spreche ich damit aus, daß ich im Staat die öffentliche Sache, die Sache aller, der Sache Einzelner vorziehe.« In diesem Sinne war er Demokrat.

Sein Name wird immer mit der badischen Revolution von 1848/49 verbunden bleiben. Der Zeitgenosse und linke Demokrat Johann Philipp Becker schilderte ihn als bartlosen Mann mit einem fast mädchenhaften Antlitz, dessen Kommandowort indes sicher und fest alles Getümmel des Krieges übertönte und dem man zutraute, nicht nur in der Schlacht den Sieg, sondern auch im Frieden die Disziplin zu erobern. Becker meinte, S. sei vor allem Soldat gewesen und deshalb habe die Subordination seine demokratischen Grundsätze übertroffen. Doch er schloß sein Urteil über S. mit dem Satz: »Unter allen, welche an der Spitze der Revolution standen, repräsentierte er am meisten die Kraft und Kühnheit derselben.«

Literatur: Cartellieri, O.: Franz Sigel. In: Badische Biographien, Band VI., 1935, S. 429 ff.

Wolfgang Hug

Specht, Minna
Geb. 22. 12. 1879 in Reinbek bei Hamburg; gest. am 3. 2. 1961 in Bremen

Als der Privatdozent und spätere Professor der Philosophie, Leonard Nelson, die Frage stellte: »Sie haben gewiß gut unterrichtet, aber haben Sie auch erzogen?«, hatte S. bereits über zehn Jahre in einem Hamburger Lyzeum unterrichtet und studierte zum zweiten Mal an der Universität Göttingen, um ihre Qualifikation zu erweitern, nämlich Oberlehrerin mit der Lehrbefähigung in Erdkunde, Geschichte und Mathematik zu werden. Die Begegnung mit Nelson veränderte das Leben der »Tochter aus gutem, aber verarmtem Hause« – das Schloß Reinbek wurde von der Mutter als Hotel für vornehme Hamburger Familien geführt – grundlegend. Aufgewachsen in kindlicher Achtung und Ehrfurcht vor Bismarck, der in der Nachbarschaft auf Friedrichsruh im Sachsenwald lebte und dem sie mehrfach auf ihren Wanderungen begegnet war, führte sie Nelsons Einfluß zu einem pädagogisch-politischen Engagement für die Ideen des Sozialismus. Zwischen S. und Nelson entstand eine enge Lebens- und Arbeitsgemeinschaft, die, vermutlich angesichts des Ersten Weltkrieges und der politischen Verhältnisse in der Weimarer Republik, keine Ehe und Familie begründete, sondern durch den gemeinsamen politischen Kampf für Recht und Gerechtigkeit in der Gesellschaft gekennzeichnet war. Der bewußte Verzicht auf persönliches Glück und Privatleben wurde von Nelson gefordert, dessen Selbstverständnis sich einerseits dem eines »Berufsrevolutionärs« nach Leninschem Vorbild annäherte, andererseits aber auch jesuitisch geprägt war und im Zölibat für alle im politischen Kampf Stehenden gipfelte. S. willigte in diese Bedingungen ein, vermutlich vor allem aus Liebe zu Nelson und Achtung vor seinem Werk, aber auch, weil durch die russische Oktoberrevolution 1917 die gesellschaftliche Umwälzung in eine zeitliche Nähe zur eigenen Biographie gerückt schien. Diese Entscheidungen bestimmten ihre persönliche Entwicklung und führten zur Ausbildung einer starken Persönlichkeit, die durch Vernunft, Charakterstärke und Tatkraft, aber auch durch Kreativität, Spontaneität und Emotionen geprägt war.

S. war 1917 Mitbegründerin des »Internationalen Jugendbundes« (IJB), der den Anspruch einer Erziehungsgemeinschaft hatte mit dem Ziel, den Vernunft- gedanken in der Politik in allen Staaten zum herrschenden Prinzip zu machen. Dies geschah zunächst in Wochenkur- sen für die in Ortsgruppen organisier- ten IJB-Mitglieder, dann im Rahmen der 1922 gegründeten Philosophisch- Politischen Akademie, die die wissen- schaftliche Arbeit für die Vertretung der Ideen des Rechts fördern sollte. Ab 1924 begann in dem von S. geleiteten Lander- ziehungsheim Walkemühle bei Melsun- gen die am platonischen Ideal der »Herrschaft der Weisen« orientierte Charakterbildung und Erziehung sozia- listischer Führerpersönlichkeiten. An die IJB-Mitglieder waren »Mindestfor- derungen« gestellt, die auch von S. er- füllt wurden: Sie trat 1919 aus der evan- gelischen Kirche aus, wurde Mitglied in der USPD, lebte vegetarisch und ab- stinent von Nikotin und Alkohol, be- trieb Sport und hielt das Zölibat ein. Auch wurde sie Mitglied des 1924 von Pädagogen aus dem IJB-Umfeld ge- gründeten sozialistisch-dissidentischen »Lehrer-Kampf-Bundes« (LKB), der sich für freie weltliche Schulen einsetzte. Als Grundproblem der Schulpolitik der Weimarer Republik sah S. die Tatsache an, daß der Zentrumspartei die Errich- tung von Bekenntnisschulen in der Reichsverfassung durch die SPD einge- räumt und damit die Idee der gemein- samen Grundschule für alle Kinder un- terhöhlt wurde. Zu ihrem Engagement gegen den Einfluß der Kirche gehörte auch die Mitgliedschaft im »Verband für Freidenkertum und Feuerbestat- tung« und das Eintreten für die Jugend- weihe.

Nach dem Ausschluß des IJB aus der SPD wurde die politische Arbeit in noch intensiverer Weise im »Internationalen Sozialistischen Kampfbund« (ISK), der sich zu einer »Partei des Rechts« for- mierte, ab 1926 fortgesetzt. Die Ziel- setzung der Erziehung in der Walke- mühle lag in der »Reformation der Ge- sinnung« der jungen Frauen und Män-

ner und konnte nur dadurch erreicht werden, daß die zu Erziehenden sich freiwillig in diesen persönlichkeitsver- ändernden Prozeß hineingebaben. Es wurde Unterwerfung unter ein strenges Dienstreglement, Akzeptieren von Zwangsmaßnahmen sowie Abfolge und Kontrolle eines bestimmten Stufenpla- nes für die theoretische und praktische Ausbildung verlangt. Inhaltlich war vor allem die konkrete Anschauung und persönliche Konfrontation mit gesell- schaftlichen Realitäten und deren erfah- rungs- und theoriebezogene Aufarbei- tung vorgesehen. Dadurch sollte sozia- les Verantwortungsgefühl für Ungerech- tigkeit, Unterdrückung und Not er- reicht werden mit dem Ziel, daraus die Verpflichtung zum politischen Kampf für Freiheit und Gerechtigkeit abzulei- ten. 1931 wurde dieser Anspruch kon- kret: Die Kurse wurden geschlossen und die Kräfte auf die Herausgabe der Tages- zeitung *Der Funke* in Berlin konzen- triert, um den Nationalsozialisten ent- gegenzutreten und ein Bündnis aller Ar- beiterorganisationen herzustellen. Der »Dringende Appell«, der das Zusam- mengehen von SPD und KPD bewirken sollte, wurde nicht nur von ISK-Mitglie- dern, unter ihnen S., sondern auch von 26 linksliberal oder sozialistisch einge- stellten Persönlichkeiten aus Kultur und Wissenschaft, z. B. von Käthe Kollwitz, Erich Kästner, Helene Stöcker, Heinrich Mann und Albert Einstein unterzeich- net.

Es war für die damalige Zeit unge- wöhnlich, daß eine Frau die Schullei- tung einer koedukativen Einrichtung innehatte. Noch außerordentlicher ist die Tatsache, daß S. als Reformpädago- gin und Sozialistin das Landerziehungs- heim prägen konnte und nach Nelsons Tod auch die Leitung der Philoso- phisch-Politischen Akademie und damit eine Führungsrolle im ISK übernahm. Ihr Beispiel zeigt, daß innerhalb der IJB- und ISK-Kreise eine tatsächliche Gleichbehandlung zwischen Frauen und Männern bestanden hat und daß in den Kampf für Gerechtigkeit die Emanzipation der Frau einbezogen wurde. Wenn aber die Erziehungskonzeptionen für die jungen Erwachsenen untersucht werden, muß eine eher männlich orientierte Rigorosität sowie eine einseitige Vernunftbetonung und Zurückdrängung von Emotionen festgestellt werden, die die beteiligten Personen eher geschlechtsneutral erscheinen ließen und bei einem Teil der Schülerschaft zu schweren Konflikten bis hin zum Abbruch der Ausbildung führten. Die bei den »Standhaften« dennoch erzielten Sekundärtugenden wie Charakterstärke, Gesinnungstreue und Disziplin boten zwar ab 1933 gute Voraussetzungen für ein Leben im Widerstand bzw. im Exil, sind aber aus heutiger Sicht kein hinreichender Grund zur Rechtfertigung der sozialistischen Führererziehung der Walkemühle.

Neben der Erwachsenenbildung gab es dort eine Abteilung für Kinder, die nach reformpädagogischen Grundsätzen erzogen werden sollten und mit denen S. im Exil das Schulexperiment fortsetzte, nachdem das Landerziehungsheim 1933 von den Nazis geschlossen worden war. Durch die Arbeit mit den Kindern löste sie sich von der autoritären Pädagogik mit ihrer Verachtung menschlicher Bedürfnisse, die im Widerspruch stand zu der von S. angestrebten vernünftigen Selbstbestimmung der Individuen und der Selbsttätigkeit der Kinder, Jugendlichen und Erwachsenen im Lernprozeß. Es gelang ihr, wie der Text *Erziehung zum Selbstvertrauen. Eine Schule im Exil* (1944) dokumentiert, im Exil in Dänemark (1933–1938) und Großbritannien (1938–1946) eine Pädagogik zu konzipieren, die darauf abzielte, den asylsuchenden Kindern in ihren Heimen Selbstvertrauen und Vertrauen in andere Menschen zu vermitteln bzw. wieder zu ermöglichen. Dabei berücksichtigte sie die emotionalen Bedürfnisse der Mädchen und

Jungen nach Gemeinschaft und Familie sowie die konkrete politische und soziale Situation im Exil. Daß ihr das gelang, hatte sicher mit ihrer eigenen Befindlichkeit zu tun, über die sie in ihrem Exiltagebuch schrieb: »Ich selber bin getragen von der Kraft, unsere Gedanken und Taten weiterzutragen, von dem Schmerz, der sich in Stunden zum Zorn steigert, daß ich hier von vorn anfangen soll (…) Ich fühle mich wohl, weil ich zu kämpfen habe, auch gegen mein eigenes Inneres, das den deutschen Vorgängen nicht den Rücken wenden kann.« 1937 wurde S., nicht nur politisch, sondern auch juristisch gesehen, durch die Ausbürgerung aus dem nationalsozialistischen Deutschland heimatlos, was die über ein Jahr während Internierung als »feindliche Ausländerin« auf der Isle of Man 1940/41 nicht verhindern konnte.

Nach ihrer Entlassung beteiligte sich S. an der bildungspolitischen Arbeit im »German Educational Reconstruction Committee« (GER). Die in diesem Kontext verfaßte Schrift *Gesinnungswandel. Die Erziehung der deutschen Jugend nach dem Weltkrieg* (1943), in der sie die Nazi-Erziehung und ihre Folgen analysierte und Grundsätze für die Nachkriegserziehung in Deutschland und Europa entwickelte, ist ihre wichtigste Arbeit. Sie vertrat hier und in anderen Texten aus den letzten Jahren des Exils die Auffassung, daß die Erziehung Demokratiefähigkeit, Friedensbereitschaft und Toleranz intendieren müßte, und löste sich damit von einigen starren dogmatischen und autoritären Vorstellungen Nelsons. Aber sie blieb den ethischen Grundlagen seiner Philosophie verbunden und hatte die Hoffnung, daß eine europäische Gemeinschaft auf sozialistischer Grundlage entstehen könnte, die durch Erziehung vorbereitet werden sollte.

Im Nachkriegsdeutschland leitete S. fünf Jahre die Odenwaldschule, in der sie den Grundstein für die Entwicklung

einer reformpädagogischen Gesamt-
schule legte und beteiligte sich mit der
Parole »Mut zur Lücke« an der hessischen Oberstufenreform. Die von ihr
angestrebte Tätigkeit in der Lehrerin-
nen- und Lehrerausbildung blieb ihr
jedoch versagt, weil sie nicht die »Lauf-
bahnvoraussetzungen« erfüllte. In ihrem letzten Lebensjahrzehnt wurde sie
»Inspektorin« der Vereinigung der Lan-
derziehungsheime, war gewählte Vertreterin für Erziehung und Unterricht in
der deutschen Unesco-Kommission und
schließlich Mitarbeiterin des Unesco-
Instituts für Pädagogik in Hamburg. Sie
war bildungspolitisch in der SPD engagiert und formulierte auf einer Frauenkonferenz das Resümee ihres Lebenswerkes, nämlich *Sozialismus als Lebens-
haltung und Erziehungsaufgabe* (1951):
»Wenn wir diese drei Elemente in uns
großziehen können, die Fähigkeit,
Überzeugungen zu bilden und zu vertreten, wenn wir ferner die Bedeutung
anerkennen und wecken, daß der
Mensch sich selbst vertraut, und wenn
er endlich, auf der Grundlage der eigenen Überzeugung, der Achtung vor der
Überzeugung anderer und auf der
Grundlage des Selbstvertrauens die
Kraft zur Bindung besitzt, zur Bindung
an unsere Idee, die des Sozialismus,
dann dürfen wir von solchen Menschen
sagen, daß sie ›erzogene‹ Genossen
sind.«

Literatur: Hansen-Schaberg, I.: Minna Specht – Eine Sozialistin in der Land-
erziehungsheimbewegung (1918 bis
1951). Untersuchung zur pädagogischen Biographie einer Reformpädago-
gin. Frankfurt/Main, Bern, New York,
Paris 1992.   *Inge Hansen-Schaberg*

Staritz, Katharina

Geb. 25. 7. 1903 in Breslau;
gest. 3. 4. 1953 in Frankfurt/Main

»Die Staritze mögen die Juden getrost
zum Kirchgang abholen, denn was von

Deutschen zu halten ist, die sich mit
Juden auf der Straße zeigen, hat Dr.
Goebbels hinreichend deutlich ausge-
drückt. Ja, niemand würde die Verfasse-
rin ernstlich daran hindern wollen, sich
selbst einen Judenstern auf den asketi-
schen Busen zu heften, und noch lieber
sähen wir es, wenn sie und ihresgleichen
demnächst auch mit den Juden in das
harrende östliche Kanaan abzögen.« So
schrieb im Dezember 1941 ein SS-Blatt
unter der Überschrift »Frau Knöterich
als Stadtvikarin« über St..

St. hatte nach der Judensternverord-
nung, die am 5. September 1941 im
Reichsgesetzblatt veröffentlicht worden
war, als Stadtvikarin in Breslau einen
Hilferuf an ihre Amtsbrüder gesandt
mit der Bitte, sich in besonderer Weise
der »nichtarischen Christen« anzunehmen. Dieser Brief gelangte in die Öffentlichkeit und St. wurde bei der Gau-
leitung angezeigt, vom Vorstand der
Schlesischen Kirche als Stadtvikarin
suspendiert und aus Breslau ausgewiesen.

St. wurde am 25. Juli 1903 in Breslau
geboren. Ihr Vater, Carl Staritz, unterrichtete Naturwissenschaften am Gymnasium St. Maria Magdalena, die Mutter, Margarete geb. Ismer, stammte aus
einer schlesischen Gutsbesitzersfamilie.
Die Eltern bemühten sich, St. und ihrer
sieben Jahre jüngeren Schwester Charlotte eine umfassende Erziehung zu geben. Nach dem Abitur 1922 wollte St.
Theologie studieren, doch ihre Eltern
ließen es nicht zu. So nahm sie in Breslau zunächst das Studium der Germani-
stik auf, wechselte aber 1926 an die
theologische Fakultät Marburg zu Professor Hans von Soden, der durch seine
Kritik am späteren kirchlichen »Arierparagraphen« bekannt wurde. Durch v.
Soden und ihre großen schon in Breslau
erworbenen Kenntnisse in orientali-
schen Sprachen wurde St. wach für die
Frage nach den Juden als dem Gottes-
volk der Bibel. 1928 legte sie das Erste
Theologische Examen vor der Marbur-

ger Theologischen Fakultät ab und erwarb gleichzeitig den »Licentiaten der Theologie« mit einer Arbeit bei Hans von Soden über das Thema *Augustins Schöpfungsglaube*. Am 6. November 1938, drei Tage vor dem großen Judenpogrom, wurde St. in der St. Maria-Magdalenenkirche in Breslau ordiniert. Die schlesische Landeskirche gehörte zur»Altpreußischen Union«, in der bereits seit 1927 Frauen ordiniert wurden. Sie erhielten die Berechtigung zum Predigtdienst und zur Sakramentsverwaltung, auch wenn ihnen diese Rechte oft verweigert wurden.

St. engagierte sich also als »Stadtvikarin« in Breslau. Neben der Seelsorge in der Kinderklinik und der Tätigkeit im Arbeitervorort Oswitz erhielt sie den Auftrag, in Lehrstunden Menschen zum Eintritt in die evangelische Kirche vorzubereiten. Dabei begegnete sie Juden, mit denen sie sich ins Studium des Alten Testaments vertiefte. Breslau hatte zu jener Zeit eine große jüdische Gemeinde, deren Synagoge am 9. November 1938 niederbrannte. Um Juden zu schützen, hatte die Bekennende Kirche (der gegenüber dem Nazi-Regime kritisch eingestellte Teil der evangelischen Kirche) schon vorher die »Hilfsstelle für nichtarische Christen« ins Leben gerufen, nach ihrem Leiter kurz »Büro Grüber« genannt. Ihr Hauptsitz war in Berlin, eine der zahlreichen Außenstellen befand sich in Breslau, deren Leitung St. erhielt. Ihre eigene Wohnung in der Wagnerstraße 7 wurde zur Zufluchtsstätte für die Verfolgten. Gauleiter Karl Hanke, der später die Verhaftung von St. veranlaßte, wohnte nur zwei Straßen weiter.

Als dann 1940 Pfarrer Heinrich Grüber selbst ins KZ verschleppt wurde, zuerst nach Sachsenhausen, dann nach Dachau, mußte die Tätigkeit des Hilfsbüros noch konspirativer erfolgen. Es fanden sich nur noch wenige Helfer, darunter St.s Schwester Charlotte. Trotzdem gelang es St., zahlreiche Juden

so lange zu verbergen, u. a. in Heimen der Inneren Mission, bis sie ausreisen konnten, vor allem in die USA. Am 4. März 1942 wurde St. in Marburg von der Gestapo verhaftet. Jochen Klepper, ein in der Bekennenden Kirche aktiver, selbst mit einer jüdischen Frau verheirateter Theologe, mit dem St. vom Studium her befreundet war, hielt in seinem Tagebuch *Unter dem Schatten deiner Flügel* die Stationen ihrer Haft fest: Marburg, Kassel, das Arbeitshaus Breitenau und schließlich das Frauenkonzentrationslager Ravensbrück. Nach vielen zunächst vergeblichen Eingaben, besonders von seiten ihrer Schwester Charlotte, die damit bis zu Adolf Eichmann gelangte, wurde man auf St. aufmerksam. Schließlich war es der Breslauer Paul Graf Yorck von Wartenburg, Bruder des nach dem 20. Juli 1944 hingerichteten Widerstandskämpfers Peter Yorck von Wartenburg, der in Verhandlungen mit Gauleiter Hanke erreichte, daß die Nationalsozialisten St. am 18. Mai 1943 probeweise aus dem KZ entließen. Sie erhielt die Auflage, sich wöchentlich zweimal bei der Polizei zu melden und durfte nicht in der Öffentlichkeit auftreten. Im Januar 1945, als Adolf Hitler Breslau zur Festung erklärt hatte, gelang ihr im allgemeinen Wirrwarr die Flucht. Sie kehrte nach Marburg zurück und konnte durch Vermittlung von Professor von Soden in der Kurhessischen Kirche Dienst tun.

Nach Kriegsende erhielt St. Vertretungsaufträge in Gemeinden, deren Pfarrer noch in Kriegsgefangenschaft waren, zuletzt in Albertshausen bei Bad Wildungen, wo sie als erste Frau auf die Kanzel trat. 1950 wurde sie Vikarin für die Frauenarbeit in allen Frankfurter Gemeinden – die erste Vikarin in der Evangelischen Kirche von Hessen und Nassau –, gleichzeitig bekam sie einen Predigt- und Seelsorgeauftrag in der St. Katharinengemeinde im Frankfurter Innenstadt.

Da St. nie von ihrer Haft im Dritten

Reich sprach, wußte man selbst in der weiteren Verwandtschaft nichts davon. Erst kurz vor ihrem Tod diktierte sie ihrer Schwester ihre Erinnerungen aus der Gefangenschaft in Ravensbrück mit dem Titel *Des großen Lichtes Widerschein*.

Literatur: Schwöbel, G.: »Ich aber vertraue – Katharina Staritz, eine Theologin im Widerstand. (2. Aufl.) Frankfurt/Main 1993.

Gerlind Schwöbel

Struve, Gustav (von)

Geb. 11. 10. 1805 in München;
gest. 21. 8. 1870 in Wien

»Wohlstand, Bildung und Freiheit für das gesamte deutsche Volk«. Der Sohn des kaiserlich-russischen Staatsrates und Geschäftsträgers in München, Stuttgart und Karlsruhe hatte eigentlich eine glänzende Karriere vor sich, als er nach erfolgreichem Schulabschluß 1822 die juristische Fakultät der Universität Göttingen bezog. Als Attaché der Oldenburgischen Bundestagsgesandtschaft in Frankfurt am Main überwarf er sich jedoch schon bald mit seinen Vorgesetzten wie auch als Landgerichtsassessor in Jever auf der Suche nach Recht und Gerechtigkeit. Er opferte seine Karriere im diplomatischen Dienst seinen Überzeugungen. In der akademischen Laufbahn scheiterte er an der von ihm offen kritisierten Praxis des repressiven »Systems Metternich«. In seinen schriftstellerischen Arbeiten prangerte er die politischen Verhältnisse an und versuchte, sie durch das Schreiben zu verändern. Er bewarb sich dann 1834 im Großherzogtum Baden als Rechtsanwalt, begann seinen Weg vom unpolitischen Juristen zum »Chefideologen« des badischen radikalen Liberalismus. Als er ab 1845 auch als Journalist im *Mannheimer Journal* für die badische Verfassung und das badische Pressegesetz in die Schranken trat, ging es ihm nicht um persönliche Rechte, sondern um rein politische Ziele. Zehn Presseprozesse radikalisierten ihn immer mehr. Er ging für seine Überzeugungen ins Gefängnis, der Polizeistaat machte ihn zum Revolutionär.

Unter »revolutionär« verstand Str. zunächst jedoch nur die Rückkehr zu verfassungsrechtlich gesicherter, gesetzlicher Ordnung sowie »Fortschritt« im Sinne einer Bildungspolitik für die unteren Volksklassen. Er setzte sich für die Bildung und Aufklärung des Volks ein, um ihm das zum Zwecke des Menschen zurückzugeben, was der harmonischen Entwicklung seiner Kräfte diene. Die Verfassung des Staates aber, so meinte er, beruhe nicht auf einer geschriebenen Urkunde, sondern auf dem Rechtsbewußtsein des Volkes und auf der Bereitschaft des Volkes, für die Verwirklichung dieses Rechtsbewußtseins jedes Opfer zu bringen.

Im Februar 1847 gründete Str. in Mannheim die Zeitung *Deutscher Zuschauer*, in der er die öffentlichen Zustände aller deutschen Staaten anprangerte und dem »vierten Stand« eine Revolution in Aussicht stellte.

Für die etwa 1200 Abonnenten des *Deutschen Zuschauers* forderte er: »Zusicherung der wahren, ewigen und unveräußerlichen Menschenrechte für alle Staatsbürger ohne Unterschied des Standes, der Bildung und des Vermögens, das Recht auf Leben, Bildung und freie Entwicklung der dem Menschen von der Natur gegebenen und durch die äußeren Verhältnisse herangebildeten Kräfte, mit dem Fernziel einer gänzlichen Umstellung des Staatsorganismus und der völligen Gleichstellung des vierten Standes mit den übrigen Ständen.« Dies brachte ihm die Freundschaft des liberalen Kammerabgeordneten Hecker ein.

Etwa gleichzeitig lernte Str. seine spätere Frau Amalie kennen, mit der er sich für den Deutsch-Katholizismus Ronges engagierte, auch konnte er sie für Vegetarismus und Phrenologie begeistern. Seine *Kritische Geschichte des allgemeinen Staatsrechts* brachte er ebenfalls 1847 heraus, worin er forderte, die »Vereinigung des Standes der Arbeiter mit dem besseren Teile der besitzenden Klassen, um das Joch von Bürokratie, Klerisei und Plutokratie zu brechen«.

Die badischen Wahlmänner honorierten dieses Programm keineswegs, so daß Str. seine dreizehn Artikel der *Forderungen des Volkes* im außerparlamentarischen Raum auf der »I. Offenburger Volksversammlung« formulieren mußte (10. September 1847) – sie waren seit Jahren in der Diskussion und entsprachen einem Grundrechtskatalog. Die badische Regierung leitete ein Verfahren wegen Hochverrats gegen Str. ein. Inzwischen regten sich im Gebiet des Deutschen Bundes »radikale Umtriebe« bei Turnern, Sängern und Demokraten. Str.s theoretische Vorstellungen zur Reform der politischen Verhältnisse finden sich in seinen *Grundzügen der Staatswissenschaften*, die er zwischen 1845 und 1848 verfaßte. In vier Bänden nahm Str. von vornherein als seinen einzigen möglichen Standpunkt den der moral-philosophischen Betrachtung des Staates in Wesen, Formen und Handlungen ein. Darin vertrat er u. a. Auffassungen von der (gesetzlichen) Gleichheit, die noch vor Freiheit und Einheit rangiere. Der sittlich tugendhafte Mensch sei der ideale Staatsbürger, hieß es dort, denn »wer nicht entbehren kann, wird nie frei«! Der Grundsatz der Volkssouveränität nach nordamerikanischem Vorbild müsse zum Vorbild gemacht werden. Deutschland müsse in kleine Demokratien mit etwa je zwei Millionen Bürgern aufgeteilt werden, die alle in einer Art Völkerbund zusammenleben würden.

Die Ereignisse der französischen Februarrevolution 1848 und der deutschen Märzrevolution aktivierten Str. und seine Parteigänger: Auf der »II. Offenburger Volksversammlung« (19. März 1848) wurden die Zellen einer aktiven Volkspartei zur Vorbereitung einer Republik gebildet; das Votum einer weiteren Volksversammlung in Freiburg nahm Str. ohne vorherige Diskussion als die Meinung des souveränen Volkes für die Republik. Str.s Rede im Vorparlament über die »Forderungen des deutschen Volkes« endete mit einem Mißerfolg, weil das Gremium sich damit erst in einer Kommission befassen wollte. Zwar konnte Str. an der Konstituierung des Demokratischen Zentralkomitees zur Vorbereitung der Wahlen zur Nationalversammlung mitwirken, wurde aber nicht in den interimistischen Fünfziger-Ausschuß gewählt. Als am 8. April 1848 auf dem Bahnhof in Karlsruhe der linksdemokratische Journalist Joseph Fickler – er emigrierte später in die USA, wo er als glühender Verfechter der Sklaverei auftrat – auf Betreiben seines Duzfreundes, des späteren Ministers Karl Mathy, wegen Hochverrats verhaftet wurde, sahen sich Hecker und Str. zu überstürztem Handeln genötigt: zur Ausrufung der »Deutschen Republik« in Konstanz am 13. April 1848. Beim geplanten Sternmarsch der Parteigänger Str.s nach Karlsruhe verlor er die politische Kontrolle über seine Wehrmännerhaufen. Nach dem Gefecht bei Kandern am 20. April 1848 blieb ihm nur die Flucht in die Schweiz. Die »Linke« fühlte sich durch das verfrühte Losschlagen verraten, aber die außerparlamentarische Linke lebte in Volksvereinen weiter.

Aus dem Exil gab Str. seinen *Deutschen Zuschauer* heraus, in dem er die Idee der »sozialen Republik« entwickelte. Die Finanzierung der unvollendeten Revolution sollte mit Obligationen geschehen. Der Kampf der Republik gegen das Königtum sollte als Kampf der entrüsteten Tugend gegen das freche Laster geführt werden. Ende August 1848 war die Revolution eine Sache, die Str. glaubte, selbst in die Hand nehmen zu müssen. Str.s rational-utopisches Programm machte ihn blind für die richtige Einschätzung der wahren machtpolitischen Verhältnisse: Am 21. September 1848 proklamierte Str. in Lörrach die »soziale deutsche Republik«, rekrutierte eine waffenfähige Mannschaft im Auftrag der »provisorischen Regierung« und stellte mit vier Artikeln die alte soziale Ordnung des Staates in Frage.

Am 24. September 1848 wurden die 800 Wehrmänner von badischen Linientruppen in Staufen auseinandergetrieben, Str. floh mit seiner Frau und wurde in Wehr verhaftet. Im März 1849 wurden St. und seinem Mitstreiter Karl Blind in Freiburg vor einem Schwurgericht der Prozeß wegen Hochverrats gemacht. Das Urteil lautete auf fünf Jahre und vier Monate Einzelhaft. Beim Beginn der badischen Erhebung für die Reichsverfassung wurden St. und Blind in der Nacht zum 14. Mai 1849 von Parteigängern aus dem Bruchsaler Gefängnis befreit und zur Mitarbeit an der Durchsetzung der Reichsverfassung von Rastatt aus aufgefordert. Str. wurde zum Vizepräsidenten des Landesausschusses gewählt, der in Baden die Regierungsgewalt übernommen hatte. Man ernannte Str. zum Führer der republikanisch-sozialistischen Minorität, und auf seinen Vorschlag hin erfolgten Neuwahlen zu einer Konstituante am 3. Juni 1849. Str. wirkte als Produzent und Propagandist; er wollte die Revolution über Baden hinaus exportieren und Volkswehren bilden. Seine Aktivität überschlug sich angesichts der militärischen Einkreisung Badens durch preußische und württembergische Truppen.

In Bayern wegen Teilnahme am pfälzischen Aufstand zum Tode verurteilt, in Baden des Staatsbürgerrechts verlustig erklärt, flüchtete Str. zunächst in die Schweiz, von dort nach Frankreich, dann nach England und emigrierte schließlich 1851 in die USA. Dort verfaßte er eine *Weltgeschichte*, die sich teilweise als Resümee der praktischen Anwendung seiner *Grundzüge* in der Revolution von 1848 lesen läßt, geprägt vom Gegensatz liberalen Fortschrittsglaubens und eines rational-utopischen Sozialismus in der Nachfolge Rousseaus. Nach kurzer Teilnahme als Freiwilliger am amerikanischen Sezessionskrieg (1861–1865) und dem Tod seiner Frau kehrte Str., enttäuscht von den sozialen und politischen Verhältnissen in den USA, 1863 nach Deutschland zurück. Er engagierte sich neben August Bebel in der »Volkspartei« und forderte 1866 die Einberufung einer verfassungsgebenden Nationalversammlung.

1868 siedelte Str. nach Wien über, wo er begann, seine Memoiren zu schreiben. Vergessen von seinen Freunden, zerstritten mit einer Welt, die er hatte glücklich machen wollen, unbeachtet von den Menschen, für deren Rechte er sein Leben lang gekämpft hatte, starb er an einer Blutvergiftung. Die Politisierung des Volkes durch die Volksversammlungsbewegung und der Aufbau einer Volksvereinsorganisation, sowie das dahinterstehende Konzept einer Massenpartei gehören zu den Verdiensten Str. s.

Literatur: Reimann, M.: Der Hochverratsprozess gegen Gustav Struve und Karl Blind. Der erste Schwurgerichtsfall in Baden. Sigmaringen 1985.

Jürgen Peiser

Unzer, Johann Christoph
Geb. 17. 5. 1747 in Wernigerode;
gest. 20. 8. 1809 in Göttingen

U. zählt zu den wenigen Intellektuellen, die sich auch während der Jakobinerdiktatur für die Ideale der Französischen Revolution einsetzten und sich zum »radikalen Demokraten« (Grab) entwickelte. U. war der älteste Sohn des Stolberg-Wernigerödischen Leibarztes und Hofrats Johann Christoph U.. Als U.s Mutter 1751 starb, heiratete der Vater deren jüngere Schwester, die aus Liebe zu den Kindern das

Kloster Drübeck verließ und sie religiös und streng erzog. Nach dem Besuch der Lateinschule in Wernigerode ging er 1764 als gräflicher Alumne an die Klosterschule zu Ilfeld. Unterrichtet wurde er hier seit 1766 von Jakob Mauvillon. Dieser besuchte U.s Familie in Wernigerode, wo Mauvillon U.s jüngeren Bruder Ludwig August kennenlernte, mit dem er literarisch zusammenarbeitete. Die freigeistige Weltanschauung seines Lehrers, eines Feindes der katholischen Religion, beeinflußte U.s Verhalten und Denken, deshalb wurde er 1767 von der Schule verwiesen. Er blieb mit Mauvillon weiter befreundet und als dieser starb, würdigte er ihn, der als Freund Mirabeaus und wegen seiner Haltung zur Französischen Revolution von Konservativen befehdet wurde, mit einem Gedicht. Trotz des Schulverweises erhielt U. ein gräfliches Stipendium und studierte in Göttingen Medizin.

Hier gehörte er zu einem Freundeskreis, zu dem Adolph Freiherr von Knigge und Friedrich Christian Kiß zählten. Kiß war seit 1793 Herausgeber der *Altonaer Address-Comtoirs-Nachrichten*. 1771 wurde U. promoviert und wandte sich nach Altona, wo sein Onkel Johann August Unzer als berühmter Arzt lebte. Er veröffentlichte damals in Altona eine Reihe von Gedichten, die seine Tante, die Dichterin Johanne Charlotte Unzer, feierten. U. übernahm dann von 1773 bis 1779 die Herausgabe der 1771 gegründeten Zeitschrift *Altonaischer Gelehrter Mercurius*, in der er bevorzugt Werke der »Stürmer und Dränger« besprach. Außerdem war er von 1773–1787 Mitarbeiter des maßgeblichen Rezensionsorgans seiner Zeit, der *Allgemeinen Deutschen Bibliothek* von Friedrich Nicolai. Zudem erschienen Beiträge von ihm in den *Altonaer Address-Comtoirs-Nachrichten*.

Schon bald wurde U. Theaterenthusiast und gehörte, wie sein Freund Caspar von Voght, zu den Bewunderern der Schauspieltruppe um Friedrich Ludwig Schröder. Für Schröder verfaßte er eine Anzahl von Theaterreden, darunter eine *Rede zur Todtenfeier Lessings* (1780) und bearbeitete Dramen für das Hamburger Theater. Er schrieb Bühnenstücke, von denen das Trauerspiel *Diego und Leonore* (1775) das erfolgreichste war. 1778 wurde es nach der Uraufführung gleich verboten, weil der kaiserliche Gesandte sich über die darin enthaltenen Angriffe auf den katholischen Klerus beschwert hatte.

Seit 1775 unterrichtete U. als Professor der Naturlehre und Naturgeschichte am Christianeum in Altona, eine Lehrtätigkeit, die er 1786 reduzierte und 1792 aufgab. 1789–1801 war er Stadtphysikus von Altona. Zudem arbeitete er als geschätzter Arzt, der sich auf die Geburtshilfe spezialisiert hatte. U.s geselliges Talent ist oft hervorgehoben worden. So bemerkte der Weimarer Gymnasialdirektor und Freund Wielands Karl August Böttiger im Jahre 1795: »Aber so sehr er wegen seines lebhaften Witzes und nie versiegenden guten Laune in Gesellschaften geliebt wird, so wenig Achtung verdient seine ungebundene Lebensart und seine Unbehutsamkeit, mit welcher er nicht blos die Glaubenslehren, sondern auch die Moral des Christenthums lächerlich macht. Er ist ein erklärter Spötter«.

1778 heiratete U. die Schauspielerin und Halbschwester Schröders, Cornelie Dorothea Elisabeth Ackermann. Diese Ehe verlief unglücklich. 1794 verließ ihn Dorothea mit den zwei jüngeren Kindern und begab sich zu ihrem Halbbruder Schröder nach Rellingen bei Hamburg. 1797 ließ U. die Kinder entführen. Es folgte ein Ehescheidungsprozeß und 1798 die Scheidung. Die unerquicklichen Einzelheiten ließ U. drucken, um seine Frau zu demütigen, das Erziehungsrecht für die Kinder zu erlangen und sich vor seinen Mitbürgern zu rechtfertigen. Schröder kaufte die Schrift auf und ließ sie bis auf wenige Exemplare einstampfen.

1807 heiratete U. die verwitwete französische Emigrantin Jeanne Lefèbvre-Millot. Zwei Jahre später starb U. auf der Reise nach Karlsbad in Göttingen.

Es ist öfter bezeugt, daß U. zu den radikalsten Freiheitsfreunden zählte. So war er Teilnehmer eines Freiheitsfestes in Harvestehude bei Hamburg, das Georg Heinrich Sieveking und drei andere Kaufleute anläßlich des ersten Jahrestages des Bastillesturmes am 14. Juli 1790 veranstalteten. Gegenüber einer Bekannten gestand er 1794, daß er »Demokrat bis in das Innere seines Herzens« sei. Einerseits zählte er zu dem liberalen Reimarus-Sievekingschen Kreis, hatte aber auch Beziehungen zu konsequenteren Revolutionsanhängern. Mit Gustav Friedrich Heiligenstedt, der sich 1792 nach Berlin begab, um dort demokratische Ideen zu verbreiten, war U. befreundet. Von der preußischen Polizei verhaftet, erhielt Heiligenstedt die Erlaubnis, aus dem Gefängnis mit U. zu korrespondieren. Aus den Akten zum Ehescheidungsprozeß geht hervor, daß U. auch Charles Marné (»der einzige praktische Sanskulote, den ich gesehen habe«) in sein Haus aufnahm, und seine Frau des Ehebruchs mit Marné bezichtigte. Dieser habe sich gerühmt in Leipzig, wo er arretiert gewesen war, »im Fenster seines Gefängnisses eine Guillotine aufgestellt zu haben, womit er zur Belustigung des Pöpels Rüben geköpft habe.« Gastfreundlich erwies sich U. auch gegenüber der französischen Autorin Stéphanie Félicité de Genlis, die 1794 in Altona weilte. Den französischen Kommissären Delamarre und Castera gewährte er Unterkunft. Dem preußischen Gesandten in Hamburg war U. so verhaßt, daß dieser ihn in das Gebäude der preußischen Gesandtschaft locken wollte, um ihn durch Werbeoffiziere abtransportieren zu lassen. 1798 verkehrte U. mit Léonard Bourdon, und in seinem Haus fanden Geheimtreffen mit französischen Agenten statt. Bourdon begleitete er ins Altonaer National-theater, das damals von Johann Friedrich Ernst Albrecht geleitet wurde. Im Frühjahr dieses Jahres reiste er zusammen mit seinem jüdischen Freund Heymann Pappenheimer als Propagandist von Revolutionsideen nach Holstein.

Der Schwerpunkt von U.s schriftstellerischem Wirken lag in der Zeit vor der Französischen Revolution, da er später durch seine beruflichen Pflichten als Physiker nicht die Zeit hatte zu schreiben. Die wenigen Schriften, die er während des revolutionären Jahrzehnts verfaßte, behandelten kaum politische Fragen. Daß er aber als politischer Schriftsteller anonym tätig war, ist nicht auszuschließen. Neben Rezensionen und Gedichten veröffentlichte U. eine *Beschreibung eines mit dem künstlichen Magneten angestellten medizinischen Versuchs* (1775) und gehörte damit zu den ersten Ärzten, die sich mit »Mesmerismus« beschäftigten. Somit zählt der Altonaer zu den Pionieren einer fragwürdigen Heilmethode, von der er sich später distanzierte. Er lieh seine Initialen der von seinem Freund Moses Wessely verfaßten Schrift *Anmerkungen zu der Schrift des Herrn Dohm über die bürgerliche Verfassung der Juden* (1782). Eines seiner letzten Gedichte verfaßte U. beim Tode Klopstocks (1803).

Zwei Jahre nach U.s Tod wurden von einem seiner Freunde *Hinterlassene Schriften poetischen Inhalts* (1811) herausgegeben. Dort heißt es in einem Nachruf: »Er war mit bewunderungswürdigen Anlagen geboren und einer der talentvollsten genialistischen Männer Deutschlands. Er war der Freund Lessings und Klopstocks; seine Gedichte und Reden zeugen von seinem ästhetischen Berufe und von seiner Geistesverwandtschaft mit ihnen. Als Arzt kannte er seine Kunst vollkommen, und hatte keine Neider unter seinen Amtsgenossen. Er war durch seinen Witz, seinen Verstand, seine Kenntnisse, seine Anmuth und seine Liebenswürdigkeit die Zierde jeder Gesellschaft. Er liebte große und liberale Ideen, und war ein hochherziger Mensch.«

Obgleich U. von seinen Zeitgenossen als eine bedeutende Persönlichkeit geschätzt wurde, hatte sich die Forschung kaum um ihn gekümmert. Vielmehr stellten ihn Theaterromane in bizarrer Verfremdung vor, so z. B. das Werk von Otto Müller *Charlotte Ackermann* (1853). Die Beschäftigung mit ihm wurde allerdings erschwert, da sich nur wenige persönliche Zeugnisse seines Lebens erhalten haben. Ein Nachlaß war nicht vorhanden.

Literatur: Grab, W.: Demokratische Strömungen in Hamburg und Schleswig-Holstein zur Zeit der ersten französischen Republik. Hamburg 1966. – Lohmeier, D.: Johann Christoph Unzer, in: Schleswig-Holsteinisches Biographisches Lexikon, Bd.6 Neumünster 1982, S. 289 f. – Engels, H.-W.: Johann Christoph Unzer, in: 250 Jahre Christianeum 1738–1988. Festschrift. Hamburg 1988, Bd. 1. S. 75–90.

Hans-Werner Engels

Venedey, Henriette
(zunächst: Obermüller)
Geb. 5. 4. 1817 in Karlsruhe;
gest. 20. 5. 1893 in Badenweiler

»Des Vaterlandes kampfgeübten Söhnen,/ Die gleich zum Siege, wie zum Tod bereit,/ Hast Du mit anderen freigesinnten Schönen/ Die Fahne, die sie führen soll, geweiht./ Aus einem Herzen, welches längst entschieden/ Und hochvollkommen für die Freiheit schlägt,/ Kam diese Fahne, gleich den Purpurblüthen,/ Die in dem Lenz der Stock der Rose trägt./ Seht ihr sie in des Himmels Lüften wehen?/ Sie hat die Farbe von dem Morgenroth,/ Und schau! in einem grünen Kranze stehen/ Der Losung Worte ›Siegen oder Tod!‹« Diese »Danksagung an die Bürgerin Henriette Obermüller«, die im Juni 1849 in der Karlsruher Zeitung *Der Ver-*

kündiger veröffentlicht wurde, galt einer Frau, die sich als überzeugte Republikanerin, Anhängerin Friedrich Heckers (»Heckerin«) und Frauenrechtlerin vom politischen Vormärz an über die deutsche Revolution 1848/49 bis in die 1860er Jahre hinein im Großherzogtum Baden für die Etablierung einer freiheitlich-demokratischen Staatsordnung und die Gleichstellung von Frauen engagiert hatte. Dabei ist ihre wechselvolle Lebensgeschichte als »fanatische Demokratin« und beherzte Kämpferin an der Seite der badischen Revolutionspolitiker Lorenz Brentano und Josef Fickler heutzutage genauso unbekannt wie diejenige als Geschäftsfrau und Korrespondentin von Frauenvereinen.

Als drittes von fünf Kindern eines Karlsruher Oberstadtamtsrevisors geboren, verlebte V. (die spätere Ehefrau Jakob Venedeys) eine für »höhere Töchter« typische, behütete Kindheit und Jugend, in der sie während ihrer Schulzeit 1823 bis 1829 unter der Anleitung des Vaters auch Einweisungen in naturwissenschaftliche und altertumskundliche Grundbegriffe erhielt. Da ihre Mutter die älteste Tochter zur Versorgung des Haushalts brauchte, mußte V. auf eine intensivere Ausbildung verzichten. Den religiösen und traditionellen Erziehungsversuchen der Mutter zum Trotz, wuchs V. unter der Obhut des freidenkenden Vaters zusammen mit ihren Brüdern und Vettern in einem politischen Klima auf, das durch »Fürsten- (und) Pfaffenhaß« gekennzeichnet war und die Zustimmung zu dem am 27. Mai 1832 stattfindenden Hambacher Fest ebenso mit einschloß wie die zu dem im April 1833 von Studenten inszenierten Frankfurter Wachensturm. 1837 heiratete V. ihren Vetter Gustav Obermüller und ging mit ihm nach Le Havre, wo dieser als Geschäftsführer bei einer Auswanderungsagentur angestellt war. Entgegen ersten Hoffnungen konnte ihr Ehemann das Geschäft jedoch nicht übernehmen und kehrte nach einer Erkrankung im März 1845 zusammen mit V. nach Durlach zurück, wo er sich als Weinhändler niederließ. V.s Ehe mit Obermüller, die sie aus Vernunftgründen eingegangen war und die schon in Le Havre wegen dessen »Herrschsucht« und Liebesaffären recht unglücklich war, brach nur vor dem Hintergrund der sich zuspitzenden politischen Situation in Baden nicht auseinander.

So besuchten die Obermüllers 1846/47 die Sitzungen der zweiten Kammer des badischen Landtags in Karlsruhe und nahmen Kontakt zu demokratisch-republikanischen Kreisen, den »ärgsten Wühlern« in Durlach auf, die sich noch vor Revolutionsausbruch zu politischen Absprachen in ihrer Wohnung trafen. Die Nachricht vom Sturz der französischen Julimonarchie Anfang 1848 löste im Großherzogtum Baden große politische Euphorie aus. An den darauf im ganzen Land abgehaltenen Volksversammlungen nahmen auch V. und ihr Mann teil. Während 1848 Gustav Obermüller in der neu organisierten Durlacher Bürgerwehr zum Hauptmann ernannt wurde und Reden zugunsten der unterbürgerlichen städtischen Schichten hielt, setzte V. ihre politischen Hoffnungen zunächst auf die Nationalversammlung in Frankfurt. Darüberhinaus war sie bei zahlreichen Vereinsgründungen der Demokraten in Karlsruhe dabei und besuchte auch die Gerichtsverhandlungen gegen die Teilnehmer des badischen Aufstands vom September 1848, des sogenannten »Struve-Putsches«. Nach deren Freispruch wandte sie sich an den demokratischen Volksführer, den Journalisten Fickler aus Konstanz, um ihm »die Hand zu drücken«. Dieser bot ihr jedoch den Arm und ging mit ihr »nach dem Hotel in Freiburg zur Tafel«, wo sie »neben Fickler gesetzt (und) mit großer Auszeichnung behandelt« wurde. Trotz ihrer Unterstützung der Demokraten pflegte V. den Kontakt mit politisch Andersdenkenden. Wie sie sich in ihren unveröffentlichten *Lebensbeschreibungen* (1870) erinnert, kam es nach Niederschlagung der Wiener Revolution (31. Oktober 1848) in einer Gesprächsrunde mit Damen der Durlacher Gesellschaft zu heftigen Auseinandersetzungen: »Eines Nachmittags war der Kranz bei mir, ich war durch die Nachrichten (...) sehr aufgeregt. Ich lobte die Democratie, behauptete, daß die Frauen bessere Democraten, geborene Democraten seyen, da sie die Liebe, die Menschlichkeit eigentlich verkörpern (würden). Ich vertheidigte die Republicanische Staatsform als die einzig Menschenwürdige etc. Viele waren mit mir einverstanden, aber daß die Frau Grosherzogin nicht mehr Grosherzogin sein sollte, das war zu stark. (...) Von da ab giengs über mich los ohne Schranken!«

Nach der Flucht des Großherzogs Leopold und der Regierungsübernahme durch eine provisorische Regierung unter Lorenz Brentano Mitte Mai 1849 traf V. bei einem Festessen in Karlsruhe mit Brentano zu einem Gedankenaustausch zusammen, bei dem sie diesem Mut zusprach und ihn gleichzeitig zur energischen Verteidigung der badischen Republik aufforderte. Am 20. Juni 1849 mußte die steckbrieflich gesuchte V. vor den in Durlach einrückenden preußischen Interventionstruppen zunächst nach Ettlingen und später ins französische Lauterburg fliehen. Zur Rettung ihres Vermögens beschlossen V. und ihr Mann, sich den badischen Behörden zu stellen. Angeklagt des Hochverrats, die »Soldaten zum Treubruch verleitet« und »gegen die Preußen gekämpft« zu haben, wurde V. am 16. November 1849 im Gefängnis in Durlach inhaftiert. Am 8. Januar 1850 wurde sie gegen Kaution aus der Haft entlassen und am 19. Februar ihr Verfahren ausgesetzt. Allerdings wurde sie aus Durlach nach Karlsruhe ausgewiesen und für zwei Jahre unter polizeiliche Aufsicht gestellt. Nachdem Gustav Obermüller im Februar 1850 zu 18 Monaten Zuchthaus und im Juli 1850 zu einer weiteren Strafe von zwei Monaten Einzelhaft verurteilt worden war, reichte V. nach der finanziellen Abfindung der badischen Generalstaatskasse ein Gnadengesuch für ihren Mann ein. Diesem wurde im September 1851 entsprochen. Da Obermüller während seiner Haft an Schwindsucht erkrankt war, starb er bereits am 14. Januar 1853.

Durch die Vermittlung von Johann Adam von Itzstein, im Vormärz Führer der liberalen Opposition in der badischen Kammer, in der Frankfurter Nationalversammlung der gemäßigten Linken zugehörig, sahen sich Ende 1853 der ehemalige Abgeordnete in der Paulskirche, Jakob Venedey und V., die sich Anfang 1838 in Le Havre kennengelernt hatten, wieder, verliebten sich ineinander und heirateten am 8. Juni 1854. Darauf gingen beide nach Zürich, wo V.s Ehemann Vorlesungen an der Universität hielt und eine Professur am Polytechnikum erhalten sollte. Diese Aussicht erfüllte sich indes nicht, so daß V. mit ihm im Herbst 1855 nach Heidelberg ging. Nachdem sie zuvor in Zürich eine Totgeburt erlitten hatte, wurde V. am 8. Oktober 1856 mit 39 Jahren zum ersten Mal Mutter. Zu diesem Zeitpunkt hatte sie ihre politische Aktivität auf Druck der badischen Regierung zwar zurückgestellt, aber noch im Februar 1856 der Preußischen Literarischen Anstalt von Dr. Löwenthal in Frankfurt »einige ihrer Schriften zum Verlag« angeboten. Dieser mußte jedoch aufgrund anderweitiger Verpflichtungen das Angebot ablehnen. Da Jakob Venedey als Privatdozent und Zeitungskorrespondent in dieser Zeit zu wenig verdiente, um die Familie allein zu ernähren, dachte V. daran, aufs Land nach Hagsfeld bei Karlsruhe zu ziehen, wo sie Ackerland, einen Weinberg und eine Wiese geerbt hatte. Doch sagten ihrem Mann weder Landwirtschaft noch Gegend zu, und so blieb die Familie im Winter 1857/58 in Heidelberg. Die tat-

kräftige Frau setzte sich schließlich doch durch und zog im August 1858 zusammen mit ihrem Mann und Sohn Michel nach Badenweiler. Das Ehepaar kaufte ein altes Bauernhaus mit Scheune und Garten, ließ es renovieren und zu einer Pension für Kurgäste ausbauen. Anfang August 1860 – inzwischen war im April 1860 V.s zweiter Sohn Martin geboren worden – war das »Rasthaus Venedey« ganz fertiggestellt. Laut ihrer Haushalts- und Fremdenbücher führte V. das »Rasthaus« selbständig als Pensionswirtin, schuf auf diese Weise ein finanzielles Fundament für die Familie und hielt gleichzeitig ihrem Mann Jakob den Rücken für dessen historische Studien und politischen Aktivitäten frei.

Auch V. wandte sich im Zuge der deutschen Einigungsbestrebungen nach 1866 wieder der Politik zu und setzte sich verstärkt für die Gleichstellung der Frauen ein. So korrespondierte sie 1868/69 mit ihrer Freundin Marie Goegg, die im Zentralkomitee der Genfer »Association internationale des femmes« saß, wurde Mitglied der »Association«, arbeitete an dem vom Komitee herausgegebenen *Journal des femmes* mit und hatte auch den Vertrieb desselben für Baden übernommen. Im Oktober 1869 ging sie für ein halbes Jahr mit Mann und Söhnen nach Berlin, wo Jakob V. als Korrespondent der Wiener *Neuen Freien Presse* arbeitete. In dieser Zeit traf sich V. regelmäßig mit Teilen der Berliner intellektuellen Szene, und zwar mit den Frauen von Max Ring, Franz Duncker, Berthold Auerbach und Karl Gutzkow sowie mit Fanny Lewald. Nach Ausbruch des Deutsch-Französischen Krieges im Juli 1870 blieb V. aus Sorge um ihre Pension im frontnahen Südschwarzwald und bot den Behörden ihr »Rasthaus« als Spital für verwundete Soldaten an. In den letzten Einträgen ihrer Tagebücher von September 1870 spiegeln sich V.s starke Anteilnahme an den »schrecklichen Tagen des Kriegs gegen Frankreich«, ihre demokratischen

Auffassungen und ihre Versuche zur politischen Versöhnung mit den Franzosen, die sie zusammen mit ihrem Mann nach dem Sieg der Deutschen unternahm, wider. Obwohl beide darauf in die Schußlinie nationalistischer Kreise gerieten, demonstrierte V. mit ihrem Mann standhaft ihre politische Haltung vor aufgebrachten Bürgern in Baden. Am 8. Februar 1871 starb Jacob Venedey an einer Lungenentzündung. Da V. nun für ihre Familie allein sorgen mußte, zog sie sich aus der Politik zurück und konzentrierte sich ganz auf die Erziehung ihrer Söhne und die Geschäftsführung des »Rasthauses«, die sie bis zu ihrem Tode 1893 inne hatte.

Literatur: Raab, H.: Die revolutionären Umtriebe der Familie Obermüller von 1832 bis 1849. Badische Heimat, Jg. 73 (1993), 481–489.

Birgit Bublies-Godau

Wieland, Christoph Martin
Geb. 5. 9. 1733 in Oberholzheim bei Biberach; gest. 20. 1. 1813 in Weimar

»Alle bürgerlichen Gesellschaften haben den unheilbaren Radikalfehler, daß sie, weil sie sich nicht selbst regieren können, von Menschen regiert werden müssen, die – es größtenteils eben so wenig können. (...) Was hieraus unmittelbar folgt, ist, denke ich: man könne nicht ernstlich genug daran arbeiten, die Menschen vernünftig und sittig zu machen. Aber, wie die Machthaber hiervon zu überzeugen, oder vielmehr dahin zu bringen wären, die Wege, die zu diesem Ziele führen, ernstlich einzuschlagen? – Dieß ist noch immer das große unaufgelöste Problem. Wie kann man ihnen zumuthen, daß sie mit Ernst und Eifer daran arbeiten, sich selbst überflüssig zu machen?« Mit diesem Fazit beschließt der siebenundsiebzigjährige W. in seinem letzten Roman *Aristipp und einige seiner Zeitgenossen* seine Laufbahn als politischer Schrift-

steller. Einen Demokraten hätte er selbst sich kaum genannt – für die Bildung demokratischer Haltungen hat er mehr getan als die meisten seiner Zeitgenossen und mehr sicherlich als alle, die mit dem Beiwort des Klassikers versehen sind.

Geboren 1733 in Schwaben, ging er nach kurzem Versuch, in Tübingen Jura zu studieren, nach Zürich, um sich dort bei Johann Jakob Bodmer als Nachfolger Klopstocks zum Dichter ausbilden zu lassen. Nach einem Zwischenaufenthalt in Bern kehrte er in die Vaterstadt Biberach zurück, wurde Beamter und, nachdem er sich von allen Lehrmeistern auch innerlich freigemacht hatte, in kurzer Zeit der Dichter, dem die deutsche Sprache auf ihrem Wege zur Weltliteraturfähigkeit am meisten verdankt. Seine Neologismen – von »kaltsinnig« bis »Sicherheitsklausel« – sind bis heute Bestandteil der Umgangssprache. Berühmt wurden seine Versepen, er verfaßte das erste deutsche Stück in Blankversen, machte den Roman zu einer anerkannten Literaturgattung und übersetzte fast den gesamten Shakespeare. 1769 bis 1777 war W. Professor für Philosophie in Erfurt, dann holte ihn Anna Amalia, die Regentin des Herzogtums Weimar, als Erzieher ihres Sohnes Karl August nach Weimar, das von da an der »Musenhof« wurde – Goethe, Herder und Schiller folgten nach. In Weimar begründete W. 1773 nach französischem Vorbild die literarische und politische Zeitschrift *Der Teutsche Merkur* (von 1790 bis 1810 *Der neue Teutsche Merkur*). 1797 zog W. sich auf das Gut Oßmannstädt bei Weimar zurück, mußte aber wegen finanzieller Schwierigkeiten 1803 nach Weimar zurückkehren, wo er 1813 starb. Begraben liegt er, zusammen mit seiner Frau und Sophie Brentano, der Enkelin der Jugendfreundin Sophie LaRoche, in Oßmannstädt.

W.s Oeuvre umfaßt Romane, Novellen, Verserzählungen, Theaterstücke,

Singspiele, Übersetzungen (Shakespeare, Horaz, Cicero, Aristophanes) und ein umfangreiches essayistisches Werk zu vielen, aber besonders zu politischen Themen. Schon seine Romane behandeln immer wieder politische Probleme: *Die Geschichte des Agathon* (2 Bde. 1766/67) diskutiert die Vor- und Nachteile der athenischen Demokratie (5. Jh. v. Chr.) und der Alleinherrschaft des Dionys von Syrakus (430–367); der *Goldene Spiegel* (1772) und *Die Geschichte des weisen Danischmend* (1775) in orientalischem Gewand die Probleme monarchischer Regierungsformen und die (zweifelhaften) Hoffnungen, die man in die natürliche Tugend des Menschen setzen kann – W. war kein Anhänger Rousseaus. In der *Geschichte der Abderiten* (1774; vermehrte Fassung, 2 Bde. 1781) werden in satirischer Form die politischen Bräuche eines republikanischen Stadtstaates geschildert. Während die ersten drei Bücher sich noch wie eine Spießbürgersatire lesen, so schildern die letzten beiden mit großer analytischer Schärfe bedrohliche politische Krisen, deren letztere zum Ende der Stadt Abdera führt. Der Roman *Peregrinus Proteus* (2 Bde. 1791) behandelt u. a. am Beispiel des Aufstiegs des Christentums die politische Gefahr konspirativen Sektenwesens, der *Agathodämon* (1799) setzt die Kritik der Religion fort und gibt eine Standortbestimmung der Aufklärung. *Aristipp und einige seiner Zeitgenossen* (4 Bde. 1800–1802) schließlich ist ein in die Sokrates-Zeit des 5. Jahrhundert v. Chr. zurückversetztes philosophisches, politisches und ästhetisches Zwischenfazit der Aufklärung, wie W. sie sah. Der Roman ist auch der Rückblick auf fast 50 Jahre politischer Schriftstellerei, deren gewichtigster Teil in die Jahre der Französischen Revolution fällt.

Mit den revolutionären Ereignissen in Frankreich das deutsche Publikum vertraut zu machen, hielt W. einige Jahre für seine wichtigste Aufgabe. Daß die Pariser Geschehnisse keine lokalen Angelegenheiten waren, sondern Weltpolitik, sah er von Anfang an. W. war dabei alles andere als ein Parteigänger der Revolution – aber er wurde auch dann nicht zu ihrem wütenden Gegner, als sie radikaler und gewalttätiger wurde, als ihre deutschen Verehrer für erträglich hielten. Man muß hier auf einen Zug von W.s politischem Schreiben zu sprechen kommen, der nicht nur seine Zeitgenossen, sondern bis heute viele irritiert hat: Es kam W. in seinen politischen Schriften auf seine eigene Meinung zum wenigsten an. W. war kein Leitartikler. Ihm ging es darum, das Publikum urteilsfähig zu machen, nicht darum, es zu (s)einer Ansicht zu bekehren. Eine wichtige Rolle spielt darum in W.s politischen Schriften die bloße Information. Darüber hinaus zeigt W. seinen Lesern, wie man das mitgeteilte Ereignis betrachten kann – nicht wie man es betrachten muß. W. hat zu diesem Zwecke auch Ansichten argumentativ ausgeführt, die nicht die seinen waren, ja Aufsätzen anderer Verfasser im *Teutschen Merkur* Antithesen zur Seite gestellt, die nur zeigen sollten, auch *so* könne man die Sache ansehen. Mit aller Schärfe hat er sich konsequenterweise gegen alle politischen Positionen gewandt, die von sich behaupteten, unmittelbare Evidenz zu besitzen, sich aus der Natur der Sache oder des Menschen von selbst zu verstehen. Politische Fragen versuchte W. stets als Gegenstand von Debatten darzustellen, und so griff er sehr häufig zum Mittel des Zwiegesprächs, in dem er fiktive Kontrahenten ihre gegensätzlichen Positionen darlegen ließ. Hierbei war sehr häufig nicht Konsens das Ziel, sondern allein die Demonstration, daß gegensätzliche Argumentation möglich und also nötig war. Der Leser sollte nach Lektüre des Streitgespräches besser informiert und mit dem differenzierten Bild der Lage aus der Sache hinausgehen.

Es kann nicht verwundern, daß W.

diese Art zu schreiben Mißverständnisse eingetragen hat. Man hielt ihn für wankelmütig, für jemanden, der unfähig sei, sich zu einer feststehenden Meinung durchzuringen. Was sollte man auch von einem denken, der von einer Maßnahme der jakobinischen Regierung gleichzeitig behauptete, sie gehe zu weit und sie gehe nicht weit genug? W. zeigte in solchen Aufsätzen die Instabilität der politischen Situation, zeigte, wie sehr sie dazu angetan sei, Kräfte auf den Plan zu rufen, die entweder das revolutionäre Experiment beendeten, oder versuchten, es in ganz ungeahnte Richtungen weiterzuführen. So wies W. einerseits darauf hin, daß die politische Demokratisierung ihre Grenze an den ökonomischen Machtverhältnissen finden werde, wenn die Jakobiner nicht bereit wären, auch diese Grenze zu überschreiten, und andererseits sagte er als Ende der Revolution eine Militärdiktatur voraus, und nannte – 1798, eineinhalb Jahre vor dem Staatsstreich Bonapartes vom 18. Brumaire (9. 11. 1799) – bereits den Namen des Mannes, der dafür in Frage käme: General Napoleon Bonaparte. Als die »Prophezeihung« Wirklichkeit wurde, nahm eine englische Zeitung das als Indiz für eine Verschwörung eines deutsch-französischen Geheimbundes, der Napoleon zur Macht verholfen habe.

Als Napoleon 1808 in Weimar Station machte, gab es eine längere Unterhaltung mit W., über die dieser eine vergnügliche, weil gänzlich unbeeindruckte Schilderung hinterlassen hat. Doch blieb der W. von Napoleon nach ihrer Begegnung übersandte Orden der Ehrenlegion neben dem St. Annen-Orden, den ihm, dem französischen Beispiel folgend, der Zar verlieh, die einzige Auszeichnung, die W. je erhalten hat. Dem deutschen Patriotismus, der als Reaktion auf die Französische Revolution aufkam, hat sich W. verweigert. Er nannte ihn eine »Modetugend«. »Vaterlandsliebe?«, heißt es in einem seiner

fiktiven Gespräche, »Nazionalgeist? – Lieber Wilibald, wozu dieser Eifer? Und wenn Sie ihn sogar in jedem einzelnen Teutschen entzünden könnten, wozu?«, und an anderem Orte, daß er sich »noch ganz lebhaft erinnere, daß in meinen Schuljahren das Prädikat *teutscher michel* eines von denen war, womit belegt zu werden einem jungen *Alemannier* nur um einen Grad weniger schimpflich war, als *den Schul-Esel zu tragen*.« Den Literaturgeschichten des neunzehnten Jahrhunderts galt W. als frankophil und undeutsch.

Wollte man W.s Haltung als politischer Schiftsteller in äußerster Knappheit darstellen, so müßte man dies mit folgenden beiden Zitaten tun: »Es gibt gewisse Dinge, ohne die ich weder leben noch weben kann; als da ist (...) alles was Menschen angeht, als meine Privatsache anzusehen, und mich über ein Unrecht schrecklich zu ereifern, das vor drey tausend Jahren einem Betteljungen zu Babylon geschehen ist« – und: »Der Himmel verhüte, daß ich von irgend einem denkenden Wesen verlange, mit mir überein zu stimmen, wenn er von der Richtigkeit meiner Behauptungen nicht überzeugt ist; oder daß ich jemahls fähig werde, jemanden meinen Beifall deßwegen zu versagen, weil er nicht meiner Meynung ist!«

Literatur: Brender, J.: Christoph Martin Wieland. Reinbek 1990. – Erhart, W.: Entzweiung und Selbstaufklärung. Christoph Martin Wielands »Agathon«-Projekt. Tübingen 1991. – Gruber, J. G.: Wielands Leben. In: Christoph Martin Wieland, Sämmtliche Werke, Leipzig 1794–1802 (Nachdruck, Nördlingen 1984). – Reemtsma, J. Ph.: Der politische Schriftsteller Christoph Martin Wieland. In: Christoph Martin Wieland, Politische Schriften, insbesondere zur Französischen Revolution, hg. von J. Ph. Reemtsma und H. und J. Radspieler, Nördlingen 1988, S. XII–LXXIV. – Reemtsma, J. Ph.: Das Buch vom Ich. Christoph Martin Wielands »Aristipp

und einige seiner Zeitgenossen«. Zürich
1993. – Weyergraf, B.: Der skeptische
Bürger. Wielands Schriften zur Französischen Revolution. Stuttgart 1972.

Jan Philipp Reemtsma

Wygand, August

Geb. 24. 8. 1657 in Eisleben,
gest. 26. 2. 1709 in Altona

Von seinen Zeitgenossen geliebt und
gehaßt, gedemütigt und verfolgt, beju-
belt und auf den Schild gehoben, von
einer staatsobödienten Geschichts-
schreibung jahrhundertelang als »Cha-
ot« und »Unruhestifter«, »Verbrecher«
und »Verräter« gebrandmarkt oder aber
totgeschwiegen und daher in Vergessenheit geraten, war W. In Wirklichkeit: ein
Vorkämpfer der bürgerlichen Gesellschaft, der bedeutendste Bürgerrechtler
in der hamburgischen Geschichte mit
Kontakten in ganz Deutschland und
darüber hinaus. Zugleich war W. Berater des dänischen Königs Christian V.
(1670–1699), des polnischen Königs
August II., des »Starken« (1697–1733)
und hatte Zugang zum Kurfürsten
Friedrich III. von Brandenburg (seit
1688), dem späteren König in Preußen
Friedrich I. (1701–1713) sowie Kontakte zum König von Frankreich Ludwig
XIV. (1643–1715) und zum Zaren Peter
I., »dem Großen« (1689–1725). »Beispiellos federfertig«, wie ein W. sonst
wenig geneigter Chronist des 19. Jahrhunderts einräumte, verfaßte W. ewa 30
Schriften, darunter, um nur die beiden
wichtigsten zu nennen, das *Manifest der
bürgerlichen Freyheit* (1699) – der vollständige Titel umfaßt eine ganze Druck-
seite – und der *Nucleus Recessuum et
Conventuum, Hamburgensium. Oder:
Kurtzer / doch gründlich und ausführli-
cher Kern-Auszug / Aller von Anno 1410
biß Anno 1704 in Hamburg ergangener
und gehaltener Raht und Bürgerlichen
Recesse und Versammlungen ...* (1705),
ein für den bezeichneten Zeitraum bis

heute konkurrenzloses Werk zur hamburgischen Verfassungsgeschichte.

W. wurde am 24. August 1657 als
Sohn einer in großen Teilen Deutschlands verzweigten hochrangigen Beam-
ten- und Gelehrtenfamilie geboren. Der
Vater, August Wygand sen., war zunächst Berater der Grafen von Mansfeld
gewesen, dann Direktor in der Kanzlei
des Grafen von Wernigerode geworden
und schließlich als höchster Beamter
der Administration von Magdeburg in
den Dienst des Kurfürsten August von
Sachsen getreten. Die Mutter, Clara Elisabeth, war die Tochter des Vizekanzlers
des kurbrandenburgischen Fürstentums
Halberstadt, Heinrich Richard Hagen.
Bis zum 13. Lebensjahr Privatlehrern
und Erziehern anvertraut, kam W. auf
eine öffentliche Schule in Halberstadt,
von wo er 1676 nach Leipzig ging, um
Philosophie zu studieren. Im Jahr darauf wechselte er an die Universität
Frankfurt/Oder und blieb dort bis 1679.
Nach Bildungs- und Wanderjahren in
verschiedenen Ländern Europas (darunter Österreich, Böhmen und Ungarn,
Deurtschland, Dänemark, Schweden
und Frankreich) sowie einer zweijährigen Tätigkeit als Sekretär einer polnischen Gesandtschaft in Livland, damals
zu Schweden gehörend, wurde W. plötzlich nach Hause zurückgerufen. Eine
familiäre Katastrophe, welcher Art auch
immer, dürfte der Grund dafür gewesen
sein, denn noch im selben Jahr, 1683
tauchte W. in Hamburg auf, mittellos
und ohne dort einen Menschen zu kennen, ohne Empfehlungsschreiben, ohne, wie er sich selbst ausdrückte, »Erwartung und Hoffnung«. Er engagierte
sich zunächst an der von dem Juristen
und Ratsherrn Gerhard Schott 1677/78
gegründeten und von ihm auch geleiteten Hamburger Oper als Autor und
Übersetzer. Gleichzeitig eignete sich W.
juristische Kenntnisse an, und so erfolgreich, daß er nach kurzer Zeit als Notar
und Anwalt zugelassen war und dabei
nach eigener Aussage jährlich »bei drei-

hundert Sachen laufen hatte«. Seit 1685 mit einer Tochter des hamburgischen Gerichtsvogts Peter vom Bostel verheiratet, übernahm er nach dessen Tod 1689 das Amt, womit ihm die Verwaltung gerichtlicher Gelder oblag. Zwei Jahre zuvor war W. von der Universität Rostock nach nur wenigen Monaten Studium mit Auszeichnung die Würde eines Lizentiaten der Rechte zuerkannt worden, für die nach damaligem Brauch in Latein geschriebene Abschlußarbeit *De falsis (Von den Fälschungen und Lügen)*.

Als W. Hamburg zum Wohnort wählte, war die Stadt Schauplatz dramatischer sozialer Spannungen und Auseinandersetzungen. Nach Antwerpen der größte Hafen Europas, verbarg sich hinter der glänzenden Fassade, die Scharen von entwurzelten Menschen anlockte, entsetzliches Elend. Tagtäglich schleppte sich ein Heer von Flüchtlingen, Obdachlosen und einheimischen Bettlern, von Vagabunden und Dieben durch die Gassen der Stadt, von Hunger und Krankheit ausgezehrt, und lagerte sich vor Haus- und Kirchentüren. Aber auch Bürger, die bislang ihr Auskommen hatten, fielen in Armut. Der Handel war zurückgegangen, Veränderungen in der gewerblichen Produktion wie Verlagshandwerk und Manufaktur bedrohten die Existenz der in Zünften organisierten Handwerker. Steuern und Abgaben stiegen, dennoch stand die Stadt zuzeiten kurz vor dem Bankrott, ihren Soldaten z. B. blieb sie wiederholt viele Monate den Sold schuldig. Seitdem im »Langen Rezeß« von 1529 die Mitsprache der Hamburger Bürger beim Stadtregiment geregelt war, kämpfte die »Erbgesessene Bürgerschaft«, die Versammlung der grundbesitzenden und damit politisch berechtigten Bürger mit dem Rat (Senatus) um die Macht, d. h. um die Entscheidung der Frage, bei wem die höchste Gewalt im Staate sei. Die Ratsherren (Kaufleute und Juristen) amtierten le-

benslänglich und ergänzten sich selbst durch Zuwahl. In den Konventen der Erbgesessenen Bürgerschaft hatte der Rat das Propositionsrecht, die Gesetzesinitiative; abgestimmt wurde nach Kirchspielen. In den Bürgerkämpfen des 17. Jahrhunderts suchten die Ratsfamilien Anlehnung an Kaiser und Reich, die Bürgerrechtler an Dänemark, das im benachbarten Altona bürgerliche, wirtschaftliche und religiöse Reformen einführte. Der Rat sah sich gern als »Obrigkeit von Gotes Gnaden«, hatte sich aber in einem Rezeß von 1562 die Bestimmung abtrotzen lassen, daß sowohl der ganze Rat als auch einzelne Ratsherren, wenn sie ihre Befugnisse überschritten oder ihre Pflichten verletzten, von der Bürgerschaft zur Rechenschaft gezogen werden sollten. Wie die Reihe der Rezesse, der Vereinbarungen zwischen Bürgerschaft und Rat seit Beginn des 15. Jahrhunderts, zeigt, fanden die Bürger immer wieder Grund, sich über Anmaßungen, Vetternwirtschaft, Korruption und undurchsichtiges Finanzgebaren des Rates zu beschweren. In der zweiten Hälfte des 17. Jahrhunderts verschärften sich die Gegensätze. 1665 schufen sich die Großkaufleute mit der »Commerzdeputation« ein eigenes Machtinstrument. Zur gleichen Zeit bildete sich in der Bürgerschaft eine Opposition, die, in erster Linie aus Handwerkern bestehend, unter Führung des Färbers und Reeders Cord Jastram und des Kaufmanns Hieronymus Snitger zunehmend an Einfluß auf die Staatsangelegenheiten gewann. Mehrere kaiserliche Kommissionen mischten sich ein, konnten aber nichts Durchgreifendes ausrichten. Als indes 1686 der dänische König Christian V. mit seinen Truppen überraschend vor Hamburg erschien und mit der (letzlich erfolglosen) Belagerung begann, bekam die Ratspartei wieder Oberwasser, und um Jastram und Snitger war es geschehen. Nach grausamster Folter wurden sie fälschlich des Stadtverrats angeklagt und auf barbarische Weise hingerichtet.

Gerhard Schott, vom Rat (Exekutive und Judikative lagen damals noch in einer Hand) auserkoren, bei den Verhören Jastrams und Snitgers das Protokoll zu führen, hatte, um nicht die Verantwortung allein tragen zu müssen, W. gedrängt, ihm dabei zu helfen – für W., dem anfänglich überzeugten Parteigänger der Ratsautorität ein Damaskuserlebnis. W. wurde bewußt, daß Jastram und Snitger im Sinne der Anklage unschuldig waren und darüber hinaus als »Vor-Fechter der Bürgerlichen Freyheit« angesehen werden müßten. Er ließ jedoch, wie er später offen bekannte, alles wie die anderen geschehen – aus »menschlicher Schwachheit« sowie aus Rücksicht auf seine Familie, und weil er nicht habe hoffen können, irgend etwas zu ändern oder zu bessern, ohne seinen eigenen Untergang zu befördern. »Ich war indessen«, so schrieb W., »Eines Ehrbaren Raths vermuthen nach / besser hinter die Künste gekommen / und hatte bei der Einsehung der Stadt Grundgesetzen erlernet / daß denenselben nach / die höchste Gewalt bey der allgemeinen Bürgerschaft seyn sollte / und daß E. Ehrb. Rath nichts anders als unter gewissen Bedingungen und Vorbehalt eingesetzte Deputirte der Bürgerschaft wären / umb Justiz und andere Sachen zu verwalten / weil solches die Bürger wegen ihrer Vielheit und daher beschwerlicher Zusammenkünfte nicht allemahl selbst thun können noch wollen.« Und: Wer als Bürger in Hamburg für die Freiheit spreche, der würde an auswärtig hohen Orten als Aufrührer ausgeschrien. Wer bringe da den Mut auf, die »wurmstichige Administration des gemeinen Guths« anzugreifen und es auszusprechen, »daß den Armen, Elenden und Dürftigen kein Recht in Hamburg werde«. »Ohne diesem oder jenem die Hände zu schmieren«, könne man kein obsiegliches Urteil erhalten. Zugleich forderte W., die Folter abzuschaffen.

1693 stellte sich W. mit einer Denkschrift über Veruntreuungen in der städtischen Bank voll auf die Seite der Ratsgegner. Zwar gehörte er selbst zu den Geschädigten, aber wenn es vor allem dies gewesen wäre, hätte er sich anders aus der Affäre ziehen können. Die Ratsherren versuchten vergeblich, sich W.s durch Bestechung zu entledigen. Dann drehten sie den Spieß um, beschuldigten ihn der Unterschlagung öffentlicher Mittel und ließen ihn verhaften. W. wurde 1695 zu ewiger Verbannung verurteilt, obwohl ihm kein einziger Anklagepunkt nachgewiesen werden konnte. W.s Vermögen wurde eingezogen. Sorgfältig inventarisierte ein Gerichtsvollzieher seine umfangreiche Bibliothek: Hier hielt man auf Ordnung. Mit der »Schandglocke« aus der Stadt hinausgeläutet, empfing W. vor dem Tor eine vom Rat aufgeputschte Menge mit dem Ruf: »Schlae doet, schlae doet«.

Vom dänischen Altona aus setzte W. den Kampf fort. In Wort und Schrift gab er der Bürgerschaft Ratschläge, wie sie sich dem Rat gegenüber zu verhalten habe. Christian V. von Dänemark und August dem Starken legte er Denkschriften vor: Darin war für die Juden in Hamburg freie Religionsausübung gefordert und erneut die höchste Gewalt für die Bürgerschaft. Der historische Rezeß vom 18. August 1699 wäre ohne Vorarbeit von W. nicht zustandegekommen.: Die Souveränität der Bürgerschaft wurde in allen Bereichen anerkannt, das Kriterium des Grundbesitzes als Voraussetzung für die Wahrnehmung staatsbürgerlicher Rechte abgeschafft. An diesem 18. August erschien das anonyme *Manifest der bürgerlichen Freyheit*, eine Dokumentation und Interpretation der Hamburger Rezesse. Darin heißt es: »Von welcher Democratiâ oder besser zu reden / Populari Formâ Reipubl. gesaget wird: Daß sie nach ihrer Art die Aller-Vollenkommenste sey / nemlich die allerrichtigste Unterhalterinn (Conservatrix) der Frey- und Gleichheit. Die Freyheit aber bestehet darinn / nicht / daß du (als ein einzelner Bürger betrachtet) nach deinem Gefallen lebest / und gantz und gar in deiner Gewalt seyst / sondern / daß du nach denen Gesetzen deiner Obrigkeit unterthan lebest / doch mit dem Beding / daß dir zugleich die Gewalt zu herrschen oder zu befehlen bleibe (. . .).«

Daß W. der Autor des Manifests ist, wußten einige Zeitgenossen, doch niemand wagte es offen auszusprechen: Erst 300 Jahre später steht es fest. Warum die Streitigkeiten in Hamburg weitergingen, bedarf im einzelnen noch eingehender Untersuchung. Im Sommer 1708 rückten kaiserliche Truppen in Hamburg ein und machten der Bürgerrechtsbewegung den Garaus. W. starb am 26. Februar 1709 auf unbekannte Art in Altona. Mit dem Hauptrezeß von 1712 erhielt Hamburg eine neue Verfassung. Das politische Mitspracherecht war darin auf einen winzigen Kreis von grundbesitzenden und vermögenden Bürgern beschränkt. Faktisch erst mit der Novemberrevolution von 1918 änderte sich das.

Literatur: Asendorf, M.: Der Fall Wygand oder: Von der Bürgerrechtsbewegung zur Demokratie. Ein Beitrag über Hamburger Verhältnisse des 17. Jahrhunderts. Tel Aviver Jahrbuch für deutsche Geschichte XVIII/1989, S. 379–414.   *Manfred Asendorf*

Die Artikel dieses Buches sind dem Band
„Demokratische Wege. Deutsche Lebensläufe
aus fünf Jahrhunderten", hrsg. von Manfred
Asendorf und Rolf von Bockel entnommen
(Stuttgart: Metzler, 1997; lieferbar als Sonder-
ausgabe 2006 unter dem Titel „Demokratische Wege. Ein biographisches Lexikon") und
für diese Auswahlangabe noch einmal durch-
gesehen worden. Im großen Band finden sich
mehrere hundert weitere Artikel, die meisten
mit Foto-Porträt.

Bibliografische Information
Der Deutschen Bibliothek
Die Deutsche Bibliothek verzeichnet diese
Publikation in der Deutschen National-
bibliografie; detaillierte bibliografische
Daten sind im Internet über
<http://dnb.ddb.de> abrufbar.

Gedruckt auf chlorfrei gebleichtem,
säurefreiem und
alterungsbeständigem Papier

ISBN-13: 978-3-476-2169-4
ISBN-10: 3-476-02169-6

© 2006 J. B. Metzler'sche Verlagsbuchhandlung und Carl Ernst Poeschel Verlag GmbH in
Stuttgart

www.metzlerverlag.de
info@metzlerverlag.de

Einbandgestaltung: Katja Störrle
Foto: Schiller Nationalmuseum/Deutsches
Literaturarchiv Marbach
Satz: Typomedia GmbH, Ostfildern
Druck und Bindung: C.H. Beck, Nördlingen
Printed in Germany
September / 2006

Verlag J. B. Metzler Stuttgart · Weimar